최신판례 중심

민사법사례연습

최신판례 중심

민사법사례연습

추신영

합격을 만드는 사람들
패스메이커
Passmaker

머리말

Preface

필자가 로스쿨에서 민법강의를 한 지 벌써 11년째가 되었다. 그런데 초기에 학부 법학과에서 하던 이론중심의 강의에 익숙해 있던 터라 새로운 시스템의 교육방식에 쉽게 적응하지 못하였다. 다행히 로스쿨 출범과 동시에 법무부는 변호사시험문제유형에 대한 TF팀을 꾸리게 되었고, 필자가 그 일원으로 참여하게 되면서 로스쿨 교육에 대한 대략의 방향을 잡게 되었다. 당시 TF팀에서 리딩케이스를 중심으로 하는 정착된 판례, 법률가가 되기 위해서는 누구나 알아야 하는 확립된 이론, 실무상 이용도가 높은 쟁점을 중심으로 교육을 시키고 평가를 하자는 기본적인 목표를 설정하였다. 그리고 시험에 출제될 범위를 정함에 있어서 각 위원들의 의견은 첨예하게 대립하였고, 투표하여 결론을 내린 경우도 있었다. 특히 민사집행법을 시험범위에 전면적으로 넣어야 하는지, 가족법의 경우 어느 정도의 비율로 출제할 것인지 등을 놓고 몇 달간 논쟁을 이어가던 기억이 생생하다. 또한 여러 번의 사법시험 2차 출제위원과 변호사시험 사례형 출제위원의 경험도 이 책을 저술하는 데 큰 도움이 되었다.

필자가 본서를 집필한 계기는 나름 정착된 판례와 최신판례를 중심으로 된 연습서가 필요하다는 판단에서이다. 특히 학생들이 많이 보고 있는 시중의 연습서의 경우, 정착된 판례는 대부분 수록하고 있지만 최신판례를 분석하여 사례문제화 시킨 경우를 거의 찾아볼 수가 없었다. 그런데 최근 변호사시험의 경향을 보면, 선택형이나 사례형이나 공히 최신판례의 비중이 급속도로 늘어나는 현상은 부인할 수 없는 사실이다. 이에 필자는 최신판례를 대폭 담아내는 연습서의 필요성을 느끼게 되었고, 수년간의 작업 끝에 이 책을 출판하게 되었다. 본서의 특징은 다음과 같다.

첫째, 최신판례를 바탕으로 사례문제화 하였다. 수많은 최신판례들 중에서 중요도에 따라 판례를 선정하였고 사실관계와 쟁점을 파악하기 위하여 때로는 원심과 1심까지 찾는 수고를 아끼지 않았다.

둘째, 민사소송법과 민사집행법의 주요쟁점도 소개하였다. 본 서의 내용이 주로 민법을 중심으로 전개되지만 민사소송법에서 중요하게 다루어지는 판례나 민사집행법의 핵심적인 내용도 포함되어 있다. 예를 들어 변호사시험에 단골로 출제되는 채권자취소소송, 채권자대위소송, 기판력, 중복제소, 상계항변, 전부명령과 추심명령, 배당 등 실체법과 관련성이 높은 주요판례를 소재로 문제화하였다.

셋째, 실제 변호사시험처럼 문제화시켰다. 실제시험에서는 기출문제가 그대로 출제되지는 않는다.

리딩케이스는 응용되고 변형되어 다시 출제되는 경향이 짙다. 본 서를 통해 그러한 대비를 충분히 할 수 있다고 본다. 그리고 본 서는 목차를 두어 진도별로 기술하는 기존의 방식 대신에, 변호사시험에 출제될 만한 다양한 민사법쟁점을 통해 실전과 같이 훈련할 수 있도록 하였다.

책을 내 놓고 보니 다소 아쉬운 점이 있다. 그 중에서 특히 가족법 관련 판례를 충분히 수록하지 못하였다. 향후 개정판이 나올 경우 이에 대한 보완이 충분히 될 수 있도록 약속드린다.

이 책을 내면서 은사이신 松林 姜大成 선생님께 감사를 드린다. 능력이 박약하고 미숙한 제자를 학문의 길로 인도하여 주셨고, 좌절할 때마다 용기를 북돋아 주셨다. 그리고 선생님의 연구실에서 10년 동안 공부한 것이 오늘날 교수로 활동할 수 있는 큰 밑거름이 되었고, 그 고마움을 평생 잊을 수 없다. 마지막으로 이 책이 나오기까지 세세한 교정과 편집으로 수고해 주신 전북대학교 출판문화원의 이진영 선생님께도 감사의 마음을 전한다.

2020. 5.

건지벌 연구실에서 **추 신 영**

차례

Contents

• 제 1 장 •

제1문

기초적 사실관계

A는 식료품 도매상을 하는 B에게 2003. 2. 1.에 금 1억원을 대여하면서 변제일은 2004. 2. 1.로 하고, 이자는 년 15%로 정하여 매달 1일에 A의 통장으로 입금해 주기로 약정하였다. 한편 B는 식료품 가게를 운영하는 C와 거래를 하면서 2004. 5. 1. 현재 C에게 1억원의 외상대금채권을 가지고 있다.

계속된 사실관계 | 채권자대위권과 전부명령의 효력 |

A는 B를 대위하여 C에 대하여 금 1억원의 외상대금을 구하는 소를 제기하여 'C는 A에게 금 1억원을 지급하라'는 취지의 판결을 받게 되었고, 그 과정에서 B는 증인으로 출석하여 증언을 하였다. B의 위 증언이 있은 후, B의 일반채권자인 D가 집행력 있는 공정증서 정본에 기초하여 B의 C에 대한 위 외상대금채권에 대하여 채권압류 및 전부명령을 받았고, 한편 A의 일반채권자인 E는 A에 대한 집행력 있는 지급명령에 기초하여 이 사건 판결에 따른 A의 채권 중 일부인 5,000만원에 대하여 채권압류 및 전부명령을 받았다.

문제 1 이 경우 D와 E의 전부명령의 효력은 인정될 수 있는가? (20점)

1. 문제의 소재 (2점)

① 채권자대위권에 있어서 채권자가 제3채무자에게 직접청구가 가능한지 여부

② 채권자대위소송에서 제3채무자로 하여금 직접 대위채권자에게 금전의 지급을 명하는 판결이 확정된 경우, 피대위채권이 변제 등으로 소멸하기 전에 채무자의 다른 채권자가 이를 압류·가압류할 수 있는지 여부

③ 채권자대위소송에서 채무자가 대위권 행사사실을 알게 된 후에 이루어진 피대위채권에 대한 전부명령의 효력

2. 채권자대위권에 있어서 채권자가 제3채무자에게 직접청구가 가능한지 여부 (5점)

채권자가 자기의 금전채권을 보전하기 위하여 채무자의 금전채권을 대위행사하는 경우 제3채무

자로 하여금 채무자에게 지급의무를 이행하도록 청구할 수도 있지만, 직접 대위채권자 자신에게 이행하도록 청구할 수도 있다(대법원 2016. 8. 29. 선고 2015다236547 판결).

3. 채권자대위소송에서 제3채무자로 하여금 직접 대위채권자에게 금전의 지급을 명하는 판결이 확정된 경우, 피대위채권이 변제 등으로 소멸하기 전에 채무자의 다른 채권자가 이를 압류·가압류할 수 있는지 여부 (5점)

채권자대위소송에서 제3채무자로 하여금 직접 대위채권자에게 금전의 지급을 명하는 판결이 확정되더라도, 대위의 목적인 권리, 즉 채무자의 제3채무자에 대한 피대위채권이 판결의 집행채권으로서 존재하고 대위채권자는 채무자를 대위하여 피대위채권에 대한 변제를 수령하게 될 뿐 자신의 채권에 대한 변제로서 수령하게 되는 것이 아니므로, 피대위채권이 변제 등으로 소멸하기 전이라면 채무자의 다른 채권자는 이를 압류·가압류할 수 있다(대법원 2016. 8. 29. 선고 2015다236547 판결).

4. 채권자대위소송에서 채무자가 대위권 행사사실을 알게 된 후에 이루어진 피대위채권에 대한 전부명령의 효력 (5점)

채권자대위소송이 제기되고 대위채권자가 채무자에게 대위권 행사사실을 통지하거나 채무자가 이를 알게 되면 민법 제405조 제2항에 따라 채무자는 피대위채권을 양도하거나 포기하는 등 채권자의 대위권 행사를 방해하는 처분행위를 할 수 없게 되고 이러한 효력은 제3채무자에게도 그대로 미치는데, 그럼에도 그 이후 대위채권자와 평등한 지위를 가지는 채무자의 다른 채권자가 피대위채권에 대하여 전부명령을 받는 것도 가능하다고 하면, 채권자대위소송의 제기가 채권자의 적법한 권리행사방법 중 하나이고 채무자에게 속한 채권을 추심한다는 점에서 추심소송과 공통점도 있음에도 그것이 무익한 절차에 불과하게 될 뿐만 아니라, 대위채권자가 압류·가압류나 배당요구의 방법을 통하여 채권배당절차에 참여할 기회조차 가지지 못하게 한 채 전부명령을 받은 채권자가 대위채권자를 배제하고 전속적인 만족을 얻는 결과가 되어, 채권자대위권의 실질적 효과를 확보하고자 하는 민법 제405조 제2항의 취지에 반하게 된다.

따라서 채권자대위소송이 제기되고 대위채권자가 채무자에게 대위권 행사사실을 통지하거나 채무자가 이를 알게 된 이후에는 민사집행법 제229조 제5항이 유추적용되어 피대위채권에 대한 전부명령은, 우선권 있는 채권에 기초한 것이라는 등의 특별한 사정이 없는 한, 무효이다.

자기의 금전채권을 보전하기 위하여 채무자의 금전채권을 대위행사하는 대위채권자는 제3채무자로 하여금 직접 대위채권자 자신에게 지급의무를 이행하도록 청구할 수 있고 제3채무자로부터 변제를 수령할 수도 있으나, 이로 인하여 채무자의 제3채무자에 대한 피대위채권이 대위채권자에게 이전되거나 귀속되는 것이 아니므로, 대위채권자의 제3채무자에 대한 추심권능 내지 변제수령권능은 자체로서 독립적으로 처분하여 환가할 수 있는 것이 아니어서 압류할 수 없는 성질의 것이고, 따라서 추심권능 내지 변제수령권능에 대한 압류명령 등은 무효이다. 그리고 채권자대위소송에서 제3채무자로 하여금 직접 대위채권자에게 금전의 지급을 명하는 판결이 확정되었더라도 판결에 기초하여 금전을 지급받는 것 역시 대위채권자의 제3채무자에 대한 추심권능 내지 변제수령권능에 속하므로, 채권자대위소송에서 확정된 판결에 따라 대위채권자가 제3채무자로부터 지급받을 채권에 대한 압류명령 등도 무효이다(대법원 2016. 8. 29. 선고 2015다236547 판결).

5. 사안의 해결 (3점)

민법 제405조 제2항에 따른 대항력의 범위에 전부명령도 포함되는 것이고, 채권자대위소송이 제기되고 대위채권자가 채무자에게 대위권 행사 사실을 통지하거나 채무자가 이를 알게 된 이후에는 민사집행법 제229조 제5항이 유추적용 되어 피대위채권에 대한 전부명령은 무효가 된다. 한편 채권자대위소송에서 확정된 판결에 따라 대위채권자가 제3채무자로부터 지급받을 채권에 대한 압류명령도 무효가 된다. 결국 D와 E의 전부명령은 모두 무효가 된다.

계속된 사실관계 | 채권자대위권과 당사자적격 |

A는 B에게 몇 번의 은혜를 베풀었음에도 불구하고, 위 대여금채권을 1년이 다 되어가도 이를 갚지 않자, 2005. 2. 1. B가 C에게 금 1억원의 외상대금채권을 있음을 확인하고, 2005. 2. 15.에 B를 대위하여 C에 대한 대금채권에 대하여 채권자대위소송을 제기하였다. 그런데 사실확인의 결과, A가 위 채권자대위소송을 제기하기 전에 B가 이미 C에 대하여 외상대금채권을 구하는 소를 제기하였으나, 패소하여 확정판결을 받은 상태임이 확인되었다. 그럼에도 불구하고 A는 B를 대위하여 B의 C에 대한 외상대금채권을 구하는 소를 법원에 제기하였다.

문제 2 이 경우 법원은 어떠한 판단을 하여야 하며, 그 이유는 무엇인가? (10점)

✓정답 : 소 각하

채권자대위권은 채무자가 제3채무자에 대한 권리를 행사하지 아니하는 경우에 한하여 채권자가 자기의 채권을 보전하기 위하여 행사할 수 있는 것이기 때문에 채권자가 대위권을 행사할 당시 이미 채무자가 그 권리를 재판상 행사하였을 때에는 설사 패소의 확정판결을 받았더라도 채권자는 채무자를 대위하여 채무자의 권리를 행사할 당사자적격이 없다(대법원 1993. 3. 26. 선고 92다32876 판결).

변형된 사실관계 | 채권자대위권과 소멸시효 항변 |

A는 B에게 2003. 2. 1.에 금 1억원을 대여하면서 이자는 년 15%, 변제기는 2004. 2. 1.로 하고, B는 C에 대하여 2005. 5. 1.까지의 1억원의 외상대금채권을 가지고 있었다. 시간이 한참 흐른 후인 2015. 7. 10.에 A가 B를 대위하여 C에 대하여 채권자대위권을 행사하자, C는 A의 B에 대한 대여금채권이 소멸시효가 완성되었기 때문에 A의 채권자대위권 행사는 타당하지 않다고 주장하고 있다.

문제 3 이러한 C의 주장은 이유가 있는가? (10점)

✓ **정답 : 이유 없음**

채권자대위권에 기한 청구에서 제3채무자는 채무자가 채권자에 대하여 가지는 항변으로 대항할 수 없을뿐더러 채권의 소멸시효가 완성된 경우 이를 원용할 수 있는 자는 시효이익을 직접 받는 자만이고 제3채무자는 이를 행사할 수 없다(대법원 1992. 11. 10. 선고 92다35899 판결).

계속된 사실관계 | 중복소송 |

B가 C를 상대로 외상대금채권에 대한 이행의 소를 제기하여 그 사건이 법원에 계속되어 있는 상태에서 B에 대한 대여금채권자인 A가 위 X물건에 대한 매매대금채권에 대하여 압류명령과 추심명령을 받아, 제3채무자인 C를 상대로 추심의 소를 제기하였다.

문제 4 이 경우 법원은 어떠한 판단을 하여야 하며, 그 이유는 무엇인가? (15점)

✓ **정답 : 인용판결**

였을 때는 그 보증인에 대한 별도의 중단조치가 이루어지지 아니하여도 동시에 시효중단의 효력이 생기도록 한 것에 불과하고 중단된 이후의 시효기간까지가 당연히 보증인에게도 그 효력을 미치는 것은 아니다(대법원 1986. 11. 25. 선고 86다카1569 판결).

판례태도에 대한 반론적 법리로는 ①민법 제440조의 입법취지에 반한다는 점 ②민법 제165조의 입법취지에 반한다는 점 ③판결에 의해 확정된 채권은 강한 증거력 확보한 상태라는 점 때문에 원래대로 10년으로 연장해야 한다는 주장이 있다.

4. 사안의 해결

A의 B에 대한 시효의 중단의 효력은 D에게도 미치게 된다. 다만 D에게는 중단의 효력이 미칠 뿐 그 기간까지 10년으로 연장되는 것은 아니기 때문에 원래 상사시효인 5년의 시효가 적용되어 A의 D에 대한 위 청구는 기각판결을 면할 수 없다.

변형된 사실관계 | 보증채무의 소멸시효기간 |

금융업을 하는 A는 식료품 도매상을 하는 B에게 2003. 2. 1.에 금 1억원을 대여하면서 이자는 년 15%, 변제기는 2004. 2. 1로 하고, 같은 날 D가 B를 위하여 A에게 연대보증을 서게 되었다. 그런데 B가 2004. 2. 1.에 위 대여금채권을 변제하지 않자, 소송을 제기하려던 중에 채권자 A와 주채무자 B 사이의 중재판정에서 주채무가 5,000만원으로 감축되었고, 채무자 B의 동시이행항변권이 받아들여졌다. 그 후 A가 보증인 D에 대하여 보증금이행청구소송을 제기하자 D는 A에게 보증채무의 부종성 원칙과 보증인의 주 채무자 항변권 원용원칙을 주장하며 보증인인 자신의 보증채무를 감축하고 동시이행항변권을 주장하였다.

문제 6 보증인 D의 주장은 이유가 있는가? (10점)

✓ 채권자와 주채무자 사이의 소송에서 주채무의 존부나 범위에 관하여 주채무자가 전부 또는 일부 승소하는 판결이 확정된 경우에도 그 판결의 기판력이 보증인에게는 미치지 아니하므로, 보증채무의 부종성 원칙에도 불구하고 보증인이 주채무자 승소판결을 원용하여 자신의 보증채무의 이행을 거절할 수는 없다(대법원 2015. 7. 23. 선고 2014다228099 판결).

계속된 사실관계 | 보증채무의 부종성 |

A는 식료품 도매상을 하는 B에게 별도의 물품대금채권을 가지고 있었는데, 2006. 5. 1. B를 상대로 물품대금청구소송을 제기하여 2006. 10. 10.에 A의 승소판결이 확정되었다. B는 위 확정판결 후인 2006. 12. 10.에 위 물품대금을 A에게 조속히 지급하겠다는 지불각서를 작성하여 교부하면서, E가 위 물품대금채무에 대하여 연대보증을 서게 되었다. 이후 2010. 7. 20.에 A가 E에 대하여 위 연대보증을 근거로 지급명령신청을 하였고, 이에 대하여 E는 자신의 연대보증채무는 물품대금 채무로서, 이미 그 소멸시효기간인 3년이 도과하였으므로 A의 B에 대한 채권은 이미 소멸시효 되었다고 주장하였다.

문제 7 E의 이러한 주장은 이유가 있는가? (15점)

1. 문제의 소재 (2점)

① 주채무와 보증채무간의 부종성과 독립성

② 주채무자에 대한 확정판결에 의하여 단기소멸시효에 해당하는 주채무의 소멸시효기간이 10년으로 연장된 상태에서 주채무를 보증한 경우, 보증채무의 소멸시효기간

2. 주채무와 보증채무간의 부종성과 독립성 (5점)

민법은 제436조에서 주채무가 무효·취소된 경우, 제429조에서 주채무의 내용이 변경된 경우, 제430조의 주채무의 한도, 제433조의 주채무의 항변으로 항변이 가능하다는 점 등에서 보증채무의 부종성에 대하여 규정을 하고 있다. 특히 판례는 주채무의 내용이 변경된 경우로서 그것이 확장, 가중에 된 경우에는 보증인에게 효력이 없다고 한다(대법원 1974. 11. 26. 선고 74다310 판결).

한편 판례는 보증채무가 주채무에 부종한다 할지라도 보증채무는 주채무와는 별개의 독립된 채무의 성질이 있고 민법 제440조가 주채무자에 대한 시효의 중단은 보증인에 대하여 그 효력이 있다라고 규정하고 있으나 이는 보증채무의 부종성에 기한 것이라기 보다는 채권자보호 내지 채권담보의 확보를 위한 특별규정으로서 이 규정은 주채무자에 대한 시효중단의 사유가 발생 하였을 때는 그 보증인에 대한 별도의 중단조치가 이루어지지 아니하여도 동시에 시효중단의 효력이 생기도록 한 것에 불과하고 중단된 이후의 시효기간까지가 당연히 보증인에게도 그 효력을 미치는 것은 아니다(대법원 1986. 11. 25. 선고 86다카1569 판결)라고 하여 보증채무의 독립성을 인정하고 있다.

3. 주채무자에 대한 확정판결에 의하여 단기소멸시효에 해당하는 주채무의 소멸시효기간이 10년으

로 연장된 상태에서 주채무를 보증한 경우, 보증채무의 소멸시효기간 (5점)

보증채무는 주채무와는 별개의 독립한 채무이므로 보증채무와 주채무의 소멸시효기간은 채무의 성질에 따라 각각 별개로 정해진다. 그리고 주채무자에 대한 확정판결에 의하여 민법 제163조 각 호의 단기소멸시효에 해당하는 주채무의 소멸시효기간이 10년으로 연장된 상태에서 주채무를 보증한 경우, 특별한 사정이 없는 한 보증채무에 대하여는 민법 제163조 각 호의 단기소멸시효가 적용될 여지가 없고, 성질에 따라 보증인에 대한 채권이 민사채권인 경우에는 10년, 상사채권인 경우에는 5년의 소멸시효기간이 적용된다(대법원 2014. 6. 12. 선고 2011다76105 판결).

4. 사안의 해결 (3점)

A의 B에 대한 물품대금채권에 대한 소가 확정되어 주채무의 소멸시효기간이 10년으로 연장된 상태에서 E가 연대보증을 선 경우, 보증채무에 대하여는 민법 제163조 각호의 단기소멸시효가 적용되지 않고, 민사채권은 10년, 상사채권은 5년의 소멸시효기간이 적용되어 E의 주장은 이유가 없다.

제2문 | 연대보증

상가 분양자인 A회사가 B은행과 수분양자들에 대한 중도금 대출에 관하여 대출업무약정을 체결하면서 수분양자들의 대출금 채무를 연대보증하기로 하였고, 이에 따라 수분양자인 C의 B 은행에 대한 대출금 채무의 연대보증인이 되었다. 한편 A회사가 B 은행에 주채무자인 수분양자들의 개별 동의 없이 대출의 만기연장을 요청하면서 그로 인하여 발생하는 모든 문제를 책임지기로 하였고, 그 후 A 회사가 C와 분양계약을 합의해제하면서 대출금의 상환을 책임지기로 약정하였으나, 대출금을 상환하지 아니한 채 계속하여 만기를 연장하면서 이자만을 납부하였으며, B 은행은 C에 대하여 시효중단 등의 조치를 취하지 아니하여 C의 대출금 채무가 시효완성되었다. 하지만 그 후 B은행은 A회사를 상대로 보증채무의 이행을 구하는 소를 제기하였다.

문제 1 이 경우 법원은 어떠한 판단을 하여야 하며, 그 이유는 무엇인가? (10점)

✓ 정답 : 청구기각

보증채무에 대한 소멸시효가 중단되는 등의 사유로 완성되지 아니하였다고 하더라도 주채무에 대한 소멸시효가 완성된 경우에는 시효완성의 사실로 주채무가 소멸되므로 보증채무의 부종성에 따라 보증채무 역시 당연히 소멸되는 것이 원칙이다. 다만 보증채무의 부종성을 부정하여야 할 특별한 사정이 있는 경우에는 예외적으로 보증인은 주채무의 시효소멸을 이유로 보증채무의 소멸을 주장할 수 없으나, 특별한 사정을 인정하여 보증채무의 본질적인 속성에 해당하는 부종성을 부정하려면 보증인이 주채무의 시효소멸에도 불구하고 보증채무를 이행하겠다는 의사를 표시하거나 채권자와 그러한 내용의 약정을 하였어야 하고, 단지 보증인이 주채무의 시효소멸에 원인을 제공하였다는 것만으로는 보증채무의 부종성을 부정할 수 없다.

상가 분양자인 갑 주식회사가 을 은행과 수분양자들에 대한 중도금 대출에 관하여 대출업무약정을 체결하면서 수분양자들의 대출금 채무를 연대보증하기로 하였고, 이에 따라 수분양자인 병의 을 은행에 대한 대출금 채무의 연대보증인이 되었는데, 갑 회사가 을 은행에 주채무자인 수분양자들의 개별 동의 없이 대출의 만기연장을 요청하면서 그로 인하여 발생하는 모든 문제를 책임지기로 하였고, 그 후 갑 회사가 병과 분양계약을 합의해제하면서 대출금의 상환을 책임지기로 약정하였으나, 대출금을 상환하지 아니한 채 계속하여 만기를 연장하면서 이자만을 납부하였으며, 을 은행은 병에 대하여 시효중단 등의 조치를 취하지 아니하여 병의 대출금 채무가 시효완성된 사안에서, 갑 회사는 수분양자들과 다수의 분양계약을 체결하고 수분양자들이 주채무자인 대출금 채무에 관하여 연대보증을 하였으므로, 갑 회사가 을 은행과 주채무자의 동의를 받지 아니한 채 대출만기를 연장하면서 그로 인하여 발생한 문제에 대하여 책임지기로 한 것은 주채무가 시효소멸해도 보증채무를 이행하겠다는 의사를 표시한 것이라기보다는 일괄적인 업무처리의 편의를 위한 것으로 볼 여지가 있고, 갑 회사가 분양계약을 해제하면서 병에 대하여 대출금의 상환을 책임지기로 한 것을 채권자인 을 은행에 대한 의사표시로 보기 어려울 뿐만 아니라, 그 밖에 갑 회사가 을 은행에 병의 동의 없는 대출만기의 연장을 요청하였고, 분양계약이 해제된 후에도 계속하여 만기를 연장하면서 대출금의 이자를 납부하였으며, 이에 따라 을 은행이 병에 대하여 채권회수 등을 위한 조치를 취하지 아니하여 주채무의 소멸시효가 완성되는 등으로 갑 회사가 주채무의 시효소멸에 원인을 제공하였다는 사정만으로는 보증채무의 부종성을 부정할 수 없는데도, 보증채무의 부종성을 부정하여야 할 특별한 사정이 있다고 보아 갑 회사가 주채무의 시효소멸을 이유로 보증채무의 소멸을 주장할 수 없다고 본 원심판결에 법리오해 등의 잘못이 있다(대법원 2018. 5. 15. 선고 2016다211620 판결).

제3문

기초적 사실관계

A농협은 2012. 3. 20.경 건설업을 하는 B에게 금 3억원을 대여하면서 2014. 3. 20.에 B가 건축하려고 하는 X건물이 완공되면 그 분양금을 받아 변제하기로 약정하였다. 그런데 2014. 3. 20.에 되어도 위 X건물의 기초시설도 하지 않았고, 이에 A는 2014. 4. 15.에 B를 상대로 대여금청구소송을 제기하여 2014. 8. 1에 승소판결을 받게 되었다.

계속된 사실관계 | 명의신탁 무효로 인한 부당이득의 대상 |

위 승소판결 후, A가 B의 재산에 대하여 강제집행을 하려고 하였으나, B명의로는 아무런 재산이 없음이 밝혀지게 되었다. 그런데 사실확인의 결과, B는 자신의 아들 C를 시켜 이러한 사실을 전혀 알지 못하는 매도인 D로부터 2013. 12. 5.에 Y건물을 매수하면서 금 4억원을 제공하고 위 Y건물에 대하여 2013. 12. 15. C명의로 이전등기를 경료하도록 하였다. 이에 A는 위 Y건물의 사실상의 소유자는 B라고 주장하고, 자신의 대여금채권을 피보전권리로 하여 B를 대위하여 C에 대하여 Y건물에 대한 부당이득반환청구의 소를 제기하였다.

문제 1 이 경우 법원은 어떠한 판단을 하여야 하며, 그 이유는 무엇인가? (15점)

✓ 정답 : A에게 Y건물에 대한 부당이득을 인정할 수 없고, 매수대금 4억원의 부당이득을 인용해야 한다.

1. 문제의 소재 (2점)

명의신탁 무효로 인한 부당이득의 대상이 부동산인지 매수대금인지 여부

2. 계약명의신탁의 법리 (5점)

매도인이 선의인 경우, 신탁자와 수탁자간의 명의신탁약정은 무효이다. 그러나 명의수탁자는 명의신탁자로부터 부당이득을 얻었기 때문에 명의신탁자에게 부당이득의무를 부담하게 된다. 여기서 그 부당이득의무의 대상이 무엇인가를 두고 다툼이 있을 수 있는 바, 부동산이 대상이 아니고,

매수대금이 그 대상이 된다. 또한 명의신탁자와 수탁자간에 있어서는 불법원인급여의 대상도 되지 않는다(대법원 2003. 11. 27. 선고 2003다41722 판결).

3. 명의신탁 무효로 인한 부당이득의 대상이 부동산인지 매수대금인지 여부 (5점)

부동산실권리자명의등기에관한법률 제4조 제1항, 제2항에 의하면, 명의신탁자와 명의수탁자가 이른바 계약명의신탁약정을 맺고 명의수탁자가 당사자가 되어 명의신탁약정이 있다는 사실을 알지 못하는 소유자와의 사이에 부동산에 관한 매매계약을 체결한 후 그 매매계약에 따라 당해 부동산의 소유권이전등기를 수탁자 명의로 마친 경우에는 명의신탁자와 명의수탁자 사이의 명의신탁약정의 무효에도 불구하고 그 명의수탁자는 당해 부동산의 완전한 소유권을 취득하게 되고, 다만 명의수탁자는 명의신탁자에 대하여 부당이득반환의무를 부담하게 될 뿐이라 할 것인데, 그 계약명의신탁약정이 부동산실권리자명의등기에관한법률 시행 후인 경우에는 명의신탁자는 애초부터 당해 부동산의 소유권을 취득할 수 없었으므로 위 명의신탁약정의 무효로 인하여 명의신탁자가 입은 손해는 당해 부동산 자체가 아니라 명의수탁자에게 제공한 매수자금이라 할 것이고, 따라서 명의수탁자는 당해 부동산 자체가 아니라 명의신탁자로부터 제공받은 매수자금을 부당이득하였다고 할 것이다(대법원 2005. 1. 28. 선고 2002다66922 판결).

4. 사안의 해결 (3점)

A에게 Y건물에 대한 부당이득을 인정할 수 없고, 매수대금 4억원의 부당이득을 인용해야 한다.

계속된 사실관계 | 채권자대위소송과 기판력 |

A가 자신의 대여금청구권을 피보전권리로 하여, B를 대위하여 C에 대하여 부당이득반환청구소송을 제기하였고, 한편 B에 대하여는 A가 B를 대위하여 채권자대위소송을 제기되고 있음이 통지되어 이러한 사실을 B가 알게 되었다. 그런데 A의 위 대위소송에서 A의 B에 대한 피보전권리가 인정되지 아니하며 소각하 판결이 확정되었다. 그럼에도 불구하고 A는 그 후에 다시 B를 상대로 위 대여금을 구하는 소를 법원에 제기하였다.

문제 2 이 경우 법원은 어떠한 판단을 하여야 하며, 그 이유는 무엇인가? (10점)

✓ **정답 : 청구인용**

민사소송법 제218조 제3항은 '다른 사람을 위하여 원고나 피고가 된 사람에 대한 확정판결은 그 다른 사람에 대하여도 효력이 미친다.'고 규정하고 있으므로, 채권자가 채권자대위권을 행사하는 방법으로 제3채무자를 상대로 소송을 제기하고 판결을 받은 경우 채권자가 채무자에 대하여 민법 제405조 제1항에 의한 보존행위 이외의 권리행사의 통지, 또는 민사소송법 제84조에 의한 소송고지 혹은 비송사건절차법 제49조 제1항에 의한 법원에 의한 재판상 대위의 허가를 고지하는 방법 등 어떠한 사유로 인하였든 적어도 채권자대위권에 의한 소송이 제기된 사실을 채무자가 알았을 때에는 그 판결의 효력이 채무자에게 미친다고 보아야 한다. 이때 채무자에게도 기판력이 미친다는 의미는 채권자대위소송의 소송물인 피대위채권의 존부에 관하여 채무자에게도 기판력이 인정된다는 것이고, 채권자대위소송의 소송요건인 피보전채권의 존부에 관하여 당해 소송의 당사자가 아닌 채무자에게 기판력이 인정된다는 것은 아니다. 따라서 채권자가 채권자대위권을 행사하는 방법으로 제3채무자를 상대로 소송을 제기하였다가 채무자를 대위할 피보전채권이 인정되지 않는다는 이유로 소각하 판결을 받아 확정된 경우 그 판결의 기판력이 채권자가 채무자를 상대로 피보전채권의 이행을 구하는 소송에 미치는 것은 아니다(대법원 2014. 1. 23. 선고 2011다108095 판결).

변형된 사실관계 | 명의신탁에 있어서 제3자의 범위 |

B는 자신의 아들 C를 시켜 이러한 사실을 전혀 알지 못하는 매도인 D로부터 2013. 12. 5.에 Y건물을 매수하면서 금 4억원을 제공하고 위 Y건물에 대하여 2013. 12. 15. C명의로 이전등기를 경료하도록 하였다. 그 후 E는 2014. 2. 20.에 위 Y건물이 사실상의 소유자는 C의 아버지인 B라는 사실을 잘 알고 있음에도 불구하고, C의 배임행위에 적극 가담하여 E자신의 명의로 이전등기를 경료하였고, 다시 2014. 4. 15.에 E는 이러한 사실을 전혀 알지 못하는 F에게 Y건물을 양도하여 F가 2014. 4. 17.에 이전등기를 경료하였다. 이에 A는 B와 C, E를 전전대위하여 F를 상대로 부당이득반환청구의 소를 제기하였다.

문제 3 이 경우 법원은 어떠한 판단을 하여야 하며, 그 이유는 무엇인가? (15점)

✓ **정답 : 청구인용**

1. 문제의 소재 (2점)

부동산실명법 제4조 제3항의 제3자의 범위

2. 부동산실명법의 제4조 제3항의 제3자 (5점)

부동산실명법 제4조 제3항에 따르면 그 무효는 3자에게 대항하지 못한다고 하여 논란의 여지가 있다. 이 경우 악의 제3자는 보호되지 않는다는 견해가 있으나, 다수의 학설과 판례는 선의·악의를 구분하지 않는다(대법원 2004. 4. 16. 선고 2003다58010 판결). 그렇지만 제3자가 수탁자의 배임행위에 적극 가담한 경우에는 본 법의 제3자에 포함되지 않는다는 것이 학설과 판례의 입장이다(대법원 2004. 8. 30. 선고 2002다48771 판결). 그런데 이에 터잡아 선의로 매수한자도 제3자에 포함되는지 여부에 대하여 문제가 된다.

3. 부동산실명법 제4조 제3항의 제3자의 범위 (5점)

부동산 실권리자명의 등기에 관한 법률(이하 '부동산실명법'이라 한다) 제4조 제3항에서 "제3자"라고 함은 명의신탁 약정의 당사자 및 포괄승계인 이외의 자로서 명의수탁자가 물권자임을 기초로 그와의 사이에 직접 새로운 이해관계를 맺은 사람을 말한다고 할 것이므로, 명의수탁자로부터 명의신탁된 부동산의 소유명의를 이어받은 사람이 위 규정에 정한 제3자에 해당하지 아니한다면 그러한 자로서는 부동산실명법 제4조 제3항의 규정을 들어 무효인 명의신탁등기에 터 잡아 마쳐진 자신의 등기의 유효를 주장할 수 없고, 따라서 그 명의의 등기는 실체관계에 부합하여 유효라고 하는 등의 특별한 사정이 없는 한 무효라고 할 것이고, 등기부상 명의수탁자로부터 소유권이전등기를 이어받은 자의 등기가 무효인 이상, 부동산등기에 관하여 공신력이 인정되지 아니하는 우리 법제 아래서는 그 무효인 등기에 기초하여 새로운 법률원인으로 이해관계를 맺은 자가 다시 등기를 이어받았다면 그 명의의 등기 역시 특별한 사정이 없는 한 무효임을 면할 수 없다고 할 것이므로, 이렇게 명의수탁자와 직접 이해관계를 맺은 것이 아니라 부동산실명법 제4조 제3항에 정한 제3자가 아닌 자와 사이에서 무효인 등기를 기초로 다시 이해관계를 맺은 데 불과한 자는 위 조항이 규정하는 제3자에 해당하지 않는다고 보아야 한다(대법원 2005. 11. 10. 선고 2005다34667 판결).

4. 사안의 해결 (3점)

배임행위에 적극 가담한 경우에는 본 법의 제3자에 포함되지 않는다는 것이 학설과 판례의 입장이고, 이에 터잡아 선의로 매수한자도 제3자에 포함되지 않는다. 따라서 위 청구는 인용된다.

제4문

기초적 사실관계

유통업을 하는 A는 쇼핑센터를 운영할 목적으로 평소 친분이 있는 건설업자 B에게 X건물을 지어달라는 도급계약을 2012. 2. 1.에 체결하고 2012. 8. 1.에 위 건물을 준공하기로 하였다. 계약의 내용으로는 총 공사대금 30억원, 매달 기성금을 지급하기로 하였다. 그러면서 계약당일에 A는 계약금으로 3억원과 선급금으로 2억원을 B에게 제공하였다.

계속된 사실관계 | 부합 |

A로부터 X건물을 도급받은 B는 건축자재업자인 E로부터 벽돌, 철근, 시멘트를 소유권유보부매매를 통해 구입하여 X건물을 2012. 8. 1.에 완공하여 A명의로 보존등기 경료 되었다. 그 후 E가 B에 대하여 위 벽돌, 철근, 시멘트대금 5억원을 구하였으나, B의 자력이 없어 위 대금을 받지 못하게 되자, E는 X건물의 소유자인 A를 상대로 자재대금에 대한 부당이득을 구하는 소를 제기하였다.

문제 1 이 경우 법원은 어떠한 판단을 하여야 하며, 그 이유는 무엇인가? (15점)

1. 문제의 소재 (2점)

① 건물의 신축 및 증축에 사용된 동산이 건물에 부합된 것인지 여부

② 보상청구권 인정여부

2. 건물의 신축 및 증축에 사용된 동산이 건물에 부합된 것인지 여부 (5점)

어떠한 동산이 민법 제256조에 의하여 부동산에 부합된 것으로 인정되기 위해서는 그 동산을 훼손하거나 과다한 비용을 지출하지 않고서는 분리할 수 없을 정도로 부착·합체되었는지 여부 및 그 물리적 구조, 용도와 기능면에서 기존 부동산과는 독립한 경제적 효용을 가지고 거래상 별개의 소유권의 객체가 될 수 있는지 여부 등을 종합하여 판단하여야 하고, 이러한 부동산에의 부합에 관한 법리는 건물의 증축의 경우는 물론 건물의 신축의 경우에도 그대로 적용될 수 있다(대법원 2009. 9. 24. 선고 2009다15602 판결).

3. 보상청구권 인정여부 (5점)

민법 제261조에서 첨부로 법률규정에 의한 소유권 취득(민법 제256조 내지 제260조)이 인정된 경우에 "손해를 받은 자는 부당이득에 관한 규정에 의하여 보상을 청구할 수 있다"라고 규정하고 있는바, 이러한 보상청구가 인정되기 위해서는 민법 제261조 자체의 요건만이 아니라, 부당이득 법리에 따른 판단에 의하여 부당이득의 요건이 모두 충족되었음이 인정되어야 한다. 매도인에게 소유권이 유보된 자재가 제3자와 매수인 사이에 이루어진 도급계약의 이행으로 제3자 소유 건물의 건축에 사용되어 부합된 경우 보상청구를 거부할 법률상 원인이 있다고 할 수 없지만, 제3자가 도급계약에 의하여 제공된 자재의 소유권이 유보된 사실에 관하여 과실 없이 알지 못한 경우라면 선의취득의 경우와 마찬가지로 제3자가 그 자재의 귀속으로 인한 이익을 보유할 수 있는 법률상 원인이 있다고 봄이 상당하므로, 매도인으로서는 그에 관한 보상청구를 할 수 없다(대법원 2009. 9. 24. 선고 2009다15602 판결).

4. 사안의 해결 (3점)

위 사안의 경우 강한부합에 해당되어 민법 제256조 본문이 적용된다. 그래서 E는 A에 대하여 민법 제261조에 의해 보상청구권을 행사할 수 있다. 그러나 A가 도급계약에 의하여 제공된 자재의 소유권이 유보되어 있다는 사실을 과실 없이 알지 못한 경우에는 A는 민법 제249조에 따라 선의취득을 얻게 된다. 결국 E는 A에 대하여 보상청구권을 행사할 수 없다.

추가적 사실관계 | 도급과 동시이행항변권 |

2012. 2. 1. 계약당일에 A는 계약금으로 3억원과 선급금으로 2억원을 제공한 상태에서, 2012. 5. 1. 유통업을 하는 A가 부도를 맞자 B가 공사를 중단하였고, A와 B는 기성공사비가 20억원임을 확인하였다. 이에 B가 A에게 이미 지급받은 5억원 외에 15억원의 미수 공사대금을 청구하자, A는 공사를 한 X건물에 5억원의 하자가 발생하였음을 이유로 미수 공사대금 15억원을 지급할 수 없다고 주장하고 있다.

문제 2 A와 B의 법률관계는 어떻게 되는가? (15점)

1. 문제의 소재 (2점)

도급인이 하자보수청구권을 행사하면서 보수전부지급거절이 가능한지, 하자에 상응하는 부분만

지급거절이 가능한지

2. 하자보수청구권에 의한 동시이행항변권 (5점)

도급은 일의 완성을 목적으로 하는 계약이지만, 비교적 대규모 건설공사인 경우에는 본 사안처럼 일단의 선급금을 지급하고 기성고에 따라 대금을 지급하는 방식이 일반적이다. 이 경우 수급인은 일단 기성고에 따라 공사를 완공하면 그에 따라 도급인에게 그 대금을 청구할 수 있다. 그렇지만 도급인이 대금을 지급하지 못할 현저한 사유가 발생한 경우에는 민법 제536조 제2항에 따라 수급인은 공사를 중단할 수 있다. 이것이 불안의 항변권이다.

3. 도급인이 하자보수청구권을 행사하면서 보수전부지급거절이 가능한지 여부 (5점)

학설은 보수전부지급이 가능하다는 전액지급거절설, 하자에 상응하는 부분만 거절이 가능하다는 입장으로 나누어진다. 판례는 미지급 공사대금에 비해 하자보수비 등이 매우 적은 편이고 하자보수공사가 완성되어도 공사대금이 지급될지 여부가 불확실한 경우, 도급인이 하자보수청구권을 행사하여 동시이행의 항변을 할 수 있는 기성공사대금의 범위는 하자 및 손해에 상응하는 금액으로 한정하는 것이 공평과 신의칙에 부합한다(대법원 2001. 9. 18. 선고 2001다9304 판결).

4. 사안의 해결 (3점)

도급인이 하자보수청구권을 행사하여 동시이행의 항변을 할 수 있는 기성공사대금의 범위는 하자 및 손해에 상응하는 금액으로 한정하는 것이므로 B는 하자가 발생한 부분인 5억원을 제외한 15억원에 대하여 보수청구권을 행사할 수 있다.

변형된 사실관계 | 도급과 계약해제 |

B는 매달 공사를 한 후, A에게 기성금의 지급을 요구하였으나, A가 차일피일 미루고 B가 자신의 자금으로 계속 공사를 시행하여 2012. 7. 1.에 공사의 90%를 완성한 상태이다. B는 계약당일 계약금 3억원과 선급금으로 받은 2억원 외에 기성금을 한푼도 받지 못하자, 2012. 7. 1.에 공사대금의 불이행을 이유로 계약해제를 통고하였다.

문제 3 이 경우 A와 B사이의 계약해제의 효과는 어떻게 되는가? (15점)

1. 문제의 소재 (2점)

건축도급계약이 중도에 해제된 경우의 법률관계

2. 계약해제의 효과 (5점)

해제의 효과와 관련하여 해제의 소급효를 부정하는 청산관계설, 소급효를 인정하는 직접효과설이 있다. 판례는 직접효과설을 채택하고 있다. 그런데 사실상 계속적 거래관계인 건축도급계약에서 소급적으로 채권·채무를 소멸시키게 되면 이미 완공된 건물을 헐어야하는 문제가 발생한다. 결국 건축도급계약에 있어서는 계약해제의 법리가 달리 적용된다.

3. 건축도급계약이 중도에 해제된 경우의 법률관계 (5점)

건축공사도급계약에 있어서 수급인이 공사를 완성하지 못한 상태에서 도급인의 채무불이행을 이유로 계약을 해제한 경우에 공사가 상당한 정도로 진척되어 그 원상회복이 중대한 사회적, 경제적 손실을 초래하게 되고 완성된 부분이 도급인에게 이득이 되는 때에는 도급계약은 미완성부분에 대해서만 실효된다고 볼 것이므로 이 경우 수급인은 해제한 상태 그대로 그 건물을 도급인에게 인도하고 도급인은 인도받은 건물에 대한 보수를 지급하여야 할 의무가 있으며 그 보수의 액수는 다른 특별한 사정이 없는 한 당사자사이에 약정된 총공사비를 기준으로 하여 그 금액에서 수급인이 공사를 중단할 당시의 공사기성고비율에 의한 금액이라 할 것이고 기성고비율은 이미 완성된 부분에 소요된 공사비에다가 미시공 부분을 완성하는데 소요될 공사비를 합친 전체공사비 가운데 이미 완성된 부분에 소요된 비용이 차지하는 비율이라 할 것이다(대법원 1989. 12. 26. 선고 88다카32470 판결).

4. 사안의 해결 (3점)

건축도급계약이 중도에 해제되는 경우, 수급인은 해제한 상태 그대로 그 건물을 도급인에게 인도하고 도급인은 인도받은 건물에 대한 보수를 지급하여야 할 의무가 있다. 따라서 본 사안의 경우, A와 B는 서로 원상회복의무를 부담하게 된다.

계속된 사실관계 | 저당권설정등기청구권 |

건설업자 B는 A와 도급계약을 체결한 후, 계약금과 선급금 일부를 받은 상태에서 자신의 비용과 재료를 들여 공사를 수개월 동안 지속하였고, 위 X건물의 소유권을 A의 소유로 하기로 하는 별도의 특약은 체결되지 않은 상태였다. 한편 B는 쇼핑센터의 지붕과 창문공사를 위하여 C에게 하도급을 주었고, A와 B사이의 도급계약에 따른 내용에 대해서는 C가 알지 못하고 있는 상태였다. 2010. 8. 1.이 공사가 완료된 후, 도급인 A와 B 사이에 위 도급과 관련하여 분쟁이 있었고, 이러한 분쟁은 상당기간을 경과한 2015. 10. 10.경 상고심판결이 확정된 때에이르러 C는 이러한 사실을 알게 되었다. 이에 공사대금을 받지 못한 C는 2017. 2. 20.에 B에대하여 민법 제666조에 따른 저당권설정등기청구권을 구하는 소를 제기하였다.

문제 4 이 경우 법원은 어떠한 판단을 하여야 하며, 그 이유는 무엇인가? (15점)

1. 문제의 소재 (2점)

① 하수급인의 저당권설정등기청구권 인정여부

② 저당권설정등기청구권의 소멸시효

2. 하수급인의 저당권설정등기청구권 (5점)

부동산에 관한 공사도급의 경우에 수급인의 노력과 출재로 완성된 목적물의 소유권은 원칙적으로 수급인에게 귀속되지만 도급인과 수급인 사이의 특약에 의하여 달리 정하거나 기타 특별한 사정이 있으면 도급인이 원시취득하게 되므로, 민법 제666조는 그러한 경우에 수급인에게 목적물에 대한 저당권설정청구권을 부여함으로써 수급인이 목적물로부터 공사대금을 사실상 우선적으로 변제받을 수 있도록 하고 있다. 이에 비추어, 건물신축공사에 관한 도급계약에서 수급인이 자기의 노력과 출재로 건물을 완성하여 소유권이 수급인에게 귀속된 경우에는 수급인으로부터 건물신축공사 중 일부를 도급받은 하수급인도 수급인에 대하여 민법 제666조에 따른 저당권설정청구권을 가진다(대법원 2016. 10. 27. 선고 2014다211978 판결).

3. 저당권설정등기청구권의 소멸시효 (5점)

건물신축공사에서 하수급인의 수급인에 대한 민법 제666조에 따른 저당권설정청구권(이하 '저당권설정청구권'이라 한다)은 수급인이 건물의 소유권을 취득하면 성립하고 특별한 사정이 없는 한 그때부터 권리를 행사할 수 있지만, 건물 소유권의 귀속주체는 하수급인의 관여 없이 도급인과 수급인 사이에 체결된 도급계약의 내용에 따라 결정되고, 더구나 건물이 완성된 이후 소유권 귀속에 관한 법적 분쟁이 계속되는 등으로 하수급인이 수급인을 상대로 저당권설정청구권을 행사할 수 있는지를 객관적으로 알기 어려운 상황에 있어 과실 없이 이를 알지 못한 경우에도 청구권이 성립한 때부터 소멸시효가 진행한다고 보는 것은 정의와 형평에 맞지 않을 뿐만 아니라 소멸시효 제도의 존재이유에도 부합한다고 볼 수 없다. 그러므로 이러한 경우에는 객관적으로 하수급인이 저당권설정청구권을 행사할 수 있음을 알 수 있게 된 때부터 소멸시효가 진행한다(대법원 2016. 10. 27. 선고 2014다211978 판결).

4. 사안의 해결 (3점)

수급인이 자신의 출재와 비용으로 건물을 완성하여 건물의 소유권은 수급인에게 귀속되어 있는 것이고, 하수급인이 그러한 수급인에 대하여 민법 제666조에 따른 저당권설정등기청구권을 행사할 수 있다. 또한 저당권설정청구권은 공사대금채권을 담보하기 위하여 저당권설정등기절차의 이행을 구하는 채권적 청구권으로서 공사에 부수되는 채권에 해당하므로 그 소멸시효기간 역시 3년이라고 보아야 한다. 그렇다면 C의 B에 대한 청구의 소멸시효의 기산점이 문제되는 바, 사안의 내용으로 볼 때 2015. 10. 10.에 C가 그러한 사실을 알게 되었기 때문에 아직 소멸시효가 완성되지 않아 2017. 2. 20.에 제기한 저당권설정등기를 구하는 소는 인용될 수 있다.

추가적 사실관계 | 채권양도와 상계 |

X건물이 완공된 후, A는 C에게 X건물의 일부를 기간은 1년으로, 임대보증금 2억원, 월 100만원으로 하여 2012. 9. 1.에 임대차계약을 체결하였다. 2012. 10. 1.에 C가 D에게 임대차보증금 반환채권을 양도하고 A에게 통지하고 승낙함으로써 대항요건을 갖추게 되었는데, 원래 A는 C에게 2012. 4. 1.에 금 1억 5,000만원을 대여하고 변제일은 2013. 10. 1.로 하는 대여금 채권을 가지고 있었다. 임대차기간이 만료한 2013. 9. 5.에 D가 A에게 양수금채권을 주장하였다.

문제 5 이에 A는 D에 대하여 상계를 주장을 할 수 있는가? (15점)

✓ 정답 : 상계주장 가능함

1. 문제의 소재 (2점)

채권양도 통지와 승낙이 있었을 당시에 채무자가 반대채권을 가지고 있었으나, 그 변제기가 도래하지 아니함으로써 상계적상에 있지 아니한 경우의 문제

2. 상계에 있어서 상계적상 (5점)

무제한설은 반대채권이 변제기가 도래하지 아니하였더라도 상계가 가능하다는 입장이고, 변제기 준설은 반대채권의 변제기가 도래한 경우라야 상계로서 대항할 수 있다는 입장이다.

3. 채권양도 통지와 승낙이 있었을 당시에 채무자가 반대채권을 가지고 있었으나, 그 변제기가 도래하지 아니함으로써 상계적상에 있지 아니한 경우의 문제 (5점)

채권양도에 있어서 채무자가 양도인에게 이의를 보류하지 아니하고 승낙을 하였다는 사정이 없거나 또는 이의를 보류하지 아니하고 승낙을 하였더라도 양수인이 악의 또는 중과실의 경우에 해당하는 한, 채무자의 승낙 당시까지 양도인에 대하여 생긴 사유로써 양수인에게 대항할 수 있다고 할 것인데, 승낙 당시 이미 상계를 할 수 있는 원인이 있었던 경우에는 아직 상계적상에 있지 아니하였다 하더라도 그 후에 상계적상이 생기면 채무자는 양수인에 대하여 상계로 대항할 수 있다(대법원 1999. 8. 20. 선고 99다18039 판결).

4. 사안의 해결 (3점)

A의 C에 대한 반대채권인 대여금채권의 변제기가 아직 도래하지 않았다 하더라도 D가 주장하는 양수금채권과 상계를 주장할 수 있다.

계속된 사실관계 | 원고적격 |

X건물이 완공된 후, A는 C에게 X건물의 일부를 기간은 1년으로, 임대보증금 2억원, 월 100만원으로 하여 2012. 9. 1.에 임대차계약을 체결하였다. 2013. 9. 1.에 C가 D에게 임대차보증금반환채권을 양도하고, 한편 2013. 9. 13.에 C의 채권자인 E가 위 보증금반환채권에 대하여 가압류를 하여 제3채무자인 A에게 2013. 9. 15.에 송달되었다. 그 후에 C가 D에게 보증금반환채권의 양도된 사실을 A에게 통지하고, A에게 2013. 9. 20.에 도달하였다. 2013. 11. 10.에 이르러 E의 C에 대한 압류와 전부가 확정되었고, 그 뒤 2013. 12. 1.에 D는 A를 상대로 양수금지급청구의 소를 제기하자, A는 E의 위 압류 및 전부명령으로 D는 원고적격이 없다고 주장하였다.

문제 6 이 경우 법원은 어떠한 판단을 하여야 하며, 그 이유는 무엇인가? (15점)

✓ **정답 : 피고 A의 본안전 항변(원고적격)은 이유 없음을 판단한 후, 본안에 대하여 판단하여야 함.**

1. 문제의 소재 (2점)

원고적격 인정여부

2. 채권양도와 가압류의 경합시 그 우선여부 (5점)

채권이 이중으로 양도된 경우의 양수인 상호간의 우열은 통지 또는 승낙에 붙여진 확정일자의 선후에 의하여 결정할 것이 아니라, 채권양도에 대한 채무자의 인식, 즉 확정일자 있는 양도통지가 채무자에게 도달한 일시 또는 확정일자 있는 승낙의 일시의 선후에 의하여 결정하여야 할 것이고, 이러한 법리는 채권양수인과 동일 채권에 대하여 가압류명령을 집행한 자 사이의 우열을 결정하는 경우에 있어서도 마찬가지이므로, 확정일자 있는 채권양도 통지와 가압류결정 정본의 제3채무자(채권양도의 경우는 채무자)에 대한 도달의 선후에 의하여 그 우열을 결정하여야 한다(대법원 1994. 4. 26. 선고 93다24223 전원합의체 판결).

3. 원고적격여부 (5점)

급부의 소에 있어서는 원고의 청구자체로서 당사자적격이 판가름되고 그 판단은 청구의 당부의 판단에 흡수되는 것이니, 자기의 급부청구권을 주장하는 자가 정당한 원고이고, 의무자라고 주장된 자가 정당한 피고라 할 것이다(대법원 1994. 6. 14. 선고 94다14797 판결).

4. 사안의 해결(3점)

C의 A에 대한 보증금반환채권을 E가 가압류하여 송달한 날짜는 2013. 9. 15.이고, C의 A에 대한 보증금반환채권의 양도의 통지가 도달된 날짜가 2013. 9. 20.이기 때문에 피고 A의 본안전 항변(원고적격)은 이유 없음을 판단한 후, 본안에 대하여 판단하면 된다.

계속된 사실관계 | 물상보증인의 구상권과 상계 |

2013. 10.경 A는 H은행으로부터 금 5억원을 대출받으며 자신의 친구인 K가 자신의 Y건물을 담보로 제공하여 채권자 H은행, 채무자 A, 물상보증인 K로 하여 근저당권설정등기가 경료되었다. 2014. 2.경 B는 A를 상대로 위 도급계약에 기한 공사대금 3억원을 받지 못하였다고 소송을 제기하여 2014. 5.에 승소판결을 받게 되었다. 한편 2014. 8.에 K는 H은행에 대한 A의

하는 별도의 특약은 체결되지 않은 상태였다. 한편 B는 쇼핑센터의 지붕과 창문공사를 위하여 C에게 하도급을 주었고, A와 B사이의 도급계약에 따른 내용에 대해서는 C가 알지 못하고 있는 상태였다. 2010. 8. 1.이 공사가 완료된 후, 도급인 A와 B 사이에 위 도급과 관련하여 분쟁이 있었고, 이러한 분쟁은 상당기간을 경과한 2015. 10. 10.경 상고심판결이 확정된 때에이르러 C는 이러한 사실을 알게 되었다. 이에 공사대금을 받지 못한 C는 2017. 2. 20.에 B에대하여 민법 제666조에 따른 저당권설정등기청구권을 구하는 소를 제기하였다.

문제 7 이 경우 K의 상계주장은 이유가 있는가? (10점)

✓ **정답 : 이유 없음**

이유 : 타인의 채무를 담보하기 위하여 그 소유의 부동산에 저당권을 설정한 물상보증인이 타인의 채무를 변제하거나 저당권의 실행으로 저당물의 소유권을 잃은 때에는 채무자에 대하여 구상권을 취득한다(민법 제370조, 제341조). 그런데 구상권 취득의 요건인 '채무의 변제'라 함은 채무의 내용인 급부가 실현되고 이로써 채권이 그 목적을 달성하여 소멸하는 것을 의미하므로, 기존 채무가 동일성을 유지하면서 인수 당시의 상태로 종래의 채무자로부터 인수인에게 이전할 뿐 기존 채무를 소멸시키는 효력이 없는 면책적 채무인수는 설령 이로 인하여 기존 채무자가 채무를 면한다고 하더라도 이를 가리켜 채무가 변제된 경우에 해당한다고 할 수 없다. 따라서 채무인수의 대가로 기존 채무자가 물상보증인에게 어떤 급부를 하기로 약정하였다는 등의 사정이 없는 한 물상보증인이 기존 채무자의 채무를 면책적으로 인수하였다는 것만으로 물상보증인이 기존 채무자에 대하여 구상권 등의 권리를 가진다고 할 수 없다(대법원 2019. 2. 14. 선고 2017다274703 판결).

제5문 | 선의취득

A는 2013. 5. 1.에 자신의 X기계를 B에게 소유권유보부매매로 하여 B가 경영하는 공장에 위 X기계를 설치해 주었다. 그런데 B가 위 X기계에 대한 대금을 지급하기로 한 약속을 지키지

못하자, A는 B에 대하여 2013. 9. 10.에 위 매매계약을 해제하였다. 그런데 위 X기계가 설치된 B소유의 공장대지와 건물에 대하여 C가 저당권을 취득하고, C가 저당권을 실행하기 위한 경매를 하면서, 위 공장대지와 건물과 더불어 위 X기계가 저당목적물로 경매목록에 기재되는 바람에 공장저당법에 따라 D가 X기계를 경낙 받게 되었다. 이에 A가 D를 상대로 위 X기계는 자신의 소유라고 주장하며 소를 제기하였고, C에 대하여도 자신의 기계가 경매의 대상이 되어 경매되었음을 주장하며 부당이득을 구하는 소를 제기하였다.

문제 1 이 경우 법원은 어떠한 판단을 하여야 하며, 그 이유는 무엇인가? (20점)

✓ **정답 : A의 D에 대한 소유권 주장은 이유 없음**
A는 C에 대한 부당이득반환청구는 인용

1. 문제의 소재 (2점)

① 경매로 인한 선의취득 인정여부

② 타인의 물건이 경매의 목적물이 되어 경낙인이 선의취득을 한 경우, 부당이득의무의 당사자

2. 양도담보의 법리 (5점)

양도담보에 대하여 신탁적 소유권이전설은 소유권이 양도담보권자에게 무조건 이전한다는 입장으로서, 채권자인 양도담보권자가 제3자에게 목적물을 처분한 경우 제3자의 선의·악의 불문하고 소유권을 취득한다는 입장으로서, 현재 판례의 입장이다. 반면에 담보권설은 양도담보를 하나의 제한물권으로서 구성하는 것으로서 가등기담보등에관한 법률 제4조 제2항이 「청산금을 채무자에게 지급한 때에 목적부동산의 소유권을 취득하며」라는 표현을 볼 때, 양도담보권자라고 하여 즉시 소유권을 취득하는 것은 아니기 때문에 담보권으로 파악하여야 한다는 입장이다.

판례는 주택의 임대차는 그 등기가 없는 경우에도 임차인이 주택의 인도와 주민등록을 마친 때에는 그 익일부터 제3자에 대하여 효력이 생기고, 그 경우 임차주택의 양수인은 임대인의 지위를 승계한 것으로 보게 되나, 이와 같은 대항요건을 갖춘 주택임차인이라고 하더라도 그에 앞서 담보권을 취득한 담보권자에게는 대항할 수 없고, 그러한 경우에는 그 주택임차인은 그 담보권에 기한 환가절차에서 당해 주택을 취득하는 취득자에 대하여도 자신의 임차권을 주장할 수 없다고 할 것인바, <u>이러한 법리는 채무의 담보를 위하여 부동산의 소유권을 이전하는 양도담보의 경우에도 그대로 타당하다</u>(대법원 2001. 1. 5. 선고 2000다47682 판결).

3. 경매로 인한 선의취득의 인정여부 (5점)

집행채무자의 소유가 아닌 경우에도 강제집행절차에서 그 유체동산을 경락받아 경락대금을 납부하고 이를 인도받은 경락인은 특별한 사정이 없는 한 그 소유권을 선의취득한다 할 것인바, 일반채권자가 채무자가 제3자에게 양도담보로 제공한 동산에 대하여 강제집행을 신청하여 배당을 받은 경우, 경락으로 인하여 경락인이 그 소유권을 선의취득의 방법으로 취득하고 이에 따라 양도담보권자는 그 소유권을 상실하게 되는 결과 일반 채권자는 채무자 아닌 제3자 소유의 동산에 대한 경락대금을 배당받음으로써 법률상 원인 없이 이득을 얻고 그로 인하여 양도담보권자는 손해를 입었으므로, 양도담보권자에 대하여 이를 부당이득으로서 반환할 의무가 있다(대법원 1997. 6. 27. 선고 96다51332 판결).

4. 타인의 물건이 경매의 목적물이 되어 경낙인이 선의취득을 한 경우, 부당이득의무의 당사자 (5점)

채무자 이외의 자의 소유에 속하는 동산을 경매한 경매절차에서 그 동산을 경락받아 경락대금을 납부하고 이를 인도받은 경락인이 동산의 소유권을 선의취득한 경우 그 동산의 매득금은 채무자의 것이 아니어서 채권자가 이를 배당을 받았다고 하더라도 채권은 소멸하지 않고 계속 존속하므로, 배당을 받은 채권자는 이로 인하여 법률상 원인 없는 이득을 얻고 소유자는 경매에 의하여 소유권을 상실하는 손해를 입게 되었다고 할 것이니 그 동산의 소유자는 배당을 받은 채권자에 대하여 부당이득으로서 배당받은 금원의 반환을 청구할 수 있고, 이러한 이치는 제3자 소유의 기계·기구가 그의 동의 없이 공장저당법 제4조, 제5조의 규정에 의한 저당권의 목적이 되어 같은 법 제7조의 목록에 기재되는 바람에 공장에 속하는 토지 또는 건물과 함께 일괄 경매되어 경락되고 채권자가 그 기계·기구의 경락대금을 배당받은 경우에도 경락인이 그 기계·기구의 소유권을 선의취득 하였다면 마찬가지라고 보아야 한다(대법원 1998. 6. 12. 선고 98다6800 판결).

5. 사안의 해결 (3점)

동산의 소유자는 배당을 받은 채권자에 대하여 부당이득으로서 배당받은 금원의 반환을 청구할 수 있다. 따라서 본 사안에서는 선의취득을 한 D에 대하여는 그 소유권을 주장할 수 없으나, 채권자인 C에 대하여 부당이득을 구할 수 있다.

제6문

기초적 사실관계 | 임대차에 있어서 연체차임의 소멸시효 |

A는 2003. 2. 11. 자신의 X토지 위의 Y주택을 B에게 보증금 7,000만원, 월 20만원으로 임대하면서 임료는 매월 1일 A의 계좌로 입금해 주기로 하였다. 그런데 B는 Y주택에 입주한 후, 약속한 임료를 단 한 번도 지급하지 않았고, 2014. 3. 20.에 이르러 A는 B에게 임대차계약을 해지하면서 차임 미지급을 이유로 소를 제기하였다. 그러자 B는 위 임료채권은 소멸시효가 완성된다고 주장하며 지급을 거절하자, A는 위 7,000만원의 보증금반환채권과 상계 또는 공제를 주장하였다.

문제 1 A의 이러한 주장은 이유가 있는가? (20점)

1. 문제의 소재 (2점)

임대차에 있어서 연체차임의 소멸시효, 공제여부

2. 연체차임의 소멸시효 기산점 (5점)

소멸시효는 법률행위에 의하여 이를 배제, 연장 또는 가중할 수 없다(민법 제184조 제2항). 그러므로 임대차 존속 중 차임을 연체하더라도 이는 임대차 종료 후 목적물 인도 시에 임대차보증금에서 일괄 공제하는 방식에 의하여 정산하기로 약정한 경우와 같은 특별한 사정이 없는 한 차임채권의 소멸시효는 임대차계약에서 정한 지급기일부터 진행한다.

3. 임대차관계가 계속되는 동안 임대차보증금에서 연체차임을 충당할 수 있는지 여부 (5점)

임대인에게 임대차보증금이 교부되어 있더라도 임대인은 임대차관계가 계속되고 있는 동안에는 임대차보증금에서 연체차임을 충당할 것인지를 자유로이 선택할 수 있다. 따라서 임대차계약 종료 전에는 공제 등 별도의 의사표시 없이 연체차임이 임대차보증금에서 당연히 공제되는 것은 아니고, 임차인도 임대차보증금의 존재를 이유로 차임의 지급을 거절할 수 없다.

임대차보증금은 차임의 미지급, 목적물의 멸실이나 훼손 등 임대차 관계에서 발생할 수 있는 임차인의 모든 채무를 담보하는 것이므로, 차임의 지급이 연체되면 장차 임대차 관계가 종료되었을 때 임대차보증금으로 충당될 것으로 생각하는 것이 당사자의 일반적인 의사이다. 이는 차임채권의 변제기가 따로 정해져 있어 임대차 존속 중 소멸시효가 진행되고 있는데도 임대인이 임대차보증금에서 연체차임을 충당하여 공제하겠다는 의사표시를 하지 않고 있었던 경우에도 마찬가지이다. 더욱이 임대차보증금의 액수가 차임에 비해 상당히 큰 금액인 경우가 많은 우리 사회의 실정에 비추어 보면, 차임 지급채무가 상당기간 연체되고 있음에도, 임대인이 임대차계약을 해지하지 아니하고 임차인도 연체차임에 대한 담보가 충분하다는 것에 의지하여 임대차관계를 지속하는 경우에는, 임대인과 임차인 모두 차임채권이 소멸시효와 상관없이 임대차보증금에 의하여 담보되는 것으로 신뢰하고, 나아가 장차 임대차보증금에서 충당 공제되는 것을 용인하겠다는 묵시적 의사를 가지고 있는 것이 일반적이다(대법원 2016. 11. 25. 선고 2016다211309 판결).

4. 민법 제495조와 상계 및 공제 (5점)

한편 민법 제495조는 "소멸시효가 완성된 채권이 그 완성 전에 상계할 수 있었던 것이면 그 채권자는 상계할 수 있다."라고 규정하고 있다. 이는 당사자 쌍방의 채권이 상계적상에 있었던 경우에 당사자들은 채권·채무관계가 이미 정산되어 소멸하였다고 생각하는 것이 일반적이라는 점을 고려하여 당사자들의 신뢰를 보호하기 위한 것이다. 다만 이는 '자동채권의 소멸시효 완성 전에 양 채권이 상계적상에 이르렀을 것'을 요건으로 하는데, 임대인의 임대차보증금 반환채무는 임대차계약이 종료된 때에 비로소 이행기에 도달하므로, 임대차 존속 중 차임채권의 소멸시효가 완성된 경우에는 소멸시효 완성 전에 임대인이 임대차보증금 반환채무에 관한 기한의 이익을 실제로 포기하였다는 등의 특별한 사정이 없는 한 양 채권이 상계할 수 있는 상태에 있었다고 할 수 없다. 그러므로 그 이후에 임대인이 이미 소멸시효가 완성된 차임채권을 자동채권으로 삼아 임대차보증금 반환채무와 상계하는 것은 민법 제495조에 의하더라도 인정될 수 없지만, 임대차 존속 중 차임이 연체되고 있음에도 임대차보증금에서 연체차임을 충당하지 않고 있었던 임대인의 신뢰와 차임연체 상태에서 임대차관계를 지속해 온 임차인의 묵시적 의사를 감안하면 연체차임은 민법 제495조의 유추적용에 의하여 임대차보증금에서 공제할 수는 있다(대법원 2016. 11. 25. 선고 2016다211309 판결).

5. 사안의 해결 (3점)

임대차 존속 중 차임이 연체되고 있음에도 임대차보증금에서 연체차임을 충당하지 않고 있었던 임대인의 신뢰와 차임연체 상태에서 임대차관계를 지속해 온 임차인의 묵시적 의사를 감안하면 연체차임은 민법 제495조의 유추적용에 의하여 임대차보증금에서 공제할 수는 있다. 따라서 B는 위 임료채권은 소멸시효가 완성되었다고 지급을 거절할 수 없으며, A는 위 7,000만원의 보증금반환채권과 공제를 주장할 수 있다.

계속된 사실관계 | 공동임대인과 해지 |

A가 B를 상대로 2014. 3. 20.에 밀린 임료를 이유로 소를 제기하자, B는 밀린 임금 전액을 모두 A에게 변제하였고, 서로 합의하여 2014. 5. 10.까지 주택을 비워주기로 하고 위 Y주택으로부터 B는 약속한 날짜에 퇴거를 하고 마무리가 되었다. 한편 A는 다시 위 Y주택을 2014. 5. 30.에 C에게 임대하면서 자신의 Y주택과 인접해 있는 Z건물을 묶어서 임대하기로 하고, Y주택과 Z건물에 대하여 하나의 임대차계약서를 작성하고 임대하였다. 그 후 급전이 필요한 A는 2014. 8. 25.에 위 Z건물만을 D에게 매도하고 그 다음날 D명의로 이전등기를 경료하여 임대인의 지위를 승계하였다. 그런데 C가 임료를 계속 연체하자, D는 C를 상대로 임대차계약의 해지를 구하는 소를 법원에 제기하였다.

문제 2 이 경우 법원은 어떠한 판단을 하여야 하며, 그 이유는 무엇인가? (10점)

✓ **정답 : 소 기각**

이유 : 민법 제547조 제1항은 "당사자의 일방 또는 쌍방이 수인인 경우에는 계약의 해지나 해제는 그 전원으로부터 또는 전원에 대하여 하여야 한다."라고 규정하고 있으므로, 여러 사람이 공동임대인으로서 임차인과 하나의 임대차계약을 체결한 경우에는 민법 제547조 제1항의 적용을 배제하는 특약이 있다는 등의 특별한 사정이 없는 한 공동임대인 전원의 해지의 의사표시에 따라 임대차계약 전부를 해지하여야 한다. 이러한 법리는 임대차계약의 체결 당시부터 공동임대인이었던 경우뿐만 아니라 임대차목적물 중 일부가 양도되어 그에 관한 임대인의 지위가 승계됨으로써 공동임대인으로 되는 경우에도 마찬가지로 적용된다(대법원 2015. 10. 29. 선고 2012다5537 판결).

계속된 사실관계 | 소유자 아닌 자와 체결한 임대차 |

A가 B를 상대로 2014. 3. 20.에 밀린 임료를 이유로 소를 제기하자, B는 밀린 임금 전액을 모두 A에게 변제하였고, 서로 합의하여 2014. 5. 10.까지 주택을 비워주기로 하고 위 Y주택으로부터 B는 약속한 날짜에 퇴거를 하고 마무리가 되었다. 한편 A는 2014. 6. 20.에 위 Y주택을 2억원에 매수하겠다고 나타난 E에게 2014. 6. 25.에 2억원에 위 Y주택을 매도하고, 당일 계약금 2,000만원을 수수한 후, 중도금 1억원은 7월 말까지, 잔금 8,000만원은 8월말까지 지급받

기로 약정하였다. 그런데 중도금 지급일 전이 2014. 7. 15.에 E가 중도금 1억원을 지급하고 우선하여 Y주택의 인도를 A에게 부탁하자, A는 위 Y주택을 E에게 인도해 주었다. 한편 Y주택을 인도받은 E는 이를 2014. 8. 10.에 H에게 임대하여 H는 그 다음날 주택을 인도받고 주민등록과 확정일자를 받았다. 그런데 E가 A에게 위 잔대금 8,000만원을 약속한 날짜인 8월 말까지 지급하지 아니하자, 상당한 기간을 최고한 후 E를 상대로 계약해제를 구하고, H를 상대로 Y주택에서 퇴거를 구하는 소를 제기하였다.

문제 3 이 경우 법원은 어떠한 판단을 하여야 하며, 그 이유는 무엇인가? (15점)

1. 문제의 소재 (2점)

① 소유자 아닌 자와 체결한 임대차계약의 효력

② 주택임대차보호법의 대항력

③ 매매계약의 해제

2. 소유자 아닌 자와 체결한 임대차계약의 효력 (5점)

주택임대차보호법이 적용되는 임대차로서는 반드시 임차인과 주택의 소유자인 임대인 사이에 임대차계약이 체결된 경우에 한정된다고 할 수는 없고, 주택의 소유자는 아니지만 주택에 관하여 적법하게 임대차계약을 체결할 수 있는 권한(적법한 임대권한)을 가진 임대인과 임대차계약이 체결된 경우도 포함된다(대법원 2008. 4. 10. 선고 2007다38908,38915 판결).

3. 주택임차인의 대항력과 매매계약의 해제 (5점)

매매계약의 이행으로 매매목적물을 인도받은 매수인은 그 물건을 사용·수익할 수 있는 지위에서 그 물건을 타인에게 적법하게 임대할 수 있으며, 이러한 지위에 있는 매수인으로부터 매매계약이 해제되기 전에 매매목적물인 주택을 임차하여 주택의 인도와 주민등록을 마침으로써 주택임대차보호법 제3조 제1항에 의한 대항요건을 갖춘 임차인은 민법 제548조 제1항 단서에 따라 계약해제로 인하여 권리를 침해받지 않는 제3자에 해당하므로 임대인의 임대권원의 바탕이 되는 계약의 해제에도 불구하고 자신의 임차권을 새로운 소유자에게 대항할 수 있다(대법원 2008. 4. 10. 선고 2007다38908,38915 판결).

4. 사안의 해결 (3점)

H를 상대로 주택에서 퇴거를 구할 수 없다.

제7문 | 착오취소와 매도인의 담보책임의 경합

A는 2018. 5. 10. 화랑을 경영하는 B로부터 3점의 서화를 금 2억원에 매수하는 매매계약을 체결하였다. A와 B는 매매계약시 각 서화가 전부나 일부가 위작으로 밝혀진 경우 A는 B에 대하여 그 위작으로 판명된 작품의 경우 매매계약을 해제하거나 취소할 수 있고, B는 그에 따른 서화를 반환받음과 동시에 그 대금을 반환하기로 하는 특약을 맺었다. 그런데 A가 위 작품들을 2018. 5. 20. 인도받아 2018. 5. 25.에 감정을 받아본 결과, 일부의 작품이 위작으로 밝혀지게 되었고, 이에 A는 B에 대하여 2019. 5. 10.에 그 위작의 매매에 대하여 중요부분의 착오가 있었음을 이유로 취소를 구하였다. 이에 B는 A에 대하여 위 매매의 목적물에 하자가 있었기 때문에 하자담보책임을 물을 수 있는 것으로 착오취소를 구할 수 없다고 다투면서 그 하자담보책임의 제척기간의 도과로 이를 다툴 수 없다고 주장하였다.

문제 1 B의 이러한 주장은 타당한가? (15점)

✓ **정답 : 구할 수 있다.**

1. 문제의 소재 (2점)

착오취소와 매도인의 담보책임

2. 하자있는 물건의 매수인의 담보책임과 착오취소의 경합에 관한 견해의 대립 (5점)

하자있는 물건의 매수인이 취할 수 있는 구제방법은 담보책임과 착오취소가 있다. ①경합을 부정하는 입장에서는 담보책임이 성립하는 범위에서 착오취소의 규정은 배제되고 오직 담보책임의 규정만이 적용된다는 입장이다. ②경합을 인정하는 입장에서는 담보책임이 성립하더라도 착오취소의 규정이 적용된다는 입장이다. 위 문제의 논의의 실익은 담보책임의 제척기간이 도과한 후에도 착오취소를 인정하게 됨으로써 매수인을 두텁게 보호할 수 있기 때문이다. 즉 민법 제582조의 하자담보책임의 제척기간인 6개월이 경과한 후에도 착오취소를 주장하여 부당이득반환을 구할 수 있기 때문이다.

3. 하자있는 물건의 매수인의 담보책임과 착오취소의 경합 (5점)

민법 제109조 제1항에 의하면 법률행위 내용의 중요 부분에 착오가 있는 경우 착오에 중대한 과실이 없는 표의자는 법률행위를 취소할 수 있고, 민법 제580조 제1항, 제575조 제1항에 의하면 매매의 목적물에 하자가 있는 경우 하자가 있는 사실을 과실 없이 알지 못한 매수인은 매도인에 대하여 하자담보책임을 물어 계약을 해제하거나 손해배상을 청구할 수 있다. 착오로 인한 취소 제도와 매도인의 하자담보책임 제도는 취지가 서로 다르고, 요건과 효과도 구별된다. 따라서 매매계약 내용의 중요 부분에 착오가 있는 경우 매수인은 매도인의 하자담보책임이 성립하는지와 상관없이 착오를 이유로 매매계약을 취소할 수 있다(대법원 2018. 9. 13. 선고 2015다78703 판결).

4. 사안의 해결 (3점)

A는 B에 대하여 착오를 이유로 취소를 구할 수 있다. 따라서 위작을 B에게 반환하고 그 대금을 부당이득으로 구할 수 있다.

• 제 2 장 •

제1문

기초적 사실관계

A는 2002. 12. 10.에 B와의 사이에서 신용보증약정을 체결하였고, 한편 B는 A가 발행한 신용보증서를 가지고 2002. 12. 12. 甲은행으로부터 금 1억원을 대출받았다. 그 후 B가 위 대출금을 변제하지 못하자, A는 甲은행에 1억원을 대위하여 변제하였다. 그리고 A가 B를 상대로 구상금청구소송을 제기하여 승소판결을 받았다. 한편 C는 2003. 2. 1.에 B에게 1억원을 대여하면서 변제일은 2003. 8. 1. 이자는 년 20%로 하기로 하였는데, B가 위 약정한 날에 변제를 하지 아니하자, C는 B가 소유하고 있는 서울 종로의 X주택에 대하여 2003. 10. 10.에 가압류신청을 하여, 기입등기가 같은 달 10. 12.에 B에게 송달되었다. 또한 D는 2004. 2. 20.에 위 X주택에 대하여 채무자 B, 채권최고액 4억원으로 하는 근저당권설정계약을 체결하고, 이에 기한 근저당권설정등기를 2004. 2. 20.에 경료하면서, 대출금 2억원을 B에게 제공하고, 이자는 년 3.5%로, 지연이자는 년 15%로 하기로 하였다. 또한 E는 2004. 3. 30.에 위 X주택의 3층 부분을 B로부터 기간은 2년으로 하여 보증금 3,000만원으로 임대하여 2004. 4. 1.에 주택을 인도받고 다음날 주민등록을 마쳤다.

계속된 사실관계 | 가압류 후에 설정된 근저당권/근저당권의 피담보채권의 확정시기 |

A는 2004. 5. 10.에 B에 대하여 위 대위변제로 인한 구상금청구소송의 승소판결을 집행권원으로 하여 위 X주택에 대하여 강제경매를 신청하여 2004. 5. 12.자 경매개시결정이 되고, 2004. 5. 13.에 기입등기가 경료 되었다. 그런데 D는 2004. 6. 10.에 B에게 위 근저당권에 기해 금 2억원을 추가로 대여하였고, 그 후 A가 신청한 경매절차가 진행되어 2004. 10. 10.에 F가 대금을 납부하고 경낙을 받게 되었으며, 그 매각으로 인한 총 매각대금이 4억 5,000만원으로 확인되었다. 뿐만 아니라, C와 E도 배당에 참가하였다(이자는 고려하지 말 것).

문제 1 이 경우 A, C, D, E의 법률관계는 어떻게 되는가? (25점)

1. 문제의 소재 (2점)

① A는 대위변제자, C는 가압류채권자, D는 근저당권자, E는 주택임대차보호법상의 소액임차인

으로서의 법적 지위
② 근저당권의 소멸주의
③ 가압류 후에 설정된 근저당권의 효력(가압류의 상대적 효력)
④ 선순위 근저당권의 피담보채권의 확정시기
⑤ 임차인도 임차기간 만료 전에 경매가 진행되는 경우 배당에 참여할 수 있는지 여부

2. 근저당권의 소멸주의 (5점)

민사집행법 제91조 제2항은 "매각 부동산 위의 모든 저당권은 매각으로 소멸한다"고 하여 소멸주의를 규정하고 있다. 따라서 A의 경매신청으로 D명의의 근저당권은 당연히 소멸하게 된다.

3. 가압류에 후에 설정된 근저당권의 효력 (5점)

가압류(압류)의 효력에 대하여 상대적 효력을 인정하고 있다. 따라서 채권자가 가압류를 하였더라도 채무자는 가압류 부동산을 타인에게 매각할 수 있고 근저당권을 설정할 수 있다. 다만 가압류의 범위 내에서 그 효력을 인정할 수 없다. 그런데 가압류 후에 근저당권이 설정된 경우, 가압류채권자와 근저당권과의 관계가 문제된다.

이에 대하여 판례는 가등기담보권자는 그 담보가등기가 경료된 부동산에 대하여 경매 등이 개시된 경우에 다른 채권자보다 자기 채권에 대하여 우선변제를 받을 권리가 있다고 할 것이고 이 경우 그 순위에 관하여는 그 담보가등기권리를 저당권으로 보고 그 담보가등기가 경료된 때에 저당권설정등기가 행해진 것으로 보게 되므로, 가등기담보권에 대하여 선순위 및 후순위 가압류채권이 있는 경우 부동산의 경매에 의한 매득금 중 경매비용을 제외한 나머지 금원을 배당함에 있어 가등기담보권자는 선순위 가압류채권에 대하여는 우선변제권을 주장할 수 없어 그 피담보채권과 선순위 및 후순위 가압류채권에 대하여 1차로 채권액에 따른 안분비례에 의하여 평등배당을 하되, 담보가등기권자는 위 후순위 가압류채권에 대하여는 우선변제권이 인정되어 그 채권으로부터 받을 배당액으로부터 자기의 채권액을 만족시킬 때까지 이를 흡수하여 변제받을 수 있으며 선순위와 후순위 가압류채권이 동일인의 권리라 하여 그 귀결이 달라지는 것이 아니다(대법원 1992. 3. 27. 선고 91다44407 판결).

4. 후순위 근저당권자(일반채권자)의 경매신청에 의한 선순위 근저당권자의 피담보채권액의 확정시기 (5점)

1) 경매개시결정시설

후순위 근저당권자나 일반채권자가 경매를 신청하는 경우에 있어서 선순위 근저당권자의 피담보

채권의 확정시기는 경매개시결정시라는 입장이다.

2) 대금납부시설

후순위 근저당권자나 일반채권자가 경매를 신청하는 경우에 있어서 선순위 근저당권자의 피담보채권의 확정시기는 경낙인이 매수대금을 납부한 시기라는 입장이다.

3) 판례의 입장

당해 근저당권자는 저당부동산에 대하여 경매신청을 하지 아니하였는데 다른 채권자가 저당부동산에 대하여 경매신청을 한 경우 민사소송법 제608조 제2항, 제728조의 규정에 따라 경매신청을 하지 아니한 근저당권자의 근저당권도 경락으로 인하여 소멸하므로, 다른 채권자가 경매를 신청하여 경매절차가 개시된 때로부터 경락으로 인하여 당해 근저당권이 소멸하게 되기까지의 어느 시점에서인가는 당해 근저당권의 피담보채권도 확정된다고 하지 아니할 수 없는데, 그 중 어느 시기에 당해 근저당권의 피담보채권이 확정되는가 하는 점에 관하여 우리 민법은 아무런 규정을 두고 있지 아니한바, 부동산 경매절차에서 경매신청기입등기 이전에 등기되어 있는 근저당권은 경락으로 인하여 소멸되는 대신에 그 근저당권자는 민사소송법 제605조가 정하는 배당요구를 하지 아니하더라도 당연히 그 순위에 따라 배당을 받을 수 있고, 이러한 까닭으로 선순위 근저당권이 설정되어 있는 부동산에 대하여 근저당권을 취득하는 거래를 하려는 사람들은 선순위 근저당권의 채권최고액 만큼의 담보가치는 이미 선순위 근저당권자에 의하여 파악되어 있는 것으로 인정하고 거래를 하는 것이 보통이므로, 담보권 실행을 위한 경매절차가 개시되었음을 선순위 근저당권자가 안 때 이후의 어떤 시점에 선순위 근저당권의 피담보채무액이 증가하더라도 그와 같이 증가한 피담보채무액이 선순위 근저당권의 채권최고액 한도 안에 있다면 경매를 신청한 후순위 근저당권자가 예측하지 못한 손해를 입게 된다고 볼 수 없는 반면, 선순위 근저당권자는 자신이 경매신청을 하지 아니하였으면서도 경락으로 인하여 근저당권을 상실하게 되는 처지에 있으므로 거래의 안전을 해치지 아니하는 한도 안에서 선순위 근저당권자가 파악한 담보가치를 최대한 활용할 수 있도록 함이 타당하다는 관점에서 보면, 후순위 근저당권자가 경매를 신청한 경우 선순위 근저당권의 피담보채권은 그 근저당권이 소멸하는 시기, 즉 경락인이 경락대금을 완납한 때에 확정된다고 보아야 한다(대법원 1999. 9. 21. 선고 99다26085 판결).

5. 소액임차인의 법적 지위 (5점)

주택임대차보호법상의 소액임차인으로서 보호를 받기 위해서는 소액임차인은 경매신청의 등기 전에 주택을 인도받고 주민등록을 갖추어야 한다(주택임대차보호법의 제8조 제1항). 일반적으로 근저당권이 설정된 후에 주택임대차보호법상의 대항력을 갖춘 경우에는 보호를 받을 수 없으나, E가 서울 종로에 보증금 3,000만원의 소액임차인으로 주택임대차보호법 제8조의 소액임차인에 해당되어 보증금 중 일정액에 우선변제를 받을 수 있다. 결국 E는 경매신청의 등기 전에 주택을 인도받고 주민등록의 요건을 갖추었다고 볼 수 있기 때문에, 소액임차인으로서 최우선변제를 받을 수 있다. 또한 소액임차인은 민사집행법 제88조 제1항의 배당요구신청자이기 때문에 배당요구종기일 전에 배당요구를 하여야 한다(대법원 2002. 1. 22. 선고 2001다70702 판결). 또한 주택인도 및 주민등록의 대항요건은 배당요구종기일까지 유지되고 있어야 한다(대법원 2007. 6. 14. 선고 2007다17475 판결).

6. 사안의 해결 (3점)

위 사안의 경매절차의 결과 매각대금은 총 4억 5,000만원에 불과하다. A의 채권액은 1억원, C의 가압류채권액도 1억원, D의 피담보채권액은 4억원, 소액임차인의 보증금액수는 3,000만원이다.

우선 소액임차인이 최우선으로 일정금액의 보증금의 반환을 받게 된다.

그리고 선행 가압류채권자와 근저당권자는 비례하여 평등하여 안분배당을 받게 된다. 이때 경매를 신청한 A는 D에게 근저당권의 피담보채권의 확정시기를 경매개시결정일이라고 주장해 볼 수 있으나, 판례는 대금납부일로 보고 있기 때문에 A의 주장은 받아 들여 질 수 없다. 결국 A는 배당금이 전혀 없을 수 있다.

결국 A는 0원, C는 7,000만원, D는 3억 5,000만원, E는 3,000만원을 배당받게 된다.

계속된 사실관계 | 근저당권의 이행기와 결산기 |

A가 B에게 구상금청구소송을 제기하자, B는 즉시 위 구상금채무 1억원을 변제하였고, B는 C에 대한 위 가압류채무도 모두 변제하였다. 한편 E의 2006. 3. 30.에 위 X주택의 3층 부분에 대한 임대기간이 만료되어 B는 E에게 보증금 3,000만원을 반환하였다. 그런데 위 D의 근저당권은 말소되지 아니한 채, B는 계속하여 이자만 지급하여 오다가 2017. 2.경에 B가 D를 상대로 위 근저당권에 기한 피담보채무 2억원이 소멸시효 완성으로 소멸하였다는 이유로 근저당권설정등기의 말소를 구하면서, 근저당권설정계약에서 결산기를 장래 지정형으로 정하였으므로, 그 피담보채무는 기한을 정하지 않은 채무로서 채권의 발생과 동시에 소멸시효가 진행된다고 주장하였다.

문제 2 B의 주장은 이유가 있는가? (10점)

✓ 정답 : 이유 없다.

1. 문제의 소재 (2점)

근저당권에 있어서 결산기와 이행기의 구별

2. 근저당권의 결산기와 이행기 (5점)

근저당권은 담보할 채권의 최고액만을 정하고 채무의 확정을 장래에 유보하여 설정하는 저당권을 말한다. 근저당권설정계약이나 기본계약에서 결산기를 정하거나 근저당권의 존속기간이 있는 경우라면 원칙적으로 결산기가 도래하거나 존속기간이 만료한 때에 피담보채무가 확정된다. 여기에서 결산기의 지정은 일반적으로 근저당권 피담보채무의 확정시기와 방법을 정한 것으로서 피담보채무의 이행기에 관한 약정과는 구별된다.

근저당권의 존속기간이나 결산기를 정하지 않은 때에는 피담보채무의 확정방법에 관한 다른 약정이 있으면 그에 따르고, 이러한 약정이 없는 경우라면 근저당권설정자가 근저당권자를 상대로 언제든지 계약 해지의 의사표시를 함으로써 피담보채무를 확정시킬 수 있다(대법원 2017. 10. 31. 선고 2015다65042 판결).

3. 사안의 해결 (3점)

B의 주장은 이유가 없다. 근저당권설정에 있어서 결산기는 피담보채무의 확정시기에 관한 약정일 뿐, 그 이행기에 관한 약정이 아니기 때문에 소멸시효 기산일에 관한 B의 주장은 타당하지 않다.

변형된 사실관계 | 근저당권과 배당 |

A는 2004. 5. 10.에 B에 대하여 위 대위변제로 인한 구상금청구소송의 승소판결을 집행권원으로 하여 위 X주택에 대하여 강제경매를 신청하여 2004. 5. 12.자 경매개시결정이 되고, 2004. 5. 13.에 기입등기가 경료되었다. 한편 C는 위 1억원의 대여금채권에 기한 가압류에 기하여 채권계산서를 법원에 제출하여 배당절차에 가입을 하였지만, D는 2004. 2. 20.자 대출금 2억원에 대해서는 채권계산서를 제출하였으나, 2004. 6. 10.자 대출금 2억원에 대해서는 배당표가 확정이 될 때까지 채권계산서를 제출하지 않았고, 배당절차가 종료되었다. 한편 법원은 배당표를 작성한 후, A와 C, 그리고 D의 2억원, E에게 배당을 하고 종결하였다. 이에 D는 A와 C, E에게 자신은 근저당권자로서 이미 채권최고액의 피담보채권이 등기부상 기입이 되었

기 때문에, A와 C, E가 자신의 배당받을 몫에 대하여 부당하게 이득을 얻었다고 주장하며, A와 C, E를 상대로 부당이득반환청구의 소를 제기하였다.

문제 3 이 경우 법원은 어떠한 판단을 하여야 하며, 그 이유는 무엇인가? (15점)

✓ **정답 : 청구기각**

1. 문제의 소재 (2점)

근저당권의 배당

2. 민사집행법 제84조의 배당요구종기와 민사집행법 제88조의 배당요구채권자 (5점)

1) 배당요구를 하여야 하는 자

민사집행법 제84조 제1항은 "경매개시결정에 따른 압류의 효력이 생긴 때에는 집행법원은 절차에 필요를 감안하여 배당요구할 수 있는 종기를 첫 매각기일 이전의 이전으로 정하여야 한다. 이때 배당요구를 하여야 배당을 받을 수 있는 자는, ①집행력 있는 정본을 가진 채권자 ②경매개시결정이 된 뒤에 가압류를 한 채권자 ③민법·상법 그 밖의 법률에 의하여 우선변제권이 있는 채권자이다. 특히 주택임대차보호법상의 임차인, 상가건물임대차보호법상의 임차인, 임금채권자 등은 ③에 해당되어 반드시 배당요구를 하여야 한다.

2) 배당요구를 하지 않아도 배당받을 수 있는 자

①배당요구 종기까지 경매신청을 한 압류채권자(민사집행법 제148조 제1호) ②첫 경매개시결정 등기 전에 등기된 가압류채권자(민사집행법 제148조 제3호) ③저당권·전세권, 그 밖의 우선변제권으로서 첫 경매개시결정 전에 등기되었고, 매각으로 소멸하는 것을 가진 채권자(민사집행법 제148조 제4호). 이들도 최종 배당을 받기 위해서는 배당절차에서 따로 채권계산서를 반드시 제출하여야 한다.

3. 근저당권에 의한 배당과 부당이득 (5점)

담보권의 실행을 위한 경매절차에서 경매신청채권자에 우선하는 근저당권자는 배당요구를 하지 아니하더라도 당연히 등기부상 채권최고액의 범위 내에서 그 순위에 따른 배당을 받을 수 있으므로, 그러한 근저당권자가 채권계산서를 제출하지 않았다고 하더라도 배당에서 제외할 수 없고, 또한 그 근저당권자가 경락기일 전에 피담보채권액에 관한 채권계산서를 제출한 경우에도 그 후 배당표가 작성될 때까지는 피담보채권액을 보정하는 채권계산서를 다시 제출할 수 있으며, 이 경우 배당법원으로서는 특별한 사정이 없는 한 배당표 작성 당시까지 제출된 채권계산서와 증빙 등에 의하여 그 근저당권자가 채권최고액의 범위 내에서 배당받을 채권액을 산정하여야 한다.

담보권의 실행을 위한 경매절차에서 경매신청채권자에 우선하는 근저당권자가 경락기일 전에 피담보채권액에 관한 채권계산서를 제출하거나 그 후 배당표가 작성될 때까지 이를 보정함으로써 그에 따라 배당표가 확정되고, 그 확정된 배당표에 의하여 배당이 실시되었다면, 채권계산서를 전혀 제출하지 아니하여 등기부상 채권최고액을 기준으로 하여 배당하여야 할 경우와는 달리, 제출 또는 보정된 채권계산서상의 채권액을 기준으로 하여 배당할 수밖에 없고, 신고된 채권액을 초과하여 배당할 수는 없는 만큼, 배당할 금액에서 선순위 근저당권자가 미처 청구하지 못함으로 인하여 그에게 배당되지 아니한 피담보채권 중 일부에 해당하는 금액이 후순위 채권자 등에게 배당되었다 하더라도, 이를 법률상 원인이 없는 것이라고 볼 수는 없다(대법원 2000. 9. 8. 선고 99다24911 판결).

4. 사안의 해결 (3점)

D는 배당절차가 종료될 때까지 추가 대출한 2억원의 채권계산서를 제출하지 않았기 때문에 배당에서 제외된다. 결국 D의 A, C, E에 대한 부당이득반환청구의 소는 인용될 수 없다.

제2문

기초적 사실관계 | 공동저당권과 법정지상권 |

A는 자신의 X토지 위에 Y주택을 소유하고 있었는데, 그 후 A는 B로부터 금 2억원을 차용하면서 위 X토지와 Y주택을 B에게 2010. 3. 10.에 공동저당권을 설정해 주었다. 그 후에 2011. 2. 20. A는 위 Y주택을 헐고 그 위에 3층 건물인 Z건물을 신축하기 시작하여 2012. 5. 경에 이를 완공하였다. 그런데 A가 B에 대하여 위 근저당권에 기한 피담보채권을 변제하지 아니하자, B가 2012. 6. 20.에 위 X토지에 대해서만 임의경매를 신청하고, C가 이를 경낙 받게 되었다. 한편 위 X토지를 경낙 받은 C는 위 X토지 위에 신축된 Z건물이 원래 A의 Y주택과 동일성이

없이 새로이 신축된 것으로서, A에게 위 Z건물에 대한 권원이 없다고 주장하면서 건물철거 소송을 제기하였다.

문제 1 이 경우 법원은 어떠한 판단을 하여야 하며, 그 이유는 무엇인가? (15점)

1. 문제의 소재 (2점)

공동저당권과 법정지상권

2. 건물이 철거된 후 신축된 경우에도 법정지상권이 인정되는지 여부 (5점)

저당물의 경매로 인하여 토지와 그 지상건물이 다른 소유자에게 속한 경우에는 그 토지소유자는 건물소유자에 대하여 지상권을 설정한 것으로 본다(민법 제366조). 그런데 관례는 지상에 건물이 있는 상태에서 토지에 대해서만 저당권을 설정한 후, 그 토지 위에 있던 건물이 철거되고 새로운 건물이 신축된 경우에도 경매로 인하여 토지와 건물이 서로 다른 소유자에게 속한 경우에는 제한된 범위에서 법정지상권을 인정하고 있다(대법원 2001. 3. 13. 2000다48517 판결).

3. 공동저당권과 법정지상권 (5점)

판례는 동일인의 소유에 속하는 토지 및 그 지상 건물에 관하여 공동저당권이 설정된 후 그 지상 건물이 철거되고 새로 건물이 신축된 경우에는 그 신축건물의 소유자가 토지의 소유자와 동일하고 토지의 저당권자에게 신축건물에 관하여 토지의 저당권과 동일한 순위의 공동저당권을 설정해 주는 등 특별한 사정이 없는 한 저당물의 경매로 인하여 토지와 그 신축건물이 다른 소유자에 속하게 되더라도 그 신축건물을 위한 법정지상권은 성립하지 않는다고 하였다(대법원 2003. 12. 18. 선고 98다43601 전원합의체 판결). 그 이유는 ①동일인의 소유에 속하는 토지 및 그 지상 건물에 관하여 공동저당권이 설정된 경우에는, 처음부터 지상 건물로 인하여 토지의 이용이 제한 받는 것을 용인하고 토지에 대하여만 저당권을 설정하여 법정지상권의 가치만큼 감소된 토지의 교환가치를 담보로 취득한 경우와는 달리, 공동저당권자는 토지 및 건물 각각의 교환가치 전부를 담보로 취득한 것으로서, 저당권의 목적이 된 건물이 그대로 존속하는 이상은 건물을 위한 법정지상권이 성립해도 그로 인하여 토지의 교환가치에서 제외된 법정지상권의 가액 상당 가치는 법정지상권이 성립하는 건물의 교환가치에서 되찾을 수 있어 궁극적으로 토지에 관하여 아무런 제한이 없는 나대지로서의 교환가치 전체를 실현시킬 수 있다고 기대하지만, 건물이 철거된 후 신축된 건물에 토지와 동순위의 공동저당권이 설정되지 아니 하였는데도 그 신축건물을 위한 법정지상권이 성립한다고 해석하게 되면, 공동저당권자가 법정지상권이 성립하는 신축건물의 교환가치를 취득할 수 없게 되는 결과 법정지상권의 가액 상당 가치를 되찾을 길이 막혀 위와 같이 당초 나대지로서의 토지의 교환가치 전체를 기대하여 담보를 취득한 공동저당권자에게 불측의 손해를 입게 하기 때문이라고 밝히고 있다.

4. 사안의 해결 (3점)

동일인 소유의 토지와 그 지상 건물에 관하여 공동저당권이 설정된 후 그 건물이 철거되고 다른 건물이 신축된 경우, 저당물의 경매로 인하여 토지와 신축건물이 서로 다른 소유자에게 속하게 되면 민법 제366조 소정의 법정지상권이 성립하지 않는다. 따라서 Z건물에 대한 A의 법정지상권이 인정되지 아니하므로 C의 위 청구는 인용된다.

추가된 사실관계 | 공동저당권과 대위변제 |

위 소송절차 후, 어떠한 결과에 의하여 A는 위 Z건물을 계속 보유할 수 있는 상황이 되었다. A와 C가 사이가 좋아진 후, C가 A를 찾아와 자신이 금 3억원이 필요하다고 하면서, 자신의 X토지와 A소유의 Z건물을 공동으로 담보로 제공해 줄 것을 부탁하였고, 이에 A는 C가 甲은행으로부터 금 3억원을 차용하는데 대하여 자신의 Z건물(가격 3억원)을 담보로 제공해 주고, 동시에 C소유의 X토지(가격 2억원)에 대해서도 같이 2013. 2. 1.자 공동저당권을 설정해 주었다. 그 후 A 자신도 F로부터 금 5,000만원을 차용하면서 Z건물에 대하여 F명의로 2013. 3. 10.에 2순위 근저당권을 설정해 주었고, 또한 C도 G로부터 금 7,000만원을 차용하면서, 위 X토지에 대하여 2013. 4. 10.에 2순위 근저당권을 G명의로 설정해 주었다. 그 후에 C가 甲은행에 위 저당권에 기한 피담보채무를 변제하지 않자, 甲은행이 위 Z건물에 대해서 경매를 신청하여 채권의 만족을 얻고자 하였다.

문제 2 이 경우 그 채권만족의 순서는 어떻게 되며, 그 이유는 무엇인가? (10점)

1. 문제의 소재 (2점)

공동저당의 목적인 채무자 소유의 부동산과 물상보증인 소유의 부동산에 각각 채권자를 달리하여 후순위저당권이 설정되어 있는 경우의 배당순서에 관한 문제

2. 공동저당과 배당 (5점)

공동저당의 목적인 채무자 소유의 부동산과 물상보증인 소유의 부동산에 각각 채권자를 달리하는 후순위저당권이 설정되어 있는 경우, 물상보증인 소유의 부동산에 대하여 먼저 경매가 이루어져 그 경매대금의 교부에 의하여 1번저당권자가 변제를 받은 때에는 물상보증인은 채무자에 대하여 구상권을 취득함과 동시에, 민법 제481조, 제482조의 규정에 의한 변제자대위에 의하여 채무자 소유의 부동산에 대한 1번저당권을 취득하고, 이러한 경우 물상보증인 소유의 부동산에 대한 후순위저당권자는 물상보증인에게 이전한 1번저당권으로부터 우선하여 변제를 받을 수 있으며, 물상보증인이 수인인 경우에도 마찬가지라 할 것이므로(이 경우 물상보증인들 사이의 변제자대위의 관계는 민법 제482조 제2항 제4호, 제3호에 의하여 규율될 것이다), 자기 소유의 부동산이 먼저 경매되어 1번저당권자에게 대위변제를 한 물상보증인은 1번저당권을 대위취득하고, 그 물상보증인 소유의 부동산의 후순위저당권자는 1번저당권에 대하여 물상대위를 할 수 있다(대법원 1994. 5. 10. 선고 93다25417 판결).

3. 사안의 해결 (3점)

공동저당권자인 甲은행이 물상보증인 소유 부동산인 Z건물에 대하여 경매를 신청하여 채권만족을 얻은 경우, 물상보증인인 A가 채무자인 C에 대하여 구상권을 취득함과 동시에, 민법 제481조, 제482조의 규정에 따라 C소유의 X토지에 대하여 1번 저당권을 취득하고, 이 경우 물상보증인 A 소유 Z건물에 대한 후순위 저당권자인 F는 A에게 이전한 1번 저당권으로부터 우선하여 변제를 받게 된다. 즉 물상보증인 소유 부동산의 후순위저당권자인 물상보증인, 채무자 소유부동산의 후순위저당권자의 순서로 만족을 얻게 된다. 결국 甲은행은 Z부동산으로부터 3억, F는 X부동산으로부터 5,000만원, A는 X부동산으로부터 1억 5,000만원, G는 0원을 배당받게 된다.

계속된 사실관계 | 물상보증인의 구상금채권과 상계 |

위 소송절차 후, 어떠한 결과에 의하여 A는 위 Z건물을 계속 보유할 수 있는 상황이 되었다. A와 C가 사이가 좋아진 후, C가 A를 찾아와 자신이 금 3억원이 필요하다고 하면서, 자신의 X토지와 A소유의 Z건물을 공동으로 담보로 제공해 줄 것을 부탁하였고, 이에 A는 C가 甲은행으로부터 금 3억원을 차용하는데 대하여 자신의 Z건물(가격 3억원)을 담보로 제공해 주고, 동시에 C소유의 X토지(가격 2억원)에 대해서도 같이 2013. 2. 1.자 공동저당권을 설정해 주었다. 그 후 A 자신도 F로부터 금 5,000만원을 차용하면서 Z건물에 대하여 F명의로 2013. 3. 10.에

2순위 근저당권을 설정해 주었고, 또한 C도 G로부터 금 7,000만원을 차용하면서, 위 X토지에 대하여 2013. 4. 10.에 2순위 근저당권을 G명의로 설정해 주었다. 한편 甲은행은 C가 위 공동근저당권에 기한 피담보채무를 변제하지 않자 물상보증인 A소유인 Z건물에 대하여 경매를 신청하였고, 경매가 진행되어 이에 다급한 A는 즉시 피담보채권 3억원 전액을 변제하였다. 그 후 A는 C에 대하여 구상금을 청구하자, C는 변제기가 도래한 자신의 A에 대한 대여금채권이 있음을 이유로 상계를 주장하였다.

문제 3 이러한 C의 상계주장은 이유가 있는가? (20점)

1. 문제의 소재 (2점)

물상보증인의 구상금채권과 채무자의 상계

2. 변제자대위 (5점)

변제할 정당한 이익이 있는 자는 변제로 당연히 채권자를 대위한다(민법 제481조). 변제할 정당한 이익이 있는 자란 변제를 통해 법률상의 이해관계를 가지는 자를 의미한다(민법 제469조). 변제자대위가 인정되기 위해서는 ①변제가 있어야 하고 ②변제에 의하여 변제자와 채무자 사이의 구상권이 인정되어야 한다. 변제로 인한 대위는 변제받은 채권자의 채권 및 이에 부속된 권리가 법률상 당연히 변제한 제3자에게 이전하는 것이기 때문에 법률의 규정에 의한 이전이지 채권양도와 같은 계약에 의한 이전이 아니라는 점은 반드시 기억하여야 한다.

3. 물상보증인의 구상금채권과 채무자의 상계 (10점)

공동저당에 제공된 채무자 소유의 부동산과 물상보증인 소유의 부동산 가운데 물상보증인 소유의 부동산이 먼저 경매되어 매각대금에서 선순위공동저당권자가 변제를 받은 때에는 물상보증인은 채무자에 대하여 구상권을 취득함과 동시에 변제자대위에 의하여 채무자 소유의 부동산에 대한 선순위공동저당권을 대위취득한다. 물상보증인 소유의 부동산에 대한 후순위저당권자는 물상보증인이 대위취득한 채무자 소유의 부동산에 대한 선순위공동저당권에 대하여 물상대위를 할 수 있다. 이 경우에 <u>채무자는 물상보증인에 대한 반대채권이 있더라도 특별한 사정이 없는 한 물상보증인의 구상금 채권과 상계함으로써 물상보증인 소유의 부동산에 대한 후순위저당권자에게 대항할 수 없다.</u> 채무자는 선순위공동저당권자가 물상보증인 소유의 부동산에 대해 먼저 경매를 신청한 경우에 비로소 상계할 것을 기대할 수 있는데, 이처럼 우연한 사정에 의하여 좌우되는 상계에 대한 기대가 물상보증인 소유의 부동산에 대한 후순위저당권자가 가지는 법적 지위에 우선할 수 없다(대법원 2017. 4. 26. 선고 2014다221777, 221784 판결).

4. 사안의 해결 (3점)

채무자는 물상보증인에 대한 반대채권이 있더라도 특별한 사정이 없는 한 물상보증인의 구상금 채권과 상계함으로써 물상보증인 소유의 부동산에 대한 후순위저당권자에게 대항할 수 없기 때문에 채무자 C는 물상보증인 A에 대하여 반대채권이 있더라도 자신의 구상금채권과 상계할 수 없다.

계속된 사실관계 | 공동근저당권 |

위 기초적 사실관계에 의한 소송절차 후, 어떠한 결과에 의하여 A는 위 Z건물을 계속 보유할 수 있는 상황이 되었다. 그 후 A는 사업상 금전이 필요하여 H은행으로부터 2017. 1. 20.에 금 3억원을 차용하면서 X토지와 Z건물을 H은행에 채권최고액 5억원으로 하는 공동근저당권을 설정해 주었다. 그 후 X토지에는 피담보채무 2억원의 2017. 3. 10.자 K명의의 후순위 근저당권이 설정되었고, Z건물에 대하여는 피담보채무 1억 5,000만원의 2017. 3. 20.자 L명의의 후순위 근저당권이 설정되었다. 그런데 A가 위 L에 대한 이자를 계속 연체하자 L은 2017. 7. 10.에 위 Z건물에 대하여 임의경매를 신청하였고, H은행이 소극적으로 배당에 참가하여 Z건물로부터 현재까지의 피담보채권액 3억원을 우선배당을 받게 되었다. 그 후 K가 위 X토지에 대하여 임의경매를 신청하자 H은행은 자신이 채권최고액의 범위 내에서 A에게 1억원을 추가로 대출하였다고 주장하면서 X토지로부터 우선변제권을 주장하였고, K는 위 2017. 7. 10.자 Z건물의 경매시에 H은행이 배당에 참가하였기 때문에 나머지 목적 부동산인 X토지에 대해서도 그 때 피담보채권이 확정되었다고 다투게 되었다.

문제 4 이 경우 K의 주장은 이유가 있는가?(20점)

1. 문제의 소재 (2점)

공동근저당권에 있어서 피담보채권의 확정시기

2. 근저당권의 피담보채권의 확정시기 (5점)

1) 선순위근저당권자가 경매를 신청하는 경우

선순위 저당권자가 경매를 신청하는 경우에는 경매신청시에 피담보채권이 확정된다.

2) 후순위권자가 경매를 신청하는 경우 선순위 근저당권의 피담보채권의 확정시기

당해 근저당권자는 저당부동산에 대하여 경매신청을 하지 아니하였는데 다른 채권자가 저당부동산에 대하여 경매신청을 한 경우 민사소송법 제608조 제2항, 제728조의 규정에 따라 경매신청을 하지 아니한 근저당권자의 근저당권도 경락으로 인하여 소멸하므로, 다른 채권자가 경매를 신청하여 경매절차가 개시된 때로부터 경락으로 인하여 당해 근저당권이 소멸하게 되기까지의 어느 시점에서인가는 당해 근저당권의 피담보채권도 확정된다고 하지 아니할 수 없는데, 그 중 어느 시기에 당해 근저당권의 피담보채권이 확정되는가 하는 점에 관하여 우리 민법은 아무런 규정을 두고 있지 아니한바, 부동산 경매절차에서 경매신청기입등기 이전에 등기되어 있는 근저당권은 경락으로 인하여 소멸되는 대신에 그 근저당권자는 민사소송법 제605조가 정하는 배당요구를 하지 아니하더라도 당연히 그 순위에 따라 배당을 받을 수 있고, 이러한 까닭으로 선순위 근저당권이 설정되어 있는 부동산에 대하여 근저당권을 취득하는 거래를 하려는 사람들은 선순위 근저당권의 채권최고액 만큼의 담보가치는 이미 선순위 근저당권자에 의하여 파악되어 있는 것으로 인정하고 거래를 하는 것이 보통이므로, 담보권 실행을 위한 경매절차가 개시되었음을 선순위 근저당권자가 안 때 이후의 어떤 시점에 선순위 근저당권의 피담보채무액이 증가하더라도 그와 같이 증가한 피담보채무액이 선순위 근저당권의 채권최고액 한도 안에 있다면 경매를 신청한 후순위 근저당권자가 예측하지 못한 손해를 입게 된다고 볼 수 없는 반면, 선순위 근저당권자는 자신이 경매신청을 하지 아니하였으면서도 경락으로 인하여 근저당권을 상실하게 되는 처지에 있으므로 거래의 안전을 해치지 아니하는 한도 안에서 선순위 근저당권자가 파악한 담보가치를 최대한 활용할 수 있도록 함이 타당하다는 관점에서 보면, 후순위 근저당권자가 경매를 신청한 경우 선순위 근저당권의 피담보채권은 그 근저당권이 소멸하는 시기, 즉 경락인이 경락대금을 완납한 때에 확정된다고 보아야 한다(대법원 1999. 9. 21. 선고 99다26085 판결).

3. 공동근저당권자가 목적 부동산 중 일부의 부동산에 대하여 제3자가 신청한 경매에 소극적으로 배당에 참가한 경우의 피담보채권의 확정시기 (10점)

공동근저당권자가 목적 부동산 중 일부 부동산에 대하여 제3자가 신청한 경매절차에 소극적으로 참가하여 우선배당을 받은 경우, 해당 부동산에 관한 근저당권의 피담보채권은 그 근저당권이 소멸하는 시기, 즉 매수인이 매각대금을 지급한 때에 확정되지만, 나머지 목적 부동산에 관한 근저당권의 피담보채권은 기본거래가 종료하거나 채무자나 물상보증인에 대하여 파산이 선고되는 등의 다른 확정사유가 발생하지 아니하는 한 확정되지 아니한다. ①공동근저당권자가 제3자가 신청한 경매절차에 소극적으로 참가하여 우선배당을 받았다는 사정만으로는 당연히 채권자와 채무자 사이의 기본거래가 종료된다고 볼 수 없고, ②기본거래가 계속되는 동안에는 공동근저당권자가 나머지 목적 부동산에 관한 근저당권의 담보가치를 최대한 활용할 수 있도록 피담보채권의 증감·교체를 허용할 필요가 있으며, 위와 같이 우선배당을 받은 금액은 나머지 목적 부동산에 대한 경매절차에서 다시 공동근저당권자로서 우선변제권을 행사할 수 없어 이후에 피담보채권액이 증가하더라도 나머지 목적 부동산에 관한 공동근저당권자의 우선변제권 범위는 우선배당액을 공제한 채권최고액으로 제한되므로 ③후순위 근저당권자나 기타 채권자들이 예측하지 못한 손해를 입게 된다고 볼 수 없기 때문이다(대법원 2017. 9. 21. 선고 2015다50637 판결).

4. 사안의 해결 (3점)

H은행은 L이 신청한 경매에서 소극적으로 배당에 참가하였다 하더라도 이로서 나머지 부동산인 X토지에 대하여 피담보채권이 확정되는 것은 아니기 때문에 K의 주장은 이유가 없다.

제3문 | 공동근저당의 이시배당에서 공동근저당권자의 우선변제권의 범위

채무자 A는 2016. 4. 20. 채권자 B은행에 대하여 부담하는 채무를 담보하기 위해 B에게 자신의 甲과 乙 부동산에 채권최고액을 10억원으로 하는 공동근저당권을 설정해 주었다. 그 후 다시 사업상 자금이 필요한 A는 2016. 12. 10.경 C은행으로부터 금 7억원을 차용하며, 자신의 乙 부동산에 채권최고액 7억원으로 근저당권을 설정해 주고 금 6억원을 차용하였다. 그 후 2017. 5. 15.에 이르러 甲 부동산에 대하여 먼저 경매절차가 진행되는 바람에 공동근저당권자 B가 피담보채권 10억원 중 5억원에 관하여 우선적으로 배당받았다. 그 후 공동근저당권자 B의 피담보채권이 3억원이 증가하게 되었고, 2018. 2. 15.에 乙 부동산에 대하여 경매가 신청되어 그 절차가 진행될 때, 공동근저당권자 B가 다시 최초의 채권최고액 10억원 범위 내에서 우선변제권을 행사하려고 하자, 乙부동산의 후순위 저당권자인 C는 공동근저당권자 B는 최초의 채권최고액 10억원에서 선행 경매절차에서 우선변제받은 5억원을 공제한 5억원 채권최고액 범위 내에서 우선변제권을 행사할 수 있다고 주장하였다.

문제 1 이 경우 누구의 주장이 옳으며, 그 이유는 무엇인가? (15점)

✓ **정답 : C의 주장이 타당하다.**

이유

1. 공동저당권의 목적인 수 개의 부동산이 동시에 경매된 경우에 공동저당권자로서는 어느 부동산의 경매대가로부터 배당받든 우선변제권이 충족되기만 하면 되지만, 각 부동산의 소유자나 후순위 저당권자 그 밖의 채권자는 어느 부동산의 경매대가가 공동저당권자에게 배당되는지에 관하여 중대한 이해관계를 가진다. 민법 제368조 제1항은 공동저당권 목적 부동산의 전체 환가대금을 동시에 배당하는 이른바 동시배당(同時配當)의 경우에 공동저당권자의 실행선택권과 우선변제권을 침해하지 아니하는 범위 내에서 각 부동산의 책임을 안분함으로써 각 부동산의 소유자와 후순위 저당권자 그 밖의 채권자의 이해관계를 조절하고, 나아가 같은 조 제2항은 대위제도를 규정하여 공동저당권의 목적 부동산 중 일부의 경매대가를 먼저 배당하는 이른바 이시배당(異時配當)의 경우에도 최종적인 배당의 결과가 동시배당의 경우와 같게 함으로써 공동저당권자의 실행선택권 행사로 인하여 불이익을 입은 후순위 저당권자를 보호하는 데에 그 취지가 있다.

2. 민법 제368조는 공동근저당권의 경우에도 적용되고, 공동근저당권자가 스스로 근저당권을 실행한 경우는 물론이며 타인에 의하여 개시된 경매·공매 절차, 수용 절차 또는 회생 절차 등(이하 '경매 등의 환가절차')에서 환가대금 등으로부터 다른 권리자에 우선하여 피담보채권의 일부에 대하여 배당받은 경우에도 적용된다.

3. 공동근저당권이 설정된 목적 부동산에 대하여 동시배당이 이루어지는 경우에 공동근저당권자는 채권최고액 범위 내에서 피담보채권을 민법 제368조 제1항에 따라 부동산별로 나누어 각 환가대금에 비례한 액수로 배당받으며, 공동근저당권의 각 목적 부동산에 대하여 채권최고액만큼 반복하여, 이른바 누적적으로 배당받지 아니한다. 그렇다면 공동근저당권이 설정된 목적 부동산에 대하여 이시배당이 이루어지는 경우에도 동시배당의 경우와 마찬가지로 공동근저당권자가 공동근저당권 목적 부동산의 각 환가대금으로부터 채권최고액만큼 반복하여 배당받을 수는 없다고 해석하는 것이 민법 제368조 제1항 및 제2항의 취지에 부합한다.

4. 만일 위와 달리, 공동근저당권자가 타인에 의하여 개시된 공동근저당권의 목적 부동산 중 일부에 관한 경매 등의 환가절차에서 그 환가대금 등으로부터 다른 권리자에 우선하여 피담보채권의 일부를 배당받았음에도, 이후 공동근저당권의 다른 목적 부동산에 대한 경매 등의 환가절차에서 감액되지 아니한 최초의 채권최고액 전부에 대하여 다시 우선변제권을 행사할 수 있다고 보게 되

면, 아래와 같은 불합리한 결과가 발생한다.

(1) 선순위 공동근저당권이 설정되어 있는 부동산에 대하여 후순위로 근저당권을 취득하려는 사람은 선순위 공동근저당권의 목적물 전부의 환가대금 중 공동근저당권의 채권최고액만큼의 담보가치만을 선순위 공동근저당권자의 몫으로 고려하고 그 나머지 담보가치는 자신의 몫으로 파악하여 근저당권을 취득한다. 그런데 선순위 공동근저당권자가 공동근저당권의 각 목적물마다 최초의 채권최고액만큼 반복하여 배당받을 수 있다면, 후순위로 근저당권을 취득한 사람에게 예측하지 못한 손해를 입힐 수 있고, 또한 후순위 근저당권자에 의한 민법 제368조 제2항의 대위가 불가능하게 되거나 대위의 범위가 축소될 수 있으며, 공동근저당권자가 의도적으로 이시배당을 선택할 우려마저 있으므로, 이시배당의 경우에 선순위 공동저당권자의 실행선택권 행사로 불이익을 입은 후순위 저당권자를 보호하려는 민법 제368조 제2항의 취지에 어긋난다.

(2) 채무자 소유의 부동산과 물상보증인 소유의 부동산에 공동근저당권이 설정된 경우에, 그 중 물상보증인 소유의 부동산에 대하여 먼저 경매 등의 환가절차가 진행되어 그 환가대금에서 공동근저당권자가 피담보채권의 일부에 대하여 배당받은 때에는, 물상보증인은 배당받은 가액의 범위 내에서 변제자대위에 의하여 채무자 소유의 부동산에 대한 공동근저당권을 대위취득하나, 다만 그 경우에도 공동근저당권자는 위와 같이 일부 변제자대위를 하는 물상보증인에 대한 관계에서 우선변제권을 가진다. 그런데 위와 같은 일부 배당에도 불구하고 공동근저당권자가 채무자 소유의 부동산에 대하여 감액되지 아니한 최초의 채권최고액 범위 내에서 다시 우선변제권을 행사할 수 있다면, 물상보증인의 변제자대위가 불가능하게 되거나 대위의 범위가 축소되어 채무자 소유의 부동산에 관한 담보력을 기대하고 자기의 부동산을 담보로 제공한 물상보증인의 기대이익을 박탈하게 된다.

(3) 특히 공동근저당권의 목적 부동산이 동일한 물상보증인의 소유인 경우에, 그 물상보증인으로서는 자신이 부담하게 될 책임이 위 근저당권의 채권최고액을 넘지 아니한다고 믿기 마련인데, 만일 이시배당이 이루어졌다는 이유만으로 공동근저당권자가 공동근저당권 목적물의 각 환가대금으로부터 채권최고액만큼 반복하여 배당받을 수 있게 된다면, 물상보증인의 책임 범위가 그 담보제공 의사와 무관하게 확장되는 결과를 낳는다. 더욱이 근저당권 목적 부동산 중 일부 부동산에 대한 경매절차에서 공동근저당권자가 소극적으로 참가하여 배당받음에 따라 나머지 부동산에 대하여는 근저당권의 피담보채권이 확정되지 아니하는 경우에, 나머지 부동산에 대한 경매절차에서 그동안 계속 발생된 피담보채권을 포함한 피담보채권 전액에 관하여 채권최고액만큼 반복하여 우선하여 배당받을 수 있게 된다면, 채권최고액 범위 내에서의 배당을 예정한 물상보증인

의 기대에 완전히 배치되고, 또한 이러한 담보제공 의사와 무관하게 공동근저당권자가 적극적으로 경매를 신청하였는지 아니면 제3자의 경매신청에 소극적으로 참가하였는지에 따라 물상보증인의 책임 범위가 크게 달라질 수 있어 형평에 어긋나게 된다.

5. 그러므로 공동근저당권자가 스스로 근저당권을 실행하거나 타인에 의하여 개시된 경매 등의 환가절차를 통하여 공동담보의 목적 부동산 중 일부에 대한 환가대금 등으로부터 다른 권리자에 우선하여 피담보채권의 일부에 대하여 배당받은 경우에, 그와 같이 우선변제받은 금액에 관하여는 공동담보의 나머지 목적 부동산에 대한 경매 등의 환가절차에서 다시 공동근저당권자로서 우선변제권을 행사할 수 없다고 보아야 하며, 공동담보의 나머지 목적 부동산에 대하여 공동근저당권자로서 행사할 수 있는 우선변제권의 범위는 피담보채권의 확정 여부와 상관없이 최초의 채권최고액에서 위와 같이 우선변제받은 금액을 공제한 나머지 채권최고액으로 제한된다고 해석함이 타당하다. 그리고 이러한 법리는 채권최고액을 넘는 피담보채권이 원금이 아니라 이자·지연손해금인 경우에도 마찬가지로 적용된다(**대법원 2017. 12. 21. 선고 2013다16992 전원합의체 판결**).

제4문

기초적 사실관계

A는 B가 소유하고 있는 X토지 위에 건축된 미등기의 다세대주택인 Y건물의 301호에 대하여 2010. 3. 10.부터 기간은 2년, 보증금은 3,000만원으로 하는 임대차계약을 체결하고 2010. 3. 15.에 주택을 인도받고 주민등록을 마쳤다.

계속된 사실관계 | 임대차와 배당요구 |

한편 2011. 3. 20.에 B는 甲은행으로부터 금 2억원을 차용하면서 서울 종로에 있는 위 X토지에 대하여 채권최고액은 3억원으로 하고, 이자는 매달 1일에 甲은행의 계좌로 입금해 주기로 하면서, 2011. 3. 25.자 甲은행에 근저당권을 설정해 주었다. 그 후 B가 甲은행에 이자를 계속하여 이행하지 않자, 甲은행이 2011. 7. 20. 위 X토지에 대하여 임의경매를 신청하여 C가 대금을 납부하고 경낙을 받게 되었다. 그런데 법원은 甲은행에 배당금을 지급하고, A에게는 배당을 하지 않자, A가 배당이의의 소를 제기하였다.

문제 1 A의 이러한 소는 이유가 있는가? (15점)

✓ 정답 : 이유 있음

1. 문제의 소재 (2점)

① 임대차기간만료 전 배당요구인정여부

② 미등기임차인이 대지의 환가대금에서 우선변제권을 주장할 수 있는지 여부

2. 임대차기간만료 전 배당요구인정여부 (5점)

임차 주택의 양수인에게 대항할 수 있는 임차권자라도 스스로 임대차관계의 승계를 원하지 아니할 때에는 승계되는 임대차관계의 구속을 면할 수 있다고 보아야 하므로, 임차주택이 임대차기간의 만료 전에 경매되는 경우 임대차계약을 해지함으로써 종료시키고 우선변제를 청구할 수 있다. 그 경우 임차인에게 인정되는 해지권은 임차인의 사전 동의 없이 임대차 목적물인 주택이 경락으로 양도됨에 따라 임차인이 임대차의 승계를 원하지 아니할 경우에는 스스로 임대차를 종료시킬 수 있어야 한다는 공평의 원칙 및 신의성실의 원칙에 근거한 것이므로, 해지통고 즉시 그 효력이 생긴다(대법원 1996. 7. 12. 선고 94다37646 판결).

3. 미등기임차인이 대지의 환가대금에서 우선변제권을 주장할 수 있는지 여부 (5점)

대항요건 및 확정일자를 갖춘 임차인과 소액임차인에게 우선변제권을 인정한 주택임대차보호법 제3조의2 및 제8조가 미등기 주택을 달리 취급하는 특별한 규정을 두고 있지 아니하므로, 대항요건 및 확정일자를 갖춘 임차인과 소액임차인의 임차주택 대지에 대한 우선변제권에 관한 법리는 임차주택이 미등기인 경우에도 그대로 적용된다. 이와 달리 임차주택의 등기 여부에 따라 그 우선변제권의 인정 여부를 달리 해석하는 것은 합리적 이유나 근거 없이 그 적용대상을 축소하거나 제한하는 것이 되어 부당하고, 민법과 달리 임차권의 등기 없이도 대항력과 우선변제권을 인정하는 같은 법의 취지에 비추어 타당하지 아니하다. 다만, 소액임차인의 우선변제권에 관한 같은 법 제8조 제1항이 그 후문에서 '이 경우 임차인은 주택에 대한 경매신청의 등기 전에' 대항요건을 갖추어야 한다고 규정하고 있으나, 이는 소액보증금을 배당받을 목적으로 배당절차에 임박하여 가

장 임차인을 급조하는 등의 폐단을 방지하기 위하여 소액임차인의 대항요건의 구비시기를 제한하는 취지이지, 반드시 임차주택과 대지를 함께 경매하여 임차주택 자체에 경매신청의 등기가 되어야 한다거나 임차주택에 경매신청의 등기가 가능한 경우로 제한하는 취지는 아니라 할 것이다. 대지에 대한 경매신청의 등기 전에 위 대항요건을 갖추도록 하면 입법 취지를 충분히 달성할 수 있으므로, 위 규정이 미등기 주택의 경우에 소액임차인의 대지에 관한 우선변제권을 배제하는 규정에 해당한다고 볼 수 없다(대법원 2007. 6. 21. 선고 2004다26133 전원합의체 판결).

4. 사안의 해결 (3점)

A의 임대차기간은 2012. 3. 10까지이나, 위 X토지가 2011. 7. 20.에 경매신청이 되었음으로 이로 인하여 계약기간 만료 전이라도 위 경매절차에서 배당을 요구할 수 있다. 또한 A는 Y미등기의 건물의 임차인이라도 X토지의 매각대금으로부터 우선변제권을 확보할 수 있다.

계속된 사실관계 | 미등기임대인의 지위 |

A는 B가 소유하고 있는 X토지 위에 건축된 미등기의 다세대주택인 Y건물의 301호에 대하여 2010. 3. 10.부터 기간은 2년, 보증금은 3,000만원으로 하는 임대차계약을 체결하고 2010. 3. 15.에 주택을 인도받고 주민등록을 마쳤다. 한편 B는 위 미등기의 Y건물을 2012. 1. 10.경 D에게 양도하였는데, 그 후 2012. 3. 10.에 임대차기간이 만료된 후, A는 D에 대하여 보증금을 구하는 소를 제기하였다.

문제 2 이 경우 법원은 어떠한 판단을 하여야 하며, 그 이유는 무엇인가? (10점)

✓ **정답 : 청구인용**

이유 : 주택임대차보호법의 목적과 동법 제3조 제2항의 규정에 비추어 볼 때, 건물이 미등기인 관계로 그 건물에 대하여 아직 소유권이전등기를 경료하지는 못하였지만 그 건물에 대하여 사실상 소유자로서의 권리를 행사하고 있는 자는 전소유자로부터 위 건물의 일부를 임차한 자에 대한 관계에서는 위 사실상 소유자가 동법 제3조 제2항 소정의 주택의 양수인으로서 임대인의 지위를 승계하였다고 볼 수 있다(대법원 1987. 3. 24. 선고 86다카164 판결).

변형된 사실관계 | 임대인의 지위승계 |

A는 B가 소유하고 있는 X토지 위에 건축된 미등기의 다세대주택인 Y건물 301호에 대하여 2010. 3. 10.부터 기간은 2년, 보증금은 3,000만원으로 하는 임대차계약을 체결하고 2010. 3. 15.에 주택을 인도받고 주민등록을 마쳤다. 그 후 2010. 4. 10.에 B는 위 Y건물에 대하여서도 보존등기를 경료하자, 위 301호의 임대차를 종료하기로 하고, 위 다세대주택인 Y건물 중 평수가 큰 401호를 임대차보증금 1억원, 기간은 2010. 4. 20.부터 2년으로 하는 임대차계약을 체결하고, 위 401호를 2010. 4. 25.에 주택을 인도받고 주민등록을 마쳤다. 한편 A와 B는 2012. 4. 20.에 동일한 조건으로 2년을 연장하였다. 그 후 A의 채권자인 E가 A의 B에 대한 보증금반환채권에 대하여 가압류를 한 상태에서, B는 위 X토지와 Y건물을 F에게 양도하여 이전등기를 경료하였고, F도 Y건물을 다시 G에게 양도하여 G명의로 이전등기를 경료하였다. 이에 E는 채무자 B, 제3채무자 G로 하는 추심금청구의 소를 제기하였다.

문제 3 이 경우 법원은 어떠한 판단을 하여야 하며, 그 이유는 무엇인가?(15점)

✓ **정답 : 청구인용**

1. 문제의 소재 (2점)

주택임대차에 있어서 임차목적물을 양수한 자가 채권가압류의 제3채무자의 지위를 승계하는지 여부

2. 임차목적물의 양수와 채권가압류의 제3채무자의 지위 (10점)

주택임대차보호법 제3조 제3항은 같은 조 제1항이 정한 대항요건을 갖춘 임대차의 목적이 된 임대주택(이하 '임대주택'은 주택임대차보호법의 적용대상인 임대주택을 가리킨다)의 양수인은 임대인의 지위를 승계한 것으로 본다고 규정하고 있는바, 이는 법률상의 당연승계 규정으로 보아야 하므로, 임대주택이 양도된 경우에 양수인은 주택의 소유권과 결합하여 임대인의 임대차 계약상의 권리·의무 일체를 그대로 승계하며, 그 결과 양수인이 임대차보증금반환채무를 면책적으로 인수하고, 양도인은 임대차관계에서 탈퇴하여 임차인에 대한 임대차보증금반환채무를 면하게 된다. 나아가 임차인에 대하여 임대차보증금반환채무를 부담하는 임대인임을 당연한 전제로 하여 임대차보증금반환채무의 지급금지를 명령받은 제3채무자의 지위는 임대인의 지위와 분리될 수 있는 것이 아니므로, 임대주택의 양도로 임대인의 지위가 일체로 양수인에게 이전된다면 채권가압류의

제3채무자의 지위도 임대인의 지위와 함께 이전된다고 볼 수밖에 없다. 한편 주택임대차보호법상 임대주택의 양도에 양수인의 임대차보증금반환채무의 면책적 인수를 인정하는 이유는 임대주택에 관한 임대인의 의무 대부분이 그 주택의 소유자이기만 하면 이행가능하고 임차인이 같은 법에서 규정하는 대항요건을 구비하면 임대주택의 매각대금에서 임대차보증금을 우선변제받을 수 있기 때문인데, 임대주택이 양도되었음에도 양수인이 채권가압류의 제3채무자의 지위를 승계하지 않는다면 가압류권자는 장차 본집행절차에서 주택의 매각대금으로부터 우선변제를 받을 수 있는 권리를 상실하는 중대한 불이익을 입게 된다. 이러한 사정들을 고려하면, 임차인의 임대차보증금반환채권이 가압류된 상태에서 임대주택이 양도되면 양수인이 채권가압류의 제3채무자의 지위도 승계하고, 가압류권자 또한 임대주택의 양도인이 아니라 양수인에 대하여만 위 가압류의 효력을 주장할 수 있다고 보아야 한다(대법원 2013. 1. 17. 선고 2011다49523 전원합의체 판결).

참고로 주임법 제3조 제1항에서 정한 대항력을 갖춘 임차인이 임대차보증금반환채권에 질권을 설정하고 임대인이 이를 승낙한 후에 임대주택이 양도된 경우에도 동일한 법리가 적용된다는 점을 주목할 필요가 있다(대법원 2018. 6. 19. 선고 2018다201610 판결).

3. 사안의 해결 (3점)

임차인의 임대차보증금반환채권이 가압류된 상태에서 임대주택이 양도되면 양수인이 채권가압류의 제3채무자의 지위도 승계하고, 가압류권자 또한 임대주택의 양도인이 아니라 양수인에 대하여만 위 가압류의 효력을 주장할 수 있기 때문에, E는 G에 대하여 가압류의 대상이 된 임대차보증금반환채권에 대하여 추심할 수 있다.

계속된 사실관계 | 임대차보증금반환채권의 양도와 계약인수 |

A는 B가 소유하고 있는 X토지 위에 건축된 미등기의 다세대주택인 Y건물의 301호에 대하여 2010. 3. 10.부터 기간은 2년, 보증금은 3,000만원으로 하는 임대차계약을 체결하고 2010. 3. 15.에 주택을 인도받고 주민등록을 마쳤다. 한편 A의 채권자인 H는 A의 B에 대한 임대차보증금반환채권에 대하여 채권압류를 하고 추심명령을 받았고, 그 후에 임차인 A는 임대차계약상의 지위를 확정일자 있는 증서를 통해 K에게 양도하여 K가 이를 양수받은 후, H에 대하여 H의 채권압류 및 추심명령의 무효를 주장하였다.

문제 4 이러한 K의 주장은 이유가 있는가? (10점)

✓ 정답 : 이유 없음

이유 : 임대차보증금 반환채권을 양도하는 경우에 확정일자 있는 증서로 이를 채무자에게 통지하거나 채무자가 확정일자 있는 증서로 이를 승낙하지 아니한 이상 양도로써 채무자 이외의 제3자에게 대항할 수 없으며(민법 제450조 참조), 이러한 법리는 임대차계약상의 지위를 양도하는 등 임대차계약상의 권리의무를 포괄적으로 양도하는 경우에 권리의무의 내용을 이루고 있는 임대차보증금 반환채권의 양도 부분에 관하여도 마찬가지로 적용된다. 따라서 위 경우에 기존 임차인과 새로운 임차인 및 임대인 사이에 임대차계약상의 지위 양도 등 권리의무의 포괄적 양도에 관한 계약이 확정일자 있는 증서에 의하여 체결되거나, 임대차보증금 반환채권의 양도에 대한 통지·승낙이 확정일자 있는 증서에 의하여 이루어지는 등의 절차를 거치지 아니하는 한, 기존의 임대차계약에 따른 임대차보증금 반환채권에 대하여 채권가압류명령, 채권압류 및 추심명령 등을 받은 채권자 등 임대차보증금 반환채권에 관하여 양수인의 지위와 양립할 수 없는 법률상의 지위를 취득한 제3자에 대하여는 임대차계약상의 지위 양도 등 권리의무의 포괄적 양도에 포함된 임대차보증금 반환채권의 양도로써 대항할 수 없다(대법원 2017. 1. 25. 선고 2014다52933 판결).

계속된 사실관계 | 민법 제548조 제1항 단서의 제3자 |

A는 위 X토지 위에 있는 Y건물을 미등기의 상태로 계속 보유하자가 2012. 5. 10.에야 보존등기를 경료하였다. 한편 A는 X토지와 Y건물을 계속 보유 사용하다가 2015. 8. 20. L에게 위 X토지와 Y건물을 7억원에 매도하는 매매계약을 체결하고 계약금 7,000만원을 수수한 후, 2015. 9. 10.에 중도금 3억원, 2015. 10. 1.에 잔대금 3억 3,000만원을 지급받기로 하였다. 그런데 L이 2015. 9. 10. 중도금을 지급하면서, 자신에게 위 X토지와 Y건물에 대하여 이전등기를 경료해 주면 잔금기일에 약속한 3억 3000만원을 모두 지급하겠다고 하기에 A는 L을 믿고 일단 L에게 이전등기를 경료해 주면서, 매매계약의 해제를 대비하여 2015. 9. 15.에 자신의 명의로 매매예약에 기한 가등기를 경료하였다. 한편 이전등기를 경료 받은 L은 위 X토지와 Y건물을 2015. 9. 25.에 M에게 양도하고 이전등기를 경료해 주었다. 그런데 L이 위 잔대금지급기일인 2015. 10. 1.에 잔대금을 지급하지 아니하자, A는 B에 대하여 채무불이행을 이유로 매매계약을 해제하고 본등기를 경료하였고, M명의의 등기가 직권으로 말소되었다. 이에 M은 A를 상대로 본등기 말소소송을 제기하였다.

문제 5 이 경우 법원은 어떠한 판단을 하여야 하며, 그 이유는 무엇인가? (15점)

✓ 정답 : 청구기각

1. 문제의 소재 (2점)

민법 제548조 제1항 단서의 제3자

2. 매매예약이 기한 가등기의 물권변동 (5점)

가등기는 그 성질상 본등기의 순위보전에 효력만이 있고 후일 본등기가 경료된 때에는 본등기의 순위가 가등기한 때로 소급함으로써 가등기후 본등기 전에 이루어진 중간처분이 본등기보다 후순위로 되어 실효될 뿐이고 본등기에 의한 물권변동의 효력이 가등기한 때로 소급하여 발생하는 것은 아니다(대법원 1982. 6. 22. 선고 81다1298, 1299 판결).

3. M이 민법 제548조 제1항 단서의 제3자에 해당하는지 여부 (5점)

가등기는 본등기의 순위를 보전하는 효력이 있어 후일 가등기에 기한 본등기가 마쳐진 때에는 본등기의 순위가 가등기한때를 소급함으로써 가등기후 본등기 전에 이루어진 중간처분은 실효되는 것이므로 매매계약 해제시 원상회복 방법으로 매도인에게 소유권이전등기를 하기로 하는 약정에 따른 청구권을 보전하기 위한 가등기가 된 경우에도 그 가등기 후 본등기 전에 된 제3자 명의의 소유권이전등기는 후일 가등기에 기한 본등기가 마쳐지면 말소를 면할 수 없다 할 것인바, 위와 같은 가등기의 경료 후에 매매계약 당사자가 아닌 제3자가 취득한 권리는 이미 이루어진 가등기에 의하여 보전된 청구권에 기한 본등기가 마쳐지면 실효될 가능성을 띤 상태에서 취득한 권리라고 할 것이고 그 제3자의 지위는 가등기에 의하여 순위가 보전된 매도인의 권리보다 앞설 수는 없다 할 것이며 또 위와 같이 매매계약 당사자 사이의 약정에 의하여 생긴 매도인의 소유권이전등기청구권은 계약해제의 소급효 그 자체에 의하여 생긴 것이 아니므로 그 등기청구권의 실현과 계약해제의 소급효 제한에 관한 민법 제548조 제1항 단서의 규정과는 직접적으로 관련이 없는 것이다(대법원 1982. 11. 23. 선고 81다카1110 판결).

4. 사안의 해결 (3점)

사안에서 M의 A에 대한 본등기말소청구는 인용될 수 없다. 그 이유는 가등기후 본등기 전에 이루어진 중간처분이 본등기보다 후순위로 되어 실효될 뿐이고 본등기에 의한 물권변동의 효력이 가등기한 때로 소급하여 발생하는 것은 아니기 때문이다.

제5문

기초적 사실관계

B는 A소유의 X토지 위에 농기계수리공장을 운영할 목적으로 2013. 2. 1.에 X토지를 임차하면서 월 임료는 100만원, 기간으로 2018. 1. 31.까지로 정하였다. 한편 B는 A로부터 X토지를 빌리면서 그 용도에 대하여는 특별히 말하지 않았고, 위 X토지에 벽돌을 재료로 하여 Y건물을 신축한 후에 아직 등기를 하지 아니한 채 농기구 수리공장을 운영하고 있다.

계속된 사실관계 | 지상물매수청구권, 양도담보 |

B는 농기계수리공장을 운영하던 2015. 10. 경에 사업자금이 필요하여 C농협으로부터 금 2억원을 대출받으면서 자신의 소유인 금 1억원에 상당하는 카고 크레인을 양도담보로 제공하였다. 한편 위 카고 크레인은 B가 A로부터 임차한 X토지에 설치되어 있었는데, 2016. 1. 이후 B는 A에 대하여 단 한 번도 월 임료를 지급하지 아니한 채 B가 사업을 지속하자 2017. 5. 경에 A는 B를 상대로 채무불이행에 기하여 위 임대차계약을 해지하고 건물철거 및 대지인도를 구하는 소를 제기하자, B는 위 Y건물에 대한 지상물매수청구권을 행사하였다. 한편 A는 위 카고 크레인이 C농협에 양도담보로 제공한 사실을 확인하고 C농협을 상대로 차임상당의 부당이득을 구하는 소를 제기하였다.

문제 1 이 경우 법원은 어떠한 판단을 하여야 하며, 그 이유는 무엇인가? (20점)

✓ 정답 : B에 대한 건물철거 및 대지인도청구 인용
C농협에 대한 부당이득청구 기각

1. 문제의 소재 (2점)

① 채무불이행에 기한 지상물매수청구권의 인정여부

② 양도담보 목적물이 타인의 토지 위에 설치되어 있는 경우 토지 차임 상당 부당이득반환의무자

2. 채무불이행에 기한 지상물매수청구권의 인정여부 (5점)

지상물매수청구권은 임대인의 동의를 얻지 않고 축조한 건물이라도 행사할 수 있고(대법원 1993.

11. 12. 선고 93다34589 판결), 무허가건물이라도 가능하다(대법원 1997. 12. 23. 선고 97다37753). 그러나 공작물의 소유 등을 목적으로 하는 토지임대차에 있어서 임차인의 채무불이행을 이유로 계약이 해지된 경우에는 임차인은 임대인에 대하여 민법 제283조, 제643조에 의한 매수청구권을 가지지 아니한다(대법원 2003. 4. 22. 선고 2003다7685 판결).

3. 양도담보 목적물이 타인의 토지 위에 설치되어 있는 경우 토지 차임 상당 부당이득반환의무자 (10점)

양도담보 설정자가 채권을 담보하기 위하여 그 소유의 동산을 채권자에게 양도한 경우 담보목적물을 누가 사용·수익할 수 있는지는 당사자의 합의로 정할 수 있지만 반대의 특약이 없는 한 양도담보 설정자가 동산에 대한 사용·수익권을 가진다. 따라서 그 동산이 일정한 토지 위에 설치되어 있어 토지의 점유·사용이 문제 된 경우에는 특별한 사정이 없는 한 양도담보 설정자가 토지를 점유·사용하고 있는 것으로 보아야 한다.

갑이 을 등이 소유하고 있던 토지에 수조식 육상종표배양시설을 설치한 후 병과 동업약정을 체결하여 치어양식판매업체를 공동으로 운영하다가 분쟁으로 동업관계가 종료되었고, 관련 소송에서 '병은 갑으로부터 조정에서 정한 돈을 모두 지급받을 때까지 양도담보 형식으로 시설물의 소유권을 보유하고, 갑은 그 기간 동안 시설물을 점유·관리·수익한다'는 내용의 조정이 성립하였는데, 정이 위 토지에 관한 소유권이전등기를 마친 후 병을 상대로 토지 차임 상당의 부당이득반환을 구한 사안에서, 조정을 통해서 갑이 자신의 채무를 담보하기 위해서 시설물을 병에게 양도하면서 양도담보 기간 동안 시설물에 대한 사용·수익권을 갖고 있었던 이상, 양도담보 설정자인 갑이 시설물이 설치된 토지를 점유·사용하고 있다고 보아야 하고, 채권자인 병이 토지를 점유·사용하고 있다고 볼 수 없는데도, 병이 조정 성립 이후에도 시설물의 소유자로서 부지로 사용되는 토지를 점유·사용하고 있음을 전제로 병에게 차임 상당의 부당이득반환의무가 있다고 볼 수 없다(대법원 2018. 5. 30. 선고 2018다201429 판결).

4. 사안의 해결 (3점)

A는 B에 대하여 건물철거 및 대지인도를 구할 수 있다. 이 경우 B는 Y건물에 대한 지상물매수청구권을 행사할 수 있으나, 채무불이행에 기해 해지되었기 때문에 그 권리를 행사할 수 없다. 한편 A는 양도담보권자인 C농협에 임료상당의 부당이득을 구할 수 없다.

계속된 사실관계 | 지상물매수청구권 |

B는 A가 소유하고 있는 X토지와 접해 있는 자신의 T토지가 있었는데, B는 창고건물이 필요하여 A소유의 X토지의 2분의 1지분과 자신의 T토지 중 2분의 1이 걸쳐있는 대지에 Z건물을 건축하여 창고로 이용하여 왔다. 한편 B는 X토지 위에 Y건물에 보존등기를 경료한 후, D상호신용금고로부터 금 5,000만원을 차용하며, D상호신용금고 명의로 근저당권을 설정해 주었다. 위 X토지에 대한 임대차기간만료일인 2018. 1. 31.되자 B는 A에 대하여 위 Y건물의 시가가 8,000만원이기 때문에 8000만원 전액을 기준으로 지상물매수청구권을 행사하고, 위 Z건물에 대하여도 지상물매수청구권을 행사하였다.

문제 2 이 경우 B의 A에 대한 청구는 인용될 수 있는가? (15점)

1. 문제의 소재 (2점)

① 매수청구권의 대금

② 임차인인 소유 건물이 임대한 토지와 걸쳐 있는 경우 매수청구권 인정여부

2. 매수청구권의 대금 (5점)

건물의 소유를 목적으로 한 토지임대차계약의 기간이 만료함에 따라 지상건물 소유자가 임대인에 대하여 행사하는 민법 제643조 소정의 매수청구권은 매수청구의 대상이 되는 건물에 근저당권이 설정되어 있는 경우에도 인정된다. 이 경우에 그 건물의 매수가격은 건물 자체의 가격 외에 건물의 위치, 주변 토지의 여러 사정 등을 종합적으로 고려하여 매수청구권 행사 당시 건물이 현존하는 대로의 상태에서 평가된 시가 상당액을 의미하고, 여기에서 근저당권의 채권최고액이나 피담보채무액을 공제한 금액을 매수가격으로 정할 것은 아니다. 다만, 매수청구권을 행사한 지상건물 소유자가 위와 같은 근저당권을 말소하지 않는 경우 토지소유자는 민법 제588조에 의하여 위 근저당권의 말소등기가 될 때까지 그 채권최고액에 상당한 대금의 지급을 거절할 수 있다(대법원 2008. 5. 29. 선고 2007다4356 판결).

3. 임차인인 소유 건물이 임대한 토지와 걸쳐 있는 경우 매수청구권 인정여부 (5점)

[다수의견] 무릇 건물 소유를 목적으로 하는 토지임대차에 있어서 임차인 소유 건물이 임대인이 임대한 토지 외에 임차인 또는 제3자 소유의 토지 위에 걸쳐서 건립되어 있는 경우에는, 임차지상에 서 있는 건물 부분 중 구분소유의 객체가 될 수 있는 부분에 한하여 임차인에게 매수청구가

허용된다.

[반대의견] ① 임차인 병이 임대인 갑의 토지와 자기 토지에 걸쳐 있는 1개의 건물을 소유하고 있는데 갑과 병과의 임대차관계가 소멸할 경우와, ② 임차인 병이 갑과 을의 토지를 임차하여 그 양 토지 상에 1개의 건물을 소유하고 있는데 갑과의 임대차관계가 먼저 소멸한 경우의 두 가지 경우에 있어서, 갑 토지 위에 존재하는 건물 부분 중에 구분소유권의 객체가 될 수 있을 정도의 구조상, 이용상의 독립성이 인정되지 않는 부분이 있다면, 병으로서는 갑의 토지 위의 구조상, 이용상의 독립성이 없는 건물의 일부분만에 대하여 매수청구권을 행사하지 않고 그 부분과 불가분의 일체를 이루는 갑 또는 병의 토지 위의 나머지 일부분을 포함하여 구분소유권의 객체가 될 수 있는 1개의 전유부분 전부에 대한 매수청구를 하거나 그 1개의 전유부분의 공유지분에 대한 매수청구를 하여야 하고, 그 매수청구로 구분소유권의 객체가 될 수 있는 위 1개의 전유부분은 갑과 병의 공유로 되고 그 지분은 갑과 병, 또는 갑과 을의 토지 위에 존재하는 건물 부분의 가격비율로 결정되며, 위 ②의 경우에 있어서는 나중에 을과 병과의 임대차관계가 소멸하게 되면 병은 을에게 자기의 지분에 대한 매수청구권을 행사하게 될 것이므로, 그 때에는 공유자가 갑과 병에서 갑과 을로 바뀌게 된다(대법원 1996. 3. 21. 선고 93다42634 전원합의체 판결).

4. 사안의 해결 (3점)

B는 A에 대하여 8,000만원 전액에 대한 Y건물의 매수청구권을 행사할 수 있다. 다만 A는 근저당권등기가 말소되지 아니한 경우에는 이를 민법 제588조에 따라 거절할 수 있다. 한편 Z건물에 대하여 임차지 상에 서 있는 건물 부분 중 구분소유의 객체가 될 수 있는 부분에 한하여 임차인에게 매수청구가 허용되기 때문에, 위 창고건물은 구분소유가 될 수 있다면 매수청구권을 행사할 수 있을 것이나, 구분소유가 될 수 없는 경우에는 이를 인정할 수 없다.

계속된 사실관계 | 임차목적물의 훼손과 입증책임 |

B는 2018년 이후에도 위 X토지에 농기계수리공장을 운영하여 왔고, 2018. 4.경 농번기가 다가오자 지역에서 논농사를 주로 하고 있는 H가 B를 찾아와서 B가 소유하고 있는 T트랙터 1대를 3개월 동안 빌려 줄 것을 요청하였고, 이에 B와 H는 T트랙터에 대한 임대차계약을 체결하고 3개월 후 농번기가 끝나면 반환받기로 하였다. 그런데 3개월 후 E가 H에게 T트랙터를 반환하였으나 유압제어 시스템과 클러치부분이 고장이 나 있었다. 이에 B는 H에 대하여

이 사건 장비가 고장 또는 훼손되었음을 이유로 수리비상당의 손해배상을 구하였다.

문제 3 이 경우 임대인의 임차인의 사용 중 과실로 장비에 고장이 발생하였다는 점을 누가 입증하여야 하는가? (10점)

✓ **정답 : 임차인 H가 입증하여야 한다.**

임차인은 선량한 관리자의 주의를 다하여 임대차 목적물을 보존하고, 임대차가 종료하면 임대차 목적물을 원상에 회복하여 반환할 의무를 부담한다(민법 제374조, 제654조, 제615조 참조). 채무자가 채무의 내용에 따른 이행을 하지 않은 때에는 채권자는 손해배상을 청구할 수 있고, 다만 채무자가 고의나 과실 없이 이행할 수 없게 되었다는 점을 증명한 때에는 책임을 지지 않는다(민법 제390조 참조).

임대차가 종료한 경우 임차인이 반환할 임대차 목적물이 훼손되었음을 이유로 임대인이 임차인의 목적물 반환의무 불이행에 따른 손해배상을 구하는 경우에, 임차인은 불이행이 자기가 책임질 수 없는 사유로 발생한 것이라는 증명을 다하지 못하면 목적물 반환의무의 불이행에 따른 손해를 배상할 책임을 지고, 훼손의 구체적인 발생 원인이 밝혀지지 않은 때에도 마찬가지이다. 다만 임대차계약 존속 중에 발생한 훼손이 임대인이 지배·관리하는 영역에 존재하는 하자로 발생한 것으로 추단된다면, 하자를 보수·제거하는 것은 임대차 목적물을 사용·수익하기에 필요한 상태로 유지하여야 하는 임대인의 의무에 속하고, 임차인이 하자를 미리 알았거나 알 수 있었다는 등의 특별한 사정이 없는 한, 임대인은 훼손으로 인한 목적물 반환의무의 불이행에 따른 손해배상책임을 임차인에게 물을 수 없다. 이러한 법리는 임대인이 훼손된 임대차 목적물에 관하여 수선의무를 부담하더라도 동일하게 적용된다.

임대인 갑과 임차인 을이 장비에 관한 임대차계약을 체결하고 이후 임대차가 종료하였는데, 을이 반환할 장비가 고장이 나 훼손되었음을 이유로, 갑이 을을 상대로 장비의 반환의무 불이행에 따른 손해배상을 구한 사안에서, 을은 장비의 고장이 자기가 책임질 수 없는 사유로 발생한 것이라는 증명을 다하지 못하면 목적물 반환의무의 불이행에 따른 손해를 배상할 책임을 지게 되나, 임대차계약 존속 중에 발생한 장비의 고장이 갑이 지배·관리하는 영역에 존재하는 하자로 발생한 것으로 추단된다면, 특별한 사정이 없는 한 갑은 장비의 고장으로 인한 목적물 반환의무의 불이행에 따른 손해배상책임을 을에게 물을 수 없고, 이는 갑이 고장이 난 장비에 관하여 수선의무를 부담하더라도 마찬가지이므로, 장비의 고장이 을이 책임질 수 없는 사유로 발생한 것인지 또는 장비의 고장이 갑이 지배·관리하는 영역에 존재하는 하자로 발생한 것인지에 관해서 구체적으로 심리·판단하였어야 하는데도, 임대인인 갑에게 을의 사용 중 과실로 장비에 고장이 났다는 점에 관한 증명책임이 있다고 보고, 갑이 고장이 난 장비에 관하여 수선의무를 부담한다는 것만으로 갑의 수리비 청구를 배척한 원심판단에 법리오해의 잘못이 있다(대법원 2019. 4. 11. 선고 2018다291347 판결).

제6문 | 배당이이를 하지 않는 경우의 부당이득인정여부

A 소유의 X건물에 관하여 1995. 5. B앞으로 채권최고액 2억원, 채무자 C로 하는 근저당권이 설정되었다. 이후 위 근저당권부 채권은 D에게 양도되었고, D의 경매신청으로 2011. 10. X 건물에 대하여 경매가 개시되었다. G는 2011. 11. A에 대한 집행력 있는 정본을 가진 채권자로서 배당요구를 하였다. 그리고 E도 2011. 11. A에 대한 집행력 있는 정본을 가지고 배당요구를 하였고, H가 2012. 5. E의 A에 대한 채권을 양수한 후 2012. 7. 권리신고를 하였다. 위 경매절차에 따라 2012. 8. 배당기일이 열렸는데, 경매신청채권자인 D로부터 그 근저당권 채권을 양수한 F에게 2순위로 148,400,000원이 배당되고, 1순위부터 5순위까지 전부가 배당되었다. 그리고 일반채권자인 G와 H에게는 6순위로 자신들의 채권금액 중 일정금액이 배당되었다. H는 2012. 8.경 배당기일에 출석하여 F를 상대로 근저당권의 피담보채권이 시효로 소멸하였다고 주장하며 배당이의의 소를 제기하자, F는 그 청구를 인낙하였다. 이에 법원은 기일 외에서 위 배당금을 모두 H에게 배당하는 것으로 배당표를 경정하고, 화해권고결정에 따라 경정된 배당표에 따라 H는 위 배당금 전액을 수령하였다. 한편 G는 2012. 8. 배당기일에 출석하였지만 이의하지 않았고, H와 F사이의 위 화해권고결정이 확정된 이후인 2013. 2. H를 상대로 자신의 채권액 비율에 따른 안분액 중 G의 몫인 99,700,000원에 대하여 부당이득반환을 구하는 소를 제기하였다.

문제 1 G의 이러한 주장은 이유가 있는가? (10점)

✓ **정답 : 이유 있음**

이유 : 대법원은 배당받을 권리 있는 채권자가 자신이 배당받을 몫을 받지 못하고 그로 인해 권리 없는 다른 채권자가 그 몫을 배당받은 경우에는 배당이의 여부 또는 배당표의 확정 여부와 관계없이 배당받을 수 있었던 채권자가 배당금을 수령한 다른 채권자를 상대로 부당이득반환 청구를 할 수 있다는 입장을 취해 왔다. 이러한 법리의 주된 근거는 배당절차에 참가한 채권자가 배당이의 등을 하지 않아 배당절차가 종료되었더라도 그의 몫을 배당받은 다른 채권자에게 그 이득을 보유할 정당한 권원이 없는 이상 잘못된 배당의 결과를 바로잡을 수 있도록 하는 것이 실체법 질서에 부합한다는 데에 있다. 나아가 위와 같은 부당이득반환 청구를 허용해야 할 현실적 필요성(배당이의의 소의 한계나 채권자취소소송의 가액반환에 따른 문제점 보완), 현행 민사집행법에 따른 배당절차의 제도상 또는 실무상 한계로 인한 문제, 민사집행법 제155조의 내용과 취지, 입법 연혁 등에 비추어 보더라도, 종래 대법원 판례는 법리적으로나 실무적으로 타당하므로 유지되어야 한다(대법원 2019. 7. 18. 선고 2014다206983 전원합의체 판결).

• 제 3 장 •

제1문

기초적 사실관계

A는 서울시에 있는 자신의 X건물을 B와 보증금 5,000만원에 월 100만원으로 하는 임대차계약을 체결하면서 기간은 2008. 2. 1.부터 2010. 1. 31.까지로 하였다. B는 위 X건물에 대한 상가건물임대차보호법에 따른 대항력을 갖추었고, 위 X건물을 인도받아 커피숍을 경영하기 위하여 벽을 수리하는 등 3,000만원의 비용을 투입하였다. 그 후에 A는 자신의 아들이 찾아와 사업자금이 필요하다고 부탁하자, 2008. 7. 15.에 C은행으로부터 금 1억원을 차용하면서 채권최고액 1억 2,000만원의 근저당권을 C은행에 설정해 주었다. 경제사정이 극도로 나빠진 A가 위 X건물을 2009. 3. 15.에 금 5억원에 D에게 매도하면서, D가 A의 근저당채무, 임대차보증금을 모두 인수하기로 하고, 그 채무액은 공제하고 나머지만 지급하기로 하여 잔대금지급일에 이를 공제한 잔액을 A에게 모두 지급하기로 하여, 잔금을 모두 지급하였다.

계속된 사실관계 | 이행인수 |

그런데 D가 C은행에 대한 위 근저당권의 피담보채무를 변제하기로 한 날짜에 변제를 하지 않자, C은행은 X건물에 대하여 임의경매를 신청하였고, 이에 A가 자신의 돈으로 C은행에 변제를 하였고, 이에 C은행은 임의경매신청을 취하하였다. 한편 D가 A에게 위 매매대금의 잔금을 모두 지급한 후, A에 대하여 소유권이전등기청구소송을 제기하자, A는 D가 자신의 채무를 인수하였고, D가 이를 이행하지 않아 경매가 진행되었다고 주장하며 채무불이행에 따른 계약해제의 항변을 하고, 위 근저당권의 피담보채무액(구상채무)의 변제 전에는 소유권이전등기를 할 수 없다고 하면서 동시이행항변을 주장하고 있다.

문제 1 이 경우 A의 주장은 이유가 있는가? (20점)

1. 문제의 소재 (2점)

이행인수에 있어서 인수인의 채무불이행과 계약해제

2. 이행인수인지, 면책적 채무인수인지 여부 (5점)

1) 이행인수의 개념

인수인은 채무자에 대한 관계에서만 인수할 채무를 부담하는 것이고, 직접 채권자에게 부담하는 것은 아니다.

2) 면책적 채무인수의 개념

면책적 채무인수는 반드시 채권자의 승낙이 있어야 함(민법 제454조 제1항).

3) 본 사안

채권자인 C은행의 승낙이 있었다고 볼 수 없어서 이행인수에 속한다고 보아야 한다.

3. A의 계약해제의 항변 인정여부 (5점)

1) D의 인수채무불이행으로 A가 대신하여 변제한 것이다. 이는 D의 매매대금일부 미지급과 동일한 것으로 볼 수 있기 때문에 채무불이행이 성립한다.

2) A에게 계약해제권은 있으나, A가 소유권이전의무인 이행의 제공이 있어야 계약을 해제할 수 있다.

3) 본 사안에서는 A가 계약을 해제하기 위한 이행의 제공(등기서류의 교부)이 없으므로 계약해제권을 행사할 수 없다.

4. 동시이행항변권 (5점)

A의 소유권이전의무와 D의 구상의무는 서로 동시이행항변관계 성립할 수 있다(대법원 1993. 2. 12. 선고 92다23193 판결 참조).

5. 사안의 해결 (3점)

본 사안은 채권자인 C은행의 승낙이 있었다고 볼 수 없어서 이행인수에 속한다고 보아야 한다. 또한 D의 인수채무불이행으로 A가 대신하여 변제하였는 바, 이는 D의 매매대금일부 미지급과 동일한 것으로 볼 수 있기 때문에 채무불이행이 성립한다. 다만 A에게 계약해제권을 행사하기 위해서는 A가 소유권이전의무인 이행의 제공이 있어야 계약을 해제할 수 있는 바, 본 사안에서는 A가 계약을 해제하기 위한 이행의 제공(등기서류의 교부)이 없으므로 계약해제권은 행사할 수 없다.

계속된 사실관계 | 이행인수 |

C은행은 2009. 3. 15.자로 위 X건물이 D명의로 변경된 사실을 알게 되었으나 크게 개의치 않고 있던 중, 원 소유자였던 A가 자신에게 위 근저당권에 기한 피담보채무를 변제할 날짜가 되어도 변제를 하지 아니하자, C은행은 A를 대위하여 D에 대하여 원금 1억원을 구하는 소를 제기하였다.

문제 2 이 경우 법원은 어떠한 판단을 하여야 하며, 그 이유는 무엇인가? (10점)

✓ **정답 : 청구인용**

이행인수는 인수인이 채무자에 대하여 그 채무를 이행할 것을 약정하는 채무자와 인수인 간의 계약으로서, 인수인은 채무자와 사이에 채권자에게 채무를 이행할 의무를 부담하는 데 그치고 직접 채권자에 대하여 채무를 부담하는 것이 아니므로 채권자는 직접 인수인에게 채무를 이행할 것을 청구할 수 없으나, 채무자는 인수인이 그 채무를 이행하지 아니하는 경우 인수인에 대하여 채권자에게 이행할 것을 청구할 수 있고, 그에 관한 승소의 판결을 받은 때에는 금전채권의 집행에 관한 규정을 준용하여 강제집행을 할 수도 있다. 이러한 채무자의 인수인에 대한 청구권은 그 성질상 재산권의 일종으로서 일신전속적 권리라고 할 수는 없으므로, 채권자는 채권자대위권에 의하여 채무자의 인수인에 대한 청구권을 대위행사 할 수 있다(대법원 2009. 6. 11. 선고 2008다75072 판결).

계속된 사실관계 | 상계항변 |

A는 임차인인 B에 대하여 변제기일 2010. 3. 20.인 금 4,000만원의 대여금채권을 가지고 있었고, B는 2010. 2. 1.에 받을 위 보증금반환채권을 가지고 있다. 그런데 B의 채권자인 E가 위 B의 A에 대한 보증금반환채권에 대하여 피보전채권 3,000만원의 압류를 신청하여 2010. 2. 20.에 A에게 송달이 되었고, A에게 추심을 하자, A가 E에 대하여 상계항변을 하였다.

문제 3 E가 A에 대한 이 사건 추심의 소를 제기한 경우, 법원은 어떠한 판단을 하여야 하며, 그 이유는 무엇인가? (20점)

✓ 정답 : 청구인용

1. 문제의 소재 (2점)

채권압류명령을 받은 제3채무자가 압류채무자에게 반대채권을 가지고 있는 경우, 상계로서 압류채권자에게 대항할 수 있는 요건

2. 민법 제498조의 지급을 금지하는 명령의 의미 (5점)

지급을 금지하는 명령을 받은 제3채무자는 채무자에게 지급을 할 수 없고, 법원은 채무자에게 채권의 처분과 영수를 금지하여야 한다(민사집행법 제227조).

3. 지급금지명령 받은 제3채무자가 상계로서 그 명령을 신청한 압류채권자에게 대항하기 위한 요건 (10점)

지급금지명령 받은 제3채무자가 상계로서 그 명령을 신청한 채권자에게 대항하기 위한 요건과 관련하여 ①변제기준설에서는 자동채권의 변제기가 피압류채권의 변제기보다 먼저 또는 적어도 동시에 도달하는 경우에만 상계가 가능하다는 입장이고, ②무제한설은 채권압류 이전에 취득한 채권을 자동채권으로 하여서는 채권압류 이후에도 제한 없이 상계가 가능하다는 입장이다.

판례는 민법 제498조는 "지급을 금지하는 명령을 받은 제3채무자는 그 후에 취득한 채권에 의한 상계로 그 명령을 신청한 채권자에게 대항하지 못한다"라고 규정한다. 위 규정의 취지, 상계제도의 목적 및 기능, 채무자의 채권이 압류된 경우 관련당사자들의 이익상황 등을 보면, 채권압류명령 및 채권가압류명령을 받은 제3채무자가 압류채무자에 대한 반대채권을 가지고 있는 경우에 상계로써 압류채권자에게 대항하기 위해서는, 압류의 효력 발생 당시에 대립하는 양 채권이 상계적상에 있거나, 그 당시 반대채권(자동채권)의 변제기가 도래하지 아니한 경우에는 그것이 피압류채권(수동채권)의 변제기와 동시에 또는 그보다 먼저 도래하여야 한다(대법원 2012. 2. 16. 선고 2011다45521 전원합의체 판결).

4. 사안의 경우 (3점)

A는 E에 대하여 상계항변을 할 수 없다. 따라서 E의 A에 대한 추심금 청구의 소는 인용된다.

변형된 사실관계 | 점유자와 회복자 |

A가 C은행에 대하여 위 근저당권 피담보채무의 변제기일로 정한 날짜에 변제를 하지 않자, C은행은 이 사건 X건물에 대하여 임의경매를 신청하였고, 경매절차를 통해 F가 경낙을 받게 되었다. 그런데 임차인 B는 자신이 투입한 3,000만원의 비용을 A에게 청구하여 받지 못하였다고 주장하고 있다(상가건물임대차보호법의 적용대상 아님).

문제 4 임차인 B가 X건물을 경낙 받은 F에 대하여 자신이 투입한 3,000만원에 대한 비용을 구하는 소를 제기한 경우, 법원은 어떠한 판단을 하여야 하며, 그 이유는 무엇인가? (20점)

✓ **정답 : 청구기각**

1. 문제의 소재 (2점)

계약관계의 상대방이 아닌 점유회복 당시의 상대방에 대하여 민법 제203조 제2항의 유익비상환청구를 행사할 수 있는지 여부

2. 민법 제203조 제2항과 민법 제626조 제2항의 관계 (5점)

점유자가 점유물을 반환할 때에는 회복자에 대하여 점유물을 보존하기 위하여 지출한 금액 기타 필요비의 상환을 청구할 수 있다. 그러나 점유자가 과실을 취득한 경우에는 통상의 필요비는 청구하지 못한다(민법 제203조 제1항). 한편 점유자가 점유물을 개량하기 위하여 지출한 금액 기타 유익비에 관하여는 그 가액의 증가가 현존한 경우에 한하여 회복자의 선택에 좇아 그 지출금액이나 증가액의 상환을 청구할 수 있다(민법 제203조 제2항).

임차인이 임차물의 보존에 관한 필요비를 지출한 때에는 임대인에 대하여 그 상환을 청구할 수 있다(민법 제626조 제1항). 임차인이 유익비를 지출한 경우에는 임대인은 임대차종료시에 그 가액의 증가가 현존한 때에 한하여 임차인의 지출한 금액이나 그 증가액을 상환하여야 한다. 이 경우에 법원은 임대인의 청구에 의하여 상당한 상환기간을 허여할 수 있다(민법 제626조 제2항).

본 사안에서 B는 A와 임대차 계약시 민법 제626조 제2항을 고려한 것이고, 민법 제203조 제2항을 고려한 것은 아니다.

3. 점유자와 회복자 (10점)

민법 제203조 제2항에 의한 점유자의 회복자에 대한 유익비상환청구권은 점유자가 계약관계 등

적법하게 점유할 권리를 가지지 않아 소유자의 소유물반환청구에 응하여야 할 의무가 있는 경우에 성립되는 것으로서, 이 경우 점유자는 그 비용을 지출할 당시의 소유자가 누구이었는지 관계없이 점유회복 당시의 소유자 즉 회복자에 대하여 비용상환청구권을 행사할 수 있는 것이나, 점유자가 유익비를 지출할 당시 계약관계 등 적법한 점유의 권원을 가진 경우에 그 지출비용의 상환에 관하여는 그 계약관계를 규율하는 법조항이나 법리 등이 적용되는 것이어서, 점유자는 그 계약관계 등의 상대방에 대하여 해당 법조항이나 법리에 따른 비용상환청구권을 행사할 수 있을 뿐 계약관계 등의 상대방이 아닌 점유회복 당시의 소유자에 대하여 민법 제203조 제2항에 따른 지출비용의 상환을 구할 수는 없다(대법원 2003. 7. 25. 선고 2001다64752 판결).

4. 사안의 해결 (3점)

B의 F에 대한 비용상환청구권은 인용될 수 없다.

5. 가산점

전용물 소권에 대한 언급을 하는 경우, 가산점을 받을 수 있다.

제2문

기초적 사실관계

A는 자신의 X건물에 대하여 甲 은행으로부터 금 1억원을 차용하며, 甲 은행 명의로 2017. 1. 10.자 채권최고액 1억 3,000만원의 근저당권을 설정해 주었다. 그 후 2017. 3. 10.에 A는 자신의 위 X건물을 B에게 2억원에 매도하는 계약을 체결하며, 계약금으로 2,000만원을 수수하고, 중도금 8,000만원은 2017. 4. 10.에, 잔대금 1억원은 A가 甲 은행에 변제하기로 하는 날짜인 2018. 1. 10.에 B가 대신 변제하기로 하면서, 2017. 4. 10. 중도금을 지급받음과 동시에 B명의로 이전등기를 경료해 주고 X건물을 인도해 주었다.

계속된 사실관계 | 계약해제와 제3자 |

A로부터 X건물을 인도받은 B는 2017. 5. 10.에 중고가구점을 운영하고자 하는 C에게 기간은

2019. 5. 9.까지로 하고, 보증금 5,000만원에 월 임료 100만원으로 하는 임대차계약을 체결하였다. 한편 X건물을 인도받은 C는 임대인인 B의 재력과 신용을 믿고 사업자등록을 하지 아니한 채 영업활동을 지속해 왔고, X건물에 2,000만원의 유익비를 투입하여 계속 사용하여 왔다. 그런데 2018. 1. 9. B가 甲 은행에 위 차용금 1억원을 제공하지 아니하자, 甲 은행이 몇 번의 독촉을 하다가 X건물에 경매를 신청하였고, 이에 대급한 A가 자신의 적금을 급히 깨어 甲 은행에 금 1억원을 변제한 후, B를 상대로 2018. 7.에 계약을 해제하고, C를 상대로 X건물의 인도를 구하였다. 이에 C는 매매계약이 해제되었다 하더라도 자신은 제3자로서 보호될 수 있고, 보증금을 돌려받기 전에는 X건물을 인도할 수 없다고 다투고 있다.

문제 1 C의 이러한 주장은 이유가 있는가? (15점)

1. 문제의 소재 (2점)

① 매매계약의 해제와 제3자

② 동시이행항변권

2. 매매계약의 해제와 제3자의 보호 (5점)

민법 제548조 제1항 단서에서 규정하고 있는 제3자란 일반적으로 계약이 해제되는 경우 그 해제된 계약으로부터 생긴 법률효과를 기초로 하여 해제 전에 새로운 이해관계를 가졌을 뿐 아니라 등기·인도 등으로 완전한 권리를 취득한 자를 말하고, 계약상의 채권을 양수한 자는 여기서 말하는 제3자에 해당하지 않는다고 할 것인바, 계약이 해제된 경우 계약해제 이전에 해제로 인하여 소멸되는 채권을 양수한 자는 계약해제의 효과에 반하여 자신의 권리를 주장할 수 없음은 물론이고, 나아가 특단의 사정이 없는 한 채무자로부터 이행받은 급부를 원상회복하여야 할 의무가 있다(대법원 2003. 1. 24. 선고 2000다22850 판결). 반면에 소유권을 취득하였다가 계약해제로 인하여 소유권을 상실하게 된 임대인으로부터 그 계약이 해제되기 전에 주택을 임차받아 주택의 인도와 주민등록을 마침으로써 주택임대차보호법 제3조 제1항에 의한 대항요건을 갖춘 임차인은 민법 제548조 제1항 단서의 규정에 따라 계약해제로 인하여 권리를 침해받지 않는 제3자에 해당하므로 임대인의 임대권원의 바탕이 되는 계약의 해제에도 불구하고 자신의 임차권을 새로운 소유자에게 대항할 수 있고, 이 경우 계약해제로 소유권을 회복한 제3자는 주택임대차보호법 제3조 제2항에 따라 임대인의 지위를 승계한다(대법원 2003. 8. 22. 선고 2003다12717 판결).

3. C의 동시이행항변권 인정여부 (5점)

건물매수인이 아직 건물의 소유권을 취득하지 못한 채 매도인의 동의를 얻어 제3자에게 임대하였으나 매수인(임대인)의 채무불이행으로 매도인이 매매계약을 해제하고 임차인에게 건물의 명도를 구하는 경우 임차인은 매도인에 대한 관계에서 건물의 전차인의 지위와 흡사하다 할 것인바, 임대인의 동의 있는 전차인도 임차인의 채무불이행으로 임대차계약이 해지되면 특단의 사정이 없는 한 임대인에 대해서 전차인의 전대인에 대한 권리를 주장할 수가 없고, 또 임차인이 매매계약목적물에 대하여 직접 임차권을 취득했다고 보더라도, 대항력을 갖추지 아니한 상태에서는 그 매매계약이 해제되어 소급적으로 실효되면 그 권리를 보호받을 수가 없다는 점에 비추어 볼 때, 임차인의 건물명도의무와 매수인(임대인)의 보증금반환의무를 동시이행관계에 두는 것은 오히려 공평의 원칙에 반한다 할 것이다(대법원 1990. 12. 7. 선고 90다카24939 판결).

4. 사안의 해결 (3점)

C는 대항요건을 갖추지 못했기 때문에 계약해제로 인한 제3자에 해당되지 아니하여 A에 대항할 수 없고, 동시이행항변권의 행사도 할 수 없다.

계속된 사실관계 | 유익비와 유치권/임료상당과 유익비의 상계 |

A로부터 X건물을 인도받은 B는 2017. 5. 10.에 중고가구점을 운영하고자 하는 C에게 기간은 2020. 5. 9.까지로 하고, 보증금 5,000만원에 월 임료 100만원으로 하는 임대차계약을 체결하고, 사업자등록을 갖추었고, 그 한 달 후 벽면과 천장 공사를 하면서 유익비 3,000만원도 투입하였다. 그런데 2018. 1. 10.에 B가 甲 은행에 대한 1억원의 피담보채무를 변제하지 아니하자, 2018. 2. 10.에 甲 은행이 경매를 신청하여 D가 2018. 8. 10.에 매각대금을 지급하고 경낙을 받게 되었다. 한편 D는 C에 대하여 X건물의 인도를 구하였으나, C는 이를 거절하고 차임도 지급하지 아니한 채 이를 점유·사용하고 있다. 이에 2018. 11. 10에 이르러 D는 C를 상대로 X건물의 인도 및 월 임료 상당의 부당이득을 구하는 소를 제기하였다. 이에 C는 자신의 임대차기간은 2020. 5. 9.까지 남아 있고, 자신이 X건물에 투입한 유익비 3,000만원을 받기 전까지는 X건물을 인도할 수 없다고 다투고 있다. 한편 D는 설령 위 유익비 3,000만원이 인정된다 하더라도 C가 지급해야 할 점유기간동안의 임료상당의 금액과 상계를 하겠다고 주장하였다.

문제 2 이 경우 C와 D의 주장은 이유가 있는가? (25점)

1. 문제의 소재 (2점)

① 상가건물임대차보호법상의 대항력

② 유익비에 의한 유치권 인정여부

③ 임료상당의 금액과 유익비의 상계가능여부

2. 상가건물임대차보호법상의 대항력 (5점)

상가건물임대차는 그 등기가 없는 경우에도 임차인이 건물의 인도와 「부가가치세법」 제8조, 「소득세법」 제168조 또는 「법인세법」 제111조에 따른 사업자등록을 신청하면 그 다음 날부터 제3자에 대하여 효력이 생긴다(상가건물임대차보호법 제3조 제1항). 이러한 대항력은 선행한 저당권 등에는 대항할 수 없다.

3. 유익비와 유치권 (5점)

부동산 경매절차에서의 매수인은 민사집행법 제91조 제5항에 따라 유치권자에게 그 유치권으로 담보하는 채권을 변제할 책임이 있는 것이 원칙이나, 채무자 소유의 건물 등 부동산에 경매개시결정의 기입등기가 경료되어 압류의 효력이 발생한 후에 채무자가 위 부동산에 관한 공사대금 채권자에게 그 점유를 이전함으로써 그로 하여금 유치권을 취득하게 한 경우, 그와 같은 점유의 이전은 목적물의 교환가치를 감소시킬 우려가 있는 처분행위에 해당하여 민사집행법 제92조 제1항, 제83조 제4항에 따른 압류의 처분금지효에 저촉되므로 점유자로서는 위 유치권을 내세워 그 부동산에 관한 경매절차의 매수인에게 대항할 수 없다. 그러나 이러한 법리는 경매로 인한 압류의 효력이 발생하기 전에 유치권을 취득한 경우에는 적용되지 아니하고, 유치권 취득시기가 근저당권설정 후라거나 유치권 취득 전에 설정된 근저당권에 기하여 경매절차가 개시되었다고 하여 달리 볼 것은 아니다(대법원 2009. 1. 15. 선고 2008다70763 판결). 즉 부동산에 대한 경매개시결정의 기입등기가 경료되어 압류의 효력이 발생한 후에 취득한 유치권은 경매절차의 매수인에게 대항할 수 없으나, 유치권의 취득시기가 저당권 설정 후라도 경매로 인한 압류의 효력이 발생하기 전에 유치권을 취득한 경우에는 적용하지 아니한다.

4. 임료상당의 금액과 유익비의 상계가능여부 (10점)

민법 제324조에 의하면, 유치권자는 선량한 관리자의 주의로 유치물을 점유하여야 하고, 소유자의 승낙 없이 유치물을 보존에 필요한 범위를 넘어 사용하거나 대여 또는 담보제공을 할 수 없으며, 소유자는 유치권자가 위 의무를 위반한 때에는 유치권의 소멸을 청구할 수 있다고 할 것인바, 공사대금채권에 기하여 유치권을 행사하는 자가 스스로 유치물인 주택에 거주하며 사용하는 것은 특별한 사정이 없는 한 유치물인 주택의 보존에 도움이 되는 행위로서 유치물의 보존에 필요한 사용에 해당한다고 할 것이다. 그리고 유치권자가 유치물의 보존에 필요한 사용을 한 경우에도 특별한 사정이 없는 한 차임에 상당한 이득을 소유자에게 반환할 의무가 있다(대법원 2009. 9. 24. 선고 2009다40684 판결).

상계는 당사자 쌍방이 서로 같은 종류를 목적으로 한 채무를 부담한 경우에 서로 같은 종류의 급부를 현실로 이행하는 대신 어느 일방 당사자의 의사표시로 그 대등액에 관하여 채권과 채무를 동시에 소멸시키는 것이고, 이러한 상계제도의 취지는 서로 대립하는 두 당사자 사이의 채권·채무를 간이한 방법으로 원활하고 공평하게 처리하려는 데 있으므로, 수동채권으로 될 수 있는 채권은 상대방이 상계자에 대하여 가지는 채권이어야 하고, 상대방이 제3자에 대하여 가지는 채권과는 상계할 수 없다고 보아야 한다. 그렇지 않고 만약 상대방이 제3자에 대하여 가지는 채권을 수동채권으로 하여 상계할 수 있다고 한다면, 이는 상계의 당사자가 아닌 상대방과 제3자 사이의 채권채무관계에서 상대방이 제3자에게서 채무의 본지에 따른 현실급부를 받을 이익을 침해하게 될 뿐 아니라, 상대방의 채권자들 사이에서 상계자만 독점적인 만족을 얻게 되는 불합리한 결과를 초래하게 되므로, 상계의 담보적 기능과 관련하여 법적으로 보호받을 수 있는 당사자의 합리적 기대가 이러한 경우에까지 미친다고 볼 수는 없다.

유치권이 인정되는 아파트를 경락·취득한 자가 아파트 일부를 점유·사용하고 있는 유치권자에 대한 임료 상당의 부당이득금 반환채권을 자동채권으로 하고 유치권자의 종전 소유자에 대한 유익비상환채권을 수동채권으로 하여 상계의 의사표시를 한 사안에서, 상대방이 제3자에 대하여 가지는 채권을 수동채권으로 하여 상계할 수 없음에도, 그러한 상계가 허용됨을 전제로 위 상계의 의사표시로 부당이득금 반환채권과 유익비상환채권이 대등액의 범위 내에서 소멸하였다고 본 원심판결에 법리오해의 위법이 있다(대법원 2011. 4. 28. 선고 2010다101394 판결).

5. 사안의 해결 (3점)

사안에서 C는 D에 대하여 상가건물임대차보호법상의 대항력을 주장할 수 없다. 또한 C가 유치권을 취득한 시기가 저당권설정 후라도 경매로 인한 압류의 효력이 발생하기 전에 성립한 유치권이기 때문에 D게게 유치권을 주장할 수 있고, 다만 D의 상계 주장은 타당하지 않다.

제3문

기초적 사실관계 | 유권대리의 주장 속에 표현대리의 주장이 포함되는지 |

A는 자신의 X토지를 건축업자인 B에게 3억원에 매도하였고, B는 위 X토지 위에 빌라를 건축하여 분양하기로 하고, 그 빌라의 건축허가명의는 A의 명의로 하면서, 그 분양권에 있어서는 B에게 위임하고, 매각 후에 대금을 모두 지급받기로 약정하였다. 그 후에 위 빌라의 분양이 지지부진하자, A는 B에 대하여 분양위임을 합의해지하고, 빌라 4채(101호, 102호, 103호, 104호)를 대금지급에 갈음하여 A가 양도받고, 끝내기로 약정하였다. 그런데 B는 A로부터 분양권을 위임받은 것처럼 가장하여 C에게 이 사건 빌라 101호를 매도하였으나, 실상은 A가 이 사건 빌라 101호를 D에게 매도하고 이전등기까지 경료해 주었다.

문제 1 C는 A에 대하여 표현대리에 대한 주장은 하지 아니한 채, B가 A의 유권대리인이라고 주장하면서 소유권이전의 소를 제기하였다. 이 경우 법원은 어떠한 판단을 하여야 하며, 그 이유는 무엇인가? (20점)

✓ **정답 : 청구기각**

1. 문제의 소재 (2점)

① 유권대리의 주장 속에 표현대리의 주장이 포함되는지 여부

② 심판의 대상이 되는 주요사실

2. 표현대리의 성부 (5점)

표현대리가 성립하기 위해서는 ①존재하던 대리권이 소멸하고 ②소멸된 대리권의 범위 내에서 ③상대방이 선의·무과실이어야 한다. 따라서 본 사안은 표현대리가 성립하는 사안이다.

3. 처분권주의와 변론주의 (5점)

처분권주의라 함은, 절차의 개시, 대상, 종료를 당사자에게 맡기는 것이다. 변론주의는 당사자가 수집, 제출한 자료만 재판의 기초로 삼는다는 원칙을 말한다. 이 문제와 관련하여 구소송물이론과 신소송물이론은 반드시 언급되어야 한다.

4. 주요사실 (5점)

주요사실만이 심판의 대상이 되는 것으로서 여기서 주요 사실이라 함은 법률효과를 발생시키는 실체법상의 구성요건 해당사실을 말한다.

5. 유권대리의 주장 속에 표현대리의 주장이 포함되는지 여부 (5점)

유권대리에 있어서는 본인이 대리인에게 수여한 대리권의 효력에 의하여 법률효과가 발생하는 반면 표현대리에 있어서는 대리권이 없음에도 불구하고 법률이 특히 거래상대방 보호와 거래안전유지를 위하여 본래 무효인 무권대리행위의 효과를 본인에게 미치게 한 것으로서 표현대리가 성립된다고 하여 무권대리의 성질이 유권대리로 전환되는 것은 아니므로, 양자의 구성요건 해당사실 즉 주요사실은 다르다고 볼 수 밖에 없으니 유권대리에 관한 주장 속에 무권대리에 속하는 표현대리의 주장이 포함되어 있다고 볼 수 없다(대법원 1983.12.13. 선고 83다카1489 전원합의체 판결).

6. 사안의 해결 (3점)

유권대리의 주장 속에 표현대리의 주장이 포함되어 있지 않기 때문에 C의 A에 대한 청구는 기각된다.

계속된 사실관계 | 하자담보에 관한 손해배상청구 |

위 빌라의 101호, 102호, 103호, 104호에 대하여 1999. 10. 10.에 A는 B로부터 매매의 형식으로 계약을 체결하고, 2000. 3. 10.에 건축업자인 B로부터 위 빌라들을 인도받았는데, 104호의 바닥에서 이상한 소리가 들려 확인을 해 본 결과, 콘크리트 등의 폐건축자재가 묻혀 있는 것을 2004. 12. 10.에 확인을 하였다. 2005. 4. 1.에 A가 B에 대하여 하자담보에 기한 손해배상청구의 소를 법원에 제기하였다.

문제 2 이 경우 법원은 어떠한 판단을 하여야 하며, 그 이유는 무엇인가? (10점)

✓ **정답 : 청구인용**

1. 문제의 소재 (2점)

매도인의 하자담보에 기한 손해배상청구

2. 매도인의 하자담보에 기한 손해배상청구권에도 소멸시효가 적용되는지 여부 (5점)

매도인에 대한 하자담보에 기한 손해배상청구권에 대하여는 민법 제582조의 제척기간이 적용되고, 이는 법률관계의 조속한 안정을 도모하고자 하는 데에 취지가 있다. 그런데 하자담보에 기한 매수인의 손해배상청구권은 권리의 내용·성질 및 취지에 비추어 민법 제162조 제1항의 채권 소멸시효의 규정이 적용되고, 민법 제582조의 제척기간 규정으로 인하여 소멸시효 규정의 적용이 배제된다고 볼 수 없으며, 이때 다른 특별한 사정이 없는 한 무엇보다도 매수인이 매매 목적물을 인도받은 때부터 소멸시효가 진행한다고 해석함이 타당하다(대법원 2011. 10. 13. 선고 2011다10266 판결).

3. 사안의 해결 (2점)

A가 2005. 4. 1.에 하자담보에 기한 손해배상청구의 소를 제기했으므로, 2000. 3. 10.에 인도받은 때로부터 10년이 경과되지 않아, A의 청구는 인용된다.

변형된 사실관계 | 응소와 소멸시효 중단 |

A는 2000. 3. 12. F은행으로부터 금 5,000만원을 변제기는 2000. 12. 11.로 차용하면서, 위 채무를 위하여 위 빌라의 102호를 채무자를 A, 채권자를 F은행, 채권최고액 5,800만원으로 하는 근저당권설정등기를 경료하였다. 그 후 A는 피담보채무를 모두 변제하고, 그 대여금채권이 부존재하다고 주장하면서 근저당권설정등기의 말소청구소송을 2003. 8. 20.에 제기하자, F은행이 2003. 9. 24. 제1차변론기일에서 원고청구기각판결을 구하면서 본건 채권이 적법하게 성립되었고, 따라서 이를 피담보채권으로 하는 본건 근저당권등기도 유효한 것이라는 내용의 답변서를 제출하고, 진술하였으며, 2003. 10. 8. 제2차 변론기일, 2003. 10. 22. 제3차 변론기일, 2003. 12. 3. 제6차 변론기일에서 동일한 내용의 답변서를 계속 제출하여 적극적으로 응소하여 위 채권이 유효하게 존속한다고 다투어 2003. 12. 17.에 제1심에서 A의 패소판결이 선고 되었고, 이에 A가 항소하여 2004. 6. 25.에 항소기각판결이 선고 되었으며, 다시 A가 상고하였으나, 2004. 12. 14.에 상고기각 되어 A패소의 판결이 확정되었다(전소).

그 후 A는 2014. 5. 6.에 본건 채권은 본건 변제기 다음날인 2000. 12. 12부터 기산하여 이미 10년이 도과하였으므로 본건 채권은 소멸시효 완성으로 소멸되었고, 이에 따라 본건 근저당권등기 또한 담보물권의 부종성에 따라 적법하게 원인이 결하였으므로, 말소되어야 한다고 주장하면서 F은행을 상대로 2000. 3. 12.자 금전소비대차에 기한 원금 및 이에 대한 이자채무가 존재하지 않음을 주장하였다.

문제 3 이에 법원은 어떠한 판단을 하여야 하며, 그 이유는 무엇인가? (25점)

✓ **정답 : 청구기각**

1. 문제의 소재 (2점)

응소와 소멸시효 중단

2. 원금채권과 지연손해금채권의 소멸시효 (5점)

이자 또는 지연손해금은 주된 채권인 원본의 존재를 전제로 그에 대응하여 일정한 비율로 발생하는 종된 권리인데, 하나의 금전채권의 원금 중 일부가 변제된 후 나머지 원금에 대하여 소멸시효가 완성된 경우, 가분채권인 금전채권의 성질상 변제로 소멸한 원금 부분과 소멸시효 완성으로 소멸한 원금 부분을 구분하는 것이 가능하고, 이 경우 원금에 종속된 권리인 이자 또는 지연손해금 역시 변제로 소멸한 원금 부분에서 발생한 것과 시효완성으로 소멸된 원금 부분에서 발생한 것으로 구분하는 것이 가능하므로, 소멸시효 완성의 효력은 소멸시효가 완성된 원금 부분으로부터 그 완성 전에 발생한 이자 또는 지연손해금에는 미치나, 변제로 소멸한 원금 부분으로부터 그 변제 전에 발생한 이자 또는 지연손해금에는 미치지 않는다(대법원 2008. 3. 14. 선고 2006다2940 판결). 한편 원금채무에 관하여는 소멸시효가 완성되지 아니하였으나 이자채무에 관하여는 소멸시효가 완성된 상태에서 채무자가 채무를 일부 변제한 때에는 액수에 관하여 다툼이 없는 한 원금채무에 관하여 묵시적으로 승인하는 한편 이자채무에 관하여 시효완성의 사실을 알고 그 이익을 포기한 것으로 추정되며, 채무자의 변제가 채무 전체를 소멸시키지 못하고 당사자가 변제에 충당할 채무를 지정하지 아니한 때에는 민법 제479조, 제477조에 따른 법정변제충당의 순서에 따라 충당되어야 한다(대법원 2013. 5. 23. 선고 2013다12464 판결).

3. 민법 제168조 제1호 및 민법 제170조 제1항의 시효중단 (5점)

소멸시효의 중단사유로서 재판상청구, 압류·가압류·가처분, 재판상 승인을 규정하고 있다(민법 제168조). 또한 재판상의 청구는 소송의 각하, 기각 또는 취하의 경우에는 시효중단의 효력이 없다(민법 제170조 제1항). 전항의 경우에 6월내에 재판상의 청구, 파산절차참가, 압류 또는 가압류, 가처분을 한 때에는 시효는 최초의 재판상 청구로 인하여 중단된 것으로 본다(민법 제170조 제2항).

4. 응소행위로 재판상 청구가 되어 소멸시효의 중단사유가 되는지 여부 (10점)

응소행위로 재판상 청구가 되어 소멸시효의 중단사유가 되는지 여부에 대하여 학설은 ①권리자가 응소행위로서 권리를 주장하는 경우라도, 당해소송에서 권리자가 이를 증명책임을 부담하는 요건사실로 주장하는 경우에는 시효중단을 인정할 수 있다는 적극설과 ②피고가 적극적으로 채권의 존재를 주장한 경우에 한하여 시효중단을 인정할 수 있다는 소극설의 다툼이 있다.

민법 제 168조 제1호, 제170조 제1항에서 시효중단사유의 하나로 규정하고 있는 재판상의 청구라 함은, 통상적으로는 권리자가 원고로서 시효를 주장하는 자를 피고로 하여 소송물인 권리를 소의 형식으로 주장하는 경우를 가리키지만, 이와 반대로 시효를 주장하는 자가 원고가 되어 소를 제기한 데 대하여 피고로서 응소하여 그 소송에서 적극적으로 권리를 주장하고 그것이 받아들여진 경우도 마찬가지로 이에 포함되는 것으로 해석함이 타당하다(대법원 1993. 12. 21. 선고 92다47861 전원합의체 판결).

5. 사안의 경우 (3점)

전소의 확정판결이 난 2004. 12. 14.부터 소멸시효의 기산점이 되어 2014. 5. 6.의 본건 채권은 소멸시효가 완성된 것이 아니기 때문에 A의 청구는 기각된다.

제4문

기초적 사실관계 | 공동저당권과 대위변제 |

A는 甲토지(시가 4,000만원)와 乙토지(시가 6,000만원)를 소유하고 있었는데, 2012. 5. 1.에 G은행으로부터 금 5,000만원을 차용하면서, G명의로 위의 토지들에 대하여 공동근저당권을 설정해 주었다. 그런데 2013. 3. 20.에 A는 甲토지를 H에게, 乙토지를 I에게 각각 매도하고 이전등기까지 경료해 주었다. 그런데 A가 G은행에 위 저당권의 피담보채무를 변제하지 않자, H가 5,000만원 전액을 대위변제하였다.

문제 1 이 경우, 乙토지에 저당권이 실행되었을 때 H가 우선하여 변제받을 수 있는 금액의 범위는 얼마인가? (15점)

1. 제3취득자의 변제(민법 제364조) (5점)

저당부동산에 대하여 소유권, 지상권 또는 전세권을 취득한 제삼자는 저당권자에게 그 부동산으로 담보된 채권을 변제하고 저당권의 소멸을 청구할 수 있다(민법 제364조).

2. 변제자대위(민법 제481조, 제482조 2항 3호) (5점)

변제할 정당한 이익이 있는 자는 변제로 당연히 채권자를 대위한다(민법 제481조). 제삼취득자는 보증인에 대하여 채권자를 대위하지 못한다(민법 제482조 제2항 2호).

3. H가 우선하여 변제받을 수 있는 범위 (5점)

5,000만원×6,000만원/(4,000만원+6,000만원)=3,000만원

추가된 사실관계 | 건물매수청구권/소송물이론 |

A는 甲토지에 대하여 2003. 10. 13. 소유권을 취득하였는데, 그 이전부터 위 지상에 이 사건 각 건물을 소유하고 있던 J가 A에게 위 각 건물의 대지에 관하여 평당 연간 3만원 내지 5만원씩의 임료를 지급하여 오다가, 2010년부터는 위 임료를 평당 연간 10만원으로 인상하여 이 사건 소 제기 전까지 지급하여 왔는데, A와 B 사이에는 이 사건 X대지에 대하여 묵시적으로 위 각 건물의 소유를 목적으로 하여 기간의 정함이 없는 임대차계약이 체결된 것이었다. 그 뒤에 A는 J에 대하여 건물철거 및 대지인도청구의 소를 제기하자, 제1심에서 A의 청구를 전부 인용하였다. 이에 J가 항소를 제기하였고 A가 위 각 건물의 철거 및 이 사건 대지의 인도를 구하는 소장 부본이 J에게 송달된 날인 2012. 11. 23.경부터 6월이 경과한 2013. 5. 23. 경 위 각 임대차계약이 적법하게 종료하자 J가 매수청구권을 행사하였다.

문제 2 A가 건물철거와 대지인도청구를 구하는 소를 제기한 경우, 법원은 어떠한 판단을 하여야 하며, 그 이유는 무엇인가? 또한 A가 건물철거와 대지인도청구를 하자, J가 항소심에서 매수청구권을 행사하는 경우 법원은 석명권을 행사하여 소 변경을 유도할 수 있는가? (25점)

1. 문제의 소재 (2점)

① 건물매수청구권의 법적 성질

② 건물철거와 대지인도청구에는 건물매수대금지급과 동시에 건물명도를 구하는 청구가 포함되어 있는지 여부

③ 처분권주의와 소송물이론

2. 건물매수청구권의 법적 성질 (5점)

소멸사유로서 형성권이고 항변권의 성질을 가진다.

3. 대금지급과 상환으로 지상물의 명도를 청구할 의사가 있는지 여부 (5점)

학설은 긍정설과 부정설의 대립이 있으나, 종전의 판례는 긍정설을 채택하여 오다가, 최근 판례변경을 통하여 임대인인 종전의 청구를 유지할 것인지 아니면 대금지급과 상환으로 지상물의 명도를 청구할 의사가 있는지 예비적으로 석명해야 한다고 한다(대법원 1995. 7. 11. 94다34265 판결).

4. 소송물이론의 배치여부 (5점)

소변경과 법원의 석명의무에 관한 내용을 묻기 위한 문제로서 종전의 구소송물이론에 따를 경우, 청구취지가 동일하고 청구원인만 변경되어도 소변경에 해당하고, 청구취지의 변경이 수반되는 경우에 있어서도 소변경이 발생한다. 소변경에도 석명의무를 부과할 수 있는가에 대하여 그 법적 근거로 삼는 것은 민사소송법 제136조 제4항이다. 본 규정에 따르면 당사자가 명백히 간과한 것으로 인정되는 법률상의 사항에 대하여 석명할 수 있다고 하고 있다.

5. 청구취지의 변경과 석명권 (5점)

당사자가 구청구를 취하한다는 명백한 표시없이 새로운 청구취지를 항소장에 기재하는 경우, 교환적인지, 추가적인지, 선택적인지 석명해야 한다고 하고 있고(대법원 1987. 9. 24. 87다카2600 판결), 현물인 백미로 손해배상할 것인지, 금전으로 손해배상할 것인지 청구취지의 변경을 석명해야 하며(대법원 1959. 9. 24. 4291민상423 판결), 방해배제를 청구할 때 소유권에 기한 것인지, 점유권에 기한 것인지도 석명해야 한다고 하고 있다(대법원 1960. 4. 21. 4292민상221 판결).

6. 사안의 해결 (3점)

A의 건물철거와 대지인도청구에는 건물매수대금지급과 동시에 건물명도를 구하는 청구가 포함되어 있다고 볼 수 없으며, 법원은 임대인이 종전의 청구를 유지할 것인지 아니면 대금지급과 상환으로 지상물의 명도를 청구할 의사가 있는지 예비적으로 석명해야 한다.

제5문

압류의 경합과 전부명령

A는 자신의 X주택을 B에게 금 1억원에 임대하면서, 기간은 2010. 5. 10.부터 2012. 5. 9까지로 하였다. 그런데 임대차기간이 만료된 2012. 5. 15.에 B의 채권자인 C가 6,000만원의 전부명령을 받고, 또 다른 B의 채권자인 D가 2012. 5. 16.에 5,000만원의 전부명령을 받았다. 그리고 B의 또 다른 채권자인 E가 2012. 6. 20.에 3,000만원의 추심명령을 받게 되었는데, A가 D에게 변제를 해버린 후, E가 A에 대하여 추심의 소를 제기하였다.

문제 1 이 경우 법원은 어떠한 판단을 하여야 하며, 그 이유는 무엇인가? (10점)

✓ 정답 : 청구인용

전부명령이 제3채무자에게 송달될 때까지 그 금전채권에 관하여 다른 채권자가 압류·가압류 또는 배당요구를 한 경우에는 전부명령은 효력을 가지지 아니한다(민사집행법 제229조 제5항).

가압류 또는 압류가 경합되어 있는 채권에 대한 전부명령은 무효이므로 무효인 전부채권자에 대한 제3채무자의 변제로서 다른 압류채권자에게 대항할 수 없으나, 동 채권에 대한 추심명령을 받은 채권자에 대한 제3채무자의 변제는 모든 채권자에게 대항할 수 있다(대법원 1979. 5. 15. 선고 79다372 판결).

소멸시효

A는 B에 대한 구상금채권에 기하여 2004. 9. 28.에 법원에서 위 B가 C회사로부터 매월 지급받는 급료 중 제세제공과금을 공제한 실수령액의 2분의 1 및 위 B가 퇴직할 경우 퇴직금 중 2분의 1에 해당하는 금액에 대하여 채권가압류결정을 받았고, 위 결정은 2004. 9. 29.에 C회사에 송달되었다. 그 후 A는 위 구상금채권에서 승소판결을 받고, 동 판결은 2005. 4. 26.에 승소판결을 받고, 2005. 6. 5.에 확정되었다. 그 후 위 판결에 기하여 2011. 7. 4.에 위 퇴직금채권에 관하여 채권압류 및 추심명령을 받고, 위 명령은 2011. 7. 7.에 C회사에 송달되었다. 이

에 A는 C회사를 상대로 2011. 8. 27.에 추심의 소를 제기하였다. 한편 위 B는 2004. 1. 1.에 C회사에 입사하여 전무이사로 근무하다가 2008. 7. 31.퇴직하였다.

문제 2 위의 추심의 소에 대하여 법원은 어떠한 판단을 하여야 하며, 그 이유는 무엇인가? (10점)

✓ **정답 : 청구인용**

1. 퇴직금과 급료에 대한 소멸시효의 기산점 (2점)

2008. 7. 31.부터 기산하여 소멸시효가 완성되지 않았다.

2. 압류 또는 가압류와 시효중단의 효력 (4점)

채권자가 채무자의 제3채무자에 대한 채권을 압류 또는 가압류한 경우에 채무자에 대한 채권자의 채권에 관하여 시효중단의 효력이 생긴다고 할 것이나, 압류 또는 가압류된 채무자의 제3채무자에 대한 채권에 대하여는 민법 제168조 제2호 소정의 소멸시효 중단사유에 준하는 확정적인 시효중단의 효력이 생긴다고 할 수 없다.

그리고 가압류에 의한 소멸시효의 중단에 대하여 판례는 「민법 제168조 제2호에서 가압류를 시효중단사유로 정하고 있지만, 가압류로 인한 시효중단의 효력이 언제 발생하는지에 관해서는 명시적으로 규정되어 있지 않다.

민사소송법 제265조에 의하면, 시효중단사유 중 하나인 '재판상의 청구'(민법 제168조 제1호, 제170조)는 소를 제기한 때 시효중단의 효력이 발생한다. 이는 소장 송달 등으로 채무자가 소 제기 사실을 알기 전에 시효중단의 효력을 인정한 것이다. 가압류에 관해서도 위 민사소송법 규정을 유추적용하여 '재판상의 청구'와 유사하게 가압류를 신청한 때 시효중단의 효력이 생긴다고 보아야 한다. '가압류'는 법원의 가압류명령을 얻기 위한 재판절차와 가압류명령의 집행절차를 포함하는데, 가압류도 재판상의 청구와 마찬가지로 법원에 신청을 함으로써 이루어지고(민사집행법 제279조), 가압류명령에 따른 집행이나 가압류명령의 송달을 통해서 채무자에게 고지가 이루어지기 때문이다.

가압류를 시효중단사유로 규정한 이유는 가압류에 의하여 채권자가 권리를 행사하였다고 할 수 있기 때문이다. 가압류채권자의 권리행사는 가압류를 신청한 때에 시작되므로, 이 점에서도 가압류에 의한 시효중단의 효력은 가압류신청을 한 때에 소급한다」고 밝히고 있다(대법원 2017. 4. 7. 선고 2016다35451 판결).

3. 채권압류 및 추심명령의 송달이 피압류채권의 제3채무자에 대하여 최고로서의 효력이 있는지 여부 (4점)

소멸시효 중단사유의 하나로서 민법 제174조가 규정하고 있는 최고는 채무자에 대하여 채무이행을 구한다는 채권자의 의사통지(준법률행위)로서, 이에는 특별한 형식이 요구되지 아니할 뿐 아니라 행위 당시 당사자가 시효중단의 효과를 발생시킨다는 점을 알거나 의욕하지 않았다 하더라도 이로써 권리 행사의 주장을 하는 취지임이 명백하다면 최고에 해당하는 것으로 보아야 할 것이므로, 채권자가 확정판결에 기한 채권의 실현을 위하여 채무자의 제3채무자에 대한 채권에 관하여 압류 및 추심명령을 받아 그 결정이 제3채무자에게 송달이 되었다면 거기에 소멸시효 중단사유인 최고로서의 효력을 인정하여야 한다(대법원 2003. 5. 13. 선고 2003다16238 판결).

제6문

기초적 사실관계

A는 슬하에 장남 B, 차남 C, 딸 D를 두고 X토지와 지상 3층짜리 Y건물을 남긴 채 2015. 9. 20.에 사망하였다. Y건물에는 원래 A가 생존시인 2015. 5. 10.에 E와 기간은 2년, 보증금 1억원, 월 임료 100만원으로 하는 임대차계약을 체결하였고, 위 임료는 매달 1일 A의 계좌로 납부해 오고 있었다. A가 사망하자 2016. 6. 20.에 장남 B는 동생인 C와 D를 불러 재산을 정리하기로 하면서 우선은 아버지가 남긴 X토지와 Y건물을 당장 처분할 것이 아니라, 우선 공유하기로 하고 위 X토지에 대해서는 1필지의 토지 중 일부를 특정하여 상속받기로 하면서 다만 소유권이전등기는 그 필지 전체에 관하여 공유지분권이전등기를 하였고, Y건물에 대해서만 각각 3분의 1씩 지분을 정하여 상속을 원인으로 한 소유권이전등기를 경료하였다.

계속된 사실관계 | 구분소유적 공유 |

그 후 사업을 하는 차남이 금전이 필요하여 자신의 위 X토지 중 자신의 공유지분을 목적으로 하여 甲은행으로부터 금 2억원을 차용하면서 2018. 2. 10에 甲은행 명의로 근저당권을 설정해 주었고, 그 후 2018. 3. 10.에는 위 X토지 중 자신의 여동생 D의 토지로 특정된 부분에 F가 무단으로 침범하여 창고를 짓게 되었다. 이에 그녀의 오빠인 B가 F를 상대로 방해배제를 구하는 소를 제기하였다.

문제 1 이 경우 법원은 어떠한 판단을 하여야 하며, 그 이유는 무엇인가? (15점)

1. 문제의 소재 (2점)

① 구분소유적 공유관계의 법리

② 민법 제265조의 보존행위

2. 구분소유적 공유관계 (5점)

1필의 토지 중 일부를 특정하여 매수하고 다만 그 소유권이전등기는 그 필지의 전체에 대하여 공유지분권 이전등기를 한 경우, 이를 구분소유적 공유관계라고 한다. 이에 따라 그 특정부분 이외의 등기는 상호명의신탁관계에 있는 것으로 보고 있다(대법원 1980. 12. 9. 선고 79다634 전원합의체 판결). 구분소유적 공유에서 내부적 관계에서는 ①지분권자는 특정부분에 한해 소유권을 취득하는 것이고 ②그 부분에 대하여 배타적 사용·수익권이 있으며 ③다른 구분소유자에게 방해배제청구를 할 수 있다. 외부적 관계에서는 ①1필지 전체에 대한 공유관계가 된다. 또한 서로 상호명의신탁관계에 있기 때문에 신탁해지를 원인으로 한 소유권이전등기청구도 가능하고, 소유권에 기한 이전등기청구권도 행사할 수 있다.

3. B가 공유물의 보존행위로서 방해배제청구가 가능한지 여부 (5점)

1필지의 토지 중 일부를 특정하여 매수하고 다만 그 소유권이전등기는 그 필지 전체에 관하여 공유지분권이전등기를 한 경우에는 그 특정부분 이외의 부분에 관한 등기는 상호 명의신탁을 하고 있는 것으로서, 그 지분권자는 내부관계에 있어서는 특정부분에 한하여 소유권을 취득하고 이를 배타적으로 사용·수익할 수 있고, 다른 구분소유자의 방해행위에 대하여는 소유권에 터잡아 그 배제를 구할 수 있으나, 외부관계에 있어서는 1필지 전체에 관하여 공유관계가 성립되고 공유자로서의 권리만을 주장할 수 있는 것이므로, 제3자의 방해행위가 있는 경우에는 자기의 구분소유부분뿐 아니라 전체토지에 대하여 공유물의 보존행위로서 그 배제를 구할 수 있다(대법원 1994. 2. 8. 선고 93다42986 판결).

4. 사안의 해결(3점)

본 사안은 구분소유적 공유관계로서 상호명의신탁관계에 있기 때문에 B는 제3자인 F의 방해행위에 대하여 민법 제265조에 따른 보존행위를 이유로 공유물전체에 대한 방해배제청구가 가능하여 B의 소송은 인용된다.

문제 2 C가 2018. 4. 10.에 B와 D에 대하여 위 X토지의 분할을 구하여 그 분할이 된 경우, 甲은행 명의의 위 근저당권은 어떻게 되는가? (10점)

1필지의 토지의 위치와 면적을 특정하여 2인 이상이 구분소유하기로 하는 약정을 하고 구분소유자의 공유로 등기하는 이른바 구분소유적 공유관계에 있어서, 1필지의 토지 중 특정 부분에 대한 구분소유적 공유관계를 표상하는 공유지분을 목적으로 하는 근저당권이 설정된 후 구분소유하고 있는 특정 부분별로 독립한 필지로 분할되고 나아가 구분소유자 상호 간에 지분이전등기를 하는 등으로 구분소유적 공유관계가 해소되더라도 그 근저당권은 종전의 구분소유적 공유지분의 비율대로 분할된 토지들 전부의 위에 그대로 존속하는 것이고, 근저당권설정자의 단독소유로 분할된 토지에 당연히 집중되는 것은 아니다(대법원 2014. 6. 26. 선고 2012다25944 판결).

문제 3 2017. 5. 10.에 이르러 E와 임대차기간이 만료하자, B가 위 Y건물에 대하여 E와 보증금 1억 2,000만원에 월 120만원으로 새로운 임대차계약을 체결한 경우 그 임대차계약의 효력은 어떻게 되는가? (15점)

1. 문제의 소재 (2점)

임대차계약의 유효성

2. 소수지분권자의 임대차계약의 유효성 (10점)

공유자는 지분의 비율로 사용·수익할 수 있고(민법 제263조), 관리는 공유지분의 과반수로서 결정하여야 한다(민법 제265조). 임대행위는 관리행위이기 때문에 지분의 과반수로서 결정하여야 한다. 즉 공유자가 공유물을 타인에게 임대하는 행위 및 그 임대차계약을 해지하는 행위는 공유물의 관리행위에 해당하므로 민법 제265조 본문에 의하여 공유자의 지분의 과반수로써 결정하여야 한다. 상가건물 임대차보호법이 적용되는 상가건물의 공유자인 임대인이 같은 법 제10조 제4항에 의하여 임차인에게 갱신 거절의 통지를 하는 행위는 실질적으로 임대차계약의 해지와 같이 공유물의 임대차를 종료시키는 것이므로 공유물의 관리행위에 해당하여 공유자의 지분의 과반수로써 결정하여야 한다(대법원 2010. 9. 9. 선고 2010다37905 판결).

사안의 경우, B의 Y건물에 대한 지분이 3분의 1밖에 안 된다. 결국 B는 임대권한 없는 자의 임대차에 해당된다. 그렇지만 판례는 임대권한 없는 임대차도 유효하다고 보고 있다. 즉 부동산의 공유자 중 1인이 타 공유자의 동의 없이 그 부동산을 타에 임대하였다면 이로 인한 수익 중 자신의 지분을 초과하는 부분에 대하여는 법률상 원인 없이 취득한 부당이득이 되어 이를 반환할 의무가 있고, 이 경우 반환하여야 할 범위는 그 부동산의 임대차로 인한 차임 상당액이며, 임대차의 내용이 미등기 전세이거나 보증금이 있는 경우에는 전세금이나 보증금의 이자 상당액이 차임에 해당되거나 차임에 보태어지는 것이다(대법원 1995. 7. 14. 선고 94다15318 판결; 대법원 1991. 9. 24. 선고 91다23639 판결).

3. 사안의 해결 (3점)

3분의 1지분에 불과한 B가 임의로 Y건물을 제3자에게 임대한 경우에는 그 임대차의 효력은 유효하지만, C와 D에 대하여 부당이득의무를 부담하여야 한다.

계속된 사실관계 | 전용물소권 |

B는 아버지가 사망한 후, 2017. 4. 10.경 자신이 잘 알고 있는 건축업자인 G를 불러 위 Y건물의 리모델링공사에 대하여 의논을 하였고, 건축업자인 G가 창문과 바닥 벽면 등 전면적인 공사를 하여야 한다고 하자, B는 총공사비 3억원으로, 공사기간은 3개월로 하여 G와 건축도급계약을 체결하였다. 2017. 5. 1.에 공사를 시작한 G는 같은 해 8. 1.에 정확하게 공사를 마무리하였고, 이에 G가 B에게 공사대금 3억원을 구하자, 위 Y건물은 자신과 동생들인 C, D와 공유로 된 것으로 자신의 몫인 1억원만 반환하겠다고 주장하였다. 이에 G는 다시 C에게 1억원, D에게 1억원씩의 부당이득을 구하는 소를 제기하자, C와 D는 B가 자신들과 한마디의 상의도 없이 공사를 한 것이기 때문에 이에 응할 수 없다고 주장하고 있다.

문제 4 C와 D의 이러한 주장은 이유가 있는가? (15점)

1. 문제의 소재 (2점)

① 전용물소권

② 계약상 급부가 제3자의 이익으로 된 경우 제3자에 대한 부당이득반환청구 여부

③ 민법 제203조의 비용상환청구권

2. 전용물소권의 인정여부 (5점)

전용물소권이라 함은, 수익자 A, 중간자 B, 급부자 C가 있을 때, B와 C의 계약으로 A가 이득을 본 경우에, C가 A에 대하여 직접 부당이득반환을 구할 수 있는지 여부에 관한 문제이다. 학설은 부정설과 긍정설로 나누어진다. 부정설에서는 자신의 급부를 선이행한 C는 이미 자신의 동시이행 항변권을 포기한 사람으로서 사후에 반대급부를 얻기 위해 제3자에게 권리를 주장하는 것은 곤란한 것이고, 이를 인정하게 되면 A, B, C 제3자가 엮기여 법률관계가 복잡하게 되며, B가 무자력일 경우 B의 일반채권자는 보호되지 않으면서 C만이 보호되는 꼴이 되어 형평에 맞지 않고, 채권자대위권을 통해 충분히 해결이 가능하다고 한다. 반면에 긍정설에서는 중간자가 무자력에 빠져 있고, 중간자와 수익자 사이에 이득을 정당화하는 법률행위나 법류규정이 없을 때 인정될 수 있다는 입장이다. 즉 계약은 반드시 계약을 체결한 상대방에 대해서만 주장할 수 있는 것이 아니며, 급부자에게 중간자의 일반채권자보다 우월한 지위를 인정해야 할 근거도 충분하다는 입장이다.

3. 계약상 급부가 제3자의 이익으로 된 경우 제3자에 대한 부당이득반환청구 여부 (5점)

계약상의 급부가 계약의 상대방뿐만 아니라 제3자의 이익으로 된 경우에 급부를 한 계약당사자가 계약 상대방에 대하여 계약상의 반대급부를 청구할 수 있는 이외에 그 제3자에 대하여 직접 부당이득반환청구를 할 수 있다고 보면, 자기 책임 하에 체결된 계약에 따른 위험부담을 제3자에게 전가시키는 것이 되어 계약법의 기본원리에 반하는 결과를 초래할 뿐만 아니라, 채권자인 계약당사자가 채무자인 계약 상대방의 일반채권자에 비하여 우대받는 결과가 되어 일반채권자의 이익을 해치게 되고, 수익자인 제3자가 계약 상대방에 대하여 가지는 항변권 등을 침해하게 되어 부당하므로, 위와 같은 경우 계약상의 급부를 한 계약당사자는 이익의 귀속 주체인 제3자에 대하여 직접 부당이득반환을 청구할 수는 없다고 보아야 한다.

유효한 도급계약에 기하여 수급인이 도급인으로부터 제3자 소유 물건의 점유를 이전받아 이를 수리한 결과 그 물건의 가치가 증가한 경우, 도급인이 그 물건을 간접점유하면서 궁극적으로 자신의 계산으로 비용지출과정을 관리한 것이므로, 도급인만이 소유자에 대한 관계에 있어서 민법 제203조에 의한 비용상환청구권을 행사할 수 있는 비용지출자라고 할 것이고, 수급인은 그러한 비용지출자에 해당하지 않는다고 보아야 한다(대법원 2002. 8. 23. 선고 99다66564, 66571 판결).

4. 사안의 해결 (3점)

전용물소권을 인정하지 않는 우리의 판례입장에 비춰볼 때, G는 도급계약을 체결한 B에 대해서만 그 공사대금을 청구할 수 있을 뿐, C와 D에 대해서는 부당이득을 구하거나 비용상환을 청구할 수 없다.

계속된 사실관계 | 구분소유적 공유와 관습법상 법정지상권 |

X토지를 물려받은 B, C, D는 각각 자신이 점유·사용하는 배타적 부분이 있었고, C가 자신이 특정하여 상속받은 토지위에 Z건물을 신축하여 자신의 명의로 보존등기를 경료하였다. 그 후 C가 乙은행으로부터 사업자금조로 계속적으로 금전을 빌려오고 있었는데, 총 대여금 2억원이 되자 乙 은행이 C에게 채무변제의 독촉을 하였고, 乙 은행은 어쩔 수 없이 위 C의 토지부분에 대하여 강제경매를 신청하여 K가 매수를 하게 되었다. 이에 K가 C를 상대로 위 Z건물에 대한 철거 및 대지인도를 구하는 소를 제기하자, C는 관습법상의 법정지상권의 항변을 하였다.

문제 5 C의 관습법상 법정지상권의 항변은 이유가 있는가? (15점)

1. 문제의 소재 (2점)

① 강제경매를 통한 관습법상 법정지상권의 인정여부

② 구분소유적 공유관계와 관습법상 법정지상권

2. 강제경매를 통한 관습법상 법정지상권의 인정여부 (5점)

관습법상 법정지상권은 토지와 건물이 동일인에게 속하였다가 매매 기타의 원인으로 각각 소유자를 달리하는 경우에 인정되는 것이다. 여기서 매매 기타의 원인으로는 증여, 공매, 강제경매, 불하 등도 포함되는 개념이다.

3. 구분소유적 공유관계와 관습법상 법정지상권 (5점)

원고와 피고가 1필지의 대지를 공동으로 매수하여 같은 평수로 사실상 분할한 다음 각자 자기의 돈으로 자기 몫의 대지 위에 건물을 신축하여 점유하여 왔다면 비록 위 대지가 등기부상으로는 원·피고 사이의 공유로 되어 있다 하더라도 그 대지의 소유관계는 처음부터 구분소유적 공유관계에 있다 할 것이고, 따라서 피고 소유의 건물과 그 대지는 원고와의 내부관계에 있어서 피고의 단독소유로 되었다 할 것이므로 피고는 그 후 이 사건 대지의 피고지분만을 경락취득한 원고에 대하여 그 소유의 위 건물을 위한 관습상의 법정지상권을 취득하였다고 할 것이다(이 사건 대지에 관하여 이미 위 경락 전에 소외 갑 앞으로 소유권이전등기가 되어 있었다 하더라도 위 경락은 가압류에 의한 강제경매에 의하여 이루어 졌고 위 갑 명의의 등기는 위 가압류 후에 이루어진 것이 분명하므로 위 경락에 의하여 말소될 운명에 있는 갑의 등기를 들어 피고의 소유권을 부정할 수 없으므로 경락 당시에 대지와 그 지상건물의 소유자가 동일인이 아니라고 할 수 없다)(대법원 1990. 6. 26. 선고 89다카24094 판결).

4. 사안의 해결 (3점)

사안의 내용을 볼 때, 구분소유적 공유관계에 있는 C가 자신의 배타적인 특정부분에 건물을 축조하여 보존등기를 경료한 경우, C가 내부적인 관계에서는 이 특정부분의 토지가 단독소유로 되어 있는 것이기 때문에 관습법상 법정지상권의 요건인 강제경매를 통해 토지와 건물이 달라진 경우에 해당되어 C는 K에 대하여 관습법상 법정지상권을 주장할 수 있다.

계속된 사실관계 | 공유 |

셋째인 딸 D는 아버지로부터 물려받은 X토지의 지분에 대해서는 그대로 둔 채, 자신의 3분의 1의 지분의 비율로 가지고 있는 Y건물에 대해서는 그 지분을 포기하는 증서를 작성하여 공증을 받고 2016. 7. 15.에 두 오빠인 B와 C에게 교부하였다. 그런데 2016. 7. 30.에 D의 일반채권자인 H가 피담보채권 5,000만원으로 하여 위 D의 Y건물의 지분에 대하여 가압류결정을 받아 그 다음 날 D에게 송달되었다. 그 후 D는 자신의 Y건물의 지분 3분의 1을 각각 B와 C명의로 이전등기를 경료해 주었다. 이에 D는 자신이 이미 공유지분의 포기를 하였기 때문에 H명의의 위 가압류는 그 효력이 없다고 주장하였다.

문제 6 이러한 D의 주장은 이유가 있는가? (10점)

✓ 정답 : 이유 없다.

민법 제267조는 "공유자가 그 지분을 포기하거나 상속인 없이 사망한 때에는 그 지분은 다른 공유자에게 각 지분의 비율로 귀속한다."라고 규정하고 있다. 여기서 공유지분의 포기는 법률행위로서 상대방 있는 단독행위에 해당하므로, 부동산 공유자의 공유지분 포기의 의사표시가 다른 공유자에게 도달하더라도 이로써 곧바로 공유지분 포기에 따른 물권변동의 효력이 발생하는 것은 아니고, 다른 공유자는 자신에게 귀속될 공유지분에 관하여 소유권이전등기청구권을 취득하며, 이후 민법 제186조에 의하여 등기를 하여야 공유지분 포기에 따른 물권변동의 효력이 발생한다. 그리고 부동산 공유자의 공유지분 포기에 따른 등기는 해당 지분에 관하여 다른 공유자 앞으로 소유권이전등기를 하는 형태가 되어야 한다(대법원 2016. 10. 27. 선고 2015다52978 판결).

계속된 사실관계 | 공유와 법정지상권 |

B는 아버지로부터 2005. 2. 경에 위 Y건물이 세워져 있는 T토지를 증여받아 B명의로 이전등기가 경료된 상태였고, 그 위에 아버지 A가 Y건물을 2009. 10.경에 축조하여 자신의 명의로 보존등기를 경료하여 사용해 왔다. 아버지 A가 사망한 2015. 9. 20. 이후인 2016. 3. 30.에 B가 丙 은행으로부터 금 1억원을 차용하면서 자신의 T토지에 대하여 채권최고액 1억 3,000만원의 근저당권을 설정해 주었다. 그 후 T토지가 경매가 되어 M이 매수하여 자신의 명의로 이전등기를 경료하였다. 그 후 M은 건물공유자들인 B, C, D에 대하여 대지인도 및 건물의 철거를 구하는 소를 제기하였다.

문제 7 이 경우 법원은 어떠한 판단을 하여야 하며, 그 이유는 무엇인가? (10점)

✓ **정답 : 청구기각**

이유 : 건물공유자의 1인이 그 건물의 부지인 토지를 단독으로 소유하면서 그 토지에 관하여만 저당권을 설정하였다가 위 저당권에 의한 경매로 인하여 토지의 소유자가 달라진 경우에도, 위 토지 소유자는 자기뿐만 아니라 다른 건물공유자들을 위하여도 위 토지의 이용을 인정하고 있었다고 할 것인 점, 저당권자로서도 저당권 설정 당시 법정지상권의 부담을 예상할 수 있었으므로 불측의 손해를 입는 것이 아닌 점, 건물의 철거로 인한 사회경제적 손실을 방지할 공익상의 필요성도 인정되는 점 등에 비추어 위 건물공유자들은 민법 제366조에 의하여 토지 전부에 관하여 건물의 존속을 위한 법정지상권을 취득한다고 보아야 한다(대법원 2011. 1. 13. 선고 2010다67159 판결).

제7문 | 제척기간과 민법 제495조의 유추 적용

A는 2012. 4.경 B를 위해 甲폐기물분쇄기를 제작·설치하기로 하고, 몇달 후 그 제작·설치를 마쳤다. 그리고 2013. 4.경 B에게 또 乙폐기물분쇄기를 추가 공급하기로 하고, 마찬가지로 한 달 내에 그 제작·설치를 완료하였다. 그런데 B가 A에게 위 甲과 乙의 폐기물분쇄기 대금을

지급하지 않자, A는 2015. 3. 23. B를 상대로 위 대금의 지급을 구하는 소를 제기하였다. B는 2015. 5. 11.자 답변서를 통해서 甲분쇄기와 乙분쇄기에 하자가 발생하였고 A가 그 하자보수를 해주지 않아 손해를 입었다고 주장하였다. 이에 B는 2018. 1. 9.자 준비서면을 통해 위 甲 및 乙 분쇄기의 하자로 인하여 발생한 손해배상채권을 A의 위 미지급 대금채권과 상계한다고 주장하였다. 사실확인의 결과, B가 A로부터 위 甲 및 乙 분쇄기를 각각 인도받은 날부터 1년 내에 A에게 하자 보수나 손해배상을 요구했다고 볼 만한 자료는 없었다. 즉 B가 도급인으로서 A에게 가지는 손해배상채권은 민법 제670조 제1항에 따른 1년의 제척기간이 지난 상태였다.

문제 1 이 경우 B의 A에 대한 상계주장은 이유가 있는가? (10점)

✓ **정답 : 상계주장 가능하다.**

이유 : 민법 제495조는 "소멸시효가 완성된 채권이 그 완성 전에 상계할 수 있었던 것이면 그 채권자는 상계할 수 있다."라고 정하고 있다. 이는 당사자 쌍방의 채권이 상계적상에 있었던 경우에 당사자들은 채권·채무관계가 이미 정산되어 소멸하였거나 추후에 정산될 것이라고 생각하는 것이 일반적이라는 점을 고려하여 당사자들의 신뢰를 보호하기 위한 것이다.

매도인이나 수급인의 담보책임을 기초로 한 매수인이나 도급인의 손해배상채권의 제척기간이 지난 경우에도 민법 제495조를 유추적용해서 매수인이나 도급인이 상대방의 채권과 상계할 수 있는지 문제 된다.

매도인의 담보책임을 기초로 한 매수인의 손해배상채권 또는 수급인의 담보책임을 기초로 한 도급인의 손해배상채권이 각각 상대방의 채권과 상계적상에 있는 경우에 당사자들은 채권·채무관계가 이미 정산되었거나 정산될 것으로 기대하는 것이 일반적이므로, 그 신뢰를 보호할 필요가 있다. 이러한 손해배상채권의 제척기간이 지난 경우에도 그 기간이 지나기 전에 상대방에 대한 채권·채무관계의 정산 소멸에 대한 신뢰를 보호할 필요성이 있다는 점은 소멸시효가 완성된 채권의 경우와 아무런 차이가 없다.

따라서 매도인이나 수급인의 담보책임을 기초로 한 손해배상채권의 제척기간이 지난 경우에도 제척기간이 지나기 전 상대방의 채권과 상계할 수 있었던 경우에는 매수인이나 도급인은 민법 제495조를 유추적용해서 위 손해배상채권을 자동채권으로 해서 상대방의 채권과 상계할 수 있다고 봄이 타당하다(대법원 2019. 3. 14. 선고 2018다255648 판결).

• 제 4 장 •

제1문

기초적 사실관계 | 물권적 청구권 |

A소유의 X토지에 대하여 B가 1980. 5.에 자신의 명의로 보존등기를 경료하였다. 그 후 1985. 3.에 B는 다시 위 토지를 C에게 양도하여 이전등기를 경료하였고, 2000. 7.에 C는 다시 D에게 위 토지를 양도하고 D명의로 이전등기를 경료하였다. 그런데 A는 2001. 3.에 X토지를 B가 무단으로 보존등기를 하였다고 주장하면서, B를 상대로 소유권보존등기말소소송을 제기하여 B에 대한 청구가 인용되고, 현재의 등기명의자인 D를 상대로 소유권이전등기말소송을 제기하였으나, D의 등기부취득시효가 인정되어 2001. 6.에 기각판결을 받게 되었다. 이에 A가 B에 대하여 말소등기의 이행불능을 이유로 전보배상을 구하는 소를 제기하였다.

문제 1 이 경우 법원은 어떠한 판단을 하여야 하며, 그 이유는 무엇인가? (15점)

✓ **정답 : 청구기각**

1. 문제의 소재 (2점)

물권적 청구권의 이행불능으로 인한 전보배상이 가능한지 여부

2. 물권적 청구권의 이행불능으로 전보배상이 가능한지 여부 (10점)

물권적 청구권의 이행불능으로 전보배상이 가능한지 여부를 두고, 다수설의 입장의 입장에서는 물권적 청구권은 소유권에 기한 것이고, 소유권을 상실한 자는 채무불이행에 기한 손해배상책임을 물을 수 없음. 즉 손해배상청구권은 계약 또는 법률에 기해 성립된 채권관계로부터 발생하는 것이다. 반면에 소수설의 입장에서는 물권적 청구권도 이행불능의 문제가 발생하여 전보배상청구가 가능함. 즉 물권적 청구권도 방해자에 대하여 제거나 예방에 필요한 일정한 행위(작위, 부작위)를 구할 수 있음. 물권자체의 작용이 아니라 물권과 독립한 청구권으로서 독자성이 있다.

판례는 소유자가 자신의 소유권에 기하여 실체관계에 부합하지 아니하는 등기의 명의인을 상대로 그 등기말소나 진정명의회복 등을 청구하는 경우에, 그 권리는 물권적 청구권으로서의 방해배제청구권(민법 제214조)의 성질을 가진다. 그러므로 소유자가 그 후에 소유권을 상실함으로써 이제 등기말소 등을 청구할 수 없게 되었다면, 이를 위와 같은 청구권의 실현이 객관적으로 불

능이 되었다고 파악하여 등기말소 등 의무자에 대하여 그 권리의 이행불능을 이유로 민법 제390조상의 손해배상청구권을 가진다고 말할 수 없다. 위 법규정에서 정하는 채무불이행을 이유로 하는 손해배상청구권은 계약 또는 법률에 기하여 이미 성립하여 있는 채권관계에서 본래의 채권이 동일성을 유지하면서 그 내용이 확장되거나 변경된 것으로서 발생한다. 그러나 위와 같은 등기말소청구권 등의 물권적 청구권은 그 권리자인 소유자가 소유권을 상실하면 이제 그 발생의 기반이 아예 없게 되어 더 이상 그 존재 자체가 인정되지 아니하는 것이다. 이러한 법리는 선행소송에서 소유권보존등기의 말소등기청구가 확정되었다고 하더라도 그 청구권의 법적 성질이 채권적 청구권으로 바뀌지 아니하므로 마찬가지이다(대법원 2012. 5. 17. 선고 2010다28604 전원합의체 판결).

3. 결론 (3점)

물권적 청구권의 이행불능으로 인한 전보배상은 인정되지 아니한다.

추가된 사실관계 | 불법행위에 기한 손해배상청구와 소멸시효 |

사실 확인의 결과, A의 위 X토지에 대하여 B가 아무런 권원 없이 1980. 5.에 자신의 명의로 임의로 보존등기를 하였다가, 1985. 3.에 C에게 양도하여 이전등기를 하고, 다시 2000. 7.에 D명의로 이전등기가 경료된 것이었다. 이에 A는 2001. 6.에 D에 대한 기각판결을 받은 후, 2005. 4.에 B를 상대로 불법행위에 기한 손해배상을 청구하였다.

문제 2 이 경우 법원은 어떤 판단을 하여야 하며, 그 이유는 무엇인가? (10점)

✓ 정답 : 청구기각

1. 문제의 소재 (2점)

제3자를 상대로 제기한 등기말소청구소송에서 패소한 경우, 불법행위자를 상대로 손해배상청구권을 행사하는 경우의 소멸시효의 기산점

2. 불법행위에 기한 손해배상의 기산점 (5점)

패소판결이 확정된 때로부터 소멸시효가 진행된다는 입장과 등기부취득시효가 완성된 시점부터 진행된다는 입장의 다툼이 있다. 왜냐하면 판례는 이행불능시 시점이 소멸시효의 기산점이라고

밝혀왔기 때문이다. 본 사안과 관련하여서는 등기취득시효의 완성시점에 이행불능이 발생하였다고 볼 수 있고, 확정판결시에 이해불능이 발생하였다고 볼 수 있다.

판례는 갑이 을을 강박하여 그에 따른 하자있는 의사표시에 의하여 부동산에 관한 소유권이전등기를 마친 다음 타인에게 매도하여 소유권이전등기를 경료하여 준 경우, 그 소유권이전등기는 소송 기타 방법에 따라 말소 환원 여부가 결정될 특별한 사정이 있으므로 갑의 을에 대한 소유권이전등기의무는 아직 이행불능이 되었다고 할 수 없으나, 을이 등기명의인을 상대로 제기한 소유권이전등기 말소청구소송 또는 진정명의회복을 위한 소유권이전등기청구소송이 패소확정되면 그 때에 갑의 목적 부동산에 대한 소유권이전등기 말소등기의무는 이행불능 상태에 이른다고 할 것이고, 위 등기말소청구소송 등에서 등기명의인의 등기부 취득시효가 인용된 결과 을이 패소하였다고 하더라도 등기부취득시효 완성 당시에 이행불능 상태에 이른다고 볼 것은 아니다(대법원 2005. 9. 15. 선고 2005다29474 판결).

3. 결론 (3점)

A는 2001. 6.에 D에 대한 기각판결을 받은 후, 2005. 4.에 B를 상대로 불법행위에 기한 손해배상을 청구하였기 때문에 A의 청구는 받아들여지지 않는다.

제2문

기초적 사실관계

A는 2000. 3. 10. 자신의 X토지를 B에게 금 10억원에 매도하는 매매계약을 체결하고 계약 당일에 계약금으로 1억원, 중도금 5억원은 2000. 4. 10.에 잔금 4억원은 2000. 5. 10.에 각각 지급하기로 약정하였다.

계속된 사실관계 | 계약해제 |

A와 B의 매매계약체결일 직후, 2000. 3. 15.경 위 X토지가 위치해 있는 지역이 원래 주거지역이었으나 상업지역으로 변경된다는 시청의 고시가 있자 A는 X토지의 가격의 급등을 기대

하여 며칠 후 B를 찾아가서 X토지의 매매대금의 인상을 요청하였다. 그러자 B는 원래 계약한대로 하자고 하였고, 중도금지급일인 이르기 전인 2000. 3. 25.에 A를 찾아가서 중도금 5억원을 지급하려고 하였으나, A는 수령을 거절하였다. 이에 B는 A의 수령거절을 확인하기 위한 확인서를 받아 두었는데, A가 2000. 3. 30.에 자신이 이미 수령한 계약금 1억원의 배액인 2억원을 B에게 제공하고 매매계약을 해제하려 하자 B도 그 수령을 거절하였다. 이에 A는 2000. 4. 5.에 B를 피공탁자로 하여 2억원을 공탁하고 B에게 계약의 해제를 통지 하였다.

문제 1 A의 계약해제 주장은 이유가 있는가? (20점)

1. 문제의 소재 (2점)

① 해약금해제

② 이행기전의 이행의 착수 인정여부

2. 해약금해제 (5점)

매매의 당사자 일방이 계약당시에 금전 기타 물건을 계약금, 보증금등의 명목으로 상대방에게 교부한 때에는 당사자간에 다른 약정이 없는 한 당사자의 일방이 이행에 착수할 때까지 교부자는 이를 포기하고 수령자는 그 배액을 상환하여 매매계약을 해제할 수 있다(민법 제565조).

3. 이행기전의 이행의 착수 인정여부 (10점)

매도인이 민법 제565조에 의하여 계약금의 배액을 상환하고 계약을 해제하려면 매수인이 이행에 착수할 때까지 하여야 할 것인바, 여기에서 이행에 착수한다는 것은 객관적으로 외부에서 인식할 수 있는 정도로 채무의 이행행위의 일부를 하거나 또는 이행을 하기 위하여 필요한 전제행위를 하는 경우를 말하는 것으로서, 단순히 이행의 준비를 하는 것만으로는 부족하나 반드시 계약내용에 들어맞는 이행의 제공의 정도에까지 이르러야 하는 것은 아니라 할 것이다(대법원 2002. 11. 26. 선고 2002다46492 판결).

민법 제565조가 해제권 행사의 시기를 당사자의 일방이 이행에 착수할 때까지로 제한한 것은 당사자의 일방이 이미 이행에 착수한 때에는 그 당사자는 그에 필요한 비용을 지출하였을 것이고, 또 그 당사자는 계약이 이행될 것으로 기대하고 있는데 만일 이러한 단계에서 상대방으로부터 계약이 해제된다면 예측하지 못한 손해를 입게 될 우려가 있으므로 이를 방지하고자 함에 있고, 이행기의 약정이 있는 경우라 하더라도 당사자가 채무의 이행기 전에는 착수하지 아니하기로 하는 특약을 하는 등 특별한 사정이 없는 한 이행기 전에 이행에 착수할 수 있다(대법원 2006. 2. 10. 선고 2004다11599 판결).

4. 사안의 해결 (3점)

B의 이행기 전의 이행의 착수는 유효하다. 따라서 A가 비록 중도금 지급 기일 전에 계약금 계약에 따라 매매계약을 해제하더라도 이를 받아들여지지 않는다.

계속된 사실관계 | 물권을 상실한 자가 전보배상을 청구할 수 있는지 여부 |

사실확인의 결과, 위 X토지는 시가 15억원이 넘는 토지인데, B는 A를 강박하여 10억원에 자신에게 매도하도록 하여 매매계약 체결하고, 자신의 명의로 이전등기를 경료하였다. 한편 B는 2001. 5. 10.에 위 X토지를 C에게 매도하고 계약당일에 C명의로 이전등기를 경료하였고 C는 그때부터 선의이며 과실 없이 위 X토지를 점유하여 왔다. 그런데 2014. 8. 20.경 A가 B에 대하여 자신은 B로부터 강박을 당하여 어쩔 수 없이 시세보다 낮게 B에게 매도하였음을 주장하며, B를 상대로 위 매매계약을 취소한 후, C를 상대로 소유권이전등기말소소송을 제기하였고, B를 상대로 이행불능에 기한 전보배상을 구하였다.

문제 2 A의 B와 C에 대한 위 청구는 이유가 있는가? (25점)

1. 문제의 소재 (2점)

① 등기부취득시효

② 소유권이전등기 말소등기의무의 이행불능으로 인한 전보배상청구권의 소멸시효의 기산점

③ 물권을 상실한 자가 전보배상을 청구할 수 있는지 여부

2. 등기부취득시효 인정여부 (5점)

부동산의 소유자로 등기한 자가 10년간 소유의 의사로 평온·공연하게 선의이며 과실없이 그 부동산을 점유한 때에는 소유권을 취득한다(민법 제245조 제1항). 사안에서는 C가 2001. 5. 10.에 등기를 시작한 후 2011. 8. 20.경까지 소유의 의사로 평온·공연하게 부동산을 점유한 자로서 등기부취득시효를 통해 소유권을 취득하였다. 결국 A의 C에 대한 등기말소소송은 기각된다.

3. 소유권이전등기 말소등기의무의 이행불능으로 인한 전보배상청구권의 소멸시효의 기산점 (5점)

소유권이전등기 말소등기의무의 이행불능으로 인한 전보배상청구권의 소멸시효는 말소등기의무가 이행불능 상태에 돌아간 때로부터 진행되고(대법원 1973. 10. 10. 선고 72다2600 판결, 대법원 2002. 12. 27. 선고 2000다47361 판결), 소유권이전등기 말소등기의무가 이행불능이 됨으로 말미암아 그 권리자가 입는 손해액은 원칙적으로 그 이행불능이 될 당시의 목적물의 시가 상당액이다(대법원 1975. 5. 27. 선고 74다1872 판결, 대법원 1996. 6. 14. 선고 94다61359, 61366 판결). 사안의 경우, 이행불능의 시점이 문제되는 바, C가 등기부취득시효를 완성한 때가 아니라, A가 C에 대하여 패소확정판결이 난 때 이행불능의 기산점이 된다. 결국 A의 B에 대한 전보배상청구권의 소멸시효는 도과하지 않아 이를 행사할 수 있다.

4. 등기말소의무가 이행불능이 된 경우 전보배상이 가능한지 여부 (10점)

갑이 을을 강박하여 그에 따른 하자있는 의사표시에 의하여 부동산에 관한 소유권이전등기를 마친 다음 타인에게 매도하여 소유권이전등기를 경료하여 준 경우, 그 소유권이전등기는 소송 기타 방법에 따라 말소 환원 여부가 결정될 특별한 사정이 있으므로 갑의 을에 대한 소유권이전등기의무는 아직 이행불능이 되었다고 할 수 없으나, 을이 등기명의인을 상대로 제기한 소유권이전등기 말소청구소송 또는 진정명의회복을 위한 소유권이전등기청구소송이 패소확정되면 그 때에 갑의 목적 부동산에 대한 소유권이전등기 말소등기의무는 이행불능 상태에 이른다고 할 것이고, 위 등기말소청구소송 등에서 등기명의인의 등기부 취득시효가 인용된 결과 을이 패소하였다고 하더라도 등기부 취득시효 완성 당시에 이행불능 상태에 이른다고 볼 것은 아니다(대법원 2005. 9. 15. 선고 2005다29474 판결).

5. 사안의 해결 (3점)

본 사안처럼 계약관계가 취소된 급부부당이득은 등기말소의무가 이행불능이 되면 채무불이행에 기한 손해배상청구권의 행사가 가능하나, 잘못된 등기를 마친 침해부당이득의 경우에는(대법원 2012. 5. 17. 선고 2010다28604 전원합의체 판결) 등기말소의무가 이행불능 되어도 채무불이행에 기한 손해배상청구를 하지 못하고, 불법행위에 기한 손해배상만 청구할 수 있을 뿐이다. 결국 A는 B에 대하여 등기말소의무의 이행불능을 이유로 전보배상청구권을 행사할 수 있으나, C에 대한 청구는 C의 등기부취득시효로 인하여 기각된다.

계속된 사실관계 | 동시이행항변권과 이행의 제공 |

2000. 4. 10.에 B가 중도금을 지급한 후, B는 2000. 4. 20.경 X토지에 아파트를 건축하기 위해 시청에 주택건설사업을 신청하였으나, 시청은 그 토지가 이미 2000. 10.경 공원시설사업지역으로 결정이 난 상태이기 때문에 아파트를 지을 수 없는 토지라고 밝히고, 부결처분을 내리게 되었다. 이에 B가 2000. 6. 30까지 A에게 잔대금 4억원을 지급하지 않고 있는 상태에 이르게 되었다. 이에 X토지의 매도인 A가 2000. 7. 10.경 B에 대하여 채무불이행을 이유로 매매계약을 해제하면서 계약금을 몰취하고 이미 지급받은 중도금 중 연체이자를 공제한 액수를 B에게 반환하겠다고 하자, B는 매매계약의 해제 및 원상회복을 구하는 소를 제기하였다.

문제 3 이 경우 법원은 어떠한 판단을 하여야 하며, 그 이유는 무엇인가? (15점)

✓ **정답 : B의 해제권 인용되지 않음**

1. 문제의 소재 (2점)

동시이행항변권과 이행의 제공

2. 쌍무계약에 있어서 이행의 제공의 정도 (10점)

쌍무계약에서 일방의 당사자가 계약을 해제하기 위해서는 그 요건을 갖추어야 하는 바, 해제권을 행사하기 위한 이행의 정도는 상대방의 동시이행항변권을 전제로 적어도 자신의 채무를 언제든지 이행할 수 있는 정도를 갖춘 후에 계속적 이행의 제공이 필요하다. 사안의 경우 B는 잔대금지급기일까지 이행의 제공을 한 바가 없기 때문에 해제권의 행사는 할 수 없다고 볼 수 있다(대법원 2004. 3. 12. 선고 2001다79013 판결).

3. 사안의 해결 (3점)

사실관계를 보게 되면 B의 A에 대한 잔대금지급기일인 2000. 5. 10.이 지난 2000. 6. 30.까지 양 당사자는 어떠한 행위를 하지 않고 있다가, A가 먼저 2000. 7. 10.경 B에 대하여 채무불이행을 이유로 매매계약을 해제하면서 계약금을 몰취하고 이미 지급받은 중도금 중 연체이자를 공제한 액수를 B에게 반환하겠다고 하자, B는 매매계약의 해제 및 원상회복을 구하는 소를 제기한 사안이다. 이 경우 A의 소유권이전등기의무와 B의 잔대금지급의무는 동시이행관계에 있기 때문에 A가 B에게 이행지체책임을 지워서 계약을 해제하기 위해서는 매수인이 잔대금을 지급하지 아니한 것만으로는 부족하고 매도인이 등기에 필요한 서류를 수리할 정도로 준비하고, 수령통지를 한 상태에 이르러야 한다(대법원 1992. 7. 14. 92다5713 판결). 반면에 B도 A에게 매매계약을 해제하기 위해서는 이행의 제공이 필요하다. 따라서 B는 A에 대하여 잔대금지급의 이행의 제공이 없는 상태에서는 계약해제를 할 수 없다.

추가적 사실관계 | 위험부담 |

B가 A에게 2000. 4. 10. 중도금을 지급하고 나서, B가 2000. 5. 10. 잔금지급기일이 되어도 B가 이를 지급하지 않았고, A가 다시 B에게 2000. 6. 20.까지 말미를 주겠다고 제안하였으나, B가 그때까지도 잔금지급을 하지 않았다. 이에 B는 A에 대하여 위 X토지는 자신이 아파트를 건축하기 위해서 매수한 것으로서, 시청의 공원시설용지로 되는 바람에 그 조건성취가 불가능하여 이미 지급한 6억원의 금전을 반환하라고 요구하였다.

문제 4 이러한 사유로 A와 B가 계속 다투던 중 위 X토지가 한국토지주택공사에 의해 수용을 당하게 된 경우, 그 법률관계는 어떻게 되는가? (20점)

1. 문제의 소재 (2점)

① 위험부담의 법리

② 채권자의 책임 있는 사유

③ 채권자지체

2. 위험부담의 법리 (5점)

매매계약이 해제되지 않은 상태에서 쌍방의 책임 없는 사유로 이행불능이 된 경우에 해당된다(민법 제537조).

3. 채권자의 책임 있는 사유 (5점)

민법 제538조 제1항 제1문의 "채권자의 책임 있는 사유"라 함은 채권자의 작위·부작위로 채무자의 이행실현을 방해하는 것과 그 작위·부작위를 채권자가 피할 수 없었다는 점에서 신의칙상 비난가능성이 있어야 한다(대법원 2004. 3. 12. 선고 2001다79013 판결).

4. 채권자지체 성립여부 (5점)

민법 제400조의 채권자지체가 성립하기 위해서는 채무자의 변제의 제공이 필요한 바, 원칙적으로 현실의 제공이 있어야 하고, 예외적으로 미리 채권자가 변제받기를 거절하거나 채권자가 변제받지 아니할 의사가 명백한 경우에는 구두제공조차 필요없다. 그렇다고 하더라도 채무자는 채무불이행책임을 면하는 효과만 얻을 수 있을 뿐이다. 따라서 민법 제538조 제1항 제2문의 "채권자의 수령지체 중에 당사자의 책임 없는 사유로 이행할 수 없게 된 때"가 되기 위해서는 채무자는 현실의 제공이나 구두제공은 필요하다(대법원 2004. 3. 12. 선고 2001다79013 판결).

5. 사안의 해결 (3점)

A는 자신으로부터 소유권이전등기의무의 이행의 제공이 있더라도 B가 그 수령을 거절할 의사가 명백하였다. 그래도 A는 자신의 등기이전의무가 토지수용으로 이행불능이 된 것은 자신의 책임이 아니라 채권자의 책임 있는 사유로 인한 것이라고 주장하고 있다. 이러한 이유로 A는 B에 대하여 미지급대금청구를 할 수 있고, 자신이 이미 수령한 금전의 부당이득의무는 발생하지 않는다고 주장하고 있다. 그렇지만 A는 현실의 제공이나 구도제공도 한 바가 없기 때문에 A의 이러한 주장은 타당하지 아니하다.

변형된 사실관계 | 손해배상액 예정 |

A와 B가 2000. 3. 10. 매매계약 체결시 A가 계약금으로 1억원을 수령하면서, 매도인이 위약시 영수한 금액의 배액을 매수인에게 지불하고 매수인이 위약시 매도인에게 지급한 계약금을 몰취하고 계약을 해제하기로 합의를 하였다. 그 후 A가 B에게 매매대금의 증액을 요구하다가, 계약금의 배액을 상환할 의사가 있으니 해제를 하자고 요구하였다. 그러던 중인 2000. 3. 30. 경 A는 위 X토지를 C에게 금 12억원에 매도하고 C명의로 이전등기까지 경료해 주었다. 한편 2000. 6. 10.에 B는 A에게 현재 X부동산의 시가상당액 13억원에서 자신의 미지급 잔액 9억원을 뺀 4억원의 손해가 발생하였다고 주장하며 그 손해배상금 청구소송을 제기하였다.

문제 5 이 경우 법원은 어떠한 판단을 하여야 하며, 그 이유는 무엇인가? (20점)

✓ **정답 : A는 B에게 손해배상액의 예정에 따라 금 2억원을 지급하라.**

1. 문제의 소재 (2점)

① 계약금의 성질

② 손해배상의 범위

2. 계약금의 성질과 종류 (5점)

계약금은 위약계약금과 해약금으로 나누어지는데, 위약계약금으로 손해배상액의 예정, 해약금인 경우에는 실손해배상청구가 가능하다.

3. 손해배상액의 예정 (10점)

매매당사자가 계약금으로 수수한 금액에 관하여 매수인이 위약하면 이를 무효로 하고 매도인이 위약하면 그 배액을 상환하기로 하는 뜻의 약정을 한 경우에 있어서 그 위약금의 약정은 민법 제398조 제4항이 정한 손해배상의 예정으로 추정되는 것이고, 이와 같은 약정이 있는 경우에는 채무자에게 채무불이행이 있으면 채권자는 실제손해액을 증명할 필요 없이 그 예정액을 청구할 수 있는 반면에 실제손해액이 예정액을 초과하더라도 그 초과액을 청구할 수 없다(대법원 1988. 5. 10. 선고 87다카3101 판결).

4. 사안의 해결 (3점)

계약금의 성질은 민법 제398조 제4항이 적용되는 위약계약금과 민법 제565조의 해약금이 있다. 해약금은 매매의 당사자 일방이…이행에 착수할 때까지…그 배액을 상환하여 매매계약을 해제하는 것이다. 해약금이 적용되는 경우는 계약금의 성질이 분명하지 아니한 때이다. 본 사안은 위약금의 약정을 한 것이기 때문에 민법 제398조 제4항에 따라 처리하여야 할 것이다.

문제 6 만약 B가 A에게 2000. 4. 10.에 중도금 5억원을 A의 은행계좌에 입금한 상태라면 B는 A에 대하여 어떠한 권리를 주장할 수 있는가? (15점)

✓ 정답 : B는 A에게 손해배상액의 예정에 따라 금 2억원만 청구할 수 있을 뿐이다.

1. 문제의 소재 (2점)

손해배상의 예정을 한 경우에 있어서 부동산이중매매에 의한 이행불능과 손해배상의 문제

2. 손해배상의 예정이 없는 경우 (5점)

① 이행의 착수가 없으면 민법 제565조에 따라 처리된다.

② 이행의 착수가 있으면 계약해제권이 발생하고, 손해배상청구가 가능하며, 불법행위청구도 가능하다.

3. 손해배상의 예정이 있는 경우 (5점)

① 이행의 착수가 없으면 민법 제398조 제4항에 따라 처리된다.

② 이행의 착수가 있어도 민법 제398조 제4항에 따라 처리된다(대법원 1988. 5. 10. 선고 87다카3101 판결).

4. 사안의 해결 (3점)

중도금이 지급된 상태에서도 위약금의 특약이 있는 경우에는 손해배상액의 예정이 적용된다. 이에 대하여 학설은 이행의 착수가 된 상태라면 매도인은 매수인에게 시가상당액으로 배상하는 것이 타당하다는 주장도 있다.

계속된 사실관계 | 계약해제와 제3자 |

A소유의 X토지를 B에게 매도한 후인 2000. 3. 25.경 A에 대하여 금 1억원의 대여금채권을 가지고 있는 D가 위 X토지에 대하여 가압류신청을 하여 2000. 3. 27.에 A에게 송달되었다. 한편 B는 A에게 계약금과 중도금은 지급하였으나, 잔금지급기일에 이를 지급하지 못하였는데, B가 자신이 위 X토지를 매수하여 그 위에 원룸건물을 신축하여 임대를 한 후, 그 보증금이 확보되면 4억원의 잔대금을 지급한다고 사정을 하자, A는 2000. 5. 15.에 B명의로 위 X토지에 대하여 이전등기를 경료해 주었다. 그 후 B가 위 X토지 위에 Y건물을 신축하여 자신의 명의로 보존등기를 경료한 후, 위 Y건물을 E에게 매도하여 E명의로 이전등기를 경료하였다. 그런데 B가 A에 대하여 4억원의 잔금을 지급하지 아니하자, A는 2000. 8.경에 B를 상대로 위 X토지에 대한 매매계약을 해제하고, E를 상대로 Y건물의 철거를 구하는 소를 제기하였다.

문제 7 이 경우 법원은 어떠한 판단을 하여야 하며, 그 이유는 무엇인가? (15점)

✓ **정답 : 청구인용**

1. 문제의 소재 (2점)

① 관습법상 법정지상권 인정여부

② 민법 제548조 제1항 단서의 제3자

2. 관습법상 법정지상권의 인정여부 (5점)

관습법상 법정지상권이 인정되기 위해서는 ⅰ)토지와 건물이 동일인 소유이고 ⅱ)매매로 인하여 토지나 건물의 소유권이 각각 달라졌을 때 인정되는 것으로서, B가 X토지를 매수하여 그 토지 위에 Y건물을 신축하였다가, 위 Y건물만 E에게 매도한 것으로서 관습법상 법정지상권의 요건을 갖추고 있다.

3. 민법 제548조 제1항 단서의 제3자 (5점)

계약당사자의 일방이 계약을 해제하여도 제3자의 권리를 침해할 수 없지만, 여기에서 그 제3자는 계약의 목적물에 관하여 권리를 취득하고 또 이를 가지고 계약당사자에게 대항할 수 있는 자를 말하므로, 토지를 매도하였다가 대금지급을 받지 못하여 그 매매계약을 해제한 경우에 있어 그 토지 위에 신축된 건물의 매수인은 위 계약해제로 권리를 침해당하지 않을 제3자에 해당하지 아니한다(대법원 1991. 5. 28. 선고 90다카16761 판결).

4. 사안의 해결 (3점)

사안의 경우 A가 B에게 위 X토지를 10억원에 매도한 후, A의 채권자인 D가 가압류를 하였더라도 B는 이행불능을 이유로 매매계약을 해제할 수 없다. 한편 B가 위 X토지를 인도받은 후 그 위에 Y건물을 신축하여 이를 제3자인 E에게 매도한 경우, E는 민법 제548조 제1항 단서의 제3자가 될 수 없다. 왜냐 하면 A와 B사이의 매매는 X토지이지 Y건물이 아니기 때문이다. 그러나 본 사안에서는 B를 상대로 매매계약 해제는 인용되고, Y건물에 대하여 E의 관습법상 법정지상권은 인정되어 철거청구는 기각된다.

계속된 사실관계 | 상당한 기간 피상속인을 동거/간호한 배우자의 기여분 인정여부 |

B는 2000. 5. 10.에 약속한 잔대금 4억원을 모두 제공하고 자신의 명의로 이전등기를 경료하여 위 X토지에 농산물 가공공장을 지어 자신의 아내인 H와 열심히 일하여 수십억대의 자산가로 성장하였다. 그런데 2007. 3.경 처 H가 지병으로 갑자기 사망하였는데, 당시 B와 H 슬

하에 당시 20대의 장성한 아들 K가 있었다. 한편 H가 사망한 지 수년이 지난 후 B는 후처 M과 재혼하여 P를 낳고 살아가던 중, 2015. 5.에 B가 뇌출혈로 쓰러지는 바람에 M이 그때부터 간병을 시작하였는데, 당시 B는 병환 중 공장일을 스스로 챙기는 등 심각한 상태는 아니었다. 그런데 2019. 2.경 B가 갑자기 다른 합병증에 의해 사망에 이르게 되었다. 이에 B의 사망 후 K가 M과 P를 상대로 재산분할청구를 하자, M이 B가 사망할 때까지 장기간 B와 동거하면서 그를 간호하였음을 이유로 K를 상대로 기여분을 주장하였다.

문제 8 이러한 M의 기여분 주장은 이유가 있는가? (10점)

✓ **정답 : 이유 없음**

이유 : 배우자가 장기간 피상속인과 동거하면서 피상속인을 간호한 경우, 민법 제1008조의2의 해석상 가정법원은 배우자의 동거·간호가 부부 사이의 제1차 부양의무 이행을 넘어서 '특별한 부양'에 이르는지 여부와 더불어 동거·간호의 시기와 방법 및 정도뿐 아니라 동거·간호에 따른 부양비용의 부담 주체, 상속재산의 규모와 배우자에 대한 특별수익액, 다른 공동상속인의 숫자와 배우자의 법정상속분 등 일체의 사정을 종합적으로 고려하여 공동상속인들 사이의 실질적 공평을 도모하기 위하여 배우자의 상속분을 조정할 필요성이 인정되는지 여부를 가려서 기여분 인정 여부와 그 정도를 판단하여야 한다.

배우자의 장기간 동거·간호에 따른 무형의 기여행위를 기여분을 인정하는 요소 중 하나로 적극적으로 고려할 수 있다. 다만 이러한 배우자에게 기여분을 인정하기 위해서는 앞서 본 바와 같은 일체의 사정을 종합적으로 고려하여 공동상속인들 사이의 실질적 공평을 도모하기 위하여 배우자의 상속분을 조정할 필요성이 인정되어야 한다.

피상속인 갑과 전처인 을 사이에 태어난 자녀들인 상속인 병 등이 갑의 후처인 정 및 갑과 정 사이에 태어난 자녀들인 상속인 무 등을 상대로 상속재산분할을 청구하자, 정이 갑이 사망할 때까지 장기간 갑과 동거하면서 그를 간호하였다며 병 등을 상대로 기여분결정을 청구한 사안에서, 갑이 병환에 있을 때 정이 갑을 간호한 사실은 인정할 수 있으나, 기여분을 인정할 정도로 통상의 부양을 넘어서는 수준의 간호를 할 수 있는 건강 상태가 아니었고, 통상 부부로서 부양의무를 이행한 정도에 불과하여 정이 처로서 통상 기대되는 정도를 넘어 법정상속분을 수정함으로써 공동상속인들 사이의 실질적 공평을 도모하여야 할 정도로 갑을 특별히 부양하였다거나 갑의 재산 유지·증가에 특별히 기여하였다고 인정하기에 부족하다는 이유로 정의 기여분결정 청구를 배척한 원심판단에는 민법 제1008조의2에서 정한 기여분 인정 요건에 관한 법리오해 등의 잘못이 없다 (대법원 2019. 11. 21. 자 2014스44, 45 전원합의체 결정).

제3문

기초적 사실관계

A는 2014. 2. 1. 자신의 X토지를 금 10억원에 B에게 매도하기로 합의한 후, 계약금으로 1억원을 계약당일 수령한 후, 중도금 6억원은 2014. 4. 1.에 잔금 3억원은 2014. 5. 1.에 지급받으면서 등기에 필요한 일체의 서류를 B에게 넘겨주기로 하였다.

계속된 사실관계 | 계약해제에 따른 원상회복 |

B는 A에게 2014. 4. 1.에 중도금을 지급한 상태에서 2014. 4. 15.에 A를 찾아가서 자신의 경제사정이 여의치 않고 이미 7억원을 지급한 상태이니, 자신에게 미리 이전등기를 경료해 주면 위 X토지를 담보로 하여 금원을 차용한 후 지급하겠다고 하기에 이전등기를 2014. 4. 20.에 경료해 주었다. 그런데 B는 약속을 지키지 않았고, 잔대금을 받지 못한 A는 2014. 6.경 잔대금미지급을 이유로 B를 상대로 매매계약을 해제를 하면서 계약보증금 1억원을 몰취하고 이미 지급받은 6억원에 대한 중도금과 나머지 3억원에 대한 연체이자 및 세금을 공제한 금액을 반환하겠다고 하자, B는 계약보증금 1억원만 몰취할 수 있고, 이미 지급한 6억원 전액을 돌려주지 않으면 위 X토지에 대한 이전등기에 응해 줄 수 없다고 다투고 있다.

문제 1 이 경우 A와 B의 법률관계는 어떻게 되며, 그 이유는 무엇인가? (20점)

1. 문제의 소재 (2점)

① 해제의 의의와 효과

② 원상회복의무

2. 해제의 의의와 효과 (5점)

유효하게 성립한 계약의 효력을 당사자의 일방적 의사표시에 의해 소급적으로 소멸하게 하여, 계약이 처음부터 상립하지 않는 것과 같은 상태로 복귀시키는 것이다.

해제권의 행사에 의해 채권행위로서 계약을 소급적으로 그 효력이 상실하고 계약에 기한 채권관계도 소급적으로 복멸하게 된다(직접효과설). 그래서 미이행의 채무는 당연히 소멸하고, 이미 이행된 채무는 법률상 원인이 없어 부당이득이 된다.

그런데 등기나 인도 등의 물권변동이 이미 발생한 경우에 대한 해결을 두고 다툼이 있는 바, 해제는 채권행위의 효력을 소급적으로 소멸하게 할 뿐 물권행위에는 영향이 없다는 채권적 효과설과 해제로 인하여 채권행위 뿐만 아니라 물권행위의 효력도 소급적으로 소멸하는 물권적 효과설이 있는 바, 우리의 판례는 물권적 효과설을 채택하고 있다. 이 경우 제3자의 보호문제가 생기는 바, 민법 제548조 제1항 단서를 통해 해결하고 있다.

3. 해제와 원상회복의무 (10점)

원상회복은 부당이득의 성질을 가진다(대법원 1996. 4. 12. 선고 96다28892 판결). 그 반환의 범위는 민법 제748조가 아닌 민법 제548조를 통해 정해지며, 당사자의 선의·악의 및 현존이익여부와 관계없이 이익 전부를 반환하여야 한다(대법원 1998. 12. 23. 선고 98다43175 판결). 그 반환방법과 관련하여 원물반환과 가액반환이 있는데, 가액반환의 경우 부동산에 관한 매매계약의 해제로 인한 원상회복의무가 이행불능이 되어 이행불능 당시 가액의 반환채권이 인정되는 경우, 법원으로서는 이행불능 당시의 당해 부동산의 가액에 관한 원고의 주장·입증이 미흡하더라도 적극적으로 석명권을 행사하여 주장을 정리함과 함께 입증을 촉구하여야 하고, 경우에 따라서는 직권으로라도 그 가액을 심리·판단하여야 하고(대법원 1998. 5. 12. 선고 96다47913 판결), 계약이 해제된 경우에 각 당사자는 민법 제548조에 따라 상대방에 대하여 원상회복의 의무를 지며, 원상회복의무로서 반환할 금전에는 그 받은 날부터 이자를 가산하여 지급하여야 한다. 이와 같이 계약해제의 효과로서 원상회복의무를 규정한 민법 제548조는 부당이득에 관한 특별 규정의 성격을 가진 것이므로, 그 이익 반환의 범위는 이익의 현존 여부나 선의·악의에 불문하고 특단의 사유가 없는 한 받은 이익의 전부이다. 따라서 매도인으로부터 매매 목적물의 소유권을 이전받은 매수인이 매도인의 계약해제 이전에 제3자에게 목적물을 처분하여 계약해제에 따른 원물반환이 불가능하게 된 경우에 매수인은 원상회복의무로서 가액을 반환하여야 하며, 이때에 반환할 금액은 특별한 사정이 없는 한 그 처분 당시의 목적물의 대가 또는 그 시가 상당액과 처분으로 얻은 이익에 대하여 그 이득일부터의 법정이자를 가산한 금액이다(대법원 2013. 12. 12. 선고 2013다14675 판결).

한편 양당사자간의 원상회복의무도 동시이행관계가 성립한다(민법 제549조). 그래서 금전반환채무자가 이행을 최고하여도 그와 동시이행관계에 있는 목적물의 반환이 없는 한, 이행지체에 빠지지 않고 지연손해금의무도 없다. 다만 민법 제548조 제2항이 금전을 반환하여야 하는 경우에는 그 받은 날로부터 이자를 반환하여야 한다. 이는 일종의 부당이득의 성질을 가지는 것이지 지연손해금을 의미하는 것은 아니기 때문이다(대법원 2003. 7. 22. 선고 2001다76298 판결).

또한 당사자 일방이 계약을 해제한 때에는 각 당사자는 상대방에 대하여 원상회복의무가 있고, 이 경우 반환할 금전에는 받은 날로부터 이자를 가산하여 지급하여야 한다. 여기서 가산되는 이자는 원상회복의 범위에 속하는 것으로서 일종의 부당이득반환의 성질을 가지는 것이고 반환의무의 이행지체로 인한 지연손해금이 아니다. 따라서 당사자 사이에 그 이자에 관하여 특별한 약정이 있으면 그 약정이율이 우선 적용되고 약정이율이 없으면 민사 또는 상사 법정이율이 적용된다. 반면 원상회복의무가 이행지체에 빠진 이후의 기간에 대해서는 부당이득반환의무로서의 이자가 아니라 반환채무에 대한 지연손해금이 발생하게 되므로 거기에는 지연손해금률이 적용되어야 한다. 그 지연손해금률에 관하여도 당사자 사이에 별도의 약정이 있으면 그에 따라야 할 것이고, 설사 그것이 법정이율보다 낮다 하더라도 마찬가지이다(대법원 2013. 4. 26. 선고 2011다50509 판결).

4. 사안의 해결 (3점)

A는 계약보증금 1억원을 몰취하고, 이미 지급받은 6억원에 대한 중도금과 나머지 3억원에 대한 연체이자 및 세금을 공제한 금액을 원상회복의무로서 반환하면 된다.

계속된 사실관계 | 소유권이전등기청구권에 대한 압류와 계약해제 |

B는 A에게 2014. 4. 1.에 중도금을 지급하였는데, B에 대하여 금 3억원의 대여금채권을 가진 C가 B의 A에 대한 소유권이전등기청구권에 대하여 2014. 4. 10.에 압류를 하여 A에게 그 다음날 압류명령이 송달이 되었다. 한편 B는 2014. 4. 15.에 A를 찾아와서 경제상정이 여의치 않고 자신이 이미 7억원을 지급한 상태이니, 자신에게 미리 이전등기를 경료해 주면 위 X토지를 담보로 하여 금원을 차용한 후 지급하겠다고 하기에 이전등기를 2014. 4. 20.에 경료해 주었다. 그런데 B는 약속을 지키지 않았고, 잔대금을 받지 못한 A는 2014. 6.경 잔대금미지급을 이유로 B를 상대로 매매계약을 해제하고 원상회복을 구하면서 C명의의 압류의 실효를 주장하자, C는 자신이 이미 B의 A에 대한 소유권이전등기청구권을 압류하였고, 압류명령이 A에게 송달되었기 때문에 자신은 A에 대항할 수 있다고 항변하였다.

문제 2 이 경우 C의 이러한 항변은 이유가 있는가? (15점)

✓ 정답 : 이유 없다.

1. 문제의 소재 (2점)

① 소유권이전등기청구권의 압류 또는 가압류 후 채무자 또는 제3채무자가 매매계약 자체를 해제할 수 있는지 여부

② 계약상의 채권을 압류한 자가 민법 제548조 제1항 단서의 제3자인지 여부

2. A의 B의 매매계약 해제가능여부 (5점)

소유권이전등기청구권의 가압류나 압류가 행하여지면 제3채무자로서는 채무자에게 등기이전행위를 하여서는 아니되고, 그와 같은 행위로 채권자에게 대항할 수 없다 할 것이나, 가압류나 압류에 의하여 그 채권의 발생원인인 법률관계에 대한 채무자와 제3채무자의 처분까지도 구속되는 것은 아니므로 기본적 계약관계인 매매계약 자체를 해제할 수 있다(대법원 2000. 4. 11. 선고 99다51685 판결).

3. C가 민법 제548조 제1항 단서의 제3자인지 여부 (5점)

민법 제548조 제1항 단서에서 말하는 제3자란 일반적으로 그 해제된 계약으로부터 생긴 법률효과를 기초로 하여 해제 전에 새로운 이해관계를 가졌을 뿐 아니라 등기, 인도 등으로 완전한 권리를 취득한 자를 말하므로 계약상의 채권을 양수한 자나 그 채권 자체를 압류 또는 전부한 채권자는 여기서 말하는 제3자에 해당하지 아니한다(대법원 2000. 4. 11. 선고 99다51685 판결).

4. 사안의 해결 (3점)

C가 B의 A에 대한 소유권이전등기청구권을 압류하였더라도 그 압류에 의하여 그 채권의 발생원인인 법률관계에 대한 채무자와 제3채무자의 처분까지도 구속되는 것은 아니므로 기본적 계약관계인 매매계약 자체를 해제할 수 있기 때문에 A와 B는 계약을 해제할 수 있다. 한편 소유권이전등기청구권 자체를 압류 또는 전부한 채권자는 여기서 말하는 제3자에 해당하지 아니하여 C는 A에 대항할 수 없다.

계속된 사실관계 | 동시이행항변권과 상계 |

2014. 5. 1.에 이르러 A는 등기에 필요한 서류를 B에게 제공하였으나 B가 잔금을 지급하지 아니하여 수령지체에 빠진 상태에서 A는 2014. 5. 10.에 위 X토지를 C에게 양도하고 C명의로 이전등기를 경료하였다. 그러자 잔대금이 준비된 B가 A를 상대로 이행불능으로 인한 손해배상을 구하자, A는 B에 대하여 자신의 채무불이행에 기한 손해배상채무를 자동채권으로 하여 상계항변을 하였다.

문제 3 A의 상계주장은 이유가 있는가? (10점)

✓ **정답 : 상계주장 이유 없음**

동시이행의 항변권의 대항을 받는 채권을 자동채권으로 하여 상대방의 채권과의 상계를 허용하면 상계자 일방의 의사표시에 의하여 상대방의 항변권 행사의 기회를 상실시키는 결과가 되어서 그러한 상계는 허용될 수 없는 것이 원칙이다(대법원 2004. 5. 28. 선고 2001다81245 판결 등 참조). 한편 부동산교환계약에 있어서 목적 부동산에 설정된 담보권의 피담보채무를 인수하기로 하는 약정이 행하여진 경우 그 일방이 상대방의 채무인수의무 불이행으로 말미암아 그 채무를 대신 변제하였다면 그로 인한 손해배상채무는 채무인수의무의 변형으로서 일방의 소유권이전등기의무와 상대방의 그 손해배상채무는 대가적 의미가 있어 이행상 견련관계에 있다고 할 것이고, 따라서 양자는 동시이행의 관계에 있다고 해석함이 공평의 관념 및 신의칙에 합당하다(대법원 2004. 7. 9. 선고 2004다13083 판결 등 참조). 그리고 동시이행관계에 있는 채무를 부담하는 쌍방 당사자 중 일방이 먼저 현실의 제공을 하고 상대방을 수령지체에 빠지게 하였다고 하더라도 그 이행의 제공이 계속되지 아니하였다면 과거에 이행제공이 있었다는 사실만으로 상대방이 가지는 동시이행의 항변권이 소멸하지 아니하고(대법원 1993. 8. 24. 선고 92다56490 판결, 대법원 1995. 3. 14. 선고 94다26646 판결 등 참조), 또한 동시이행의 관계에 있는 쌍방의 채무 중 어느 한 채무가 이행불능이 됨으로 인하여 발생한 손해배상채무도 여전히 다른 채무와 동시이행의 관계에 있다고 할 것이다(대법원 2000. 2. 25. 선고 97다30066 판결 등 참조). 그리고 비록 어떠한 부동산에 관한 소유권이전등기의무에 관하여 채무자가 일단 그 이행제공을 하여 채권자가 수령지체에 빠지게 되었다고 하더라도 그 후 채무자가 목적 부동산을 제3자에게 양도하여 그 소유권이전등기의무의 이행이 불능하게 되었다면, 채무자는 다른 특별한 사정이 없는 한 민법 제401조, 제390조에 기하여 상대방에 대하여 자기 채무의 이행불능으로 인한 손해배상채무를 부담한다고 할 것이다(대법원 2014. 4. 30. 선고 2010다11323 판결).

추가된 사실관계 | 채무불이행과 손해배상 |

A는 원래 자신의 X토지를 매도한 대금 10억원으로 C가 소유하고 있는 Y건물을 구입할 계획을 가지고 있었고, 이에 A는 C와 2014. 2. 15.에 Y건물을 10억원에 매수하는 계약을 체결하면서 C에게 1억원을 계약금을 지급하였고, 중도금 5억원은 2014. 4. 1.에 잔금 4억원은 2014. 5. 20.에 지급하고 동시에 등기에 필요한 서류를 교부받기로 하였다. 그런데 B는 A에게 약정한 중도금지급일에 중도금을 지급하지 않았고, 그 중도금을 받아서 C에게 중도금을 지급하려는 A도 C에게 약정한 날 중도금지급을 하지 못하게 되었다. 그러자 C는 A에 대하여 상당한 기간을 정하여 중도금의 지급을 최고한 후 계약을 해제하였다. 이에 A는 B가 2014. 5. 20.에 약속한 잔금기일에 잔금지급을 하지 않자, A는 B를 상대로 다음과 같은 소를 제기하게 되었다 ⅰ)X토지에 대한 중도금 및 잔금인 9억원의 지급을 구하고 ⅱ)자신이 C에게 위약금으로 지급한 1억원의 손해배상 ⅲ)중도금 및 잔금 9억원에 대한 2014. 4. 1. 이후의 변제일까지 민법에서 정한 년 5%의 지연손해금도 구하였다.

문제 4 이 경우 법원은 어떠한 판단을 하여야 하며, 그 이유는 무엇인가? (20점)

✓ **정답 : A의 청구 일부인용**

1. 중도금 및 잔금청구부분 (5점)

B는 A에게 중도금 6억원과 잔금 3억원을 지급하기로 하였으나, B는 이를 이행하지 않고 있다. 금전채무의 경우에 있어서는 이행불능이 존재하지 않고 이행지체만 있을 뿐이다. 결국 A는 B에게 중도금과 잔금 9억원을 지급하라고 청구할 수 있다.

2. 위약금으로 지급한 1억원의 청구부분 (5점)

민법 제390조에 따라 금전채무인 중도금의 이행지체가 있었고, 이에 따라 민법 제393조에 의거하여 손해배상을 청구할 수 있다. 따라서 민법 제393조 제1항의 통상손해와 제2항의 특별손해를 구할 수 있는데, 사안의 내용을 볼 때 B는 A와 C사이의 특별한 사정을 알았거나 알 수 있었던 상황이 아니라고 볼 수 있다. 결국 A가 C에게 몰취당한 금액 1억원에 대해서는 특별한 사정에 의한 손해로서 B는 부담할 필요는 없다고 보아야 할 것이다.

3. 중도금 및 잔금 9억원에 대한 2014. 4. 1. 이후의 변제일까지 민법에서 정한 년 5%의 지연손해금

청구부분 (5점)

채무이행의 확정기한이 있는 경우에는 채무자는 기한도래시부터 지체책임이 있다(민법 제387조). 결국 채무자는 그 다음 날로부터 지체책임이 있고, 기간의 초일은 산입하지 아니한다(민법 제157조).

특히 B의 중도금채무는 선이행의무로서 동시이행항변권의 대상이 될 수 없고, 그 지급기일 다음날로부터 이행지체의 책임이 있다.

한편 A는 잔대금지급일인 2014. 5. 20.이 되어서 A도 B에게 등기에 필요한 서류를 교부한 바도 없다(동시이행항변권 적용됨).

결국 B의 A에 대한 중도금 6억원과 2014. 4. 2.부터 2014. 5. 20.까지의 지연손해금 및 잔대금 3억원은 A의 소유권이전등기의무와 동시이행항변권이 있다고 볼 수 있다(대법원 2010. 10. 14. 선고 2010다47438 판결).

이러한 이유로 B가 동시이행항변권을 따로 주장하지 않더라도 이행지체책임이 면책되고, B는 잔금지급일 이후부터는 중도금을 지급하지 않은 것에 따른 이행지체책임도 부담하지 않는다.

4. 사안의 해결 (3점)

B는 A에게 중도금 및 잔금 9억원을 지급하고, 중도금 6억원에 대한 2014. 4. 2.부터 자금지급일인 2014. 5. 20.까지의 년 5%의 법정지연손해금을 지급하라.

계속된 사실관계 | 상계 |

원래부터 A와 B는 평소부터 친분이 있는 관계로서 B는 A에게 2013. 5. 1.에 변제기는 2014. 5. 1로 하여 금 1억원을 대여한 바가 있다. 이에 B가 위의 소송이 진행 중에 자신의 1억원의 대여금채권을 가지고 A의 미지급대금 9억원의 채권에 대하여 그 대등액에서 상계를 주장하고 있다.

문제 5 B의 이러한 주장은 이유가 있는가? (10점)

✓ **정답 : B의 상계주장 이유 있음**

이유 : B의 상계항변은 A가 B의 중도금 및 잔금지급채무의 이행지체를 이유로 제기한 소송 중에

주장되어서 쌍방의 채권이 모두 변제기에 있다고 볼 수 있다. A의 중도금 및 잔금채권은 수동채권으로서 B에 대한 소유권이전등기의무와 동시이행관계가 되어 상계가 문제될 수 있다. 하지만 수동채권에 동시이행항변이 붙어 있는 경우 채무자는 이를 포기하고 상계를 할 수 있다.

변형된 사실관계 | 이행거절과 계약해제 |

중도금 지급기일인 2014. 4. 1.에 B가 A에게 금 6억원을 지급하려고 하자, A가 근거 없는 이유를 대면서 중도금 수수를 거부하였고, B는 중도금 지급기일이 지나 재차 중도금의 수수를 종용하였으나, 역시 A는 여러 가지 이유를 대면서 계속하여 거절하였다. 그 후에도 B는 재차 중도금의 수령을 요구하였으나, A는 중도금을 수령할 의사가 없음을 명백히 하였다.

문제 6 이에 B는 2014. 4. 20.에 A에게 내용증명을 보내고 계약을 해제하는 경우, 그 법적 효과는 어떻게 되며, 그 이유는 무엇인가? (15점)

✓ **정답 : A가 계약을 이행하지 아니할 의사를 명백하게 표시하여서 계약해제가 가능하다.**

1. 문제의 소재 (2점)

이행거절과 계약해제

2. 이행거절의 의의와 독자성의 문제 (5점)

채무자가 자신의 채무를 이행할 뜻이 없음을 명백하게 종국적으로 밝히는 것이다. 이행거절에서는 독자성의 인정여부를 두고 다툼이 있는 바, 이행거절의 독자성을 부정하는 입장에서는 ①이행거절은 이행지체의 특수한 형태에 불과하다고 하고 ②이행이 가능함에도 불구하고 채무자가 이행하려 하지 않는 경우에 채권자는 장차 이행기가 도래하면 급부의 실현을 강제할 수 있다는 점에서 이행지체와 동일하다고 한다.

이행거절의 독자성을 인정하는 입장에서는 ①이행지체, 이행불능, 불완전이행이라는 3분론에 얽매일 필요가 없다고 하고 ②이행불능과는 강제이행이 가능하다는 점에서, 이행지체와는 이행기도래 전에는 이행지체를 인정할 수 없다는 점에서 이행거절이 독자성을 가져야 한다는 것이다.

3. 계약해제 인정여부 (5점)

채무자가 채무를 이행하지 아니할 의사를 명백히 표시한 경우에 채권자는 신의성실의 원칙상 이행기 전이라도 이행의 최고 없이 채무자의 이행거절을 이유로 계약을 해제하거나 채무자를 상대로 손해배상을 청구할 수 있고, 채무자가 채무를 이행하지 아니할 의사를 명백히 표시하였는지 여부는 채무 이행에 관한 당사자의 행동과 계약 전후의 구체적인 사정 등을 종합적으로 살펴서 판단하여야 한다(대법원 2007. 9. 20. 선고 2005다63337 판결).

4. 사안의 해결 (3점)

B는 재차 중도금의 수령을 요구하였으나, A는 중도금을 수령할 의사가 없음을 명백히 하였으므로 A의 이행거절을 이유로 계약을 해제하고 손해배상을 청구할 수 있다.

계속된 사실관계 | 채권자대위소송과 공동소송참가 |

A는 2014. 4. 1.에 계약금과 중도금을 합한 7억원을 수수하였고, 2014. 5. 1.에 이르러 B가 A를 찾아와서 나머지 6개월 후에 지급할 것이니, 우선 자신의 명의로 X토지에 대하여 이전등기를 경료해 주면 그곳에 아울렛 매장을 설치하여 경영한 후에 갚겠다고 부탁을 하였다. 이에 A는 B에게 2014. 5. 1.에 등기에 필요한 일체의 서류를 제공하여 B가 즉시 자신의 명의로 이전등기를 경료하여 그 자리에 아울렛 매장을 설치하여 등산복 등 스포츠용품 아울렛 매장을 개업하여 경영하였다. 그런데 약속한 6개월이 지난 후에도 금 3억원을 변제하지 아니하자, A는 B에게 위 3억원의 변제를 독촉하다가 B의 채무상태를 확인한 결과, X토지와 아울렛 매장에 대해서는 이미 근저당권이 설정되었고, 과도한 가압류가 기입되어 있었다. 다만 B가 C에 대하여 2억원의 외상대금채권이 있음을 확인하고 채무자 B를 대위하여 C에 대하여 금 2억원의 지급을 구하는 소송을 제기하였다. 그런데 채무자 B에 대하여 3억원의 구상금채권을 가지고 있던 D가 B의 C에 대한 동일한 위 외상대금채권에 대하여 공동소송참가를 하여 참가인인 자신에게 금 2억원을 지급하라고 청구하였다.

문제 7 이 경우 D의 공동소송참가는 적법한가? (25점)

1. 문제의 소재 (2점)

① 공동소송참가의 의의

② 채권자대위소송에서 채권자와 채무자의 지위

③ 공동대위채권자의 공동소송참가

2. 공동소송참가 (5점)

공동소송참가라 함은, 소송목적이 한쪽 당사자와 제3자에게 획일적으로 확정될 경우에 그 제3자가 계속 중인 소송의 원고 또는 피고와 공동소송인으로 참가하는 것을 말한다(민사소송법 제83조).

3. 채권자대위소송에서 채권자와 채무자의 지위 (5점)

채권자대위권을 행사함에 있어 채권자가 채무자를 상대로 그 보전되는 청구권에 기한 이행청구의 소를 제기하여 승소판결을 선고받고 그 판결이 확정되면 제3채무자는 그 청구권의 존재를 다툴 수 없다(대법원 2007. 5. 10. 선고 2006다82700,82717 판결). 또한 채권자가 채권자대위권을 행사하는 방법으로 제3채무자를 상대로 소송을 제기하고 판결을 받은 경우에는 어떠한 사유로 인하였든 적어도 채무자가 채권자 대위권에 의한 소송이 제기된 사실을 알았을 경우에는 그 판결의 효력은 채무자에게 미치고(대법원 1975. 5. 13. 선고 74다1664 전원합의체 판결), 채권자가 채권자대위권에 기하여 채무자의 권리를 행사하고 있는 경우 그 사실을 채무자에게 통지하였거나 채무자가 그 사실을 알고 있었던 때에는 채무자가 그 권리를 처분하여도 채권자에게 대항하지 못한다(대법원 2007. 9. 6. 선고 2007다34135 판결).

4. 공동대위채권자의 공동소송참가 (10점)

채권자대위소송이 계속 중인 상황에서 다른 채권자가 동일한 채무자를 대위하여 채권자대위권을 행사하면서 공동소송참가신청을 할 경우, 양 청구의 소송물이 동일하다면 민사소송법 제83조 제1항이 요구하는 '소송목적이 한쪽 당사자와 제3자에게 합일적으로 확정되어야 할 경우'에 해당하므로 참가신청은 적법하다. 이때 양 청구의 소송물이 동일한지는 채권자들이 각기 대위행사하는 피대위채권이 동일한지에 따라 결정되고, 채권자들이 각기 자신을 이행 상대방으로 하여 금전의 지급을 청구하였더라도 채권자들이 채무자를 대위하여 변제를 수령하게 될 뿐 자신의 채권에 대한 변제로서 수령하게 되는 것이 아니므로 이러한 채권자들의 청구가 서로 소송물이 다르다고 할 수 없다. 여기서 원고가 일부 청구임을 명시하여 피대위채권의 일부만을 청구한 것으로 볼 수 있는 경우에는 참가인의 청구금액이 원고의 청구금액을 초과하지 아니하는 한 참가인의 청구가 원고의 청구와 소송물이 동일하여 중복된다고 할 수 있으므로 소송목적이 원고와 참가인에게 합일적으로 확정되어야 할 필요성을 인정할 수 있어 참가인의 공동소송참가신청을 적법한 것으로 보아야 한다(대법원 2015. 7. 23. 선고 2013다30301,30325 판결).

5. 사안의 해결 (3점)

채권자대위소송이 계속 중인 상황에서 다른 채권자가 동일한 채무자를 대위하여 채권자대위권을 행사하면서 공동소송참가신청을 할 경우, 양 청구의 소송물이 동일하다면 민사소송법 제83조 제1항이 요구하는 '소송목적이 한쪽 당사자와 제3자에게 합일적으로 확정되어야 할 경우'에 해당하므로 참가신청은 적법하다. 결국 D의 공동소송참가는 적법하다.

계속된 사실관계 | 이행불능과 손해배상 |

2014. 2. 15. A와 B사이의 매매계약 사실을 잘 알고 있는 E가 A를 찾아와서 자신에게 위 X토지를 매도하면 금 15억원을 제공하겠다고 하면서 A의 배임행위에 적극 가담하였고, 이에 A는 위 X토지를 E에게 매도하는 매매계약을 2014. 3. 2.에 체결한 후, 2014. 3. 25.에 E명의로 이전등기를 경료하였다. 사실확인의 결과 위 X토지는 인근에 근린생활시설이 들어선다는 발표가 있은 후, 가격은 급등하고 있는 상황이었고, A와 E의 매매계약 체결시 17억원을 상회하다가, E명의의 등기시 18억원의 가격을 유지하고 있었다. B는 이행불능을 이유로 2014. 8. 10.에 A를 상대로 채무불이행에 기한 전보배상을 구하는 소를 제기하였다.

문제 8 이 경우 E가 배임행위에 적극 가담하지 않았다면 B는 A에 대하여 전보배상을 구할 수 있는가? (10점)

✓ **정답 : 전보배상이 인정된다.**

소유권이전등기 말소등기의무의 이행불능으로 인한 전보배상청구권의 소멸시효는 말소등기의무가 이행불능 상태에 돌아간 때로부터 진행된다. 또한 소유권이전등기 말소등기의무가 이행불능이 됨으로 말미암아 그 권리자가 입는 손해액은 원칙적으로 그 이행불능이 될 당시의 목적물의 시가 상당액이다(대법원 2005. 9. 15. 선고 2005다29474 판결).

계속된 사실관계 | 부동산이중매매와 기판력 |

2014. 2. 15. A와 B사이의 매매계약 사실을 잘 알고 있는 E가 A를 찾아와서 자신에게 위 X

토지를 매도하면 금 15억원을 제공하겠다고 하면서 A의 배임행위에 적극 가담하였고, 이에 A는 위 X토지를 E에게 매도하는 매매계약서를 작성하여 이에 기해 E는 위 매매계약에 따른 소유권이전등기소송을 제기하자, A와 E는 소송상 화해를 통해 E명의로 소유권이전등기를 경료하였다. 한편 B는 A와 E사이의 이러한 관계를 확인하고 A를 대위하여 E명의의 소유권 등기말소를 구하는 소를 제기하였다.

문제 9 이 경우 법원은 어떠한 판단을 하여야 하며, 그 이유는 무엇인가? (15점)

✓ **정답 : 청구기각**

1. 문제의 소재 (2점)

① 부동산이중매매의 법리
② 제2매수인의 확정판결에 기한 기판력 인정여부

2. 부동산이중매매의 법리 (5점)

부동산의 이중매매가 반사회적 법률행위에 해당하는 경우에는 이중매매계약은 절대적으로 무효이므로, 당해 부동산을 제2매수인으로부터 다시 취득한 제3자는 설사 제2매수인이 당해 부동산의 소유권을 유효하게 취득한 것으로 믿었더라도 이중매매계약이 유효하다고 주장할 수 없다(대법원 1996. 10. 25. 선고 96다29151 판결). 이 경우 이행불능의 판단은 원칙적으로 이행기를 기준으로 하고 있다(대법원 2010. 12. 9. 선고 2009다75321 판결).

위 사안에서 E명의의 등기는 무효가 되기 때문에 B는 A를 대위하여 E를 상대로 등기말소를 구할 수 있다.

3. 제2매수인의 확정판결에 기한 기판력 인정여부 (5점)

부동산의 제2매수인이 매도인의 배임행위에 적극 가담한 결과 제2매매계약이 반사회적 법률행위에 해당하여 무효인 경우에, 그 무효인 제2매매계약을 원인으로 하는 제2매수인 앞으로의 소유권이전등기가 확정판결에 따라 마쳐졌다 하더라도, 그 확정판결의 기판력에 저촉되지 않는 범위에서는 제1매수인이 위 소유권이전등기의 무효를 주장할 수 있다(대법원 2002. 4. 26. 선고 2001다8097,8103 판결). 또한 판례는 부동산의 소유자에 대하여 소유권이전등기를 청구할 지위에 있기는 하지만 아직 그 소유권이전등기를 경료하지 않은 상태에서, 제3자가 부동산의 소유자를 상대로 그 부동산에 관한 소유권이전등기절차 이행의 확정판결을 받아 소유권이전등기를 경료한 경우, 그 확정판결이 당연무효이거나 재심의 소에 의하여 취소되지 않는 한, 종전의 소유권이전등기청구권을 가지는 자가 부동산의 소유자에 대한 소유권이전등기청구권을 보전하기 위하여 부동산의 소유자를 대위하여 제3자 명의의 소유권이전등기가 원인무효임을 내세워 그 등기의 말소를 구하는 것은 확정판결의 기판력에 저촉되므로 허용될 수 없다(대법원 1999. 2. 24. 선고 97다46955 판결).

한편 다른 채권자인 제1매수인이 전소 확정판결에 의하여 제2매수인 앞으로 경료된 소유권이전등기를 말소하라는 후소는 소송물은 다르나, 양 청구가 모순관계에 있기 때문에 기판력에 저촉된다. 이 경우 후소법원은 청구기각 판결을 내려야 한다(모순금지설).

4. 사안의 해결 (3점)

위 사안에서 부동산 이중매매의 법리에 따라 B가 A를 대위하여 E명의의 등기말소를 구할 수 있다고 하더라도, E가 A에 대하여 매매계약에 기한 소유권이전등기소송을 제기하여 이를 A가 인낙하여 기판력으로 차단되어 B는 위 X토지의 소유권을 확보할 수 없다.

제4문 | 명의신탁

> C는 X토지를 D로부터 매수하면서 2012. 3. 15. B와 명의신탁약정을 체결하고 2012. 3. 16. 위 X토지에 관하여 B명의로 소유권이전등기를 마쳤다. 한편 위 명의신탁약정 당시 B는 C가 요구하는 경우 C가 지정한 A에게 위 X토지에 관한 소유권이전등기를 마쳐 주기로 약정하였고, C는 명의수탁자인 B가 위 X토지를 임의로 처분하는 것을 막고, 위 약정에 따른 소유권이전등기청구권을 확보하기 위하여 B와 합의하여 A와 B 사이의 매매예약의 형식을 취하여 2012. 3. 16. B명의의 소유권이전등기에 연이어 A명의로 가등기를 경료하였다. 그 후 2012. 9. 15.에 A는 위 X토지에 관하여 가등기에 기한 본등기절차를 이행을 구하는 소를 제기하였다.

문제 1 이 경우 법원은 어떠한 판단을 하여야 하며, 그 이유는 무엇인가? (15점)

✓ 정답 : 청구기각

1. 문제의 소재 (2점)

명의신탁약정과는 별개의 적법한 원인에 기한 명의신탁자의 명의수탁자에 대한 소유권이전등기청구권을 보전하기 위하여 제3자 명의로 마친 가등기의 효력

2. 명의신탁의 효력 (5점)

명의신탁약정은 무효이다(부동산실명법 제4조).

3. 명의신탁자의 명의수탁자에 대한 소유권이전등기청구권을 보전하기 위하여 제3자 명의로 마친 가등기의 효력 (5점)

부동산 실권리자명의 등기에 관한 법률(이하 '부동산실명법'이라 한다) 시행 이후 부동산을 매수하면서 매수대금의 실질적 부담자와 명의인 간에 명의신탁관계가 성립한 경우, 그들 사이에 매수대금의 실질적 부담자의 요구에 따라 부동산의 소유 명의를 이전하기로 하는 등의 약정을 하였다고 하더라도, 이는 부동산실명법에 의하여 무효인 명의신탁약정을 전제로 명의신탁 부동산 자체 또는 처분대금의 반환을 구하는 범주에 속하는 것이어서 역시 무효라고 보아야 한다.

나아가 명의신탁자와 명의수탁자가 위와 같이 무효인 명의신탁약정을 함과 아울러 그 약정을 전제로 하여 이에 기한 명의신탁자의 명의수탁자에 대한 소유권이전등기청구권을 확보하기 위하여 명의신탁 부동산에 명의신탁자 명의의 가등기를 마치고 향후 명의신탁자가 요구하는 경우 본등기를 마쳐 주기로 약정하였더라도, 이러한 약정 또한 부동산실명법에 의하여 무효인 명의신탁약정을 전제로 한 것이어서 무효이고, 위 약정에 의하여 마쳐진 가등기는 원인무효이다(대법원 2015. 2. 26. 선고 2014다63315 판결).

4. 사안의 해결 (3점)

명의신탁약정과는 별개의 적법한 원인에 기한 명의신탁자의 명의수탁자에 대한 소유권이전등기청구권을 보전하기 위하여 제3자 명의로 마친 가등기의 효력도 무효가 되어 A의 가등기에 기한 본등기청구는 인정될 수 없다.

제5문 | 채권양도와 이의를 보류한 승낙

A은행은 2014. 1. 20. 의사인 소외 B에게 금 3억 원을 변제기 2015. 1. 20. 이율 연 8.5%로 정하여 대여하고, 그 후 금 6억 원을 변제기 2017. 1. 20. 이율 연 8.9%로 정하여 대여하였다. B는 위 각 대출금채무를 담보하기 위하여 2014. 1. 25. A에게, 자신이 국민건강보험공단인 C에 가지는 채권으로서 이미 발생하였거나 장래 발생할 국민건강보험법에 근거한 요양급여비용 채권과 의료급여법에 근거한 의료급여비용 채권 중 210억 원에 달할 때까지의 금액 부분을 양도하였다. 한편 B는 2014. 1. 25. C공단에 내용증명우편으로 채권양도 사실을 통지하였고, 그 통지가 그 무렵 C공단에게 도달하였다. 그런데 C공단은 2014. 1. 30. B에게 '압류진료비 채권압류 확인서'를 발급하여 A은행에 팩스로 송부하였다. 그 확인서에는 '발급목적'란에 '확인용', '결정일자'란에 '2014. 1. 25.', '접수일자'란에 '2014. 1. 25.', '채권자'란에 '원고 A', '압류유형'란에 '채권양도'로 기재되어 있고, 하단에 "본 자료는 「개인정보 보호법」에 의거 엄격히 개인의 비밀이 유지되어야 하며, 기재된 발급목적 외 용도로 사용할 수 없으며, 타 업무의 증빙자료로 사용되어 발생되는 모든 책임은 본인에게 있으므로 공단에는 일체의 이의를 제기할 수 없습니다. 또한, 확인서 발행일 현재 압류채권자 접수등록 누락된 사건이 있을 수 있습니다."라는 내용이 부동문자로 기재되어 있었다. B는 A은행에 원리금을 일부 상환하다가, 2015. 11. 19. 자신이 운영하던 병원을 폐업하였다. B가 병원 운영을 시작한 이후 폐업일인 2015. 11. 19.까지 발생한 요양급여비용 채권 중 C공단이 B에게 지급을 보류하고 있는 요양급여비용은 680,000,000원이었다. 한편 B는 2008. 9. 5.에 '2007. 11. 1.부터 의료기관을 개설할 수 없는 비의료인과 동업으로 병원을 운영하기로 하고, 의사인 자신의 명의를 빌려주어 비의료인이 의료기관을 개설하도록 하였다'는 범죄사실로 벌금 700만 원의 약식명령을 받았고, 이후 그 약식명령이 확정되었다. C공단은 2007. 11. 1.부터 위 약식명령 발령일인 2008. 9. 5.까지 B에게 요양급여비용으로 합계 910,000,000원을 지급하였다. A은행은 C공단에 양수금채권의 지급을 구하는 소송을 제기하였다. C공단은 B가 의료법 위반행위로 C공단으로부터 지급의무 없는 요양급여비용을 받은 것은 민사상 불법행위에 해당하므로, C공단은 채권양도 전에 이미 B에게 910,000,000원의 손해배상채권을 가지고 있었고, 이 손해배상채권으로 A가 C공단에 대하여 가지는 양수채권과 상계한다고 항변하였다. 즉 A은행은 C공단이 B의 채권양도에 대하여 이의를 보류하지 않은 승낙을 한 이상, 위 손해배상채권으로 A은행에 대하여 상계로 대항할 수 없다고 주장하였다.

문제 1 A은행의 이러한 주장은 이유가 있는가? (10점)

✓ 정답 : 이유 없음

이유 : 지명채권의 양도는 양도인이 채무자에게 통지하거나 채무자가 승낙하지 않으면 채무자에게 대항하지 못한다(민법 제450조 제1항). 채무자가 채권양도 통지를 받은 경우 채무자는 그때까지 양도인에 대하여 생긴 사유로써 양수인에게 대항할 수 있고(제451조 제2항), 당시 이미 상계할 수 있는 원인이 있었던 경우에는 아직 상계적상에 있지 않더라도 그 후에 상계적상에 이르면 채무자는 양수인에 대하여 상계로 대항할 수 있다.

민법 제451조 제1항 본문은 "채무자가 이의를 보류하지 아니하고 전조의 승낙을 한 때에는 양도인에게 대항할 수 있는 사유로써 양수인에게 대항하지 못한다."라고 정하고 있다. 이 조항은 채무자의 이의를 보류하지 않은 승낙이라는 사실에 공신력을 주어 양수인을 보호하고 거래의 안전을 꾀하기 위한 것이다. 여기에서 양도인에게 대항할 수 있지만 양수인에게는 대항하지 못하는 사유는 협의의 항변권에 한정되지 않고 넓게 채권의 성립·존속·행사를 저지하거나 배척하는 사유를 포함한다.

채무자가 이 조항에 따른 이의를 보류하지 않은 승낙을 할 때에 명시적으로 항변사유를 포기한다거나 양도되는 채권에 대하여 이의가 없다는 뜻을 표시할 것까지 요구하지는 않는다. 그러나 이의를 보류하지 않은 승낙으로 말미암아 채무자가 양도인에 대하여 갖는 대항사유가 단절되는 점을 감안하면, 채무자가 이 조항에 따라 이의를 보류하지 않은 승낙을 했는지는 문제 되는 행위의 내용, 채무자가 행위에 이른 동기와 경위, 채무자가 행위로 달성하려고 하는 목적과 진정한 의도, 행위를 전후로 채무자가 보인 태도 등을 종합적으로 고려하여 양수인으로 하여금 양도된 채권에 대하여 대항사유가 없을 것을 신뢰하게 할 정도에 이르렀는지를 감안하여 판단해야 한다.

의사인 갑이 을 은행에 대한 대출금채무를 담보하기 위하여 '국민건강보험공단에 대하여 가지는 채권으로서 이미 발생하거나 장래 발생할 요양급여비용 채권 등'을 을 은행에 양도한 후 국민건강보험공단에 채권양도사실을 통지하였고, 국민건강보험공단은 갑에게 '압류진료비 채권압류 확인서'를 발급하여 을 은행에 팩스로 송부하였는데, 을 은행이 국민건강보험공단을 상대로 양수금의 지급을 구하자 국민건강보험공단이 갑에 대한 의료법 위반에 따른 손해배상채권으로 상계를 주장한 사안에서, 위 확인서는 발급목적과 용도가 채권압류 확인으로 제한되어 있고 발급목적 외 다른 용도로 사용하는 것이 엄격히 금지되어 있는 점, 확인서 발급 당시 채권양도의 대상이 된 채권의 한도만 정해져 있었을 뿐 발생 시기나 금액이 불확실한 상황에서 국민건강보험공단이 양도인에 대한 모든 대항사유를 포기한 채 채권양도를 승낙하였으리라고는 통상적으로 기대하기 어려운 점, 국민건강보험공단이 채권양도 통지를 받은 다음 갑의 의료법 위반 사실을 알기 전에 을 은행에 양수채권에 대한 변제를 하였다는 이유로 채권양도에 대하여 이의를 보류하지 않은 승낙을 한 것으로 보기는 어려운 점, 확인서에 진료비채권에 대한 압류확인 외의 목적으로 확인서를 사용하는 것을 금지하고 확인서의 발급으로 인해서 어떠한 책임도 국민건강보험공단에 물을 수 없다는 내용이 기재되어 있는데, 국민건강보험공단은 위와 같은 기재내용을 통하여 대항사유의 단절이라는 법적 책임이나 불이익을 지지 않음을 포괄적으로 표시하였다고 볼 수도 있는 점을 종합하면, 국민건강보험공단이 채권양도에 대하여 이의를 보류하지 않은 승낙을 한 것으로 보기는 어려운데도, 이와 달리 본 원심판단에 법리오해의 잘못이 있다(대법원 2019. 6. 27. 선고 2017다222962 판결).

• 제 5 장 •

제1문

기초적 사실관계

A는 자신의 X토지 위에 Y건물을 건축하여 2005. 3. 10.에 보존등기를 경료하였다. 한편 A는 甲은행으로부터 금 4억원을 대출받으면서 채권최고액 5억원으로 하여 자신이 소유하고 있는 X토지와 Y건물에 대하여 2005. 5. 10.에 공동근저당권을 설정해 주었다. 또한 A는 위 Y건물이 위치하고 있는 X토지 위의 다른 부분에 2004. 10. 1.부터 미등기의 무허가건물인 Z건물을 건축하여 사용해 오다가, 위 Z건물을 B에게 2007. 3. 20에 보증금 5,000만원 임차료는 월 50만원, 기간은 2년으로 하는 임대차계약을 체결하고, 월세는 매달 1일 A의 통장으로 입금해 주기로 하면서 Z건물을 B에게 인도해 주었다.

계속된 사실관계 | 법정지상권 / 임대차 |

A가 X토지와 Y건물에 기한 공동저당권에 따라 매달 지급하기로 하는 이자를 甲은행에 송금하지 않고 채무불이행을 하자, 甲은행은 위 X토지와 Y건물에 대하여 2007. 7. 20.에 임의경매를 신청하여 2007. 11. 10. C가 경낙을 받게 되었다. 한편 경낙을 받은 C는 위 X토지 위에 Z건물이 있음을 확인하고, A를 상대로 Z건물에 대한 철거소송을 제기하였다. 그런데 A는 위 소송에서 법정지상권의 항변하지 않아 최종적으로 C가 승소판결을 받게 되었다. 그 후 임대차기간 만료일인 2009. 3. 20.이 지난 2009. 3. 30.에 C는 A를 대위하여 B에 대하여 위 Z건물로부터 퇴거를 구하자, B는 원래 A가 법정지상권을 확보하고 있었고, 자신과 A가 임대차에 기간에 대하여 묵시의 갱신을 하였으므로 퇴거를 할 수 없다고 하면서 2009. 10. 10. 현재까지 다투고 있다.

문제 1 이러한 B의 주장은 이유가 있는가? (25점)

✓ **정답 : B의 주장 이유 없음**

1. 문제의 소재 (2점)

① 미등기의 건물도 법정지상권의 대상이 되는지 여부

② 채권자대위권에 있어서 제3채무자의 권리
③ 임대차계약의 해지권이 피대위권리가 될 수 있는지 여부
④ 임대차의 묵시의 갱신

2. 미등기의 건물도 법정지상권의 대상이 되는지 여부 (5점)

민법 제366조의 법정지상권은 저당권 설정 당시 동일인의 소유에 속하던 토지와 건물이 경매로 인하여 양자의 소유자가 다르게 된 때에 건물의 소유자를 위하여 발생하는 것으로서, 토지에 관하여 저당권이 설정될 당시 토지 소유자에 의하여 그 지상에 건물을 건축중이었던 경우 그것이 사회관념상 독립된 건물로 볼 수 있는 정도에 이르지 않았다 하더라도 건물의 규모·종류가 외형상 예상할 수 있는 정도까지 건축이 진전되어 있었고, 그 후 경매절차에서 매수인이 매각대금을 다 낸 때까지 최소한의 기둥과 지붕 그리고 주벽이 이루어지는 등 독립된 부동산으로서 건물의 요건을 갖추면 법정지상권이 성립하며, 그 건물이 미등기라 하더라도 법정지상권의 성립에는 아무런 지장이 없는 것이다(대법원 2004. 6. 11. 선고 2004다13533 판결).

3. 채권자대위권에 있어서 제3채무자의 권리 (5점)

채권자대위권을 행사함에 있어 채권자가 채무자를 상대로 그 보전되는 청구권에 기한 이행청구의 소를 제기하여 승소판결을 선고받고 그 판결이 확정되면 제3채무자는 그 청구권의 존재를 다툴 수 없다(대법원 2007. 5. 10. 선고 2006다82700 판결).

4. 임대차계약의 해지권이 피대위권리가 될 수 있는지 여부 (5점)

임대인의 임대차계약 해지권은 오로지 임대인의 의사에 행사의 자유가 맡겨져 있는 행사상의 일신전속권에 해당하는 것으로 볼 수 없다(대법원 2007. 5. 10. 선고 2006다82700 판결).

5. 임대차의 묵시적 갱신 (5점)

임대차기간이 만료한 후 임차인이 임차물의 사용, 수익을 계속하는 경우에 임대인이 상당한 기간내에 이의를 제기하지 아니하는 때에는 전임대차와 동일한 조건으로 다시 임대차한 것으로 본다. 그러나 당사자는 민법 635조의 규정에 의하여 해지의 통고를 할 수 있다(민법 제639조 제1항). 또한 임대차기간의 약정이 없는 때에는 당사자는 언제든지 계약해지의 통고를 할 수 있다(민법 제635조 제1항). 상대방이 전항의 통고를 받은 날로부터 다음 각 호의 기간이 경과하면 해지의 효력이 생긴다. 1. 토지, 건물 기타 공작물에 대하여 임대인이 해지를 통고한 경우에는 6월, 임차인이 해지를 통고한 경우에는 1월 2. 동산에 대하여는 5일(민법 제635조 제2항).

6. 사안의 해결 (3점)

채권자대위권에 있어서 제3채무자는 채무자가 채권자에 대하여 가지는 항변으로 이를 다툴 수 없으므로, B는 A가 C에 대하여 가진 법정지상권의 항변을 할 수 없다. 또한 C는 A를 대위하여 B에 대하여 임대차계약을 해지할 수 있고, 설사 A와 B가 묵시의 갱신을 하였다 하더라도 민법 제639조, 민법 제635조에 따라 이미 묵시의 갱신기간을 도과한 사안이므로 B는 C에 대하여 퇴거를 거부할 수 없다.

계속된 사실관계 | 임대차/유익비상환청구권 |

C는 위 X토지와 Y건물을 경낙받은 후, Y건물에 대하여 커피숍을 경영할 목적으로 찾아온 D에게 2012. 7. 20.에 기간은 2년, 보증금 5,000만원, 월 차임 100만원로 임대를 하면서, 계약기간이 끝나면 커피숍을 경영하기 위하여 공사한 부분을 임차인의 비용으로 원상복구 시키기로 약정하였다. 그런데 2014. 7. 20.에 위 임대차기간인 만료되었음에도 불구하고, D가 위 약정한 Y건물의 원상복구도 하지 않고, Y건물의 인도도 하지 않은 채, D는 C에게 자신이 Y건물에 투입한 유익비 2,000만원을 지급하지 않으면 Y건물에서 나가지 않겠다고 주장하면서, 2014. 12. 20. 현재까지 Y건물을 계속하여 점유·사용하고 있다. 물론 D는 보증금 5,000만원도 아직 반환받지 않은 상태에 있다. 이에 할 수 없이 C는 D에 대하여 법원에 Y건물의 인도를 구하는 소를 제기하였다.

문제 2 이 경우 법원은 어떠한 판단을 하여야 하며, 그 이유는 무엇인가? (15점)

✓ 정답 : C는 D에게 보증금 5,000만원을 지급(연체차임의 공제)함과 동시에 D는 C에게 Y건물을 인도하라. 한편 D의 유익비상환청구권은 인정할 수 없다.

1. 문제의 소재 (2점)

① 보증금반환청구권과 건물인도청구권의 동시이행항변권

② 유익비상환청구권의 임의규정성

2. 보증금반환의무와 건물인도의무의 동시이행항변권 (5점)

임대차계약의 기간이 만료된 경우에 임차인이 임차목적물을 명도할 의무와 임대인이 보증금중 연체차임등 당해 임대차에 관하여 명도시까지 생긴 모든 채무를 청산한 나머지를 반환할 의무는 동시이행의 관계가 있다(대법원 1977. 9. 28. 선고 77다1241 전원합의체 판결).

3. 유익비상환청구권의 임의규정성 (5점)

유익비상환청구권은 임의규정이기 때문에 얼마든지 배제특약이 가능하다. 판례도 건물의 임차인이 임대차관계 종료시에는 건물을 원상으로 복구하여 임대인에게 명도하기로 약정한 것은 건물에 지출한 각종 유익비 또는 필요비의 상환청구권을 미리 포기하기로 한 취지의 특약이라고 볼 수 있어 임차인은 유치권을 주장을 할 수 없다(대법원 1975. 4. 22. 선고 73다2010 판결)고 밝히고 있다. 뿐만 아니라 유치권은 법정담보물권이기는 하나 채권자의 이익보호를 위한 채권담보의 수단에 불과하므로 이를 포기하는 특약은 유효하고, 유치권을 사전에 포기한 경우 다른 법정요건이 모두 충족되더라도 유치권이 발생하지 않는 것과 마찬가지로 유치권을 사후에 포기한 경우 곧바로 유치권은 소멸한다고 보아야 하며, 채권자가 유치권의 소멸 후에 그 목적물을 계속하여 점유한다고 하여 여기에 적법한 유치의 의사나 효력이 있다고 인정할 수 없고 다른 법률상 권원이 없는 한 무단점유에 지나지 않는다(대법원 2011. 5. 13. 자 2010마1544 결정).

4. 사안의 해결 (3점)

부속물매수청구권과는 달리 유익비상환청구권에 대하여는 임의로 특약이 가능하기 때문에 C와 D는 특약으로 Y건물에 대하여 D의 비용으로 원상복구시키기로 약정을 하였다면 이는 유효한 약정에 해당한다. 따라서 D는 C에게 비용상환청구권을 행사할 수 없는 것이고, C의 위 소송은 인용된다. 다만 C의 보증금반환의무와 D의 건물반환의무는 서로 동시이행항변권에 있기 때문에 C는 D가 점유, 사용한 기간동안의 차임을 공제한 나머지 보증금을 D에게 지급하면 된다.

계속된 사실관계 | 일괄경매청구권 |

A는 자신의 X토지 위에 Y건물을 건축하여 2005. 3. 10.에 보존등기를 경료하였다. 한편 A는 甲은행으로부터 금 4억원을 대출받으면서 채권최고액 5억원으로 하여 자신이 소유하고 있는 X토지와 Y건물에 대하여 2010. 5. 10.에 공동근저당권을 설정해 주었다. 2010. 8. 20.경 A와 친분이 있는 E가 A를 찾아와서 아직 건축물이 없는 위 X토지 중 도로에 인접한 200평을 자신에게 빌려주면 자신이 그곳에 건물을 지어 카센터를 운영하겠다고 제안을 하였다. 이러한 제안에 A는 동의를 하였고, E는 이 사건 토지 200평에 전세권을 설정 한 후, 그 위에 P건물을

신축하여 자신의 명의로 보존등기를 하였다가 A의 명의로 이전등기를 경료하였다. 그 후에 A가 甲은행에 채무불이행을 하자, 甲은행은 위 X토지와 Y건물 및 P건물에 대하여 일괄하여 법원에 경매를 신청하였다.

문제 3 甲은행의 이러한 경매청구는 받아들여질 수 있는가? (15점)

1. 문제의 소재 (2점)

일괄경매청구권의 요건

2. 일괄경매청구권의 요건 (5점)

일괄경매청구권이 성립하기 위해서는 ①저당권설정 후에 건물이 축조되어야 한다. 특히 신축중인 건물과 관련하여 판례는 건물의 완성을 예측할 정도로 건물의 축조가 진행된 경우에는 일괄경매청구권은 인정되지 않는다고 밝히고 있다(대법원 2011. 1. 13. 선고 2010다67159 판결). 이 경우는 당연히 법정지상권이 인정되기 때문이다. ②저당권설정자에 의한 건물의 축조이어야 한다. 문제는 저당권설정자에 의하지 않은 건물의 축조에 관한 부분이 쟁점이다. 즉 본 사안은 저당권설정자가 P건물을 축조한 것이 아니라, 토지에 전세권을 설정한 자가 P건물을 축조하여 자신의 명의로 보존등기를 하였다가 다시 저당권설정자에게 이전등기를 경료해 준 경우이다.

3. 판례의 입장 (5점)

민법 제365조가 토지를 목적으로 한 저당권을 설정한 후, 그 저당권설정자가 그 토지에 건물을 축조한 때에는 저당권자가 토지와 건물을 일괄하여 경매를 청구할 수 있도록 규정한 취지는, 저당권은 담보물의 교환가치의 취득을 목적으로 할 뿐 담보물의 이용을 제한하지 아니하여 저당권설정자로서는 저당권설정 후에도 그 지상에 건물을 신축할 수 있는데, 후에 그 저당권의 실행으로 토지가 제3자에게 경락될 경우에 건물을 철거하여야 한다면 사회경제적으로 현저한 불이익이 생기게 되어 이를 방지할 필요가 있으므로 이러한 이해관계를 조절하고, 저당권자에게도 저당토지상의 건물의 존재로 인하여 생기게 되는 경매의 어려움을 해소하여 저당권의 실행을 쉽게 할 수 있도록 한 데에 있다는 점에 비추어 볼 때, 저당지상의 건물에 대한 일괄경매청구권은 저당권설정자가 건물을 축조한 경우뿐만 아니라 저당권설정자로부터 저당토지에 대한 용익권을 설정받은 자가 그 토지에 건물을 축조한 경우라도 그 후 저당권설정자가 그 건물의 소유권을 취득한 경우에는 저당권자는 토지와 함께 그 건물에 대하여 경매를 청구할 수 있다(대법원 2003. 4. 11. 선고

2003다3850 판결).

4. 사안의 해결 (3점)

본 사안은 이미 저당권이 설정되어 있는 X토지 위에 E가 A로부터 전세권을 설정받아 건물을 신축한 후 자신의 명의로 보존등기를 한 후, 다시 A에게 Y건물의 소유권을 이전한 경우로서, 일괄경매청구권의 대상이 된다. 따라서 甲은행의 이러한 청구는 받아들여질 수 있다.

계속된 사실관계 | 상가건물임대차보호법상의 권리금 |

A는 자신의 Y건물에 대하여 H와 2010. 5. 1.에 기간은 5년으로 하는 임대차계약을 체결하였고, H는 상가건물임대차보호법상의 대항력을 갖춘 후 이 자리에서 음식점을 운영하여 왔다. 한편 H는 임대차기간만료일 전인 2015. 7.경에 K와 식당의 시설과 거래처 등 모든 재산적 가치를 권리금 1억 5,000만원으로 양도계약을 체결하였다. 이에 H는 A에게 위 권리금계약 사실을 통지하고, K와 상가건물임대차계약을 체결해 줄 것을 요청하였다. 그러나 A는 자신의 Y건물은 건축한지 상당한 기간이 경료되어 재건축할 계획이 있다고 하면서 이를 거절하였다. 이에 H는 A를 상대로 권리금의 회수기회를 상실시켰다고 주장하면서 소를 제기하였다.

문제 4 이 경우 법원은 어떠한 판단을 하여야 하며, 그 이유는 무엇인가? (15점)

✓ **정답 : H의 청구인용**

1. 문제의 소재 (2점)

① 상가건물임대차보호법상 권리금 인정여부

② 상가건물임대차의 계약기간만료로 갱신요구권이 없어도 임차인의 권리금회수가 가능한지 여부

2. 상가건물임대차보호법상 권리금 인정 (5점)

권리금이란 주로 도시지역에서 토지 또는 건물의 임대차, 임차권의 양도 등에 부수하여 임차인 또는 임차권의 양수인이 임대인 또는 임차권의 양도인에게 지급하는 보증금 및 차임 이외의 금전 기타 유가물을 말한다. 이러한 권리금의 수수는 주로 도시지역에서 영업용 부동산의 임대차나 전대차 혹은 임차권의 양도시에 임차인·전차인 또는 양수인이 지급하는 것이고, 이러한 권리금에

대해서는 법에서는 면문으로 규정하게 되었다. 권리금을 수수하는 이유를 보면, 첫째로 임대차 부동산 자체의 장소적 이익의 대가로서, 둘째로 임차권의 양도 또는 임차목적물의 전대에 대한 대가로서, 셋째로 영업상의 시설물이나 장치의 소유권을 이전하는 대가로서, 넷째로 영업허가권이나 대리점계약자의 지위 등의 일정한 권리의 양도에 대한 대가 등의 명목으로 권리금을 지급한다. 이와 같은 권리금의 수수는 권리금계약에 의하여 지급되는 것이며, 권리금계약은 임대차계약 또는 임차권양도계약의 종된 계약은로 행하여진다.

즉 임대인은 임대차기간이 끝나기 6개월 전부터 임대차 종료 시까지 다음 각 호의 어느 하나에 해당하는 행위를 함으로써 권리금 계약에 따라 임차인이 주선한 신규임차인이 되려는 자로부터 권리금을 지급받는 것을 방해하여서는 아니 된다(상가건물임대차보호법 제10조의 4).

3. 상가건물임대차의 계약기간만료로 갱신요구권이 없어도 임차인의 권리금회수가 가능한지 여부 (5점)

구상가건물임대차보호법 제10조의 4는 임대인은 임대차기간이 끝나기 6개월 전부터 임대차 종료 시까지 다음 각 호의 어느 하나에 해당하는 행위를 함으로써 권리금 계약에 따라 임차인이 주선한 신규임차인이 되려는 자로부터 권리금을 지급받는 것을 방해하여서는 아니 된다. 다만 임대인이 계약갱신을 거절할 사유가 있으면 그러하지 아니하다 라고 하고 있고, 구상가건물임대차보호법 제10조의 4는 임차인의 계약갱신요구권 행사기간의 만료를 권리금 회수기회 보호의무의 예외사유로 정하고 있지 않다. 따라서 전체 임대차기간이 5년을 초과했는지 여부와 무관하게 법이 정한 요건을 충족하면 임대인은 임차인에게 권리금회수의 기회를 부담하여야 한다. 임대차기간인 5년이 지나도 임차인이 형성한 고객과 거래처, 신용 등 재산적 가치는 여전히 유지돼 임차인의 권리금 회수를 보장할 필요성이 있다(대법원 2019. 5. 16. 선고 2017다225312, 225329 판결).

결국 위 판례를 통해 임차인의 계약갱신요구권 행사기간이 지난 경우에도 임대인에게 권리금 회수기회 보호의무가 있음을 밝힌 판례로서 상당한 비판이 예상된다.

4. 사안의 해결 (3점)

임대차 기간이 5년이 지나 임차인이 임대인에게 계약갱신을 요구할 수 없는 경우라고 하더라도 임대인은 임차인에게 권리금 회수의 보호의무가 있다. 결국 A는 H의 요구에 응해야 한다.

제2문

기초적 사실관계 | 이해상반행위 |

X토지는 원래 C의 소유이었는데, C가 1990. 4. 20. 사망하여 그 처인 D, 자녀인 A, E, F가 이를 각각 공동으로 상속하였다. D는 김치공장을 경영하면서 1995. 5. 1.부터 B로부터 금원을 차용하였는데, 1998년 10월경까지 차용금 합계액이 1억 2,000만 원에 이르렀다. 한편 D는 1998. 10. 15. 당시 성년이던 E의 동의를 얻어 B와 사이에, 위 1억 2,000만 원의 채무에 관하여 주채무자를 E으로 하고, D를 연대보증인으로 하는 채무인수계약을 체결하였고, 같은 날 E의 위 1억 2,000만 원의 채무를 담보하기 위하여 B와 사이에, 이 사건 X토지 중 자신의 공유지분에 관하여는 공유지분권자로서, 이 사건 X토지 중 미성년자이던 A의 공유지분에 관하여는 그 법정대리인의 자격으로, 각각 근저당권설정계약을 체결함으로써 이 사건 X토지 중 A의 공유지분에 관하여 근저당권설정등기가 경료되었다. 이러한 사실을 나중에 알게 된 A는 B에 대하여 근저당권설정등기의 무효를 주장하며 소를 제기하였다.

문제 1 이 경우 법원은 어떠한 판단을 하여야 하며, 그 이유는 무엇인가? (15점)

✓ **정답 : 청구인용**

1. 문제의 소재 (2점)

이해상반행위

2. 이해상반행위의 개념과 견해의 대립 (5점)

1) 형식설

법률행위의 동기나 실질적인 결과 여하와는 관계없이 법률행위 자체 내지 법률행위의 외형으로 보아 미성년자에게 불이익이 되는지 여부를 판단한다는 입장이다.

2) 실질설

행위의 형식여하를 불문하고 친권자의 행위의 동기, 목적, 결과 등을 고려하여 실질적으로 미성년자에게 불리한 행위는 모두 이해상반행위에 해당한다는 입장이다.

3. 이해상반행위에 관한 판례의 입장(형식설) (5점)

친권자인 모가 자신이 연대보증한 차용금 채무의 담보로 자신과 자의 공유인 토지 중 자신의 공유지분에 관하여는 공유지분권자로서, 자의 공유지분에 관하여는 그 법정대리인의 자격으로 각각 근저당권설정계약을 체결한 경우, 위 채권의 만족을 얻기 위하여 채권자가 위 토지 중 자의 공유지분에 관한 저당권의 실행을 선택한 때에는, 그 경매대금이 변제에 충당되는 한도에 있어서 모의 책임이 경감되고, 또한 채권자가 모에 대한 연대보증책임의 추구를 선택하여 변제를 받은 때에는, 모는 채권자를 대위하여 위 토지 중 자의 공유지분에 대한 저당권을 실행할 수 있는 것으로 되는바, 위와 같이 친권자인 모와 자 사이에 이해의 충돌이 발생할 수 있는 것이, 친권자인 모가 한 행위 자체의 외형상 객관적으로 당연히 예상되는 것이어서, 모가 자를 대리하여 위 토지 중 자의 공유지분에 관하여 위 근저당권설정계약을 체결한 행위는 이해상반행위로서 무효라고 보아야 한다(대법원 2002. 1. 11. 선고 2001다65960 판결).

4. 사안의 해결 (3점)

모인 D가 미성년인 자 A를 대리하여 위 X토지 중 A의 공유지분에 관하여 근저당권설정행위를 한 것은 이해상반행위가 된다. 따라서 A는 B에 대하여 근저당권설정행위 무효를 주장할 수 있다.

계속된 사실관계 | 이해상반행위 |

D에게는 자신의 혈육인 친정 오빠인 F가 있었다. 어느 날 F가 D를 찾아와서 급하게 돈이 필요하다고 하면서, 甲은행으로부터 금 1억원을 차용함에 있어서 위 X토지에 대한 A지분을 담보로 제공해 달라고 부탁하였다. 이에 D는 자신의 오빠인 F가 甲은행으로부터 금 1억원을 차용함에 있어서 법정대리인의 자격으로 A의 지분에 대하여 근저당권을 설정해 주었다. 이러한 사실을 나중에 알게 된 A는 甲은행에 대하여 근저당권설정등기의 무효를 주장하며 소를 제기하였다.

문제 2 이 경우 법원은 어떠한 판단을 하여야 하며, 그 이유는 무엇인가? (10점)

✓ **정답 : 청구기각**

이유 : 미성년자의 친권자인 모가 자기 오빠의 제3자에 대한 채무의 담보로 미성년자 소유의 부동

산에 근저당권을 설정하는 행위가, 채무자를 위한 것으로서 미성년자에게는 불이익만을 주는 것이라고 하더라도, 민법 제921조 제1항에 규정된 "법정대리인인 친권자와 그 자 사이에 이해상반되는 행위"라고 볼 수는 없다(대법원 1991. 11. 26. 선고 91다32466 판결).

제3문

기초적 사실관계

A는 2000. 1. 10.에 자신의 X토지를 B에게 금 1억원에 매도하는 매매계약을 체결하면서 계약금으로 1,000만원을 지급받고, 중도금은 4,000만원은 2000. 1. 30.에, 잔금은 5,000만원은 2000. 2. 20.에 지급받기로 하면서, 위 잔금기일에 잔금을 지급받음과 동시에 등기에 필요한 서류를 B에게 제공하기로 하였다.

추가적 사실관계 | 지상물매수청구권 |

B는 2000. 2. 20.에 A에게 잔금을 모두 지급하고 등기에 필요한 서류를 교부받아 등기를 마친 후, 2000. 3. 10.에 위 X토지를 C에게 임대하면서 기간은 2000. 3. 10.부터 2002. 3. 9.까지로 하고, 보증금은 5,000만원, 임료는 매달 100만원씩의 지급받기로 약정하였다. 특히 B와 C는 위 임대차계약시 임대차기간이 종료시에는 C가 B에게 원래 토지의 모습대로 복구시켜 주기로 하는 특약도 체결하였다. 이에 X토지를 인도받은 C는 위 X토지 위에 아울렛매장인 Y건물을 건축하고, 자신의 명의로 보존등기를 한 후, 그 이후에도 지속적으로 매장을 운영하였다. 한편 C는 2002. 3. 10. 임대차기간이 만료하자 B에게 계약갱신을 구하자, B는 즉시 이를 거절하였다. 그렇지만 C는 원상복구를 하지 않으면서 계속하여 Y건물을 점유를 하면서 아울렛매장을 운영하였다. B는 2002. 5. 10.에 임대차계약의 해지를 통고하고, 6개월 지난 2003. 12. 20.에 건물의 철거 및 인도를 구하는 소를 제기하였다.

문제 1 이 경우 C는 어떠한 주장을 할 수 있으며, 그 이유는 무엇인가? (15점)

✓ **정답 : C는 지상물매수청구권을 행사할 수 있다.**

1. 지상물매수청구권의 내용 (3점)

임차권자는 임대차기간 만료시 임대차 갱신청구권을 행사할 수 있고, 갱신이 거절된 경우에 한하여 지상물매수청권을 행사할 수 있다(민법 제643조).

2. 원상회복의 특약이 있는 경우의 문제 (10점)

지상물매수청구권은 이른바 형성권으로서 그 행사로 임대인·임차인 사이에 지상물에 관한 매매가 성립하게 되며, 임차인이 지상물의 매수청구권을 행사한 경우에는 임대인은 그 매수를 거절하지 못하고, 이 규정은 강행규정이므로 이에 위반하는 것으로서 임차인에게 불리한 약정은 그 효력이 없다(대법원 1995. 7. 11. 선고 94다34265 전원합의체판결).

또한 건물의 소유를 목적으로 한 토지의 임차인이 임대차가 종료하기 전에 임대인과 간에 건물 기타 지상 시설 일체를 포기하기로 약정을 하였다고 하더라도 임대차계약의 조건이나 계약이 체결된 경위 등 제반 사정을 종합적으로 고려하여 실질적으로 임차인에게 불리하다고 볼 수 없는 특별한 사정이 인정되지 아니하는 한 위와 같은 약정은 임차인에게 불리한 것으로서 민법 제652조에 의하여 효력이 없다(대법원 2002. 5. 31. 선고 2001다42080 판결).

3. 사안의 해결 (3점)

B가 임대차계약의 갱신을 거절하면, C는 B에 대하여 지상물매수청구권을 행사할 수 있다.

변형된 사실관계 | 지상물매수청구권/소송물이론 |

B는 2000. 2. 20.에 A에게 잔금을 모두 지급하고 등기에 필요한 서류를 교부받아 등기를 마친 후, 2000. 3. 10.에 위 X토지를 C에게 기간의 정함이 없는 임대차를 체결하였다. 그 후 B는 임대차기간이 만료되었음을 이유로 C에게 건물철거 및 대지인도를 구하는 소를 제기하여 제1심에서 B의 청구가 전부 인용되었다. 이에 임차인인 C가 항소를 제기하였고, 항소심에서 위 건물에 대한 매수청구권을 행사하였다. 이에 B는 매수청구권의 행사로 B와 C간의 위 건물에 대한 매매계약이 성립하고, C는 B로부터 대금을 지급받음과 동시에 B에게 위 건물에 대한 소유권이전등기의무가 있다고 주장하였다.

문제 2 B의 이러한 주장은 타당한가? (15점)

1. 문제의 소재 (2점)

① 지상물매수청구권

② 석명권

③ 소송물이론

④ 소의 변경

2. 건물철거 및 대지인도청구에 건물의 대금지급과 상환으로 건물을 명도하는 구하는 청구가 포함되는지 여부 (10점)

1) 긍정설

① 형식적인 것에 얽매일 필요가 없다 ② 소송경제 ③ 의사합치 ④ 매수청구권의 취지

2) 부정설

소송물이 명백하게 다름. 즉 청구취지가 하나는 철거이고, 다른 하나는 명도이기 때문에 철거청구 속에는 명도청구 포함될 수 없다.

3) 판례의 입장

토지임대차 종료시 임대인의 건물철거와 그 부지인도 청구에는 건물매수대금 지급과 동시에 건물명도를 구하는 청구가 포함되어 있다고 볼 수 없다. 이 경우 법원으로서는 임대인이 종전의 청구를 계속 유지할 것인지, 아니면 대금지급과 상환으로 지상물의 명도를 청구할 의사가 있는 것인지(예비적으로라도)를 석명하고 임대인이 그 석명에 응하여 소를 변경한 때에는 지상물 명도의 판결을 함으로써 분쟁의 1회적 해결을 꾀하여야 한다(대법원 1995. 7. 11. 선고 94다34265 전원합의체판결).

3. 사안의 해결 (3점)

임대인의 건물철거와 대지인도청구에는 건물매수대금의 지급과 동시에 건물명도를 구하는 청구가 포함되어 있지 않기 때문에 B의 주장은 타당하지 않다. 다만 법원은 임대인이 종전의 청구를 유지할 것인지 아니면 대금지급과 상환으로 지상물명도를 청구할 의사가 있는지 석명하여야 한다.

변형된 사실관계 | 채권양도 |

A는 B와 2000. 1. 10.에 자신의 X토지를 매도였다는 사실을 D에게 말하면서 자신이 2000. 1. 30.에 받아야 할 중도금채권을 D에게 2000. 1. 20.에게 양도하고, 이러한 사실을 B에게 통지하였다. 그 후 2000. 1. 30.이 되어 D가 B에게 양수금채권을 구하자, B는 자신과 A와의 매매계약이 통정허위표기로 무효가 되었음을 이유로 하여 양수금의 지급을 거절하고 있다. 이에 이들의 통정허위표시를 전혀 알지 못하던 D는 B를 상대로 양수금채권을 구하는 소를 제기하였다.

문제 3 이 경우 법원은 어떠한 판단을 하여야 하며, 그 이유는 무엇인가? (10점)

✓ **정답 : 청구인용**

1. 문제의 소재 (2점)

채권양도 통지 후의 법률관계

2. 채권양도 통지 후 통정허위표시로 무효가 된 경우 (5점)

통정한 허위표시에 의하여 외형상 형성된 법률관계로 생긴 채권을 가압류한 경우, 그 가압류권자는 허위표시에 기초하여 새로운 법률상 이해관계를 가지게 되므로 민법 제108조 제2항의 제3자에 해당한다고 봄이 상당하고, 또한 민법 제108조 제2항의 제3자는 선의이면 족하고 무과실은 요건이 아니다(대법원 2004. 5. 28. 선고 2003다70041 판결).

3. 사안의 해결 (3점)

채권양도의 통지 후 B가 A와의 매매계약이 통정허위표시임을 이유로 D에게 양수금의 지급을 거절할 수 없다. 왜냐 하면 D는 민법 제108조 제2항의 선의의 제3자에 해당될 수 있기 때문이다. 따라서 D는 B를 상대로 양수금채권을 구할 수 있다.

변형된 사실관계 | 채권양도 |

A는 B와 2000. 1. 10.에 자신의 X토지를 매도였다는 사실을 E에게 말하면서 자신이 2000. 1.

30.에 받아야 할 중도금채권과 2000. 2. 20.의 잔금채권을 E에게 2000. 1. 20.에게 양도하고, 이러한 사실을 B에게 통지하였다. 이에 따라 B는 2000. 1. 30.에 E에게 4,000만원을 지급하고, 2000. 2. 20.이 되어 E에게 잔금을 지급하려고 하였으나, A가 등기에 필요한 서류를 교부하지 않아 등기를 할 수 없는 상황이 되었다. 이에 B는 A에 대하여 상당한 기간을 최고한 후 채무불이행에 기해 위 매매계약을 해제하였다. 그렇지만 E는 B에게 채권양도통지로 인하여 B가 이미 통지를 받았고, 승낙을 한 상태이기 때문에 나머지 양수금채권을 지급하라고 주장하면서 법원에 소를 제기하였다.

문제 4 이 경우 법원은 어떠한 판단을 하여야 하며, 그 이유는 무엇인가? (10점)

✓ **정답 : 청구기각**

1. 문제의 소재 (2점)

채권양도 통지 후 채무불이행으로 계약이 해제된 경우의 법률관계

2. 채권양도 통지 후 채무불이행으로 계약이 해제된 경우의 법률관계 (5점)

민법 제548조 제1항 단서에서 말하는 제3자란 일반적으로 그 해제된 계약으로부터 생긴 법률효과를 기초로 하여 해제 전에 새로운 이해관계를 가졌을 뿐 아니라 등기, 인도 등으로 완전한 권리를 취득한 자를 말하므로 계약상의 채권을 양수한 자나 그 채권 자체를 압류 또는 전부한 채권자는 여기서 말하는 제3자에 해당하지 아니한다(대법원 2000. 4. 11. 선고 99다51685 판결).

3. 사안의 해결(3점)

채권양도 통지 후 채무불이행으로 계약이 해제된 경우, 즉 양도채권의 발생원인 된 계약이 해제된 경우, 채권양수인은 채무자에 대하여 대항할 수 없다. 따라서 E는 B에 대하여 양수금채권의 지급을 구할 수 없다.

변형된 사실관계 | 채권양도 |

A는 B와 2000. 1. 10.에 자신의 X토지를 매도였다는 사실을 E에게 말하면서 자신이 2000. 1.

30.에 받아야 할 중도금채권과 2000. 2. 20.의 잔금채권을 E에게 2000. 1. 20.에게 양도하고, 이러한 사실을 B에게 통지하였고, B는 이의를 보류하지 아니하고 이를 승낙하였다. 이때 E는 위 채권양도 당시에 B가 등기서류를 교부받지 못하였음을 알고 있었다. 한편 그 후 E가 B에 대하여 양수금 청구의 소를 제기하자, B는 A로부터 등기에 필요한 서류를 교부받은 바 없으므로 이에 응할 수 없다고 항변하였다.

문제 5 법원은 E의 양수금청구에 대하여 어떠한 판단을 하여야 하며, 그 이유는 무엇인가? (10점)

✓ **정답 : 상환이행판결을 내려야 한다.**

이유 : 민법 제349조 제1항은 지명채권을 목적으로 한 질권의 설정은 설정자가 제450조의 규정(지명채권양도의 대항요건)에 의하여 제3채무자에게 질권설정의 사실을 통지하거나 제3채무자가 이를 승낙함이 아니면 이로써 제3채무자 기타 제3자에게 대항하지 못한다고 하고, 제2항은 제451조의 규정은 전항에 준용한다고 하고 있으며, 제451조 제1항은 채무자가 이의를 보류하지 아니하고 승낙을 한 때에는 양도인에게 대항할 수 있는 사유로서 양수인에게 대항하지 못한다고 하고 있으므로, 채권양도나 채권에 대한 질권설정에 있어서 채무자가 이의를 보류하지 않은 승낙을 한 경우, 채무자는 질권설정자에게 대항할 수 있는 사유로서 질권자에게 대항할 수 없고, 이 경우 대항할 수 없는 사유는 협의의 항변권에 한하지 아니하고, 넓게 채권의 성립, 존속, 행사를 저지하거나 배척하는 사유를 포함한다.

민법 제451조 제1항이 이의를 보류하지 않은 승낙에 대하여 항변사유를 제한한 취지는 이의를 보류하지 않은 승낙이 이루어진 경우 양수인은 양수한 채권에 아무런 항변권도 부착되지 아니한 것으로 신뢰하는 것이 보통이므로 채무자의 '승낙'이라는 사실에 공신력을 주어 양수인의 신뢰를 보호하고 채권양도나 질권설정과 같은 거래의 안전을 꾀하기 위한 규정이라 할 것이므로, 채권의 양도나 질권의 설정에 대하여 이의를 보류하지 아니하고 승낙을 하였더라도 양수인 또는 질권자가 악의 또는 중과실의 경우에 해당하는 한 채무자의 승낙 당시까지 양도인 또는 질권설정자에 대하여 생긴 사유로써도 양수인 또는 질권자에게 대항할 수 있다(대법원 2002. 3. 29. 선고 2000다13887 판결).

계속된 사실관계 | 채권자취소권 |

A는 자신의 X토지를 B에게 금 1억원에 매도한 금액 중, 잔금 5,000만원을 F에게 양도하고 이를 채무자인 B에게 통지하여 F가 위 5,000만원을 B로부터 수수하였다. 당시 A는 X토지 외에 다른 재산이 전혀 없었다. 그 후 A에 대하여 위 X토지에 대한 매매계약 전에 B에 대하여 7,000만원의 대여금채권을 가지고 있던 G가 수익자인 F에 대하여 사해행위취소 및 원상회복을 구하는 소를 제기하였다.

문제 6 이 경우 법원은 어떠한 판단을 하여야 하며, 그 이유는 무엇인가? (10점)

✓ **정답 : 법원은 사해행위취소 및 원상회복의 방법으로 취소채권자에게 직접 가액배상을 명하여야 한다.**

수익자가 사해행위인 약속어음 발행행위 및 그에 터잡은 추심명령 또는 전부명령에 기하여 배당에 참가하여 배당표는 확정되었으나 배당금을 현실적으로 지급받지 못함으로써 취득한 채무자의 제3채무자에 대한 피압류채권이 아직 소멸되지 아니한 경우에는 채권자취소권의 행사에 따른 원상회복의 방법은 수익자에게 바로 배당금의 지급을 명할 것이 아니라 수익자가 취득한 배당금지급청구권을 채무자에게 반환하는 방법으로 이루어져야 하고, 이는 결국 배당금지급채권의 양도와 그 채권양도의 통지를 배당금지급채권의 채무자에게 하여 줄 것을 청구하는 형태가 될 것이며, 사해행위가 채권자에 의하여 취소되기 전에 이미 수익자 또는 전득자가 배당금을 지급받았거나 변제 등의 방법으로 피압류채권이 소멸된 경우에는, 채권자는 원상회복방법으로 수익자 또는 전득자를 상대로 배당 또는 변제로 수령한 금전의 지급을 가액배상의 방법으로 청구할 수 있다(대법원 2002. 10. 25. 선고 2002다42711 판결).

계속된 사실관계 | 채권자취소권 |

A는 자신의 X토지를 B에게 금 1억원에 매도한 금액 중, 잔금 5,000만원을 H에게 양도하고 이를 B에게 통지하였다. 그런데 잔금지급일인 2000. 2. 20.이 이르기 전에 A에 대하여 기간을 정하지 않고 대여한 대여금 8,000만원의 채권을 가지고 있던 K는 A의 유일한 재산인 X토지를 B에게 매도하였다는 사실을 알게 되었고, 한편 B가 아직 H에게 양수금을 지급하지 않음

을 알게 되었다. 이에 K는 H에 대하여 사해행위에 의한 채권양도를 이유로 사해행위 취소 및 원상회복을 구하는 소를 제기하였다.

문제 7 이 경우 법원은 어떠한 판단을 하여야 하며, 그 이유는 무엇인가? (10점)

✓ **정답 : K는 H에게 제3채무자인 B에게 취소되었음을 통지할 것을 요구하여 채권양도가 취소되었다는 것을 청구할 수 있다.**

채무자의 수익자에 대한 채권양도가 사해행위로 취소되는 경우, 수익자가 제3채무자에게서 아직 채권을 추심하지 아니한 때에는, 채권자는 사해행위취소에 따른 원상회복으로서 수익자가 제3채무자에게 채권양도가 취소되었다는 취지의 통지를 하도록 청구할 수 있다(대법원 2015. 11. 17. 선고 2012다2743 판결).

문제 8 만약 K가 A를 대위하여 제3채무자인 B에게 위 5,000만원의 채권을 구할 수 있는가? (10점)

✓ **정답 : 구할 수 없다.**

사해행위의 취소는 채권자와 수익자의 관계에서 상대적으로 채무자와 수익자 사이의 법률행위를 무효로 하는 데에 그치고, 채무자와 수익자 사이의 법률관계에는 영향을 미치지 아니한다. 따라서 채무자의 수익자에 대한 채권양도가 사해행위로 취소되고, 그에 따른 원상회복으로서 제3채무자에게 채권양도가 취소되었다는 취지의 통지가 이루어지더라도, 채권자와 수익자의 관계에서 채권이 채무자의 책임재산으로 취급될 뿐, 채무자가 직접 채권을 취득하여 권리자로 되는 것은 아니므로, 채권자는 채무자를 대위하여 제3채무자에게 채권에 관한 지급을 청구할 수 없다(대법원 2015. 11. 17. 선고 2012다2743 판결).

계속된 사실관계 | 채권양도에 있어서 재판상 청구와 시효중단 |

A는 B로부터 계약금 및 중도금 5,000만원을 수수한 후, 2000. 2. 1.에 잔대금 5,000만원을 자

신의 대여금 채권자인 L에게 양도하였고, 2000. 2. 20.에 B를 만나 잔금지급과 동시에 등기에 필요한 서류를 교부하고자 하였으나, B가 아직 5,000만원이 마련되지 않았다고 하면서 자신의 X토지에 대한 등기를 경료해 주면 은행에 담보로 제공한 후 5,000만원을 대출받아 잔대금을 지급하겠다고 하였다. 이에 A는 B에게 등기를 경료해 주었으나 여전히 잔대금 5,000만원을 지급받지 못하고 있다. 상당한 시간이 흐른 2009. 12. 20.에 A는 위 잔대금 5,000만원과 이자를 합한 금액 7,000만원을 B에게 구하는 소송을 제기하였고, 법원은 채권양도의 효력이 인정되어 A의 청구가 기각되었다. 이에 양수인인 L이 2010. 5. 1.에 B를 상대로 양수금을 구하는 소를 제기하였다.

문제 9 이 경우 법원은 어떠한 판단을 하여야 하며, 그 이유는 무엇인가? (15점)

1. 문제의 소재 (2점)

채권양도에 있어서 재판상 청구와 시효중단

2. 동시이행관계에 있는 채권의 소멸시효 기산점 (5점)

소멸시효는 권리를 행사할 수 있는 때로부터 진행되는 바(민법 제166조 제1항), 동시이행관계에 있는 채권이라도 이행기가 도래하면 반대채무의 이행을 제공하고 언제든지 청구할 수 있으므로, 이행기가 도래한 때로부터 소멸시효가 진행한다.

사안의 경우, 잔대금채권은 소유권이전등기의무와 동시이행관계에 있으나 2000. 2. 20(변제기)부터 10년간 소멸시효가 진행하여 중단사유가 없는 한 2010. 2. 20.에 시효소멸한다(민법 제162조 제1항).

3. 채권양도인의 소송이 기각된 후 양수인이 다시 재판상 청구를 한 경우 시효중단여부 (5점)

채권양도 후 대항요건이 구비되기 전의 양도인은 채무자에 대한 관계에서는 여전히 채권자의 지위에 있으므로 채무자를 상대로 시효중단의 효력이 있는 재판상의 청구를 할 수 있고, 이 경우 양도인이 제기한 소송 중에 채무자가 채권양도의 효력을 인정하는 등의 사정으로 인하여 양도인의 청구가 기각됨으로써 민법 제170조 제1항에 의하여 시효중단의 효과가 소멸된다고 하더라도, 양도인의 청구가 당초부터 무권리자에 의한 청구로 되는 것은 아니므로, 양수인이 그로부터 6월 내에 채무자를 상대로 재판상의 청구 등을 하였다면, 민법 제169조 및 제170조 제2항에 의하여 양도인의 최초의 재판상 청구로 인하여 시효가 중단된다(대법원 2009. 2. 12. 선고 2008두20109 판결).

4. 사안의 해결 (3점)

양도인 A가 2009. 12. 20.에 제기한 소가 기각되었다고 하더라도 민법 제170조 제1항에 의해 시효중단의 효과가 발생한다. 양수인인 L이 민법 제169조 및 제170조 2항에 따라 양도인의 최초의 재판상 청구로 시효중단의 효과가 발생하였기 때문에 그로부터 6개월 내인 2010. 5. 1.에 B를 상대로 양수금을 구하는 소를 제기하였으므로 L의 청구는 인용될 수 있다.

계속된 사실관계 | 통정허위표시에 기한 허위 가등기와 민법 제108의 제3자 |

B는 2000. 2. 20. 잔금을 모두 지급하고 위 X토지에 대하여 자신의 명의로 이전등기를 경료한 후 사용하고 있는데, 위 X토지는 매수 후 20여년이 지난 시점에 시가가 거의 10배로 상승하였다. 한편 B는 자신의 채권자들로부터 강제집행을 피할 목적으로 2020. 2. 10. 자신의 친구인 K와 짜고 금 5억원을 차용하는 것으로 허위의 차용증서를 작성하고, K에게 매매예약에 기한 가등기를 경료해 주었다. 그 후 2020. 3. 10.경 B는 K에 대하여 그 원인이 된 5억원의 허위대여금계약을 철회하였다. 그런데 그 외관인 허위의 가등기가 말소되지 않은 동안에 K는 위 X토지를 임의로 자신의 명의로 본등기를 하였고, 수일 후 K는 M에게 금 11억원을 받고 매도하여 2020. 3. 30.자로 M명의로 이전등기를 마쳤다.
이에 B는 자신과 K사이에 통정허위표시를 이유로 X토지에 대한 소유권을 주장하자, M은 자신이 민법 제108조 제2항에 의한 제3자임을 주장하며 항변하였다.

문제 10 M의 이러한 주장은 타당한가? (10점)

✓ **정답 : 타당하지 않다.**

이유 : 상대방과 통정한 허위의 의사표시는 무효이고 누구든지 그 무효를 주장할 수 있는 것이 원칙이나, 허위표시의 당사자와 포괄승계인 이외의 자로서 허위표시에 의하여 외형상 형성된 법률관계를 토대로 실질적으로 새로운 법률상 이해관계를 맺은 선의의 제3자에 대하여는 허위표시의 당사자뿐만 아니라 그 누구도 허위표시의 무효를 대항하지 못하는 것인데, 허위표시를 선의의 제3자에게 대항하지 못하게 한 취지는 이를 기초로 하여 별개의 법률원인에 의하여 고유한 법률상의 이익을 갖는 법률관계에 들어간 자를 보호하기 위한 것이므로 제3자의 범위는 권리관계에 기초하여 형식적으로만 파악할 것이 아니라 허위표시행위를 기초로 하여 새로운 법률상 이해관계

를 맺었는지 여부에 따라 실질적으로 파악하여야 한다(대법원 2000. 7. 6. 선고 99다51258 판결 등 참조).

이 사건 부동산에 관한 소외 1 명의의 본등기는 소외 2와 소외 1 사이의 허위 가등기 설정이라는 통정한 허위의 의사표시 자체에 기한 것이 아니라, 이러한 통정한 허위의 의사표시가 철회된 이후에 소외 1이 항소심판결에 의해 취소 확정되어 소급적으로 무효가 된 위 제1심판결에 기초하여 일방적으로 마친 원인무효의 등기라고 봄이 타당하다. 이에 따라 소외 1 명의의 본등기를 비롯하여 그 후 원고에 이르기까지 순차적으로 마쳐진 각 지분소유권이전등기는 부동산등기에 관하여 공신력이 인정되지 아니하는 우리 법제 하에서는 특별한 사정이 없는 한 무효임을 면할 수 없다.

나아가 소외 2와 소외 1이 통정한 허위의 의사표시에 기하여 마친 가등기와 소외 3 명의의 지분소유권이전등기 사이에는 앞서 본 바와 같이 소외 1이 일방적으로 마친 원인무효의 본등기가 중간에 개재되어 있으므로, 이를 기초로 마쳐진 소외 3 명의의 지분소유권이전등기는 소외 1 명의의 가등기와는 서로 단절된 것으로 평가된다. 그리고 가등기의 설정행위와 본등기의 설정행위는 엄연히 구분되는 것으로서 소외 3 내지 그 후 지분소유권이전등기를 마친 자들에게 신뢰의 대상이 될 수 있는 '외관'은 소외 1 명의의 가등기가 아니라 단지 소외 1 명의의 본등기일 뿐이라는 점에서도 이들은 소외 1 명의의 허위 가등기 자체를 기초로 하여 새로운 법률상 이해관계를 맺은 제3자의 지위에 있다고 볼 수 없다(대법원 2020. 1. 30. 2019다280375 판결).

제4문

기초적 사실관계

A는 B보증보험사로부터 1996. 5. 10. 보증원금 한도액 5,000만원의 신용보증서를 발급받아 G은행으로부터 각 5,000만원을 대출받았다. 그런데 A가 위 대출금채무의 변제일인 1999. 5. 10.에 변제하지 아니하자, G은행은 A보증보험사에 연체를 통보하고 대위변제를 독촉하였고, 이에 B보증보험사는 1999. 8. 10.에 G은행에 5,000만원을 대위변제하였다. 한편 A는 C보증보험사로부터 1997. 6. 10.에 보증원금 한도액 1억원의 신용보증서를 발급받아 H은행으로부터 1억원을 대출받았다. 그런데 A가 위 대출금채무의 변제일인 1999. 6. 10.에 변제를 하지 아니하자, H은행은 C보증보험사에 연체를 통보하고 대위변제를 독촉하였고, 이에 C보증보

험사는 1999. 9. 20.에 H은행에 1억원을 대위변제하였다. 그런데 A는 자신의 사위인 D에게 자신의 유일한 재산인 X토지를 1999. 10. 10.자 매매를 원인으로 하여 당일 소유권이전등기를 경료해 주었다.

계속된 사실관계 | 채권자취소권과 중복제소 |

한편 C보증보험사는 D를 상대로 2000. 1. 10.에 위 X토지에 대하여 사해행위 취소 및 원상회복을 구하는 소를 제기하여 2000. 5. 20.에 원고 승소판결이 확정되었고, 그 후 위 판결은 항소와 상고가 각각 기각되어 2000. 11. 25.에 확정되었다.
그 후 B보증보험사는 D를 상대로 위 X토지에 대하여 사해행위 취소 및 원상회복을 구하는 소를 제기하였다.
그러자 D는 채권자취소권에 의한 법률행위의 취소 및 원상회복은 모든 채권자를 위하여 효력이 있는 것이므로, 어느 일방 채권자가 수익자를 상대로 사해행위취소소송을 제기하여 승소판결을 받아 확정된 경우, 다른 채권자가 다시 사해행위취소소송을 제기하는 것은 권리보호의 이익이 없어 소 각하하여야 할 것인 바, B의 취소 및 원상회복을 구하는 소는 부적법 각하 되어야 한다고 주장하였다.
한편 본 건 소송의 심리 중, C보증보험사에 지급하여 원상회복이 이루어 졌음을 인정할 자료는 확인되지 않았다.

문제 1 이러한 D의 주장은 이유가 있는가? (20점)

✓ **정답 : D의 주장 이유 없음**

1. 문제의 소재 (2점)

채권자취소권과 중복제소

2. 채권자취소판결의 효력 (5점)

사해행위취소판결의 기판력은 그 취소권을 행사한 채권자와 그 상대방인 수익자 또는 전득자와의 상대적인 관계에서만 미칠 뿐 그 소송에 참가하지 아니한 채무자 또는 채무자와 수익자 사이의 법률관계에는 미치지 아니한다(대법원 1988. 2. 23. 선고 87다카1989 판결).

3. 채권자취소권과 중복제소 (5점)

채권자취소권의 요건을 갖춘 각 채권자는 고유의 권리로서 채무자의 재산처분 행위를 취소하고 그 원상회복을 구할 수 있는 것이므로 각 채권자가 동시 또는 이시에 채권자취소 및 원상회복소송을 제기한 경우 이들 소송이 중복제소에 해당하는 것이 아니다(대법원 2003. 7. 11. 선고 2003다19558 판결).

4. 복수의 채권자취소소송에서 권리보호의 이익이 없게 되는 경우 (5점)

어느 한 채권자가 동일한 사해행위에 관하여 채권자취소 및 원상회복청구를 하여 승소판결을 받아 그 판결이 확정되었다는 것만으로 그 후에 제기된 다른 채권자의 동일한 청구가 권리보호의 이익이 없어지게 되는 것은 아니고, 그에 기하여 재산이나 가액의 회복을 마친 경우에 비로소 다른 채권자의 채권자취소 및 원상회복청구는 그와 중첩되는 범위 내에서 권리보호의 이익이 없게 된다(대법원 2003. 7. 11. 선고 2003다19558 판결).

5. 사안의 해결 (3점)

본 사안의 내용을 볼 때, 앞선 C보증보험사의 소송에서 원상회복이 이루어 졌음이 확인된 바가 없기 때문에 D의 주장은 받아들여지지 않는다.

제5문

기초적 사실관계

B회사는 자신의 소유인 윤전기 2대와 기타 기계류 및 인쇄공장 건물에 관하여 A화재보험회사와 보험계약을 체결하였다. 한편 B회사는 대출금채권자인 C은행에 기존의 담보에 추가하여 위 보험계약에 기한 보험금청구권에 관하여 채권최고액 15억원의 질권을 설정해 주었고, 이에 A화재보험이 이를 승낙하였다.

계속된 사실관계 | 채권질권과 삼각관계 |

그런데 B회사에 화재가 발생하여 위 윤전기 2대와 기계류 및 인쇄공장 건물이 소실되었다. A

화재보험회사는 화재보험금 17억 4,000만원으로 평가하여 결정하고, 그 중에서 채권최고액 상당인 15억원을 질권자인 C은행에 지급하고, 나머지 2억 4,000만원을 B회사에 지급하였다. 한편 C은행은 15억원 중, 피담보채권액 상당액인 10억 7,500만원을 B회사에 대한 대출금채권의 변제에 충당하고, 나머지 4억 5,000만원은 B회사에 반환하였다. 그 후에 A화재보험회사는 C은행을 상대로 위 초과지급부분에 대하여 부당이득을 구하는 소를 제기하였다.

문제 1 이 경우 법원은 어떠한 판단을 하여야 하며, 그 이유는 무엇인가? (15점)

1. 문제의 소재 (2점)

① 채권질권과 삼각관계에서의 부당이득의 법리

② 제3채무자의 질권설정자에 대한 초과지급과 부당이득반환의무자

2. 채권질권과 삼각관계에서의 부당이득의 법리 (5점)

계약의 일방 당사자가 계약 상대방의 지시 등으로 급부과정을 단축하여 계약 상대방과 또 다른 계약관계를 맺고 있는 제3자에게 직접 급부한 경우, 그 급부로써 급부를 한 계약 당사자의 상대방에 대한 급부가 이루어질 뿐 아니라 그 상대방의 제3자에 대한 급부로도 이루어지는 것이므로 계약의 일방 당사자는 제3자를 상대로 법률상 원인 없이 급부를 수령하였다는 이유로 부당이득반환청구를 할 수 없다(대법원 2003. 12. 26. 선고 2001다46730 판결).

이 사건에서 금전채권의 질권자인 C은행이 자기채권의 범위 내에서 제3채무자인 A화재보험회사에 직접청구권을 행사하였다. 이러한 경우 제3채무자인 A가 질권자인 C은행에 금전을 지급하는 의미는 ①제3채무자인 A화재보험회사가 질권설정자인 B에게 지급한다는 의미이고, ②질권설정자인 B가 C은행에 지급한다는 의미도 있다. 즉 질권설정자의 제3채무자에 대한 채권과 질권자의 질권설정자에 대한 채권의 소멸이라는 이중의 소멸의 효과가 나타나는 것이다.

3. 제3채무자의 질권설정자에 대한 초과지급과 부당이득반환의무자 (5점)

금전채권의 질권자가 민법 제353조 제1항, 제2항에 의하여 자기채권의 범위 내에서 직접청구권을 행사하는 경우 질권자는 질권설정자의 대리인과 같은 지위에서 입질채권을 추심하여 자기채권의 변제에 충당하고 그 한도에서 질권설정자에 의한 변제가 있었던 것으로 보므로, 위 범위 내에서는 제3채무자의 질권자에 대한 금전지급으로써 제3채무자의 질권설정자에 대한 급부가 이루어질 뿐만 아니라 질권설정자의 질권자에 대한 급부도 이루어진다. 이러한 경우 입질채권의 발생

원인인 계약관계에 무효 등의 흠이 있어 입질채권이 부존재한다고 하더라도 제3채무자는 특별한 사정이 없는 한 상대방 계약당사자인 질권설정자에 대하여 부당이득반환을 구할 수 있을 뿐이고 질권자를 상대로 직접 부당이득반환을 구할 수 없다. 이와 달리 제3채무자가 질권자를 상대로 직접 부당이득반환청구를 할 수 있다고 보면 자기 책임하에 체결된 계약에 따른 위험을 제3자인 질권자에게 전가하는 것이 되어 계약법의 원리에 반하는 결과를 초래할 뿐만 아니라 질권자가 질권설정자에 대하여 가지는 항변권 등을 침해하게 되어 부당하기 때문이다.

질권자가 제3채무자로부터 자기채권을 초과하여 금전을 지급받은 경우 초과 지급 부분에 관하여는 제3채무자의 질권설정자에 대한 급부와 질권설정자의 질권자에 대한 급부가 있다고 볼 수 없으므로, 제3채무자는 특별한 사정이 없는 한 질권자를 상대로 초과 지급 부분에 관하여 부당이득반환을 구할 수 있지만, 부당이득반환청구의 상대방이 되는 수익자는 실질적으로 그 이익이 귀속된 주체이어야 하는데, 질권자가 초과 지급 부분을 질권설정자에게 그대로 반환한 경우에는 초과 지급 부분에 관하여 질권설정자가 실질적 이익을 받은 것이지 질권자로서는 실질적 이익이 없다고 할 것이므로, 제3채무자는 질권자를 상대로 초과 지급 부분에 관하여 부당이득반환을 구할 수 없다(대법원 2015. 5. 29. 선고 2012다92258 판결).

4. 사안의 해결 (3점)

A화재보험회사는 C은행을 상대로 부당이득을 구할 수 없다. 그 이유는 C은행이 초과지급부분을 B에게 그대로 반환한 경우에는 그 초과지급부분에 관하여 B가 실질적 이익을 받은 것으로서 C로서는 실질적 이익이 없기 때문에 A화재보험회사는 C은행을 상대로 초과지급부분에 대한 부당이득을 구할 수 없다.

변형된 사실관계 | 유질계약 |

B회사는 D은행에 5억원의 대출금채무를 부담하고 있었는데 H은행이 위 대출금채권을 D은행으로부터 양수하면서, 이를 담보하기 위하여 B회사의 주식에 대하여 근질권을 설정하면서 유질계약을 하였다. 이에 B회사는 위 유질계약은 민법 제339조에 따라 이를 금지하고 있기 때문에 위 계약은 효력이 발생하지 않는다고 주장하였다.

문제 2 이러한 B회사의 주장은 이유가 있는가? (15점)

1. 문제의 소재 (2점)

① 유질계약의 효력

② 주식에 대한 질권설정과 유질약정

2. 유질계약의 효력 (5점)

질권설정자는 채무변제기전의 계약으로 질권자에게 변제에 갈음하여 질물의 소유권을 취득하게 하거나 법률에 정한 방법에 의하지 아니하고 질물을 처분할 것을 약정하지 못한다(민법 제339조). 민법이 유질계약의 금지규정을 둔 이유는, 궁박한 상태에 있는 채무자가 폭리행위에 의해 희생되는 것을 방지하기 위한 것이다.

3. 주식에 대한 질권설정과 유질약정 (5점)

질권설정계약에 포함된 유질약정이 상법 제59조에 따라 유효하기 위해서는 질권설정계약의 피담보채권이 상행위로 인하여 생긴 채권이면 충분하고, 질권설정자가 상인이어야 하는 것은 아니다. 또한 상법 제3조는 "당사자 중 그 1인의 행위가 상행위인 때에는 전원에 대하여 본법을 적용한다."라고 정하고 있으므로, 일방적 상행위로 생긴 채권을 담보하기 위한 질권에 대해서도 유질약정을 허용한 상법 제59조가 적용된다(대법원 2017. 7. 18. 선고 2017다207499 판결).

4. 사안의 해결 (3점)

민법 제339조는 유질계약을 금지하고 있으나, 상법 제59조는 상행위로 인하여 생긴 채권을 담보하기 위하여 설정된 유질계약에 대해서는 이를 허용하고 있다. 질권설정계약에 포함된 유질약정이 상법 제59조에 따라 유효하기 위해서는 질권설정계약의 피담보채권이 상행위로 인하여 생긴 채권이면 충분하고, 질권설정자가 상인이어야 하는 것은 아니며, 일방적 상행위로 생긴 채권을 담보하기 위한 질권에 대해서도 유질약정이 유효하다. 따라서 H은행이 설정한 위 유질약정은 유효하여 B회사의 주장은 타당하지 않다.

제6문

기초적 사실관계 | 명의신탁과 점유취득시효 |

甲 종중은 자신의 X토지를 종중의 대표인 B에게 1995. 1. 10.에 신탁하였는데, 그 즈음인 1995. 2. 1.C가 위 X토지를 점유하면서 그 위에 Y건물을 신축하였다. 한편 甲 종중은 2016. 3. 10.에 B에 대하여 명의신탁약정을 해지하고 그 다음 날 즉시 甲 종중 명의로 이전등기를 경료하였다. 그 후 2017. 1. 10.에 甲 종중은 자신의 X토지 위에 Y건물이 신축되어 있음을 확인하고 C를 상대로 Y건물의 철거 및 대지인도를 구하는 소를 제기하였다. 그런데 C는 1995. 2. 경부터 소유의 의사로 평온·공연하게 위 X토지를 점유하였다고 주장하며 점유취득시효를 주장하였다.

문제 1 C의 이러한 주장은 이유가 있는가? (10점)

✓ **정답 : 이유 없음**

명의신탁된 부동산에 대하여 점유취득시효가 완성된 후 시효취득자가 그 소유권이전등기를 경료하기 전에 명의신탁이 해지되어 그 등기명의가 명의수탁자로부터 명의신탁자에게로 이전된 경우에는 그 부동산에 대한 내부적인 소유권변동은 없으나, 대외적으로는 그 소유권에 변동이 있을 뿐만 아니라 그 등기명의에도 변동이 있고, 명의신탁제도가 대외적 관계에서는 등기명의자만이 소유권자로 취급될 뿐이고, 시효완성 당시 시효취득자에게 져야 할 등기의무도 대외적으로는 명의신탁자에 있지 아니하고 명의수탁자에 있음에 불과하므로, 대외적 등기명의자인 수탁자로부터 소유자로 취급되지 않던 명의신탁자에게 등기가 옮겨간 것도 점유시효취득자 등과의 관계와 같은 외부적 관계에서는 완전한 새로운 권리변동으로 보아야 하므로, 그 명의신탁자의 등기취득이 등기의무자의 배임행위에 적극 가담한 반사회적 행위에 근거한 등기이든가 또는 기타 다른 이유로 인한 원인무효의 등기인 경우는 별론으로 하고, 그 명의신탁자는 취득시효완성 후에 소유권을 취득한 자에 해당하여 그에 대하여 시효취득을 주장할 수 없다고 보아야 한다(대법원 1995. 5. 9. 선고 94다22484 판결).

변형된 사실관계 | 상계항변 |

어떤 사실에 의해 甲 종중은 X토지에 대한 소유권을 계속 확보할 수 있게 되었고, A는 甲 종중을 대표한 B와 X토지에 대하여 금 3억원으로 2017. 3. 10.에 매매계약을 체결하고 그 다음 날 대금을 모두 지급하고 자신의 명의로 이전등기를 경료하였다. X토지를 인도받은 2017. 3. 20.에 즉시 위 X토지에 공사를 시작하여 유료주차장을 만들어 영업을 시작하였고, 매월 150만원의 수입을 올리고 있었다. 그런데 甲 종중은 2017. 8. 20.경 A에 대하여 2017. 3. 10.에 체결한 매매계약은 甲 종중총회의 결의 없이 체결된 계약으로서 무효라고 주장하며 등기말소 소송을 제기하였고, 위 판결은 2018. 5. 10.에 甲 종중의 승소판결로 확정되었다. 이에 A는 甲 종중을 상대로 매매대금상당의 부당이득반환청구권을 행사하자, 甲 종중은 A의 점유로 인한 자신의 부당이득반환청구권과 상계항변을 하였다.

문제 2 이러한 甲 종중의 상계항변은 이유가 있는가? (10점)

✓ **정답 : 점유자의 선의·악의를 판단한 후 상계가 가능하다.**

선의의 점유자는 점유물의 과실을 취득하고(민법 제201조 제1항), 악의의 점유자는 수취한 과실을 반환하여야 한다(민법 제201조 제2항). 점유자는 선의로 점유한 것으로 추정되고(민법 제197조 제1항), 권원 없는 점유였음이 밝혀졌다고 하여 바로 그동안의 점유에 대한 선의의 추정이 깨어졌다고 볼 것은 아니지만(대법원 2000. 3. 10. 선고 99다63350 판결 참조), 선의의 점유자라도 본권에 관한 소에서 패소한 때에는 그 소가 제기된 때부터 악의의 점유자로 보며(민법 제197조 제2항), '소가 제기된 때'란 소송이 계속된 때, 즉 소장 부본이 피고에게 송달된 때를 말한다(대법원 2014. 2. 13. 선고 2013다1891 판결, 대법원 2014. 6. 12. 선고 2013다86359 판결). 한편 토지를 사용함으로써 얻는 이득은 그 토지로 인한 과실과 마찬가지이므로, 선의의 점유자는 비록 법률상 원인 없이 타인의 토지를 점유·사용하고 이로 말미암아 그에게 손해를 입혔다고 하더라도 그 점유·사용으로 인한 이득을 반환할 의무는 없다(대법원 1981. 9. 22. 선고 81다233 판결, 1987. 9. 22. 선고 86다카1996, 1997 판결 등 참조)(대법원 2016. 12. 29. 선고 2016다242273 판결).

계속된 사실관계 | 매매계약의 무효와 부당이득 |

甲 종중의 구성원인 B가 중심이 된 10여명의 종중원들이 모여 향후 종중원들의 묘지조성을 위하여 X토지를 매도하고 다른 임야구입을 모색하였고, B와 평소 친분이 있는 D가 X토지의 구입에 적극성을 보이자 D에게 위 X토지를 매도하기로 하였다. 그런데 B는 甲 종중의 자금 등 제반사무를 처리하는 자로서 종중 재산의 관리 및 처분행위를 총회결의에 의하도록 하는 甲 종중 규약이 있음에도 불구하고 이를 지키지 아니한 채 D에게 X토지를 금 3억원에 매도하는 매매계약을 甲 종중 명의로 체결하고, D에게 이전등기를 경료해 주었다. 그런데 이때 D는 B가 사원총회의 결의도 없이 매매계약을 체결한다는 사실을 잘 알고 있는 상태였다. 그 후 이러한 사실을 알게 된 甲 종중은 B가 아무런 자격 없이 X토지에 대한 매매계약을 체결하였음을 이유로 계약의 무효를 주장하였다.

문제 3 위 계약이 무효가 되는 경우, 그 원상회복은 어떻게 되는가? (10점)

계약무효의 경우 각 당사자가 상대방에 대하여 부담하는 반환의무는 성질상 부당이득반환의무로서 악의의 수익자는 그 받은 이익에 법정이자를 붙여 반환하여야 하므로(민법 제748조 제2항), 매매계약이 무효로 되는 때에는 매도인이 악의의 수익자인 경우 특별한 사정이 없는 한 매도인은 반환할 매매대금에 대하여 민법이 정한 연 5%의 법정이율에 의한 이자를 붙여 반환하여야 한다. 그리고 위와 같은 법정이자의 지급은 부당이득반환의 성질을 가지는 것이지 반환의무의 이행지체로 인한 손해배상이 아니므로, 매도인의 매매대금 반환의무와 매수인의 소유권이전등기 말소등기절차 이행의무가 동시이행의 관계에 있는지 여부와는 관계가 없다(대법원 2017. 3. 9. 선고 2016다47478 판결).

제7문 | 무권대리에도 손해배상예정이 인정되는지 여부

A는 B에게 자신을 소외인 외 3인의 대리인으로 소개하면서 B로부터 그 소유의 X토지를 매매대금 30억원에 매수하기로 하고, 계약금으로 3억원을 정하면서 계약당일에 3,000만원을 B에

게 지급하고, 나머지 계약금 2억 7,000만원은 일주일 후에 지급하기로 하였다. 한편 A와 B는 위 계약당시 채무불이행에 따른 손해배상을 예정하면서 매도인이나 매수인이 채무불이행을 하게 되면 계약을 해제하고 그 약정에 따라 매도인 B는 받은 계약금에 더하여 총 4억원을 손해배상의 예정액으로 지급하기로 하고, 매수인 A는 계약금 3억원을 포함하여 총 4억원을 손해배상의 예정액으로 지급하기로 하였다. 한편 B는 약정기일이 지나 나머지 계약금 2억 7000만원을 받지 못하게 되자, 소외인과 A에게 일주일 내에 이를 지급하지 않으면 위약금 약정에 따라 나머지 3억 7,000만원을 구하겠다고 통보하였다. 그런데 같은 날 A는 자신은 소외인들로부터 대리권을 수여받지 못하였다고 하면서 위 매매계약은 무효이므로 이미 지급한 3,000만원을 돌려달라고 요구하면서, B를 상대로 부당이득을 구하는 소를 제기하였다.

문제 1 이 경우 법원은 어떠한 판단을 하여야 하며, 그 이유는 무엇인가? (15점)

✓ **정답 : 청구기각**

1. 문제의 소재 (2점)

무권대리에도 손해배상액의 예정이 적용되는지 여부

2. 무권대리인의 책임 (5점)

민법 제135조 제1항은 "타인의 대리인으로 계약을 한 자가 그 대리권을 증명하지 못하고 또 본인의 추인을 얻지 못한 때에는 상대방의 선택에 좇아 계약의 이행 또는 손해배상의 책임이 있다." 고 규정하고 있다. 위 규정에 따른 무권대리인의 상대방에 대한 책임은 무과실책임으로서 대리권의 흠결에 관하여 대리인에게 과실 등의 귀책사유가 있어야만 인정되는 것이 아니고, 무권대리행위가 제3자의 기망이나 문서위조 등 위법행위로 야기되었다고 하더라도 책임은 부정되지 아니한다(대법원 2014. 2. 27. 선고 2013다213038 판결). 또한 무권대리인의 무과실책임원칙에 관한 규정인 제1항의 예외적 규정이라고 할 것이므로 상대방이 대리권이 없음을 알았다는 사실 또는 알 수 있었음에도 불구하고 알지 못하였다는 사실에 관한 입증책임은 무권대리인 자신에게 있다(대법원 1962. 4. 12. 선고 4294민상1021 판결).

3. 무권대리에도 손해배상액의 예정이 적용되는지 여부 (5점)

다른 자의 대리인으로서 계약을 맺은 자가 그 대리권을 증명하지 못하고 또 본인의 추인을 받지 못한 경우에는 그는 상대방의 선택에 따라 계약을 이행할 책임 또는 손해를 배상할 책임이 있다(민법 제135조 제1항). 이때 상대방이 계약의 이행을 선택한 경우 무권대리인은 계약이 본인에게 효력이 발생하였더라면 본인이 상대방에게 부담하였을 것과 같은 내용의 채무를 이행할 책임이 있다. 무권대리인은 마치 자신이 계약의 당사자가 된 것처럼 계약에서 정한 채무를 이행할 책임을 지는 것이다.

무권대리인이 계약에서 정한 채무를 이행하지 않으면 상대방에게 채무불이행에 따른 손해를 배상할 책임을 진다. 위 계약에서 채무불이행에 대비하여 손해배상액의 예정에 관한 조항을 둔 때에는 특별한 사정이 없는 한 무권대리인은 조항에서 정한 바에 따라 산정한 손해액을 지급하여야 한다. 이 경우에도 손해배상액의 예정에 관한 민법 제398조가 적용됨은 물론이다.

민법 제135조 제2항은 '대리인으로서 계약을 맺은 자에게 대리권이 없다는 사실을 상대방이 알았거나 알 수 있었을 때에는 제1항을 적용하지 아니한다.'고 정하고 있다. 이는 무권대리인의 무과실책임에 관한 원칙 규정인 제1항에 대한 예외 규정이므로 상대방이 대리권이 없음을 알았다는 사실 또는 알 수 있었는데도 알지 못하였다는 사실에 관한 주장·증명책임은 무권대리인에게 있다(대법원 2018. 6. 28. 선고 2018다210775 판결).

4. 사안의 해결 (3점)

무권대리인인 A가 상대방인 B와 채무불이행에 대한 손해배상액의 예정을 정한 경우, 특별한 사정이 없는 한 무권대리인은 조항에서 정한 바에 따라 산정한 손해액을 지급하여야 한다.

· 제 6 장 ·

제1문

기초적 사실관계

A는 2005. 1. 10. B에게 금 1억원을 대여하면서 이자는 월 2%, 변제기는 2007. 1. 9.로 정하여 대여하면서 이자는 매달 1일 A통장으로 입금받기로 약정하였다. 한편 위 대여금의 변제기인 2007. 1. 9.이 도과한 후에도 B는 A에게 변제를 차일피일 미루고 있던 2007. 3. 15.에 B는 자신의 유일한 재산인 시가 2억원 상당의 X토지를 매매를 원인으로 하여 자신의 동생인 C명의로 이전등기를 경료해 주었다.

계속된 사실관계 | 조건과 기한 |

A는 B에 대하여 2005. 1. 10.자 금 1억원의 대여금채권 외에 별도로 차용증서를 작성하지 않은 채 2006. 10.경에 기간은 6개월 후에 돌려받기로 하면서 3,000만원을 대여하였다. 그런데 6개월 후 B가 위 대여금 3,000만원을 변제하지 아니하자 대여금청구의 소를 제기하였다. 그런데 B는 A를 상대로 채무부존재확인을 구하는 소를 제기하였다. 그런데 이 사건 소송계속 중, A와 B는 A는 B의 채무자인 C로부터 위 대여금 3,000만원에 해당하는 금액을 지급받고 B에 대한 청구를 포기하고, 이후 어떠한 이의도 제기하지 않기로 합의하면서 "모든 합의사항의 이행은 A가 C로부터 위 금액을 모두 지급받은 후 효력이 발생한다"고 정하였고, 그 후 B는 A를 상대로 채무부존재확인의 소를 취하하였다.

문제 1 이 사건 부관은 조건인가, 기한인가? (10점)

✓ 조건은 법률행위 효력의 발생 또는 소멸을 장래의 불확실한 사실의 성부에 의존하게 하는 법률행위의 부관이다. 반면 장래의 사실이더라도 그것이 장래 반드시 실현되는 사실이면 실현되는 시기가 비록 확정되지 않더라도 이는 기한으로 보아야 한다.

법률행위에 붙은 부관이 조건인지 기한인지가 명확하지 않은 경우 법률행위의 해석을 통해서 이를 결정해야 한다. 부관에 표시된 사실이 발생하지 않으면 채무를 이행하지 않아도 된다고 보는 것이 합리적인 경우에는 조건으로 보아야 한다. 그러나 부관에 표시된 사실이 발생한 때에는 물론이고 반대로 발생하지 않는 것이 확정된 때에도 채무를 이행하여야 한다고 보는 것이 합리적인 경우에는 표시된 사실의 발생 여부가 확정되는 것을 불확정기한으로 정한 것으로 보아야 한다.

이러한 부관이 화해계약의 일부를 이루고 있는 경우에도 마찬가지이다.

갑이 을 주식회사를 상대로 물품대금의 지급을 구하는 소를 제기하고, 을 회사는 갑을 상대로 채무부존재확인 등을 구하는 소를 제기하였는데, 소송 계속 중 갑과 을 회사가, 갑은 을 회사의 채무자인 병 주식회사 등으로부터 미지급 물품대금 액수에 해당하는 금액을 지급받고, 을 회사에 대한 나머지 청구를 포기하며, 이후 어떠한 이의도 제기하지 않기로 하는 등의 합의를 하면서 '모든 합의사항의 이행은 갑이 제3채무자들로부터 위 금액을 모두 지급받은 후 효력이 발생한다'라고 정한 사안에서, '갑이 병 회사 등으로부터 위 금액을 모두 지급받는다'는 사실이 발생해야 나머지 청구 포기와 부제소 특약이 포함된 합의서의 이행의무가 성립한다고 볼 수 있는데, 갑이 위 돈을 지급받는다는 것은 장래 발생 여부가 불확실한 사실로서 조건으로 볼 여지가 있고, 갑이 을 회사 등으로부터 미지급 물품대금 액수에 해당하는 금액을 변제받을 것이 확실시되었다는 등의 특별한 사정이 없는 상태에서 을 회사에 대한 물품대금 채권을 포기할 아무런 이유가 없다는 점에서도 위 합의는 정지조건부 합의로 볼 여지가 크며, 위 합의가 화해계약의 성격을 가진다고 하여 달리 볼 이유가 없는데도, 위 합의를 갑에게 부과된 이행의무의 기한을 정한 것으로 본 원심판단에 법리오해의 잘못이 있다(대법원 2018. 6. 28. 선고 2018다201702 판결).

계속된 사실관계 | 채권자취소소송과 소송물 |

그런데 원래 위 X토지에는 2004. 2. 10.자 D명의의 채권최고액 8,000만원의 제1순위 근저당권과 2004. 5. 10.자 E명의의 채권최고액 7,000만원의 제2순위 근저당권이 설정되어 있었다. 이에 E가 위 X토지에 임의경매를 신청하자 C는 E명의의 피담보채권액 8,000만원과 D명의의 피담보채권액 7,000만원을 변제하였다. 그 후 2007. 5. 20.에 A가 C에 대하여 원물반환을 구하는 취지로 사해행위 취소 및 원상회복을 구하는 소를 제기하였다.

문제 2 이 경우 법원은 어떠한 판단을 하여야 하며, 그 이유는 무엇인가? (15점)

✓ **정답 : 법원은 가액배상을 명할 수 있다.**

1. 문제의 소재 (2점)

① 채권자취소소송에 있어서 원물반환의 취지 속에 가액배상을 포함하는지 여부

② 처분권주의

③ 소송물이론

2. 채권자취소소송에 있어서 원물반환의 취지 속에 가액배상을 포함하는지 여부 (10점)

판례는 원물반환과 가액배상은 동일소송물로서 후자가 전자의 질적, 양적 일부임을 밝히고 있다. 즉 다른 소송물이지만 원물반환의 청구 중에 원물반환 불가능시 가액배상을 구하는 청구가 예비적으로 병합되어 숨겨진 것으로 해석하고 있는 것이다. 그렇지만 이러한 판례는 소장에는 청구취지가 명확해야 한다는 점과 피고의 방어권을 훼손할 수 있다는 점 등 비판을 받을 수 있다.

구소송물이론에 기반을 둔 입장에서 보면 청구취지와 사실관계가 동일하여도 실체법상 청구권이 다르면 다른 소송물로 취급한다. 또한 신소송물이론 중 일분지설은 소송물은 오로지 청구취지에 의하여 결정되어야 한다는 것으로서 사실관계나 실체법상 청구권은 소송물을 구성하는 요소는 아니라고 하고, 이분지설은 청구취지와 청구원인의 사실관계가 소송물을 결정하는 요소라고 하면서 사실관계가 동일한 실체법상 청구권은 소송물을 결정하는 요소가 아니라고 한다. 결국 모든 학설에 대입해 보더라도 청구취지가 다르면 다른 소송물인 것이다. 즉 원물반환은 소유권이전등기말소청구권이고, 가액배상은 금전지급청구권이다. 결국 명백한 다른 소송물임을 알 수 있다. 이러한 점에서 당해 판례는 비판을 면할 수 없다.

저당권이 설정되어 있는 부동산이 사해행위로 이전된 경우에 그 사해행위는 부동산의 가액에서 저당권의 피담보채권액을 공제한 잔액의 범위 내에서만 성립한다고 보아야 하므로, 사해행위 후 변제 등에 의하여 저당권설정등기가 말소된 경우 그 부동산의 가액에서 저당권의 피담보채무액을 공제한 잔액의 한도에서 사해행위를 취소하고 그 가액의 배상을 구할 수 있을 뿐이고, 특별한 사정이 없는 한 변제자가 누구인지에 따라 그 방법을 달리한다고 볼 수는 없는 것이며, 사해행위인 계약 전부의 취소와 부동산 자체의 반환을 구하는 청구취지 속에는 위와 같이 일부취소를 하여야 할 경우 그 일부취소와 가액배상을 구하는 취지도 포함되어 있다고 볼 수 있으므로 청구취지의 변경이 없더라도 바로 가액반환을 명할 수 있다(대법원 2001. 6. 12. 선고 99다20612 판결).

3. 사안의 해결 (3점)

본 사안의 경우 저당권이 이미 설정되어 있던 부동산이 사해행위로 이전된 경우로서, A는 가액배상을 구하여야 함에도 불구하고 원물반환을 구하였지만 법원은 원물반환의 취지 속에 가액배상을 포함하고 있다고 해석하기 때문에 가액배상을 명할 수 있다.

계속된 사실관계 | 채권자취소권 |

2007. 3. 15.에 B는 자신의 유일한 재산인 X토지를 매매를 원인으로 하여 자신의 동생인 C명의로 이전등기를 경료한 후, 다시 2007. 7. 10.에 D명의로 매매를 원인으로 한 소유권이전등기의 가등기를 경료하였다. 이에 A는 2008. 1. 15.에 수익자인 C를 상대로 2007. 3. 15자 매매계약이 사해행위라고 주장하며 매매계약을 취소하고 소유권이전등기말소를 구하는 소를 제기하여 승소판결이 확정되었다. 그 후 A는 2012. 1. 10.에 D를 상대로 X토지에 대한 채권자취소권을 행사하여 원상회복을 구하는 소를 제기하였다.

문제 3 이 경우 법원은 어떠한 판단을 하여야 하며, 그 이유는 무엇인가? (15점)

✓ **정답 : 소 각하**

1. 문제의 소재 (2점)

① 채권자가 취소원인을 안 날의 의미

② 수익자를 상대로 사해행위 취소의 소를 제기하여 승소판결을 받은 후, 전득자를 상대로 원상회복을 청구하는 경우, 민법 제406조 제2항이 적용되는지 여부

2. 취소원인을 안 날의 의미 (3점)

채권자취소권의 행사에 있어서 제척기간의 기산점인 채권자가 "취소원인을 안 날"이라 함은 채무자가 채권자를 해함을 알면서 사해행위를 하였다는 사실을 알게 된 날을 의미한다. 이는 단순히 채무자가 재산의 처분행위를 한 사실을 아는 것만으로는 부족하고, 구체적인 사해행위의 존재를 알고 나아가 채무자에게 사해의 의사가 있었다는 사실까지 알 것을 요한다. 한편 그 제척기간의 도과에 관한 입증책임은 채권자취소소송의 상대방에게 있다(대법원 2009. 3. 26. 선고 2007다63102 판결).

3. 수익자를 상대로 사해행위 취소의 소를 제기하여 승소판결을 받은 후, 전득자를 상대로 원상회복을 청구하는 경우, 민법 제406조 제2항이 적용되는지 여부 (7점)

판례는 채권자가 전득자를 상대로 민법 제406조 제1항에 의한 채권자취소권을 행사하기 위해서는, 같은 조 제2항에서 정한 기간 안에 채무자와 수익자 사이의 사해행위의 취소를 소송상 공격방법의 주장이 아닌 법원에 소를 제기하는 방법으로 청구하여야 하는 것이고, 비록 채권자가 수익

자를 상대로 사해행위의 취소를 구하는 소를 이미 제기하여 채무자와 수익자 사이의 법률행위를 취소하는 내용의 판결을 선고받아 확정되었더라도 그 판결의 효력은 그 소송의 피고가 아닌 전득자에게는 미칠 수 없는 것이므로, 채권자가 그 소송과는 별도로 전득자에 대하여 채권자취소권을 행사하여 원상회복을 구하기 위해서는 위에서 본 법리에 따라 민법 제406조 제2항에서 정한 기간 안에 전득자에 대한 관계에 있어서 채무자와 수익자 사이의 사해행위를 취소하는 청구를 하지 않으면 아니 된다(대법원 2005. 6. 9. 선고 2004다17535 판결).

4. 사안의 해결 (3점)

채권자가 수익자를 상대로 사해행위취소의 소를 제기하여 승소판결을 받았더라도 그 판결의 효력은 수익자에게만 미치고, 전득자에게 미치는 것은 아니기 때문에 채권자는 전득자에게 원상회복을 구하기 위해서는 민법 제406조 제2항의 기간 내에 권리를 행사하여야 한다. 따라서 A는 늦어도 그 무렵에는 그 취소원인을 알았을 것이기 때문에 민법 제406조 제2항의 제소기간의 도과된 후에 제기된 본 소는 소 각하를 면할 수 없다.

계속된 사실관계 | 채권자취소권과 가액배상 |

A는 2005. 1. 10. B에게 금 1억원을 대여하면서 이자는 월 2%, 변제기는 2007. 1. 9.로 정하여 대여하면서 이자는 매달 1일 A통장으로 입금받기로 약정하였다. 변제기 2007. 1. 9.이 도과한 후 B는 A에게 위 대여금의 변제를 차일피일 미루고 있던 2007. 3. 15.에 B는 자신의 유일한 재산인 당시 시가 2억원의 X토지를 매매를 원인으로 하여 자신의 동생인 C명의로 이전등기를 경료해 주었다. 또한 원래 위 X토지에는 2004. 2. 10.자 D명의의 채권최고액 8,000만원의 제1순위 근저당권과 2004. 5. 10.자 E명의의 채권최고액 7,000만원의 제2순위 근저당권이 설정된 바 있었으나, D가 임의경매를 신청하려 하자 B는 D와 E에게 피담보채무 1억 5,000만원 모두를 변제하였다. 그 후에 A는 2007. 9. 15. 당시 시가 2억 1,000만원인 X토지에 대하여 C를 상대로 사해행위 취소 및 원상회복을 구하는 소를 제기하였고, 그 후 사실심 변론종결시 2,000만원이 더 오르게 되었으며, 판결의 확정시 3,000만원이 더 오르게 되었다.

문제 4 이 경우 법원은 얼마의 가액배상을 인용하여야 하며, 그 이유는 무엇인가? (20점)

✓ **정답 : 8,000만원을 인용하여야 한다.**

1. 문제의 소재 (2점)

저당권이 설정된 부동산이 사해행위로 취소되는 경우, 그 가액배상의 범위를 정함에 있어서 사해행위 당시의 부동산의 가액인지, 사해행위취소소송을 제기하는 시기의 가액인지, 사실심변론 종결시의 가액인지, 판결이 확정되었을 때의 가액인지 여부

2. 공제의 범위 (5점)

저당권이 설정되어 있는 부동산이 사해행위로 이전된 경우에 그 사해행위는 부동산의 가액에서 저당권의 피담보채권액을 공제한 잔액의 범위 내에서만 성립한다고 보아야 하므로, 사해행위 후 변제 등에 의하여 저당권설정등기가 말소된 경우 그 부동산의 가액에서 저당권의 피담보채무액을 공제한 잔액의 한도에서 사해행위를 취소하고 그 가액의 배상을 구할 수 있을 뿐이다(대법원 2002. 11. 8. 선고 2002다41589 판결).

3. 사해성 판단기준의 가액 (5점)

판례는 채무자의 재산처분행위가 사해행위가 되는지 여부는 처분행위 당시를 기준으로 판단하여야 하므로, 담보로 제공된 부동산에 대하여 임의경매 등의 환가절차가 개시되어 진행되는 도중에 재산처분행위가 이루어졌다고 하더라도, 그 재산처분행위의 사해성 유무를 판단하기 위한 부동산 가액의 평가는 부동산 가액의 하락이 예상되는 등의 특별한 사정이 인정되지 아니하는 한 사후에 환가된 가액을 기준으로 할 것이 아니라 사해성 여부가 문제되는 재산처분행위 당시의 시가를 기준으로 하여야 한다(대법원 2009. 6. 23. 선고 2009다549 판결).

4. 가액배상의 범위 (5점)

어느 부동산에 관한 법률행위가 사해행위에 해당하는 경우에는 원칙적으로 그 사해행위를 취소하고 소유권이전등기의 말소 등 부동산 자체의 회복을 명하여야 하는 것이나, 저당권이 설정되어 있는 부동산에 관하여 사해행위가 이루어진 경우에 그 사해행위는 부동산의 가액에서 저당권의 피담보채권액을 공제한 잔액의 범위 내에서만 성립한다고 보아야 하므로 사해행위 후 변제 등에 의하여 저당권설정등기가 말소된 경우, 사해행위를 취소하여 그 부동산 자체의 회복을 명하는 것은 당초 일반 채권자들의 공동담보로 되어 있지 아니하던 부분까지 회복시키는 것이 되어 공평에 반하는 결과가 되어, 그 부동산의 가액에서 저당권의 피담보채권액을 공제한 잔액의 한도에서 사해행위를 취소하고 그 가액의 배상을 명할 수 있을 뿐이므로, 사해행위의 목적인 부동산에 수 개의 저당권이 설정되어 있다가 사해행위 후 그 중 일부의 저당권만이 말소된 경우에도 사해행위의 취소에 따른 원상회복은 가액배상의 방법에 의할 수밖에 없을 것이고, 그 경우 배상하여야 할 가

액은 사해행위 취소시인 사실심 변론종결시를 기준으로 하여 그 부동산의 가액에서 말소된 저당권의 피담보채권액과 말소되지 아니한 저당권의 피담보채권액을 모두 공제하여 산정하여야 한다(대법원 1998. 2. 13. 선고 97다6711 판결).

5. 사안의 해결 (3점)

저당권이 이미 설정되어 있는 부동산에 대한 사해행위취소 및 원상회복에 있어서 그 부동산의 가액에서 피담보채무액을 공제한 액수가 가액배상의 범위에 속한다. 여기서 사해행위를 판단하는 기준은 재산처분행위 당시가 될 것이고, 가액배상의 기준이 되는 시점은 사실심변론종결시이다. 따라서 본 사안에서는 2억 3,000만원에서 D와 E의 피담보채무액 1억 5,000만원을 공제한 8,000만원이 인용될 것이다.

문제 5 C는 원래 자신의 형인 B와 A사이의 관계를 잘 알고 있는 사이였고, 위 사해행위취소송을 제기하기 1년 전에 금 1억원을 A에게 대여한 바 있으며, 그 대여금에 대한 이행기를 대여 후 6개월 후로 정한 바 있다. 그런데 A는 C에 대하여 위 대여금 1억원을 변제하지 아니하자 여러 번 독촉을 하다가 2007. 10. 10.에 집행권원을 확보하여 A의 C에 대한 위 가액배상채권에 대하여 압류하고 전부명령을 신청하였다. 이 경우 C의 전부명령은 허용될 수 있는 것인가? (10점)

✓ 정답 : 허용될 수 있다.

사해행위취소의 소에서 수익자가 원상회복으로서 채권자취소권을 행사하는 채권자에게 가액배상을 할 경우, 수익자 자신이 사해행위취소소송의 채무자에 대한 채권자라는 이유로 채무자에 대하여 가지는 자기의 채권과 상계하거나 채무자에게 가액배상금 명목의 돈을 지급하였다는 점을 들어 채권자취소권을 행사하는 채권자에 대해 이를 가액배상에서 공제할 것을 주장할 수 없다. 그러나 수익자가 채권자취소권을 행사하는 채권자에 대해 가지는 별개의 다른 채권을 집행하기 위하여 그에 대한 집행권원을 가지고 채권자의 수익자에 대한 가액배상채권을 압류하고 전부명령을 받는 것은 허용된다. 이는 수익자의 채무자에 대한 채권을 기초로 한 상계나 임의적인 공제와는 내용과 성질이 다르다. 또한 채권자가 채무자의 제3채무자에 대한 채권을 압류하는 경우 제3채무자가 채권자 자신인 경우에도 이를 압류하는 것이 금지되지 않으므로 단지 채권자와 제3채무자가 같다고 하여 채권압류 및 전부명령이 위법하다고 볼 수 없다(대법원 2017. 8. 21. 자 2017마499 결정).

계속된 사실관계 | 채권자취소권 |

2007. 3. 15.에 B가 자신의 유일한 재산인 X토지를 매매를 원인으로 하여 이전등기를 경료한 후, 2007. 5. 20.에 A는 자신의 1억원의 대여금채권에 대한 강제집행을 면탈하기 위하여 B가 X토지를 C에게 매도하였다는 사실을 알게 되었고, 이에 따라 A는 2008. 3. 20.에 사해행위 취소를 구하는 소를 제기하였으나, 원상회복은 구하지 아니한 채 2009. 3. 10.이 되었다. 이에 C는 A에 대하여 제척기간의 도과로 A의 원상회복의 주장은 이유 없다고 다투고 있다.

문제 6 이러한 C의 주장은 이유가 있는가? (10점)

✓ **정답 : 이유 없음**

판례 (10점)
채권자가 민법 제406조 제1항에 따라 사해행위의 취소와 원상회복을 청구하는 경우 사해행위 취소 청구가 민법 제406조 제2항에 정하여진 기간 안에 제기되었다면 원상회복의 청구는 그 기간이 지난 뒤에도 할 수 있다(대법원 2001. 9. 4. 선고 2001다14108 판결).

계속된 사실관계 | 채권자취소권 |

2007. 3. 15.에 B가 자신의 유일한 재산인 X토지를 매매를 원인으로 하여 이전등기를 경료한 후, 2007. 5. 20.에 A는 자신의 1억원의 대여금채권에 대한 강제집행을 면탈하기 위하여 B가 X토지를 C에게 매도하였다는 사실을 알게 되었고, 이에 따라 A는 2008. 3. 20.에 C에 대하여 사해행위 취소를 구하는 소를 제기하여 승소판결을 받아, C명의의 등기가 말소되었다. 그 후 B는 자신의 명의로 등기가 회복되었음을 이용하여 위 X토지를 다시 D에게 양도하고 D명의로 이전등기가 경료되었다. 그런데 이러한 사실을 알게 된 B의 일반채권자인 E가 D명의의 등기말소를 구하는 소를 제기하였다.

문제 7 이 경우 법원은 어떠한 판단을 하여야 하며, 그 이유는 무엇인가? (15점)

1. 문제의 소재 (2점)

사해행위취소의 효력과 민법 제407조

2. 사해행위취소로 원상회복된 부동산을 채무자가 처분한 행위의 효력 (5점)

사해행위의 취소는 채권자와 수익자의 관계에서 상대적으로 채무자와 수익자 사이의 법률행위를 무효로 하는 데에 그치고 채무자와 수익자 사이의 법률관계에는 영향을 미치지 아니하므로, 채무자와 수익자 사이의 부동산매매계약이 사해행위로 취소되고 그에 따른 원상회복으로 수익자 명의의 소유권이전등기가 말소되어 채무자의 등기명의가 회복되더라도, 그 부동산은 취소채권자나 민법 제407조에 따라 사해행위 취소와 원상회복의 효력을 받는 채권자와 수익자 사이에서 채무자의 책임재산으로 취급될 뿐, 채무자가 직접 부동산을 취득하여 권리자가 되는 것은 아니다.

3. 채무자가 제3자에게 처분한 경우 채무자의 일반채권자가 직접 제3자에 대하여 등기말소를 구할 수 있는지 여부 (5점)

채무자가 사해행위 취소로 등기명의를 회복한 부동산을 제3자에게 처분하더라도 이는 무권리자의 처분에 불과하여 효력이 없으므로, 채무자로부터 제3자에게 마쳐진 소유권이전등기나 이에 기초하여 순차로 마쳐진 소유권이전등기 등은 모두 원인무효의 등기로서 말소되어야 한다. 이 경우 취소채권자나 민법 제407조에 따라 사해행위 취소와 원상회복의 효력을 받는 채권자는 채무자의 책임재산으로 취급되는 부동산에 대한 강제집행을 위하여 원인무효 등기의 명의인을 상대로 등기의 말소를 청구할 수 있다(대법원 2017. 3. 9. 선고 2015다217980 판결).

4. 사안의 해결 (3점)

사해행위취소로 회복된 부동산을 채무자가 매도하더라도 이는 무권리자의 처분에 불과하고, 이때 채무자의 일반채권자도 직접 채무자로부터 매수한 제3자에 대하여 등기말소를 구할 수 있다.

계속된 사실관계 | 소멸시효 기산점/제척기간 |

A는 커피재료 도매상을 하는 자로서 2005. 1. 10. 커피전문점을 경영하는 B에게 금 1억원을 대여하면서 이자는 월 2%, 변제기는 2007. 1. 9.로 정하여 대여하고 이자는 매달 1일 A통장으로 입금받기로 약정하였다. 한편 위 대여금의 변제기인 2007. 1. 9.이 도과한 후에도 B는 A에게 변제를 차일피일 미루고 있던 2007. 3. 15.에 B는 자신의 유일한 재산인 시가 2억원 상당의 X토지에 대하여 자신의 동생인 C와 매매계약을 체결하고, 다음 날 매매를 원인으로 하여 이

전등기를 경료해 주었다.
한편 A가 2012. 2. 10.에 C를 상대로 사해행위 취소 및 원상회복을 구하는 소를 제기하자, C는 A의 B에 대한 대여금채권이 시효로 이미 소멸하였다고 주장하고 있다.

문제 8 이 경우 C의 주장은 이유가 있는가? (15점)

✓ **정답 : 이유 있음**

1. 문제의 소재 (2점)

① 소멸시효의 기산점
② 채권자취소권과 제척기간의 계산
③ 채권자취소소송에서 수익자는 채권자의 채무자에 대한 피보전채권의 시효소멸을 가지고 항변할 수 있는지 여부

2. 소멸시효의 기산점 (3점)

소멸시효는 권리를 행사할 수 있을 때로부터 진행한다(민법 제166조 제1항). 따라서 변제기가 정해져 있는 대여금채권에 있어서는 그 변제기가 도래한 때로부터 시효는 진행한다. 결국 본 사안의 경우 2007. 1. 10.이 소멸시효의 기산점이 될 것이다.

3. 채권자취소권의 제척기간의 계산 (3점)

채권자취소권의 제척기간은 채권자가 취소원인을 안 날로부터 1년, 법률행위 있은 날로부터 5년 내에 제기하여야 한다(민법 제406조 제2항). 여기서 중요한 것은 "법률행위 있은 날로부터 5년"이라 함은, 사해행위인 매매계약을 체결한 날을 의미하는 것이고, 등기를 한 날을 의미하는 것은 아니다. 특히 우리 민법이 물권변동에 있어서 형식주의를 취하고 있기 때문에 5년의 제척기간은 등기가 있은 날로부터 기산한다고 오해하기 쉬우나, 그 법률행위는 채권행위를 의미하는 것이지 물권행위를 의미하는 것이 아니라는 것을 꼭 기억해야 한다.

4. 채권자취소소송에서 수익자는 채권자의 채무자에 대한 피보전채권의 시효소멸을 가지고 항변할 수 있는지 여부 (5점)

소멸시효를 원용할 수 있는 사람은 권리의 소멸에 의하여 직접 이익을 받는 자에 한정되는바, 사

해행위취소소송의 상대방이 된 사해행위의 수익자는, 사해행위가 취소되면 사해행위에 의하여 얻은 이익을 상실하고 사해행위취소권을 행사하는 채권자의 채권이 소멸하면 그와 같은 이익의 상실을 면하는 지위에 있으므로, 그 채권의 소멸에 의하여 직접 이익을 받는 자에 해당하는 것으로 보아야 한다(대법원 2007. 11. 29. 선고 2007다54849 판결).

5. 사안의 해결(2점)

본 사안의 내용을 볼 때, 2007. 1. 9.부터 소멸시효가 진행되고, 2007. 3. 15.에 사해행위인 법률행위가 있었고, 2012. 1. 10.에 소멸시효가 완성되었다. 그런데 A는 2012. 2. 10.에 채권자취소소송을 제기하여 제척기간은 지켰으나, A의 B에 대한 시효는 이미 완성된 상태이기 때문에, C는 A에 대하여 B가 A에 대하여 가지는 시효소멸의 항변을 주장할 수 있는 것이다.

변형된 사실관계 | 공유물분할과 사해행위 |

B는 자신의 위 X토지 인근에 친구인 H와 Y토지를 공유하고 있었는데, B는 자신의 공유지분에 대하여 K와 대물반환예약(제1대물반환예약)을 하고 K명의로 담보가등기를 설정해 주었다. 그 후에 Y토지는 공유물분할이 되었고, 그에 따라 B의 단독소유로 된 부분에 대하여 위 담보가등기가 전사되었다. 그러나 B와 K는 전사된 담보가등기를 말소를 하되, 이를 대체하는 새로운 가등기를 K에게 설정해 주기로 하고, 두 번째 대물반환예약(제2대물반환예약)에 의하여 제2가등기담보를 설정하였다. B의 이러한 행위가 있자, B의 채권자인 M이 두 번째 대물반환예약의 취소 및 제2담보가등기말소를 구하는 소를 제기하였다.

문제 9 법원은 어떠한 판단을 하여야 하며, 그 이유는 무엇인가? (15점)

✓ **정답 : 청구인용**

1. 문제의 소재 (2점)

공유물 분할로 인하여 전사된 경우에 있어서 사해행위의 판단 기준

2. 사해행위의 기준 (5점)

판례는 원칙적으로 공유지분에 관하여 담보가등기를 설정하였다가 공유물분할로 단독소유가 된

부동산에 전사된 담보가등기에 관하여 사해행위를 이유로 채권자취소권을 행사할 경우에, 그 요건판단에 있어서 특별한 사정이 없는 한 공유지분에 대한 담보가등기 설정당시를 기준으로 사해행위 여부는 판단하여야 한다고 한다. 따라서 사해행위의 성립요건은 제1대물반환예약 당시를 기준으로 하여야 한다.

3. 사해행위취소의 행사방법 (5점)

다만 판례는 공유물 분할 자체가 불공정하게 이루어져 사해행위에 해당한다는 등의 특별한 사정이 없는 경우에는 공유물분할이 되어 단독소유로 된 부동산에 설정된 담보가등기 설정계약(제2대물반환예약)의 취소와 그 담보가등기의 말소를 구하는 방법으로 할 수 있다고 한다.

즉 공유물분할은 형식적으로는 공유자 상호 간의 지분의 교환 또는 매매이나 실질적으로는 공유물에 분산되어 있는 지분을 분할로 인하여 취득하는 특정 부분에 집중시켜 소유형태를 변경한 것에 불과하다. 그러므로 공유지분에 관하여 담보가등기를 설정하였다가 공유물분할로 단독소유가 된 부동산에 전사된 담보가등기에 관하여 사해행위를 이유로 채권자취소권을 행사할 경우에는 특별한 사정이 없는 한 공유지분에 대한 담보가등기 설정 당시를 기준으로 사해행위에 해당하는지를 판단하여야 한다.

공유물분할 이후 당초 공유지분에 담보가등기를 설정한 공유자의 단독소유로 귀속된 부동산에 종전의 담보가등기를 대체하는 새로운 담보가등기를 설정하고 다른 공유자의 소유로 분할된 부동산에 전사된 담보가등기는 모두 말소한 경우에 담보권설정자에 대한 채권자가 채권자취소권을 행사할 때에는 공유물분할 자체가 불공정하게 이루어져 사해행위에 해당한다는 등 특별한 사정이 없는 한 공유물분할이 되어 단독소유로 된 부동산에 설정된 담보가등기 설정계약의 취소와 담보가등기의 말소를 구하는 방법으로 할 수 있다(대법원 2016. 5. 27. 선고 2014다230894 판결).

4. 사안의 해결 (3점)

M은 첫 번째 대물반환의 예약 및 담보가등기말소를 구하는 취지로 소를 제기하여야 한다. 다만 그 방법에 있어서는 두 번째 대물반환의 예약 및 담보가등기를 말소하는 방식으로 할 수 있다.

제2문

기초적 사실관계

A는 B에게 2010. 3. 10.에 금 1억원을 대여하면서 이자는 년 15%로 하여 매월 1일에 지급받기로 하고, 변제기는 2011. 3. 10.로 약정하였으며, 더불어 2010. 3. 10.에 B소유의 X토지에 대하여 채권최고액 1억 2,000만원으로 하는 근저당권을 설정하였다. 또한 C와 D는 A에 대한 위 1억원의 대여금채무를 위하여 공동으로 연대보증을 서게 되었다. 그런데 2010. 6.경부터 B는 A에게 이자를 연체하기 시작하여 2010. 10. 이후에도 연체는 지속되었다.

계속된 사실관계 | 채권자취소권의 상대적 효력 |

B가 계속적으로 연체를 한 후 이자 등을 상환하지 아니하자, A는 근저당권의 목적물인 X토지에 대하여 임의경매를 신청하여 경매를 실행하였으나 부동산시장 등의 영향으로 유찰이 되는 바람에 최종 경낙가격은 7,000만원으로 확정되어 3,000만원에 대해서는 채권을 만족을 얻지 못하였다. 그런데 이러한 사실을 미리 예감한 C는 자신의 유일한 재산인 시가 1억원인 Y건물을 2011. 3. 10.에 E에게 양도하고 E명의로 이전등기를 경료하였으며, 2011. 5. 10.에 위 Y건물에 대하여 E의 채권자 F가 피담보채권액 1억원으로 하는 가압류를 신청하여 가압류등기가 기입되었다. 이에 A는 연대보증인 C가 강제집행을 면탈할 목적으로 Y건물에 대하여 E명의로 이전등기가 경료된 것을 확인하고, E에 대하여 사해행위 취소 및 원상회복을 구하는 소를 제기하였다.

문제 1 이 경우 A, E, F간의 법률관계는 어떻게 되는가? (15점)

1. 문제의 소재 (2점)

① 채권자취소권의 상대적 효력

② 취소채권자와 수익자의 고유채권자간의 법률관계

2. 채권자취소권의 상대적 효력 (3점)

사해행위취소의 효력은 상대적이기 때문에 소송당사자인 채권자와 수익자 또는 전득자 사이에만 발생할 뿐 소송의 상대방 아닌 제3자에게는 아무런 효력을 미치지 아니한다(대법원 2001. 5. 29. 선고 99다9011 판결).

3. 취소채권자와 수익자의 고유채권자간의 법률관계 (7점)

사해행위의 취소는 취소소송의 당사자 간에 상대적으로 취소의 효력이 있는 것으로 당사자 이외의 제3자는 다른 특별한 사정이 없는 이상 취소로 그 법률관계에 영향을 받지 않는다. 사해행위의 취소에 상대적 효력만을 인정하는 것은 사해행위 취소채권자와 수익자 그리고 제3자의 이익을 조정하기 위한 것으로 그 취소의 효력이 미치지 아니하는 제3자의 범위를 사해행위를 기초로 목적부동산에 관하여 새롭게 법률행위를 한 그 목적부동산의 전득자 등만으로 한정할 것은 아니므로, 수익자와 새로운 법률관계를 맺은 것이 아니라 수익자의 고유채권자로서 이미 가지고 있던 채권 확보를 위하여 수익자가 사해행위로 취득한 근저당권에 배당된 배당금을 가압류한 자에게 사해행위취소 판결의 효력이 미친다고 볼 수 없다고 밝히고 있다(대법원 2009. 6. 11. 선고 2008다7109 판결).

4. 사안의 해결 (3점)

A의 E에 대한 채권자취소의 효력은 A와 E간에만 상대적으로 효력이 미치는 것이기 때문에, F에 대해서는 사해행위취소의 효력을 주장할 수 없다. 결국 A는 사해행위 취소 및 원상회복을 구하는 소에서 승소하였다 하더라도 이미 F가 부동산시가에 상당하는 1억원의 가압류를 한 상태이기 때문에 채권의 3,000만원의 채권만족을 얻기 어렵다고 볼 수 있다.

계속된 사실관계 | 채권자취소권에서 기초적 법률관계론 |

D는 그 이전부터 시가 2억 5,000만원에 상당하는 자신의 유일한 재산인 Z건물을 소유하고 있었는데, B가 경제사정이 좋지 아니하자, 강제집행을 염려하여 2010. 11. 10.에 자신의 친구인 G명의로 이전등기를 경료해 두었다. 그 후 B가 A에게 위 대여금을 변제하지 아니하자, C가 2011. 1. 20.에 전액을 대위변제를 한 후, 자신의 구상금채권액을 위하여 G를 상대로 사해행위 취소 및 원상회복을 구하는 소를 제기하였다.

문제 2 이 경우 법원은 어떠한 판단을 하여야 하며, 그 이유는 무엇인가? (20점)

✓ 정답 : 청구인용

1. 문제의 소재 (2점)

① 채권자취소권의 성립요건

② 기초적 법률관계이론

2. 채권자취소권의 성립요건 (5점)

채권자취소권이 성립하기 위해서는 ⅰ)피보전채권이 성립하고 ⅱ)사해행위가 존재하여야 하며 ⅲ)채무자 및 수익자나 전득자의 악의가 있어야 한다. 여기서 특히 문제가 되는 것은 피보전채권의 성립시기인 바, 적어도 사해행위라 할 수 있는 행위가 발생하기 전에 피보전채권은 이미 존재하고 있어야 한다.

3. 기초적 법률관계론 (10점)

그런데 판례는 피보전채권의 성립시기에 관한 예외로서 기초적 법률관계론을 인정하고 있다. 즉 ⅰ)사해행위 당시 이미 채권성립의 기초가 되는 법률관계가 발생되어 있고, ⅱ)가까운 장래에 그 법률관계에 기하여 채권이 성립할 고도의 개연성이 있으며, ⅲ)실제로 가까운 장래에 그 개연성이 현실화되는 경우에는 피보전채권이 될 수 있다.

채권자취소권에 의하여 보호될 수 있는 채권은 원칙적으로 사해행위라고 볼 수 있는 행위가 행하여지기 전에 발생된 것임을 요하지만, 그 사해행위 당시에 이미 채권 성립의 기초가 되는 법률관계가 발생되어 있고 가까운 장래에 그 법률관계에 기하여 채권이 성립되리라는 점에 대한 고도의 개연성이 있으며 실제로 가까운 장래에 그 개연성이 현실화되어 채권이 성립된 경우에는, 그 채권도 채권자취소권의 피보전채권이 될 수 있다(대법원 1997. 10. 10. 선고 97다8687 판결).

4. 사안의 해결(3점)

C가 2011. 1. 20. 전액을 대위변제를 하기 전에 D는 자신의 유일한 재산인 Z건물을 제3자에게 양도하는 사해행위를 하였다. 원칙적으로는 C의 피보전채권은 사해행위 이후에 성립한 것이기 때문에 채권자취소권이 성립될 수 없으나, 기초적 법률관계론에 따라 C는 G를 상대로 사해행위 취소 및 원상회복을 구하는 소를 제기하여 구제를 받을 수 있다.

제3문

기초적 사실관계

A는 사업을 하는 B에게 2012. 5. 20.에 금 1억 5,000만원을 변제기는 2014. 5. 19, 이자는 매달 2%로 하여 대여하였다. 2014. 5. 19. 이후 변제기가 도래하여도 채무를 변제하지 않자 A가 B에게 여러 번 독촉을 하던 중, B의 부친인 C가 2014. 7. 10.에 사망하였다.

계속된 사실관계 | 상속재산분할협의가 사해행위취소의 대상인지 |

C의 유족으로는 처인 D, 큰아들인 B, 작은아들인 E가 있었다. 이에 B는 상속재산분할을 통해 아버지의 부동산에 대하여 어머니인 D와 동생인 E명의로 소유권이전등기를 경료하자, A가 D와 E를 상대로 사해행위 취소 및 원상회복을 구하는 소를 제기하였다.

문제 1 이 경우 법원은 어떠한 판단을 하여야 하며, 그 이유는 무엇인가? (10점)

✓ 정답 : 청구 인용

1. 문제의 소재 (2점)

상속재산분할협의가 채권자취소의 대상이 되는지 여부

2. 상속재산분할협의가 채권자취소권의 대상이 될 수 있는지 여부 (5점)

상속재산의 분할협의는 상속이 개시되어 공동상속인 사이에 잠정적 공유가 된 상속재산에 대하여 그 전부 또는 일부를 각 상속인의 단독소유로 하거나 새로운 공유관계로 이행시킴으로써 상속재산의 귀속을 확정시키는 것으로 그 성질상 재산권을 목적으로 하는 법률행위이므로 사해행위취소권 행사의 대상이 될 수 있다(대법원 2001. 2. 9. 선고 2000다51797 판결).

3. 사안의 해결 (3점)

상속재산분할협의는 사해행위취소의 대상이 되는 법률행위에 포함된다. 따라서 A는 상속재산분할협의에 의해 등기를 이전등기를 마친 D와 E를 상대로 채권자취소소송을 제기할 수 있다.

계속된 사실관계 | 유증의 포기가 사해행위취소의 대상인지 |

C는 사망하기 전인 2014. 6.경 자신의 아내인 D에게는 살고 있는 집을, 큰아들인 B에게 자신이 소유하고 있는 시가 3억원 상당의 X토지를, 작은 아들인 E에게는 시가 2억원 상당의 Y건물을 각각 유증하였다. 그런데 2014. 7. 10. C가 사망하자 B는 채무초과의 상태에 있음에도 불구하고, X토지에 대한 유증을 포기하자 A는 이를 이유로 사해행위취소 및 원상회복을 구하는 소를 제기하였다.

문제 2 이 경우 법원은 어떠한 판단을 하여야 하며, 그 이유는 무엇인가? (10점)

✓ **정답 : 소 각하**

이유 : 유증을 받을 자는 유언자의 사망 후에 언제든지 유증을 승인 또는 포기할 수 있고, 그 효력은 유언자가 사망한 때에 소급하여 발생하므로(민법 제1074조), 채무초과 상태에 있는 채무자라도 자유롭게 유증을 받을 것을 포기할 수 있다. 또한 채무자의 유증 포기가 직접적으로 채무자의 일반재산을 감소시켜 채무자의 재산을 유증 이전의 상태보다 악화시킨다고 볼 수도 없다. 따라서 유증을 받을 자가 이를 포기하는 것은 사해행위 취소의 대상이 되지 않는다고 보는 것이 옳다(대법원 2019. 1. 17. 선고 2018다260855 판결).

제4문

기초적 사실관계 | 책임능력 있는 미성년자의 불법행위책임 |

만17세 고등학교 2학년인 B는 2008. 4. 1. 서울시 ○○공원에서 만16세인 A를 구타하여 중상을 입혔다. 이에 A는 B에 대하여 불법행위에 기한 손해배상청구를 하면서 일실이익, 치료비, 위자료, 30세 까지의 요양비로 금 1억원을 청구하였다. 이에 B는 A를 상대로 항소를 제기하면서 2차 감정을 하였는데, 2차 감정이 1차 감정보다 중하게 나오자 B는 위 소를 취하하고 판결이 확정되었다. 한편 A는 2012. 5. 1.에 위 항소심의 재감정결과에 따라 향후 치료비와 30세

이후의 요양비를 청구하였다. 그러자 B는 본소의 치료비는 2008년에 발행된 병원진단서에 이미 예견된 것이었고, 그 사고를 안 날로부터 이미 4년이 경과하여 소멸시효가 완성되었으며, 2차감정시 밝혀진 치료비부분은 1차감정의 손해가 확대된 것에 불과한 것으로서 전 소송에서 이미 예견된 것이고, 30세 이후의 요양비 부분도 전 소송에서 특정 유보한 바가 없기 때문에 기판력에 저촉된다고 항변하였다.

문제 1 B는 평소 행실이 바르지 못하여 부모님인 C로부터 많은 꾸중을 들어왔고, 학교에서도 문제아로 취급받는 학생이기도 하였다. 폭행사고 후 A의 부모는 C를 찾아가서 일정한 책임을 지라고 요구하고 있다. 이 경우 C는 A에 대하여 어떠한 책임을 져야하는가? (15점)

1. 문제의 소재 (2점)

책임능력 있는 미성년자에 대한 감독의무

2. 책임능력 있는 미성년자의 친권자의 책임에 관한 견해의 대립과 판례 (10점)

책임능력 있는 미성년자의 친권자의 책임에 대하여 학설은 보충책임설, 특수불법행위책임설, 일반불법행위책임설의 다툼이 있다. 보충책임설은 ⅰ)민법 제755조의 취지에 따라 책임능력 없는 자에 대해서만 감독의무를 부담한다. ⅱ)과실책임주의 원칙에 따라 책임능력 있는 미성년자의 경우에는 친권자의 책임 해태가 있더라도 그 책임을 부담하지 않아도 된다. 종전 판례의 입장이다. 특수불법행위책임설은 ⅰ)피해자 보호를 위해 민법 제755를 바로 적용해야 한다. ⅱ)책임능력 있는 미성년자의 감독의무자의 책임은 그 불법행위 자체의 과실이 아니라 피감독자에 대한 일반적 감독 및 교육을 게을리 한 과실을 의미하기 때문이다. 일반불법해위책임설은 민법 제755조의 적용은 어렵지만 민법 제750조의 책임은 져야 한다는 입장이다. 다만 피해자는 친권자의 감독의무 과실과 미성년자의 행위 사이의 인과관계를 입증하여야 한다. 학설이 이렇게 첨예하게 대립하는 이유는 민법 제755조의 적용시는 입증책임이 감독의무자에 있는 것이지만, 민법 제750조를 적용하게 되면 그 상대방측에서 입증책임을 부담하기 때문이다.

미성년자가 책임능력이 있어 그 스스로 불법행위책임을 지는 경우에도 그 손해가 당해 미성년자의 감독의무자의 의무위반과 상당인과관계가 있으면 감독의무자는 일반불법행위자로서 손해배상책임이 있고 이 경우에 그러한 감독의무위반사실 및 손해발생과의 상당인과관계의 존재는 이를 주장하는 자가 입증하여야 한다(대법원 1994. 2. 8. 선고 93다13605 전원합의체 판결).

3. 사안의 해결 (3점)

만 17세의 고등학교 2학년은 책임능력 있는 미성년자로서 그 친권자는 민법 제755조의 책임을 부담하는 것이 아니라 민법 제750조의 일반불법행위책임을 부담하여야 한다. 결국 C는 A에게 그 책임을 져야 하며, 다만 A측에서는 감독의무위반 사실과 손해 사이의 인과관계를 입증하여야 한다.

문제 2 A가 B에 대하여 위 소송에서 금 1억원의 손해배상청구를 하면서, 나중에 나머지 손해배상은 따로 청구할 것이라고 유보한 경우 그것이 가능한 것이며, 그럴 경우 나머지 손해배상부분에 대한 소멸시효부분은 어떻게 되는 것인가? (15점) | 일부청구와 소멸시효 |

1. 문제의 소재 (2점)

손해배상의 일부청구와 소멸시효

2. 일부청구의 가능여부 (5점)

원고가 일부청구임을 명시한 경우든지 명시하지 않은 경우든지, 그 나머지 채권에 대하여 시효중단의 효력이 없다는 일부중단설과 원고가 일부청구임을 명시한 경우에는 나머지 채권에 대하여 시효중단의 효력이 있다는 전부중단설의 다툼이 있다.

3. 일부청구과 소멸시효 (5점)

불법행위의 피해자가 일부청구임을 명시하여 그 손해의 일부만을 청구한 경우 그 일부청구에 대한 판결의 기판력은 잔부청구에 미치지 아니하는 것이고, 그 경우 일부청구임을 명시하는 방법으로는 반드시 전체손해액을 특정하여 그중 일부만을 청구하고 나머지 손해액에 대한 청구를 유보하는 취지임을 밝혀야 할 필요는 없고 일부청구하는 손해의 범위를 잔부청구와 구별하여 그 심리의 범위를 특정할 수 있는 정도의 표시를 하여 전체손해의 일부로서 우선 청구하고 있는 것임을 밝히는 것으로 족하다할 것이다(대법원 1986. 12. 23. 선고 86다카536 판결).

4. 사안의 해결 (3점)

판례의 입장인 명시설을 다를 때, A가 B에 대하여 위 소송에서 금 1억원의 손해배상청구를 하면서, 나중에 나머지 손해배상은 따로 청구할 것이라고 유보한 경우 그것이 가능한 것이며, 그럴 경우 나머지 손해배상부분에 대한 소멸시효도 진행하지 않는다. 또한 소장에 손해액 일부만 청구하더라도 장차 신체감정결과에 따라 청구금액 확장을 전제로 우선 소송상 편의를 위해 일부청구로 보여지는 경우, 그 시효중단의 효력은 전부에 미치게 된다. 즉 묵시적 일부청구 인정하는 것이 현재 판례의 입장이다(대법원 1992. 12. 8. 선고 92다29924 판결).

문제 3 만약 A가 B에게 총 손해배상금 2억원 중 1억원의 손해배상청구를 하였는데, A의 과실비율이 40%로 밝혀진 경우, 법원은 어떠한 판단을 하여야 하는가?(10점) | 과실상계 |

✓ **정답 : 법원은 1억원 전액을 인용해야 한다.**

이유 : 1개의 손해배상청구권 중 일부가 소송상 청구되어 있는 경우에 과실상계를 함에 있어서는 손해전액에서 과실비율에 의한 감액을 하고 그 잔액이 일부청구액을 초과하지 않을 경우에는 그 잔액을 인용할 것이고, 잔액이 일부청구액을 초과할 경우에는 일부청구 전액을 인용하는 것으로 해석해야 할 것이며, 이와 같이 풀이하는 것이 일부청구를 하는 당사자의 통상적 의사인 것이다. 이는 소위 외측설에 따른 해석으로서 당사자처분권주의를 위반하는 것도 아니다.

본 사안에서 볼 때 A가 1억원을 소장에 기재하여 소송을 제기한 것으로서 만약 불법행위의 손해배상이 2억원임이 확인된 경우, A의 과실비율이 40%이기 때문에 1억원 전액을 인용할 수 있을 것이다(대법원 1970. 3. 24. 선고 69다733 판결).

문제 4 A가 적극적인 손해배상채권은 치료비채권 중, 일정한 기간까지의 치료비채권만 청구하고 나머지는 별도로 청구하여 승소판결을 받은 후, 전 소송이 대법원에 계속 중에 일부인 후소를 제기한 경우 법원은 어떠한 판단을 하여야 하며, 그 이유는 무엇인가? (15점) | 일부청구, 중복제소 |

✓ **정답 : 청구인용**

1. 문제의 소재 (2점)

① 일부청구 가능여부

② 중복제소의 기준시점

2. 일부청구 가능여부 (5점)

불법행위의 피해자가 일부청구임을 명시하여 손해의 일부만을 청구하는 경우 그 명시방법으로는 반드시 전체 손해액을 특정하여 그 중 일부만을 청구하고 나머지 손해액에 대한 청구를 유보하는 취지임을 밝혀야 할 필요는 없고 일부청구하는 손해의 범위를 잔부청구와 구별하여 그 심리의 범위를 특정할 수있는 정도의 표시를 하여 전체 손해의 일부로서 우선 청구하고 있는 것임을 밝히는 것으로 족하다(대법원 1989. 6. 27. 선고 87다카2478 판결).

3. 중복제소인지 여부 (5점)

전 소송에서 불법행위를 원인으로 치료비청구를 하면서 일부만을 특정하여 청구하고 그 이외의 부분은 별도소송으로 청구하겠다는 취지를 명시적으로 유보한 때에는 그 전소송의 소송물은 그 청구한 일부의 치료비에 한정되는 것이고 전 소송에서 한 판결의 기판력은 유보한 나머지 부분의 치료비에까지는 미치지 아니한다 할 것이므로 전 소송의 계속 중에 동일한 불법행위를 원인으로 유보한 나머지 치료비청구를 별도소송으로 제기하였다 하더라도 중복제소에 해당하지 아니한다 (대법원 1985. 4. 9. 선고 84다552 판결).

4. 사안의 해결 (3점)

A가 전 소송의 계속 중에 동일한 불법행위를 원인으로 유보한 나머지 치료비청구를 별도소송으로 제기하였다 하더라도 중복제소에 해당하지 아니한다.

추가된 사실관계 | 공동불법행위 |

위의 기초사실에서 A가 중상을 당한 상태에서 D병원에 입원하여 수술을 하던 중 A가 사망에 이르게 되었다. 이에 A측의 유족은 A가 입원시에 사망할 정도의 부상은 입은 상태가 아니었고, A가 D병원에 입원시 의사소통에도 문제가 없었으며, 병원측의 잘못 외에는 뚜렷한 다른 사망원인이 없다고 주장하고 있다.

문제 5 A의 유족은 B와 D병원에 대하여 공동불법행위책임을 물을 수 있는 것인가? (15점)

✓ **정답 : 공동불법행위책임을 물을 수 있다.**

1. 문제의 소재 (2점)

일반사고와 의료사고가 경합하는 경우 공동불법행위의 성립이 가능하지 여부

2. 공동불법행위책임의 특징 (5점)

판례는 공동불법행위의 책임에 있어서 공동불법행위 책임은 가해자 각 개인의 행위에 대하여 개별적으로 그로 인한 손해를 구하는 것이 아니라 그 가해자들이 공동으로 가한 불법행위에 대하여 그 책임을 추궁하는 것으로, 법원이 피해자의 과실을 들어 과실상계를 함에 있어서는 피해자의 공동불법행위자 각인에 대한 과실비율이 서로 다르더라도 피해자의 과실을 공동불법행위자 각인에 대한 과실로 개별적으로 평가할 것이 아니고 그들 전원에 대한 과실로 전체적으로 평가하여야 한다(대법원 1997. 4. 11. 선고 97다3118 판결, 대법원 1998. 6. 12. 선고 96다55631 판결, 1998. 10. 20. 선고 98다31691 판결 등 참조)고 밝히고 있다.

3. 일반사고와 의료사고가 경합하는 경우 공동불법행위의 성립이 가능하지 여부 (5점)

수인이 공동의 불법행위로 타인에게 손해를 가한 경우 공동불법행위는 성립한다(민법 제760조 제1항). 특히 일반사고와 의료사고가 경합하는 경우 공동불법행위가 성립하는지 여부에 대하여 판례는 교통사고로 인하여 상해를 입은 피해자가 치료를 받던 중 의사의 과실 등으로 인한 의료사고로 증상이 악화되거나 새로운 증상이 생겨 손해가 확대된 경우 특별한 다른 사정이 없는 한 그와 같은 손해와 교통사고 사이에도 상당인과관계가 있다고 보아야 하므로, 교통사고와 의료사고가 각기 독립하여 불법행위의 요건을 갖추고 있으면서 객관적으로 관련되고 공동하여 위법하게 피해자에게 손해를 가한 것으로 인정된다면, 공동불법행위가 성립되어 공동불법행위자들이 연대하여 손해를 배상할 책임이 있다(대법원 1993. 1. 26. 선고 92다4871 판결).

4. 사안의 해결 (3점)

A의 유족측은 B와 D병원에 대하여 공동불법행위책임을 물을 수 있고, B와 D병원은 A측에 대하여 부진정연대책임을 져야 한다.

문제 6 이 경우 A의 유족과 D병원 사이의 입증책임에 관한 문제는 어떻게 되는가? (10점)

| 불법행위에 기한 입증책임 |

✓ 정답 : 일응의 추정 내지 개연성설 또는 간접반증이론이 적용된다.

이유 : 원래 의료행위에 있어서 주의의무 위반으로 인한 불법행위 또는 채무불이행으로 인한 책임이 있다고 하기 위하여는 의료행위상의 주의의무의 위반과 손해의 발생과의 사이의 인과관계

의 존재가 전제되어야 하나, 의료행위가 고도의 전문적 지식을 필요로 하는 분야이고, 그 의료의 과정은 대개의 경우 환자 본인이 그 일부를 알 수 있는 외에 의사만이 알 수 있을 뿐이며, 치료의 결과를 달성하기 위한 의료 기법은 의사의 재량에 달려 있기 때문에 손해 발생의 직접적인 원인이 의료상의 과실로 말미암은 것인지 여부는 전문가인 의사가 아닌 보통인으로서는 도저히 밝혀낼 수 없는 특수성이 있어서 환자측이 의사의 의료행위상의 주의의무 위반과 손해의 발생과 사이의 인과관계를 의학적으로 완벽하게 입증한다는 것은 극히 어려우므로, 환자가 치료 도중에 사망한 경우에 있어서는 피해자측에서 일련의 의료행위 과정에 있어서 저질러진 일반인의 상식에 바탕을 둔 의료상의 과실 있는 행위를 입증하고 그 결과와 사이에 일련의 의료행위 외에 다른 원인이 개재될 수 없다는 점, 이를테면 환자에게 의료행위 이전에 그러한 결과의 원인이 될 만한 건강상의 결함이 없었다는 사정을 증명한 경우에 있어서는, 의료행위를 한 측이 그 결과가 의료상의 과실로 말미암은 것이 아니라 전혀 다른 원인으로 말미암은 것이라는 입증을 하지 아니하는 이상 의료상 과실과 결과 사이의 인과관계를 추정하여 손해배상책임을 지울 수 있도록 입증책임을 완화하는 것이 손해의 공평·타당한 부담을 그 지도원리로 하는 손해배상제도의 이상에 맞는다고 하지 않을 수 없다(대법원 2000. 1. 21. 선고 98다50586 판결 등 참조).

제5문 | 부진정연대채무와 선택적/예비적 공동소송

A가 소유한 X토지 지상에 국가 B가 설치한 송전선로가 지나가고 있고 한국수자원공사 C가 송전선로 등 수도권 광역상수도시설에 대한 수도시설관리권을 국가로부터 출자 받아 시설을 유지·관리하고 있었는데, A는 주위적으로 C에 대하여, 예비적으로 B에 대하여 각각 공동피고로 삼아 부당이득을 구하는 소를 제기하였다. 이에 제1심법원은 C에 대하여 청구기각, B에 대하여 청구인용을 하자, A가 C에 항소하고 C와 B는 항소를 하지 않았다. 그 후 C에 대한 청구만이 항소심판의 대상이 되고, B에 대한 제1심판결은 항소기간 만료일이 지나 분리확정 되었다.

문제 1 이 경우 B와 C에 대한 위 소송은 예비적·선택적 공동소송이라고 볼 수 있는가? (10점)

✓정답 : 부진정연대채무는 예비적·선택적 공동소송이 될 수 없다.

이유 : 어떤 물건에 대하여 직접점유자와 간접점유자가 있는 경우, 그에 대한 점유·사용으로 인한 부당이득의 반환의무는 동일한 경제적 목적을 가진 채무로서 서로 중첩되는 부분에 관하여는 일방의 채무가 변제 등으로 소멸하면 타방의 채무도 소멸하는 이른바 부진정연대채무의 관계에 있다.

부진정연대채무의 관계에 있는 채무자들을 공동피고로 하여 이행의 소가 제기된 경우 공동피고에 대한 각 청구는 법률상 양립할 수 없는 것이 아니므로 그 소송은 민사소송법 제70조 제1항에 규정한 본래 의미의 예비적·선택적 공동소송이라고 할 수 없고, 따라서 거기에 필수적 공동소송에 관한 민사소송법 제67조는 준용되지 않는다고 할 것이어서 상소로 인한 확정차단의 효력도 상소인과 그 상대방에 대해서만 생기고 다른 공동소송인에 대한 관계에는 미치지 않는다.

갑 재단법인 등이 소유한 토지 지상에 국가가 설치한 송전선로가 지나가고 있고 한국수자원공사가 위 송전선로 등 수도권 광역상수도시설에 대한 수도시설관리권을 국가로부터 출자받아 시설을 유지·관리하고 있는데, 갑 법인 등이 주위적으로 한국수자원공사에 대하여, 예비적으로는 국가에 대하여 위 토지 상공의 점유로 인한 부당이득반환청구의 소를 제기하여 제1심이 공사에 대한 청구는 기각하고 국가에 대한 청구는 인용하자 갑 법인 등이 공사에 대하여 항소를 제기하고 공사와 국가는 항소하지 않은 사안에서, 피고들 사이에는 민사소송법 제70조 제1항에 따라 민사소송법 제67조가 준용되는 진정한 의미의 예비적 공동소송의 관계가 있는 것이 아니므로 상소로 인한 확정차단의 효력도 당사자별로 따로 판단해야 하는데, 갑 법인 등이 제1심판결 중 공사에 대한 부분에 한하여 항소를 제기한 이상 공사에 대한 청구만이 항소심의 심판대상이 되고, 국가에 대한 제1심판결은 항소기간 만료일이 지남으로써 분리 확정되었음에도, 분리 확정된 국가에 대한 청구까지 항소심에 이심된 것으로 본 원심판결을 파기하고 그 부분에 대한 소송종료선언을 한다(대법원 2012. 9. 27. 선고 2011다76747 판결).

제6문 | 임차권등기명령의 소멸시효 중단사유여부

A는 자신의 X주택에 대하여 B와 보증금 2,000만원, 기간은 2002. 10. 1. 부터 2004. 9. 30.까지로 하는 임대차계약을 체결하였고, 이에 B는 계약 이틀 후 X주택에 입주 하였다. 한편 2004.

9. 30.이 경과하여 임대차기간이 만료하자 B는 A에게 보증금 반환을 구하였으나, B가 차일피일 미루어 오다가 2006. 3. 10.에 위 X주택에 임차권등기명령을 받아 주택임차권등기를 마쳤다. 이후 B는 A를 상대로 2015. 5. 10.에 위 임대차보증금의 반환을 구하는 소를 제기하였다.

문제 1 이 경우 법원은 어떠한 판단을 하여야 하며, 그 이유는 무엇인가? (10점)

✓정답 : 청구기각

이유 : 주택임대차보호법은 '임대차가 끝난 후 보증금이 반환되지 않은 경우 임차인은 임차권등기명령을 신청 할 수 있고, 이에 따른 임차권등기를 마치면 대항력 및 우선변제권을 취득한다'고 규정하고 있다. 임차권등기명령에 따른 임차권등기는 어디까지나 주택임차인이 주택임대차보호법에 따른 대항력이나 우선변제권을 취득하거나 이미 취득한 대항력이나 우선변제권을 유지하도록 해 주는 담보적 기능을 주목적으로 한다. 이같은 담보적 기능을 넘어 채무자의 일반재산에 대한 강제집행을 보전하기 위한 처분의 성질을 가진다고는 볼 수 없다. 임차권등기명령에 따른 임차권등기에는 민법이 정하는 소멸시효 중단사유인 압류 또는 가압류, 가처분에 준하는 효력이 없다.

결국 B는 임대차기간 만료 후 이사를 가 임차했던 부분을 계속해 직접 또는 간접 점유하는 등 사실상 지배를 계속 유지한 것으로 볼수 없다. B의 임차권등기명령에 따른 임차권등기가 소멸시효의 진행에 아무런 영향이 없다는 것을 전제로 임대차 보증금 반환채권의 소멸시효가 계약 종료 시점인 2004년 10월부터 진행하고, 그로부터 10년이 지난 2015년 소송이 제기돼 시효가 완성되었다고 보아야 한다(대법원 2019. 5. 16. 선고 2017다226629 판결).

제7문 | 채무자의 재판상 청구로 인한 시효중단의 효력이 추심채권자에게 미치는지 여부

C는 2014. 2. 26. B를 상대로 임대료의 지급을 구하는 소(선행사건)를 제기하여 2016. 01. 14. 'B는 C에게 1,284,890,284원과 그 중 1,122,000,000원에 대한 지연손해금을 지급하라'는 내용의 제1심판결을 선고받았다.

한편 A는 2015. 3.경 C를 상대로 임대차보증금 반환을 구하는 소를 제기하였고(후행사건), 위 법원은 원금 81,620,000원, 이자 1,771,040원, 비용 61,800원, 합계 83,452,840원에 대한 지급명령을 하였으며, 위 지급명령은 그 무렵 확정되었다.
이후, A는 2015. 5. 4. C에 대한 위 후행사건인 임대차보증금 사건의 집행력 있는 지급명령정본에 의하여 채무자는 C, 제3채무자는 B, 압류 및 추심할 채권은 C가 B를 상대로 이 사건 선행사건에서 청구하는 2015. 5. 4.까지의 임대료채권으로 하여 채권압류 및 추심명령을 받았고, 이 사건 추심명령은 2015. 5. 7. B에게 송달되었다.
한편, B는 위 제1심판결(선행사건)에 대하여 항소하였고, 항소심법원은 2017. 4 28. 'C가 B에 대하여 지급을 구하는 임대료 채권 중 A를 포함한 C의 채권자들이 압류한 금액 합계 1,345,337,354원과 이에 대한 지연손해금 부분에 관하여는 C의 당사자적격이 없음을 확인하고, 압류한 부분을 제외한 나머지 청구 부분에 관하여 B는 C에게 214,804,594원과 그 중 136,292,740원에 대한 지연손해금을 지급한다'는 취지의 화해권고결정을 하였으며, 이 사건 화해권고결정은 2017. 5. 16. 확정되었다.
그 후 A는 이 사건 추심명령을 근거로 2017. 8. 11. B를 상대로 이 사건 추심의 소를 제기하였다.
이에 B는 이 사건 임대료 채권의 변제기는 늦어도 2014. 1. 31.이고, 임대료채권의 소멸시효기간은 민법 제163조에 따라 3년인데, 이 사건 소는 그로부터 3년이 지난 2017. 8. 11. 제기되었으므로 이 사건 임대료 채권은 이 사건 소 제기 전에 시효로 소멸되었다고 주장하였다.
그러자 A는 이 사건 선행사건의 항소심에서 이 사건 임대료 채권에 대하여서는 C의 당사자적격이 없다는 취지의 화해권고결정이 확정되었는바, 이는 소가 각하 또는 취하된 것으로 볼 수 있고, A는 위 화해권고결정이 확정된 때로부터 6월내에 이 사건 소를 제기하였으므로, 이 사건 임대료채권의 소멸시효는 C가 B를 상대로 이 사건 선행사건의 소를 제기한 2014. 2. 26.경 중단되었다는 취지의 주장을 하였다.

문제 1 이 경우 C의 재판상 청구로 인한 시효중단의 효력이 추심채권자인 A에게 미칠 수 있는가? (10점)

✓정답 : 미친다.

이유 : 채무자의 제3채무자에 대한 금전채권에 대하여 압류 및 추심명령이 있더라도, 이는 추심채

권자에게 피압류채권을 추심할 권능만을 부여하는 것이고, 이로 인하여 채무자가 제3채무자에게 가지는 채권이 추심채권자에게 이전되거나 귀속되는 것은 아니다. 따라서 채무자가 제3채무자를 상대로 금전채권의 이행을 구하는 소를 제기한 후 채권자가 위 금전채권에 대하여 압류 및 추심명령을 받아 제3채무자를 상대로 추심의 소를 제기한 경우, 채무자가 권리주체의 지위에서 한 시효중단의 효력은 집행법원의 수권에 따라 피압류채권에 대한 추심권능을 부여받아 일종의 추심기관으로서 그 채권을 추심하는 추심채권자에게도 미친다.

재판상의 청구는 소송의 각하, 기각 또는 취하의 경우에는 시효중단의 효력이 없지만, 그 경우 6개월 내에 재판상의 청구, 파산절차참가, 압류 또는 가압류, 가처분을 한 때에는 시효는 최초의 재판상 청구로 인하여 중단된 것으로 본다(민법 제170조). 그러므로 채무자가 제3채무자를 상대로 제기한 금전채권의 이행소송이 압류 및 추심명령으로 인한 당사자적격의 상실로 각하되더라도, 위 이행소송의 계속 중에 피압류채권에 대하여 채무자에 갈음하여 당사자적격을 취득한 추심채권자가 위 각하판결이 확정된 날로부터 6개월 내에 제3채무자를 상대로 추심의 소를 제기하였다면, 채무자가 제기한 재판상 청구로 인하여 발생한 시효중단의 효력은 추심채권자의 추심소송에서도 그대로 유지된다고 보는 것이 타당하다(대법원 2019. 7. 25. 선고 2019다212945 판결).

• 제 7 장 •

제1문

기초적 사실관계 | 취득시효 |

원래 X토지는 A의 소유였는데, 1996. 3. 10.에 B명의로 이전등기가 경료되었다. 한편 C는 A로부터 위 X토지에 인접한 Y토지를 1986. 5. 1.에 매수하여 이전등기를 경료하였는데, 그 과정에서 위 1필지인 X토지의 일부를 소유의 의사로 평온·공연하게 점유·사용하여 오다가 2009. 3. 20.에 위 토지를 D에게 매도하였고, 역시 D도 이 사건 토지부분을 점유 사용하여 왔으며, D는 위 토지를 2014. 9. 10.에 E에게 이를 매도하여 E 역시 이 사건 토지부분을 점유·사용하여 왔으며, 2014. 10. 20.에 이르러 점유취득시효를 주장함으로써 소유권을 확보하고자 한다.

문제 1 이 경우 E는 어떠한 방법으로 점유취득시효를 주장하여야 하며, 그 이유는 무엇인가? (25점)

1. 문제의 소재 (2점)

① 1필지의 토지의 일부에 대하여 점유취득시효가 인정될 수 있는지 여부

② 취득시효 기간 중, 소유자변경이 있는 경우에도 취득시효를 주장할 수 있는지 여부

③ 취득시효 완성 후, 점유를 이전받은 자의 법적 지위

2. 1필지의 토지의 일부에 대한 점유취득시효 인정여부 (5점)

1필의 토지 일부에 대한 시효취득을 인정하기 위하여는 그 부분이 다른 부분과 구분되어 시효취득자의 점유에 속한다는 것을 인식하기에 족한 객관적인 징표가 계속하여 존재할 것을 요한다(대법원 1997. 3. 11. 선고 96다37428 판결).

3. 취득시효 기간 중, 소유자변경이 있는 경우에도 취득시효를 주장할 수 있는지 여부 (5점)

취득시효기간의 계산에 있어 점유기간 중에 당해 부동산의 소유권자의 변동이 있는 경우에는 취득시효를 주장하는 자가 임의로 기산점을 선택하거나 소급하여 20년 이상 점유한 사실만 내세워 시효완성을 주장할 수 없고, 이와 같은 경우에는 법원이 당사자의 주장에 구애됨이 없이 소송자료에 의하여 인정되는 바에 따라 진정한 점유의 개시시기를 인정하고, 그에 터잡아 취득시효주장의 당부를 판단하여야 한다(대법원 1995. 5. 23. 선고 94다39987 판결).

4. 취득시효 완성 후, 점유를 이전받은 자의 법적 지위 (10점)

1) 견해의 대립

취득시효 완성 후 점유를 이전받은 자의 법적 지위와 관련하여, 소수설은 ①점유취득시효기간이 만료된 후 부동산에 대한 점유를 상실한 자는 등기부상 소유자를 상대로 소유권을 주장할 수 없고, ②취득시효기간 만료 후 부동산에 대한 점유승계가 이루어진 경우에는 점유를 승계한 현 점유자는 민법 제199조 제1항에 따라 전점유와 자기의 점유를 같이 주장할 수 있기 때문에 등기부상 소유자에 대하여 직접 소유권이전등기청구권을 행사할 수 있다고 한다.

다수설은 전 점유자를 점유를 승계한자는 그 점유 자체와 하자만을 승계한 것이지 그 점유로 인한 법률효과까지 승계한 것은 아니기 때문에 전 점유자에 대한 소유권이전등기청구권을 보전하기 위하여 전 점유자의 소유권이전등기청구권을 대위행사 할 수 있을 뿐이라는 것이다.

2) 판례의 입장

원래 취득시효제도는 일정한 기간 점유를 계속한 자를 보호하여 그에게 실체법상의 권리를 부여하는 제도이므로, 부동산을 20년 간 소유의 의사로 평온·공연하게 점유한 자는 민법 제245조 제1항에 의하여 점유부동산에 관하여 소유자에 대한 소유권이전등기청구권을 취득하게 되며, 점유자가 취득시효기간의 만료로 일단 소유권이전등기청구권을 취득한 이상, 그 후 점유를 상실하였다고 하더라도 이를 시효이익의 포기로 볼 수 있는 경우가 아닌 한, 이미 취득한 소유권이전등기청구권은 소멸되지 아니한다.

전 점유자의 점유를 승계한 자는 그 점유 자체와 하자만을 승계하는 것이지 그 점유로 인한 법률효과까지 승계하는 것은 아니므로 부동산을 취득시효기간 만료 당시의 점유자로부터 양수하여 점유를 승계한 현 점유자는 자신의 전 점유자에 대한 소유권이전등기청구권을 보전하기 위하여 전 점유자의 소유자에 대한 소유권이전등기청구권을 대위 행사할 수 있을 뿐, 전 점유자의 취득시효 완성의 효과를 주장하여 직접 자기에게 소유권이전등기를 청구할 권원은 없다(대법원 1995. 3. 28. 선고 93다47745 전원합의체 판결).

5. 사안의 해결 (3점)

현재 B명의로 되어 있는 이 사건 X토지 중의 일부에 대하여 점유취득시효를 인정할 수 있고, 점유취득시효기간의 경과 중에 소유자가 변경되더라도 취득시효를 주장할 수 있음에는 문제가 없으며, C가 2006년 점유취득시효를 완성한 상태에서 D가 2010년에 매수하여 점유 사용하였고, 다시 E가 2014년에 D로부터 매수하여 점유 사용하고 있다. 이 경우 점유취득시효에 기한 소유권이전등기청구권을 C가 확보한 상태이기 때문에 E는 직접 B에게 소유권이전등기청구권을 행사할 수 없고, D, C를 전전대위하여 B에 대하여 소유권이전등기청구권을 행사할 수 있다.

추가적 사실관계 | 취득시효와 대상청구권 |

E가 2014. 10. 20.에 B를 상대로 점유취득시효를 원인으로 하여 소유권이전등기청구권을 행사하였는데, 2014. 12. 20.에 위 점유취득시효가 완성된 부분을 포함하여 X토지 전체가 공원용지로 결정되었다. 이에 X토지의 관할 시청인 P시가 등기부 확인의 결과 X토지 전체가 B명의로 되어 있음을 기화로 B와 P시가 협의하여 그 매수대금을 3억원으로 확정하였으며, X토지의 일부인 점유취득한 부분의 토지가격은 1억원으로 평가되었다. 이에 E는 B에 대하여 그 매수대금 중 1억원을 구하는 소를 제기하였다.

문제 2 이 경우 법원은 어떠한 판단을 하여야 하며, 그 이유는 무엇인가? (15점)

✓정답 : 청구인용

1. 문제의 소재 (2점)

취득시효 완성자의 대상청구권 인정여부

2. 시효취득자에 대한 대상청구권 인정여부에 관한 견해의 대립 (5점)

1) 시효완성자에게 대상청구권을 인정할 수 없다는 견해

①대가성이 결여되어 있고, 무상편무계약과 유사한 성질 때문에 시효완성자에게는 대상청구권을 인정할 수 없고 ②민법은 취득시효완성자라도 등기함으로써 소유권을 취득할 수 있다고 규정하고 있기 때문에 시효완성자에게 대가성 있는 쌍무계약으로 취급하지 아니함이 자명한 것이며 ③대상청구권은 약정채권채무관계에서만 작용되는 것이고 법정채권채무관계인 시효취득에는 인정될 수 없다.

2) 시효완성자에게 대상청구권을 인정할 수 있다는 견해

①원소유자에게 갈음하는 이익이 분명히 발생하였고 ②대상청구권은 모든 재산권에 전면적으로 적용되는 것이며 ③대상청구권은 채권적 청구권자에게 인정되는 것인데, 더 강력한 지위를 가지고 있는 시효취득자에게 인정하는 것은 당연한 것이다.

3. 취득시효 완성자의 대상청구권 인정여부와 행사요건 (5점)

민법상 이행불능의 효과로서 채권자의 전보배상청구권과 계약해제권 외에 별도로 대상청구권을 규정하고 있지는 않으나 해석상 대상청구권을 부정할 이유는 없는 것이지만, 점유로 인한 부동산 소유권 취득기간 만료를 원인으로 한 등기청구권이 이행불능으로 되었다고 하여 대상청구권을 행사하기 위하여는, 그 이행불능 전에 등기명의자에 대하여 점유로 인한 부동산 소유권 취득기간이 만료되었음을 이유로 그 권리를 주장하였거나 그 취득기간 만료를 원인으로 한 등기청구권을 행사하였어야 하고, 그 이행불능 전에 그와 같은 권리의 주장이나 행사에 이르지 않았다면 대상청구권을 행사할 수 없다고 봄이 공평의 관념에 부합한다(대법원 1996. 12. 10. 선고 94다43825 판결).

4. 사안의 해결 (3점)

시효취득자인 E는 B에게 취득시효를 원인으로 한 소유권이전등기청구권을 행사한 상태에서 P시의 공원용지결정으로 협의수용을 하여 매수대금 1억원이 나오게 되었는 바, E는 B에 대하여 대상청구권을 행사하여 1억원에 대한 권리를 주장할 수 있다. 특히 주목할 점은, 판례로 정립되어 있는 대상청구권이 쌍무계약에 있어서 공용수용이 된 경우에 주로 인정되어 오다가, 협의수용된 경우에도 대상청구권이 인정된다는 점을 잊어서는 안된다. 뿐만 아니라 시효취득자도 대상청구권을 행사할 수 있다는 점도 잊지 말아야 한다. 결국 우리의 판례는 대상청구권을 폭넓게 인정하고 있다고 볼 수 있다.

계속된 사실관계 | 취득시효의 기산점 |

B는 E에 대하여 자신의 위 X토지의 일부에 대하여 C가 1986년부터 무단으로 불법점유하였고, 이를 D, E가 승계한 것이라고 주장하며, E를 상대로 자신의 위 X토지의 일부인 200평을 인도하라는 소송을 제기하였다. 그러자 E는 위 X토지의 일부분에 대하여 1992. 3. 10.부터 점유 사용하였다고 주장하다가 이를 번복하여 1986. 5. 1.부터 20년 이상 C가 점유 사용하였다고 주장하였다. 이에 법원은 증인 F를 불러 확인해 본 결과, 1986. 5. 1.부터 점유하였다는 증언을 들었고, 법원도 F의 증언에 상당히 신빙성을 있음을 확인하였다.

문제 3 이에 법원은 점유취득시효의 기산점을 어떻게 판단하여야 하며, 그 이유는 무엇인가? (10점)

✓ 정답 : 법원은 당사자의 주장에 구애받음 없이 기산점을 1986. 5. 1.로 정하여 판단할 수 있다.

1. 문제의 소재 (2점)

취득시효의 기산일에 대한 변론주의 적용여부

2. 취득시효의 기산일과 변론주의 (5점)

변론주의에서 일컫는 사실이라 함은 권리의 발생, 소멸이라는 법률효과의 판단에 직접 필요한 주요사실만을 가리키는 것이요 그 존부를 확인하는데 있어 도움이 됨에 그치는 간접사실(징표)은 포함하지 않는 것으로 보아야 할 것이니 부동산의 시효취득에 있어서 점유기간의 산정기준이 되는 점유개시의 시기는 취득시효의 요건사실인 점유기간을 판단하는 데 간접적이고 수단적인 구실을 하는 간접사실에 불과하다 할 것이므로 이를 원고의 주장과 다르게 인정하였다 하여 주장사실에 의하지 않고 판단한 것이라 할 수 없다(대법원 1961. 10. 26. 선고 4293민상529 판결; 대법원 1974. 8. 30. 선고 74다384 판결; 대법원 1982. 6. 22. 선고 80다2671 판결; 대법원 1982. 11. 9. 선고 82다565 판결; 대법원 1987. 2. 24. 선고 86다카1625 판결).

3. 사안의 해결 (3점)

E는 원래 자신과 전 점유자인 D와 C가 위 X토지의 일부분을 점유한 기간이 20년이 족히 되므로 그 합산으로 점유취득시효를 주장하면 될 것이라고 판단하여 1992. 3. 10.부터라고 주장을 하다가, 입장을 바꿔 C의 점유기간이 1986. 5. 1.부터라고 번복하였다. 그렇지만 법원은 증인의 증언과 법원 자체의 신빙성에 비추어 1986. 5. 1.부터 점유하였다는 것이 확인되면 당사자의 주장에 구애 받음이 없이 1986. 5. 1로 정하여 판단을 내릴 수 있다. 즉 취득시효의 기산일은 주요사실이 아니고 간접사실에 불과한 것이다. 반면에 소멸시효의 기산점은 주요사실이기 때문에 당사자의 주장에 구속되어 판단할 수 밖에 없다는 점은 꼭 기억해야 한다.

변형된 사실관계 | 장래이행의 소 |

2015. 2. 10.에 B는 E에 대하여 자신의 위 X토지의 일부에 대하여 C가 1986년부터 무단으로 불법점유하였고, 이를 D, E가 악의의 점유자로 승계하여 이를 승계한 것이라고 주장하며, E를 상대로 ⅰ)피고는 원고에게 B소유의 위 X토지의 일부인 200평을 인도하라. ⅱ)피고는 원고에게 E가 불법점거를 시작한 2014. 9. 10.부터 토지의 명도완료시 까지의 매월 50만원의 비율에 의한 금원을 지급하라는 소를 제기하였다.

위 소송 중 밝혀진 사실은, 1986년부터 C가 불법점거를 한 사실이 확인되었고, 2014. 9. 10.부터 본건 월 임대료는 매월 40만원임이 밝혀졌다.

문제 4 이 경우 법원은 어떠한 판단을 할 수 있으며, 그 이유는 무엇인가? (10점)

✓정답 : 2014. 9. 10.부터 발생한 부당이득 뿐만 아니라, 장래에 향하여 토지 인도시까지 매월 40만원의 금원을 지급하라고 명할 수 있다.

1. 문제의 소재 (2점)

장래이행의 소

2. 현재의 부당이득뿐만 아니라 장래 부당이득청구도 가능한지 여부 (5점)

원래 장래의 이행을 청구하는 소는 미리 그 청구할 필요가 있는 경우에 한하여 제기할 수 있다고 우리 민사소송법 251조가 규정하고 있는데 그 입법 취지는 가령 현재(즉 사실심의 변론종결당시에) 조건부 또는 기한부 권리관계 등이 존재하고 단지 그 이행기가 도래 않고 있는데 불과한 때에 만일 그 채무의 이행기가 도래하였다 하여도 채무자가 그 채무를 자진하여 이행하지 않을 것이 명백히 예상되는 경우에도 채권자는 속수무책격으로 아무 대책도 강구 못하고 그 이행기가 도래하였을 때까지 기다렸다가 비로소 그 이행기가 도래한 부분에 한하여 현재의 급부의 소만을 제기하여야 한다면 채권자의 보호가 충분치 못하므로(특히 원금과 그 지급완료시까지의 이자, 손해금의 지급청구 및 월부금의 지급 본건과 같은 부동산명도완료시까지의 임료 또는 손해금 등 계속적으로 발생하는 채무의 경우를 상기하여 보면) <u>그 이행기 도래 전에 미리 장래에 이행할 채무의 이행기에 있어서의 이행을 청구하는 확정판결을 얻어서 두었다가 그 이행기가 도래하면 즉시 강제집행을 할 수 있게 하기 위하여 이행기에 즉시 이행을 기대할 수 없다고 인정할 때에는 언제나 소위 위 규정에 의한 장래의 이행의 소를 청구할 수 있는 방도를 법제적으로 규정하여 두자는 데 있다.</u> 본건 피고는 원고에게 대하여 위 불법점거에 인하여 그 임대료 상당의 부당이득금을 지급할 의무가 있으며 또 피고는 현재 그 이행기에 있는 부당이득 부분도 원고에게 지급않고 있으므로 그 장래에 이행기가 올 부분도 그 이행기가 장래에 정작 왔다 하여도 그 지급을 기대할수 없으므로 미리 청구할 필요가 있다(대법원 1975. 4. 22. 선고 74다1184 전원합의체 판결).

3. 사안의 해결 (3점)

본 건 C는 악의의 불법점유자로서 점유취득시효를 하지 못하였고, 이로부터 전전매수한 E도 점유취득시효를 주장하지 못하고, 악의점유자로 추정받기 때문에 2014. 9. 10.부터 장래에 향하여 토지 인도시까지 매월 40만원의 금원을 지급하라는 판결을 내릴 수 있다.

계속된 사실관계 | 취득시효와 부당이득 |

E가 2014. 10. 20.에 B를 상대로 점유취득시효를 원인으로 하여 소유권이전등기청구권을 행사하자, B가 위 사건 토지부분에 1987. 5월경에 감나무와 밤나무를 약 100그루씩 심어 현재까지 금 1억원의 수입을 올렸다고 주장하며, B가 C, D, E에 대하여 각각 부당이득을 구하는 소를 제기하였다.

문제 5 이 경우 법원은 어떠한 판단을 하여야 하며, 그 이유는 무엇인가? (10점)

✓정답 : 청구기각

부동산에 대한 취득시효가 완성되면 점유자는 소유명의자에 대하여 취득시효완성을 원인으로 한 소유권이전등기절차의 이행을 청구할 수 있고 소유명의자는 이에 응할 의무가 있으므로 점유자가 그 명의로 소유권이전등기를 경료하지 아니하여 아직 소유권을 취득하지 못하였다고 하더라도 소유명의자는 점유자에 대하여 점유로 인한 부당이득반환청구를 할 수 없다(대법원 1993. 5. 25. 선고 92다51280 판결).

제2문

기초적 사실관계

A소유의 X토지에 대하여 B가 1990. 3. 10.경부터 소유의 의사로 평온·공연하게 점유를 시작하여 2010. 3. 10.에 점유취득시효를 완성하였다. 그런데 A는 2012. 2. 20.경 C은행으로부터 금 1억원을 차용하면서 채권최고액 1억 2,000만원으로 하는 근저당권을 설정하였다.

계속된 사실관계 | 취득시효 |

2013. 5. 10.경 C은행은 A가 위 대출금상환을 하지 아니하자, C은행은 위 X토지에 대하여 임

의경매를 신청하였고, 이에 마음이 다급한 B가 위 대출금 1억원을 대위변제하자 C은행은 위 임의경매를 취소하게 되었다. B는 위 A의 C은행에 대한 대출금채무 1억원을 대위변제한 B는 2013. 10. 10.에 이르러 A를 상대로 점유취득시효에 기한 소유권이전등기를 구하면서 자신은 A에 대하여 이해관계 있는 제3자로서 대위변제를 하였으므로 구상금 또는 부당이득금 1억원을 구하는 별도의 소를 제기하였다.

문제 1 이 경우 법원은 어떠한 판단을 하여야 하며, 그 이유는 무엇인가? (15점)

1. 문제의 소재 (2점)

① 취득시효 완성 후 등기전의 법률관계

② 취득시효 완성 후 등기 전에 원소유자가 설정한 저당권의 피담보채무를 대위변제한 시효취득자가 구상권을 행사할 수 있는지 여부

2. 취득시효 완성 후 등기전의 법률관계 (5점)

시효취득의 법적 성질은 원시취득이다. 따라서 시효취득의 대상이 된 부동산상의 부담은 모두 소멸되어야 하는 것이 원칙이다. 그러나 판례는 취득시효 완성 후 원소유자가 제3자에게 부동산을 처분한 경우에는 시효취득자는 대항할 수 없다고 하고 있으며, 저당권이 설정되어 있는 부동산을 취득한 경우에도 저당권의 부담이 있는 상태로 소유권을 취득한다고 한다(대법원 2006. 5. 12. 선고 2005다75910 판결). 다만 취득시효기간이 계속되는 중에 설정된 저당권의 피담보채무는 원시취득으로서 시효취득자가 부담하지 않는다.

3. 취득시효 완성 후 등기 전에 원소유자가 설정한 저당권의 피담보채무를 대위변제한 시효취득자가 구상권을 행사할 수 있는지 여부 (5점)

원소유자가 취득시효의 완성 이후 그 등기가 있기 전에 그 토지를 제3자에게 처분하거나 제한물권의 설정, 토지의 현상 변경 등 소유자로서의 권리를 행사하였다 하여 시효취득자에 대한 관계에서 불법행위가 성립하는 것이 아님은 물론 위 처분행위를 통하여 그 토지의 소유권이나 제한물권 등을 취득한 제3자에 대하여 취득시효의 완성 및 그 권리취득의 소급효를 들어 대항할 수도 없다 할 것이니, 이 경우 시효취득자로서는 원소유자의 적법한 권리행사로 인한 현상의 변경이나 제한물권의 설정 등이 이루어진 그 토지의 사실상 혹은 법률상 현상 그대로의 상태에서 등기에 의하여 그 소유권을 취득하게 된다. 따라서 시효취득자가 원소유자에 의하여 그 토지에 설정된

근저당권의 피담보채무를 변제하는 것은 시효취득자가 용인하여야 할 그 토지상의 부담을 제거하여 완전한 소유권을 확보하기 위한 것으로서 그 자신의 이익을 위한 행위라 할 것이니, 위 변제액 상당에 대하여 원소유자에게 대위변제를 이유로 구상권을 행사하거나 부당이득을 이유로 그 반환청구권을 행사할 수는 없다(대법원 2006. 5. 12. 선고 2005다75910 판결).

4. 사안의 해결 (3점)

취득시효 완성 후 등기 전에 원소유자인 A가 저당권을 설정한 경우, B가 A의 채무를 C은행에 대위변제하였다 하더라도 B는 자신의 이익을 위해 변제한 것으로 A에 대하여 구상권이나 부당이득을 구할 수 없다.

계속된 사실관계 | 취득시효와 소의 이익 |

A는 2013. 5. 10.에 C은행에 위 차용금 전액변제하고 C은행 명의의 근저당권이 말소된 후, 2013. 8. 10.에 B가 A를 채무자로 하여 부동산처분금지가처분의 결정을 받아 가처분등기를 경료하였다. 그런데 2013. 9. 1.에 A는 D에게 위 X토지를 금 2억원에 매도하는 매매계약을 체결하고 그 다음날 D명의로 이전등기를 경료해 주고 매매대금 전액을 모두 수수하였다. 그런데 B는 D명의로 소유권이전등기는 A가 B의 취득시효를 알고 이에 따른 소유권이전등기의무를 면하기 위하여 처분한 것이고, D는 이러한 처분에 적극 가담한 자로서 민법 제103조에 따라 무효라고 주장하면서, A를 대위하여 D를 상대로 그 등기의 말소를 구하였다. 이에 대하여 D는 자신의 등기가 무효가 아니라는 주장 이외에, 본안 전 항변으로 B의 소가 부적법하다고 다투었다. 왜냐 하면 D의 등기가 이전받기 전에 B가 A를 상대로 부동산처분금지가처분결결정을 받아 등기를 마친 이상 B는 본 소송이 아니라 A를 상대로 시효취득을 원인으로 한 소유권이전등기를 구하는 소송을 제기하면 되고, 만약 그 소송에서 승소판결을 받으면 가처분등기 후에 경료된 D명의의 등기가 말소되기 때문에, B의 D에 대한 본건 말소청구는 소의 이익이 없다고 주장하였다.

문제 2 D의 소의 이익이 없어 부적법 각하되어야 한다는 주장은 이유가 있는가? (10점)

✓ 취득시효 완성 후 제3자 앞으로 경료된 소유권이전등기가 원인무효인 경우 취득시효 완성을 원인으로 한 소유권이전등기청구권을 가진 자는 취득시효 완성 당시의 소유자를 대위하여 제3자

명의 등기의 말소를 구할 수 있다. 한편 취득시효 완성을 원인으로 하는 소유권이전등기청구권을 피보전권리로 하는 부동산처분금지가처분 등기가 마쳐진 후에 가처분채권자가 가처분채무자를 상대로 가처분의 피보전권리에 기한 소유권이전등기를 청구함과 아울러 가처분 등기 후 가처분채무자로부터 소유권이전등기를 넘겨받은 제3자를 상대로 가처분채무자와 제3자 사이의 법률행위가 원인무효라는 사유를 들어 가처분채무자를 대위하여 제3자 명의 소유권이전등기의 말소를 청구하는 경우, 가처분채권자가 채무자를 상대로 본안의 승소판결을 받아 확정되면 가처분에 저촉되는 처분행위의 효력을 부정할 수 있다고 하여, 그러한 사정만으로 위와 같은 제3자에 대한 청구가 소의 이익이 없어 부적법하다고 볼 수는 없다. 가처분채권자가 대위 행사하는 가처분채무자의 위 제3자에 대한 말소청구권은 가처분 자체의 효력과는 관련이 없을 뿐만 아니라, 가처분은 실체법상의 권리관계와 무관하게 효력이 상실될 수도 있어, 가처분채권자의 입장에서는 가처분의 효력을 원용하는 외에 별도로 가처분채무자를 대위하여 제3자 명의 등기의 말소를 구할 실익도 있기 때문이다(대법원 2017. 12. 5. 선고 2017다237339 판결).

계속된 사실관계 | 자기소유 부동산에 대한 취득시효 |

A는 자신의 X토지 인근에 조부때부터 물려받은 Y토지가 있었는데, E는 2007. 7. 10. A로부터 Y토지를 매수하고 2007. 7. 20. 소유권이전등기를 마침으로써 그 소유권을 취득한 이래 이 사건 각 부동산을 점유하고 있다. 한편 H시청은 A에 대한 조세채권을 피보전권리로 하여 E를 상대로 사해행위취소 등을 구하는 소송을 제기하여, A와 E 사이의 매매계약을 취소하고 E는 A에게 위 소유권이전등기의 말소등기절차를 이행하라는 판결이 선고되어 2008. 2. 3. 확정되었다. 그런데 E는 2007. 7. 10.부터 시작하여 Y토지를 매수하여 점유하기 시작한 때부터 소유의 의사로 점유한 것이고 그 후 사해행위취소 소송에서 패소하여 그 판결이 확정되었다고 하더라도 2018. 5. 1. 현재 등기부취득시효가 완성되었으므로 H시청의 주장은 타당하지 않다고 주장하고 있다.

문제 3 E의 주장은 이유가 있는가? (10점)

✓정답 : 이유 없음

부동산에 관한 소유권이전의 원인행위가 사해행위로 인정되어 취소되더라도, 사해행위취소의 효과는 채권자와 수익자 사이에서 상대적으로 생길 뿐이다. 따라서 사해행위가 취소되더라도 부동산은 여전히 수익자의 소유이고, 다만 채권자에 대한 관계에서 채무자의 책임재산으로 환원되어 강제집행을 당할 수 있는 부담을 지고 있는 데 지나지 않는다. 그러므로 수익자의 등기부취득시효가 인정되려면, 자기 소유 부동산에 대한 취득시효가 인정될 수 있다는 것이 전제되어야 한다. 그러나 부동산에 관하여 적법·유효한 등기를 하여 소유권을 취득한 사람이 당해 부동산을 점유하는 경우에는 특별한 사정이 없는 한 사실상태를 권리관계로 높여 보호할 필요가 없고, 부동산의 소유명의자는 부동산에 대한 소유권을 적법하게 보유하는 것으로 추정되어 소유권에 대한 증명의 곤란을 구제할 필요 역시 없으므로, 그러한 점유는 취득시효의 기초가 되는 점유라고 할 수 없다(대법원 2016. 11. 25. 선고 2013다206313 판결).

계속된 사실관계 | 압류/가압류와 소멸시효 중단 |

B가 2011. 8. 20.에 위 X토지에 대하여 점유취득시효에 기한 소유권이전등기소송을 제기하자. A는 위 취득시효기간이 경과하기 전인 2008. 5.경에 자신의 채권자인 K가 위 X토지에 대하여 강제경매개시결정을 받고 자신에 이러한 내용을 송달받아 취득시효가 중단되었기 때문에, B의 취득시효주장은 타당하지 않다고 주장하였다.

문제 4 A의 이러한 주장은 이유가 있는가? (10점)

✓정답 : 이유 없다

민법 제247조 제2항은 '소멸시효의 중단에 관한 규정은 점유로 인한 부동산소유권의 시효취득기간에 준용한다.'고 규정하고, 민법 제168조 제2호는 소멸시효 중단사유로 '압류 또는 가압류, 가처분'을 규정하고 있다. 점유로 인한 부동산소유권의 시효취득에 있어 취득시효의 중단사유는 종래의 점유상태의 계속을 파괴하는 것으로 인정될 수 있는 사유이어야 하는데, 민법 제168조 제2호에서 정하는 '압류 또는 가압류'는 금전채권의 강제집행을 위한 수단이거나 그 보전수단에 불과하여 취득시효기간의 완성 전에 부동산에 압류 또는 가압류 조치가 이루어졌다고 하더라도 이로써 종래의 점유상태의 계속이 파괴되었다고는 할 수 없으므로 이는 취득시효의 중단사유가 될 수 없다(대법원 2019. 4. 3. 선고 2018다296878 판결).

계속된 사실관계 | 취득시효완성으로 인한 소유권이전등기청구권의 양도 |

A는 2012. 2. 20. C은행으로부터 대출받은 금 1억원을 1년 뒤인 2013. 2. 19.에 전액변제 하였다. 한편 B는 2010. 3. 10. 점유취득시효를 완성한 상태에서 그 점유취득 사실을 잘 알고 있는 K에게 점유취득시효로 인한 소유권이전등기청구권을 양도하였다. 그 후 B로부터 소유권이전등기청구권을 양수받은 K가 A를 상대로 점유취득시효에 기한 소유권이전등기청구를 하자 A는 B의 점유취득시효 사실은 인정하나, 자신은 채권양도에 대한 통지를 받은 바 없으므로 이에 응할 수 없다고 다투었다.

문제 5 A의 이러한 주장은 이유가 있는가? (10점)

✓정답 : 이유 없음

이유 : 부동산매매계약에서 매도인과 매수인은 서로 동시이행관계에 있는 일정한 의무를 부담하므로 이행과정에 신뢰관계가 따른다. 특히 매도인으로서는 매매대금 지급을 위한 매수인의 자력, 신용 등 매수인이 누구인지에 따라 계약유지 여부를 달리 생각할 여지가 있다.

이러한 이유로 매매로 인한 소유권이전등기청구권의 양도는 특별한 사정이 없는 이상 양도가 제한되고 양도에 채무자의 승낙이나 동의를 요한다고 할 것이므로 통상의 채권양도와 달리 양도인의 채무자에 대한 통지만으로는 채무자에 대한 대항력이 생기지 않으며 반드시 채무자의 동의나 승낙을 받아야 대항력이 생긴다.

그러나 취득시효완성으로 인한 소유권이전등기청구권은 채권자와 채무자 사이에 아무런 계약관계나 신뢰관계가 없고, 그에 따라 채권자가 채무자에게 반대급부로 부담하여야 하는 의무도 없다. 따라서 취득시효완성으로 인한 소유권이전등기청구권의 양도의 경우에는 매매로 인한 소유권이전등기청구권에 관한 양도제한의 법리가 적용되지 않는다(대법원 2018. 7. 12. 선고 2015다36167 판결).

제3문 | 변제충당

> ⅰ)A는 B에게 2014. 2. 1.에 금 500만원을 대여하면서 변제기는 2015. 2. 1로 하고 이자는 월 1%로 하기로 하였다. 또한 ⅱ)A는 B에게 2014. 4. 1.에 금 1,000만원을 대여하면서 변제기는 2015. 4. 1.로 하고 이자는 월 0.5%를 하기로 하였다.
> 그런데 B는 A에게 2015. 1. 1.에 A에게는 어떠한 의사표시도 없이 1,200만원을 변제하였고, 이에 채권자 A는 이를 수령하면서 자신의 뜻대로 임의로 충당하겠다고 하자, B는 즉시 이의를 제기하면서 법에 정한 순서에 따라 충당할 것을 주장하였다.

문제 1 이 경우 B의 주장은 이유가 있으며, 그 충당의 순서는 어떻게 되는가? (10점)

✓정답 : 이유 있음

1. 문제의 소재 (2점)

법정변제충당의 순서

2. 민법의 규정 (5점)

충당의 순서는 ⅰ)이자, ⅱ)이자, ⅰ)원본, ⅱ)원본 일부 의 순서로 충당된다.

민법 제477조에 따른 법정변제충당의 순서는 다음과 같다.

① 채무 중에 이행기가 도래한 것과 도래하지 아니한 것이 있으면 이행기가 도래한 채무의 변제에 충당한다.

② 채무전부의 이행기가 도래하였거나 도래하지 아니한 때에는 채무자에게 변제이익이 많은 채무의 변제에 충당한다.

③ 채무자에게 변제이익이 같으면 이행기가 먼저 도래한 채무나 먼저 도래할 채무의 변제에 충당한다.

④ 전2호의 사항이 같은 때에는 그 채무액에 비례하여 각 채무의 변제에 충당한다.

3. 사안의 해결 (3점)

결국 ⅰ)과 ⅱ)의 변제기가 아직 도래하지 않은 상태이기 때문에 민법 제477조 제2호가 적용된다. 따라서 변제이익이 많은 ⅰ)부터 충당된다. 한편 한 개의 채무에 대한 변제충당의 순서를 보면 이자, 원본의 순서에 따라야 하는 것이고, 결국 ⅰ)의 이자는 55만원(5만원×11개월), ⅱ)의 이자는 45만원(5만원×9개월)임을 알 수 있다. 따라서 ⅰ)의 원본이 500만원이기 때문에 ⅰ)의 이자, ⅱ)의 이자, ⅰ)의 원본의 순서로 충당된다.

제4문

기초적 사실관계

C는 자신의 X토지 위에 2010. 3. 10.에 Y건물을 축조한 후, 2010. 5. 10.에 D에게 위 X토지와 Y건물을 금 2억원에 매도하였고, 다시 2011. 4. 20.에 D는 B에게 위 X토지와 Y건물을 금 2억 5,000만원에 매도하였으며, B는 X토지에 대한 이전등기는 경료하였으나, Y건물은 여전히 미등기의 상태로 남아 있다. 그 후 2012. 2. 10.에 B는 E은행로부터 금 1억원을 대출받으면서 위 X토지에 대하여 채권최고액 1억 2,000만원으로 하여 근저당권을 설정해 주었다.

계속된 사실관계 | 법정지상권 |

그런데 B가 E은행에 이자 등을 변제하지 못하는 등 채무불이행을 하자, E은행은 위 X토지에 대하여 2012. 8. 10.에 임의경매를 신청하여 2012. 11. 10.에 A가 경낙을 받게 되었다. 이에 A는 B를 상대로 위 X토지 위에 건축되어 있는 미등기의 Y건물에 대하여 건물의 철거 및 대지 인도를 구하는 소를 제기하였다.

문제 1 이 경우 법원은 어떠한 판단을 하여야 하며, 그 이유는 무엇인가? (15점)

✓정답 : 청구인용

1. 문제의 소재 (2점)

① 민법 제366조 법정지상권의 성립여부

② 관습상의 법정지상권의 성립여부

2. 민법 제366조 법정지상권 성립여부 (5점)

민법 제366조의 법정지상권은 저당권 설정 당시에 동일인의 소유에 속하는 토지와 건물이 저당권의 실행에 의한 경매로 인하여 각기 다른 사람의 소유에 속하게 된 경우에 건물의 소유를 위하여 인정되는 것이므로, 미등기건물을 그 대지와 함께 매수한 사람이 그 대지에 관하여만 소유권이전등기를 넘겨받고 건물에 대하여는 그 등기를 이전 받지 못하고 있다가, 대지에 대하여 저당권을 설정하고 그 저당권의 실행으로 대지가 경매되어 다른 사람의 소유로 된 경우에는, 그 저당권의 설정 당시에 이미 대지와 건물이 각각 다른 사람의 소유에 속하고 있었으므로 법정지상권이 성립될 여지가 없다(대법원 2002. 6. 20. 선고 2002다9660 전원합의체 판결).

3. 관습상의 법정지상권 성립여부 (5점)

관습상의 법정지상권은 동일인의 소유이던 토지와 그 지상건물이 매매 기타 원인으로 인하여 각각 소유자를 달리하게 되었으나 그 건물을 철거한다는 등의 특약이 없으면 건물 소유자로 하여금 토지를 계속 사용하게 하려는 것이 당사자의 의사라고 보아 인정되는 것이므로 토지의 점유·사용에 관하여 당사자 사이에 약정이 있는 것으로 볼 수 있거나 토지 소유자가 건물의 처분권까지 함께 취득한 경우에는 관습상의 법정지상권을 인정할 까닭이 없다 할 것이어서, 미등기건물을 그 대지와 함께 매도하였다면 비록 매수인에게 그 대지에 관하여만 소유권이전등기가 경료되고 건물에 관하여는 등기가 경료되지 아니하여 형식적으로 대지와 건물이 그 소유 명의자를 달리하게 되었다 하더라도 매도인에게 관습상의 법정지상권을 인정할 이유가 없다(대법원 2002. 6. 20. 선고 2002다9660 전원합의체 판결).

4. 사안의 해결 (3점)

B의 법정지상권 성립여부와 관련하여, 저당권설정 당시에 대지와 건물이 다른 사람에 속하고 있기 때문이라는 점에 방점이 찍히는 바, B와 E은행이 저당권설정당시 Y건물의 소유권은 여전이 C에게 남아있었기 때문에 법정지상권의 요건을 갖추지 못한 것이다.

B의 관습법상 법정지상권 성립여부와 관련하여, B가 관습법상 법정지상권도 주장하지 못하는 바, C가 X토지와 Y건물을 양도할 때, X토지만 매도하고 Y건물은 매도하지 않겠다는 의사가 드러나 있어야 하나, Y미등기건물을 X토지와 함께 매도하였기 때문에 관습법상 법정지상권도 성립할 여지가 없다.

변형된 사실관계 | 법정지상권도 건물의 이전에 따라 같이 이전하는지 여부 |

2012. 5. 20.에 B는 자신의 X토지와 미등기의 Y건물 및 X토지 위에 자신이 Z건물을 신축한 후, H은행으로부터 금 1억원을 대출받으면서 위 X토지에 대하여 채권최고액 1억 3,000만원의 근저당권을 H은행 명의로 설정해 주었다. 그 후 2012. 6. 20.에 B는 위 X토지와 미등기의 Y건물 및 미등기의 Z건물을 F에게 금 3억 5,000만원에 양도하였는데, F는 X토지에 대해서만 이전등기를 경료하였고, Y건물과 Z건물은 여전히 미등기의 건물로 남아있다. 2012. 9.이 되어도 B가 H은행에 이자 등을 변제하지 못하는 등 채무불이행을 하자, H은행은 X토지에 대하여 2012. 10. 10.에 임의경매를 신청하여 2012. 12. 20.에 G가 X토지를 경낙 받게 되었다. 이에 경낙을 받은 G는 F를 상대로 Z건물이 위치한 토지를 다른 용도로 사용할 목적으로 Z건물의 철거 및 대지인도를 구하는 소를 제기하였다.

문제 2 이 경우 법원은 어떠한 판단을 하여야 하며, 그 이유는 무엇인가? (15점)

✓ **정답 : 청구기각**

1. 문제의 소재 (2점)

법정지상권도 건물의 이전에 따라 같이 이전하는지 여부

2. 법정지상권도 건물의 이전에 따라 같이 이전하는지 여부에 관한 견해의 대립 (5점)

건물철거를 인정해야 한다는 입장에서는 ①법정지상권을 지나치게 인정하게 되면 건물이 있는 저당대지만의 경낙의 어려움을 겪을 수 있고 ②채권적 청구권만 확보한 자에 대하여 사실상 배타적 항변권을 인정하는 꼴이 되어 타당하지 않다는 것이다.

반면에 건물철거를 부정하는 입장에서는 ①지상권자와 건물소유자가 일시적으로 일치하지 않는 틈을 타서 건물철거를 요구하는 것이 타당하지 않고 ②민법 제622조 제1항의 규정에 따르면 법정지상권 있는 건물의 양수인은 지상권의 등기가 없더라도 지상권취득이 가능하다(물론 등기된 것을 전제로 함. 다만 본 사안은 미등기건물이라서 적절한 논거가 될 수 없다고 볼 수 있음).

3. 법정지상권도 건물의 이전에 따라 같이 이전하는지 여부 (5점)

법정지상권을 가진 건물소유자로부터 건물을 양수하면서 법정지상권까지 양도받기로 한 자는 채권자대위의 법리에 따라 전건물소유자 및 대지소유자에 대하여 차례로 지상권의 설정등기 및 이전등기절차이행을 구할 수 있다 할 것이므로 이러한 법정지상권을 취득할 지위에 있는 자에 대하여 대지소유자가 소유권에 기하여 건물철거를 구함은 지상권의 부담을 용인하고 그 설정등기절차를 이행할 의무 있는 자가 그 권리자를 상대로 한 청구라 할 것이어서 신의성실의 원칙상 허용될 수 없다.

반면에 본 대상판결의 소수의견에서는 다음과 같은 주장을 한다. 토지소유자로서는 법정지상권을 가진 건물소유자로부터 건물을 양수하였을 뿐 아직 법정지상권을 취득하지 못하고 있는 건물양수인에 대하여 법정지상권의 승계취득에 협력할 의무를 부담하지 않고 있으며 그 의무는 법정지상권자에게 있을 뿐이므로 의무없는 토지소유자에게 그 승계취득에 관한 건물양수인의 이익을 배려하라고 요구할 수는 없고 이를 배려하지 아니한 행위를 형평에 어긋나거나 신뢰를 저버린 것이라 나무랄 수는 없어 대지소유자가 건물양수인에 대하여 하는 소유권에 기한 건물철거청구를 획일적으로 신의칙위반이라고 배척할 수는 없으며 건물양수인은 앞으로 법정지상권을 유효하게 취득함으로써 건물을 보호받을 수 있는 법적 수단을 가진 자이므로 이런 법적 수단을 갖춘 경우에만 토지소유자의 토지용익권에 우선할 수 있고 그렇지 않는 한 토지소유자의 철거청구에 대항할 수 없다고 보는 것이 토지이용관계의 조정상 공평하고 합리적인 해석이며, 또 현행 부동산공시제도의 원칙에도 합당하다(대법원 1985. 4. 9. 선고 84다카1131 전원합의체판결). 저당권의 효력이 저당부동산에 부합된 물건과 종물에 미친다는 민법 제358조 본문을 유추하여 보면 건물에 대한 저당권의 효력은 그 건물에 종된 권리인 건물의 소유를 목적으로 하는 지상권에도 미치게 되므로, 건물에 대한 저당권이 실행되어 경락인이 그 건물의 소유권을 취득하였다면 경락 후 건물을 철거한다는 등의 매각조건에서 경매되었다는 등 특별한 사정이 없는 한, 경락인은 건물 소유를 위한 지상권도 민법 제187조의 규정에 따라 등기 없이 당연히 취득하게 되고, 한편 이 경우에 경락인이 건물을 제3자에게 양도한 때에는, 특별한 사정이 없는 한 민법 제100조 제2항의 유추적용에 의하여 건물과 함께 종된 권리인 지상권도 양도하기로 한 것으로 봄이 상당하다(대법원 1996. 4. 26. 선고 95다52864 판결).

4. 사안의 해결 (3점)

X토지와 Z건물이 근저당권설정시 동일인인 B소유였고, 임의경매로 인하여 토지와 건물이 분리되었기 때문에 B는 법정지상권을 취득하게 된다. 따라서 B의 법정지상권은 물권적 효력을 가지는 것으로서 이를 제3자에게도 대항할 수 있는 것이며, 결국 Z건물을 매수한 F는 채권자대위의 법리에 따라 B를 대위하여 현재 X토지의 소유자인 G에 대하여 지상권설정등기청구권을 행사할 수 있을 것이다.

계속된 사실관계 | 법정지상권 |

C는 자신의 X토지 위에 2010. 3. 10.에 Y건물을 축조한 후, 2010. 5. 10.에 D에게 위 X토지와 Y건물을 금 2억원에 매도하였고, 다시 2011. 4. 20.에 D는 B에게 위 X토지와 Y건물을 금 2억 5,000만원에 매도하였고, B는 위 X토지와 Y건물을 인도 받은 후, 2011. 5. 1.에 X토지에 이전등기를 경료하고, Y건물에 대하여는 2011. 5. 15.에 C명의로 보존등기를 한 후 자신의 명의로 이전등기를 경료하였다. 그 후 2011. 9. 20.에 B는 경제적 사정이 좋지 않자 L은행으로부터 금 1억원을 대출받으면서 담보물로서 가치가 있는 Y건물에 대하여 채권최고액 1억 2,000만원으로 하는 근저당권을 설정해 주었다. 그런데 B가 이자 등을 변제하지 못하는 등 채무불이행을 하자, 2012. 4. 20.에 L은행은 Y건물에 대하여 임의경매를 신청하여 M이 경낙을 받게 되었다.

문제 3 이 경우 M은 법정지상권을 주장할 수 있는가? (10점)

✓ 정답 : 주장할 수 있다.

이유 : 저당권의 효력이 저당부동산에 부합된 물건과 종물에 미친다는 민법 제358조 본문을 유추하여 보면 건물에 대한 저당권의 효력은 그 건물에 종된 권리인 건물의 소유를 목적으로 하는 지상권에도 미치게 되므로, 건물에 대한 저당권이 실행되어 경락인이 그 건물의 소유권을 취득하였다면 경락 후 건물을 철거한다는 등의 매각조건에서 경매되었다는 등 특별한 사정이 없는 한, 경락인은 건물 소유를 위한 지상권도 민법 제187조의 규정에 따라 등기 없이 당연히 취득하게 되고, 한편 이 경우에 경락인이 건물을 제3자에게 양도한 때에는, 특별한 사정이 없는 한 민법 제100조 제2항의 유추적용에 의하여 건물과 함께 종된 권리인 지상권도 양도하기로 한 것으로 봄이 상당하다(대법원 1996. 4. 26. 선고 95다52864 판결).

제5문

기초적 사실관계

A는 B에게 2002. 3. 15.에 금 1억원을 대여하면서 이자는 월 1%, 변제기는 2003. 3. 15.로 하여 대여하였다. 한편 식료품 도매업을 하는 B는 슈퍼마켓을 경영하는 C에 대하여 계속적으로 물품을 제공하여왔고, 그 물품의 외상대금채권을 2003. 6. 20. 현재 5,000만원을 가지고 있다.

계속된 사실관계 | 채권양도와 이행지체 |

B는 자신의 C에 대한 위 외상대금채권 5,000만원을 A에게 양도하기로 하고, A와 2003. 7. 10.에 채권양도계약을 체결하였다. 그 후 2003. 10. 1.에 A가 C를 상대로 양수금을 구하는 소를 제기하였고, 위 소송이 계속 중인 2004. 3. 10.에 채권양도의 통지를 하게 되었다. 한편 A는 C에 대하여 이행청구를 한 2003. 10. 1.부터 이행지체의 책임이 있다고 주장하며, 지연손해금을 주장하자, C는 자신이 2004. 3. 10.에 이르러 채권양도의 통지를 받았음을 주장하며 지연손해금이 존재하지 않는다고 다투었다.

문제 1 C의 이러한 주장은 이유가 있는가? (15점)

1. 문제의 소재 (2점)

① 이행기의 정함이 없는 채권

② 채권양도통지와 이행지체

2. 이행기의 정함이 없는 채권 (5점)

채무이행의 확정한 기한이 있는 경우에는 채무자는 기한이 도래한 때로부터 지체책임이 있다. 채무이행의 불확정한 기한이 있는 경우에는 채무자는 기한이 도래함을 안 때로부터 지체책임이 있다(민법 제387조 제1항). 채무이행의 기한이 없는 경우에는 채무자는 이행청구를 받은 때로부터 지체책임이 있다(민법 제387조 제2항).

채무이행의 확정기한이 있는 경우에는 그 기한이 도래한 다음날부터 이행지체의 책임을 지고 기한의 정함이 없는 경우에는 그 이행의 청구를 받은 다음날로부터 이행지체의 책임을 진다(대법원 1988. 11. 8. 선고 88다3253 판결).

3. 채권양도통지와 이행지체 (5점)

채무에 이행기의 정함이 없는 경우에는 채무자가 이행의 청구를 받은 다음 날부터 이행지체의 책임을 지는 것이나, 한편 지명채권이 양도된 경우 채무자에 대한 대항요건이 갖추어질 때까지 채권양수인은 채무자에게 대항할 수 없으므로, 이행기의 정함이 없는 채권을 양수한 채권양수인이 채무자를 상대로 그 이행을 구하는 소를 제기하고 소송 계속 중 채무자에 대한 채권양도통지가 이루어진 경우에는 특별한 사정이 없는 한 채무자는 채권양도통지가 도달된 다음 날부터 이행지체의 책임을 진다(대법원 2014. 4. 10. 선고 2012다29557 판결).

4. 사안의 해결 (3점)

소송 계속 중 채무자에 대한 채권양도통지가 이루어진 경우에는 특별한 사정이 없는 한 채무자는 채권양도통지가 도달된 다음 날부터 이행지체의 책임을 지는 것으로서 C는 2004. 3. 10.에 이르러 채권양도의 통지를 받았으므로 지연손해금이 존재하지 않는다는 C의 주장은 타당하다.

계속된 사실관계 | 채권자대위소송과 재소금지 |

A는 2003. 7. 10.에 자신의 위 대여금 채권 1억원을 보전하기 위하여 B를 대위하여 C에 대하여 채권자대위소송을 제기하여, 이러한 사실이 B에게 통지하였고, 2003. 10. 20.에 제1심 승소판결이 확정되자, C는 위 제1심판결의 결과에 불복하며 항소를 제기하였다. 한편 C가 제기한 위 항소심 계속 중, A가 소를 취하하여 소송이 종료되었다. 그 후 2004. 1. 20.경 B는 C에 대하여 자신의 5,000만원의 외상대금을 구하는 소를 제기하였다.

문제 2 이 경우 법원은 어떠한 판단을 하여야 하며, 그 이유는 무엇인가? (20점)

✓정답 : 소 각하

1. 문제의 소재 (2점)

① 재소금지의 의의와 제도적 취지

② 채권자대위소송에서 채권자가 소를 취하하면 채무자도 재소금지의 효과를 받는지 여부

2. 재소금지의 원칙 (5점)

소를 취하하게 되면 취하된 부분에 대하여는 소가 처음부터 계속되지 아니한 것으로 된다(민사소송법 제267조 제1항). 본안에 대한 종국판결이 있은 뒤에 소를 취하한 사람은 같은 소를 제기하지 못한다(동법 제2항). 재소금지원칙이 적용되는 범위는 ①당사자가 동일하고 ②소송물이 동일하며 ③권리보호이익이 동일하고 ④본안의 종국판결 선고 이후의 취하일 것이다. 여기서 특히 주목할 부분은, 당사자의 동일에 관한 부분으로서, 원고 외에 이에 준하는 자를 어느 범위까지 인정할 수 있는가 하는 점이다. 판례는 일반승계인(대법원 1969. 7. 22. 선고 69다760 판결)과 특정승계인(대법원 1981. 7. 14. 선고 81다64, 65 판결) 모두 이에 포함된다.

3. 채권자대위소송에서 채권자가 소를 취하하면 채무자도 재소금지의 효과를 받는지 여부 (10점)

채권자대위소송에서는 채무자가 소 취하를 안 경우에 있어서는 채무자에게 재소금지의 효과가 미친다는 적극설과 채무자에게는 재소금지의 원칙이 적용되지 않는다는 소극설의 다툼이 있다. 이에 대하여 판례는「갑이 을 및 병을 상대로, 을에 대하여는 매매를 원인으로 한 소유권이전등기절차의 이행을, 병에 대하여는 을을 대위하여 소유권보존등기 말소등기절차의 이행을 구하는 소를 제기한 전소에서, 을은 갑의 청구를 인낙하였고, 병에 대한 부분은 제1심에서 갑의 승소판결이 선고된 후 이에 대하여 병이 항소를 제기하여 항소심에 계속 중 갑이 소를 취하한 경우, 나중에 갑의 을에 대한 권리가 없음이 밝혀져 갑이 을을 대위하여 을의 권리를 행사할 자격이 없었다고 하더라도, 갑이 그와 같이 을의 권리를 대위 행사할 적격이 있다고 주장함에 대하여 을이 적극적으로 갑의 주장을 인정하면서 그의 청구를 인낙하여 그 소송에서 갑에게 대위 적격을 부여한 이상, 을은 재소금지의 원칙상 병을 상대로 동일한 소송을 제기할 수 없다」고 한다(대법원 1995. 7. 28. 선고 95다18406 판결). 즉 채무자가 채권자대위소송을 알고 있는 경우에 채무자에게도 재소금지의 원칙이 적용된다는 것이다.

그러나 이러한 판례의 태도에 대하여 ①재소금지 판단에서 지나치게 기판력의 법리를 차용하는 것은 타당하지 않다. 왜냐 하면 재소금지의 목적은 기판력과 같은 법적 안정성을 위한 것이 아니라, 소취하의 남용이나 재소남용에 대한 제재에 있기 때문이다. ②판례의 태도는 채무자를 열악한 상황에 빠지게 하는 좋지 않은 해석이다. 채권자대위소송에 있어서 채무자가 취할 수 있는 조치는 공동소송적 보조참가라고 볼 수 있는데(민사소송법 제78조), 공동소송적 보조참가인은 소 취하를 막을 수 있는 법적 지위에 있지 않아, 채권자의 경솔한 행동으로 채무자는 불측의 손해를 입을 수 있다. 참고로 공동소송적 보조참가는 스스로 청구에 관하여 독립하여 당사자적격을 가진 자의 참가를 의미하는 것으로서 기판력을 받게 된다. 반면 보조참가(민사소송법 제71조)는 타인간의 소송계속 중 소송결과에 이해관계 있는 제3자가 한쪽 당사자의 승소를 돕기 위하여 그 소송에

참가하는 것으로서 참가적 효력만 받게 된다. ③채권자대위권에 있어서 채권자는 채무자에게 불리한 채무면제, 권리의 포기, 기한의 허여를 하지 못한다. 결국 소 취하를 인정하는 것은 그 권한 범위를 넘어서는 행위라고 볼 수 밖에 없다. ④예외적으로 채무자가 채권자의 소 취하에 적극적으로 동의한 경우라면 이를 인정하더라도 무방할 것이다.

4. 사안의 해결(3점)

A가 채권자대위소송을 제기하여 채무자인 B에게 이러한 사실이 통지된 상태에서 제1심판결에 승소한 후, C가 제기한 항소심 계속 중에 A가 소를 취하한 경우, B에게도 재소금지원칙이 적용되기 때문에 B의 소는 소의 이익이 없어 각하되어야 한다.

계속된 사실관계 | 소송탈퇴와 시효중단의 효력 |

A의 B에 대한 1억원의 대여금채권의 변제기인 2003. 3. 15.에도 B가 A에 대하여 대여금반환을 하지 않았고, 급기야 A는 2012. 12. 10.에 B를 상대로 위 대여금을 구하는 소를 제기하였다. A는 위 소송이 계속 중인 2013. 5. 10.에 C에게 소송중인 대여금채권 1억원을 양도하고, 법원에 소송인수신청을 하여 소송인수결정이 나서 A는 소송에서 탈퇴하여 C가 소송을 계속 수행하였다. 그런데 소송 중 법원은 소송인수가 아니라 소송신탁을 위하여 채권양도가 이루어진 것으로 판단하여 C에 대하여 소 각하판결을 하였고, 위 판결은 2015. 10. 10.에 확정되었다. 그런데 A는 다시 그로부터 6개월 내인 2016. 2. 15.에 다시 위 대여금 1억원을 구하는 소를 제기하였다. 그러자 B는 위 2016. 2. 15.에 제기한 소에서 A의 채권이 시효로 소멸하였다고 주장하였다.

문제 3 B의 이러한 주장은 이유가 있는가? (20점)

1. 문제의 소재 (2점)

① 민법 제170조의 재판상 청구와 시효중단

② 소송탈퇴와 시효중단의 효력

2. 민법 제170조의 재판상 청구와 시효중단 (5점)

민법 제170조는 재판상의 청구는 소송의 각하, 기각 또는 취하의 경우에는 시효중단의 효력이 없다(제1항)고 하고, 전항의 경우에 6월내에 재판상의 청구, 파산절차참가, 압류 또는 가압류, 가처분을 한 때에는 시효는 최초의 재판상 청구로 인하여 중단된 것으로 본다(제2항)고 규정하고 있다.

3. 소송탈퇴와 시효중단의 효력 (10점)

소송목적인 권리를 양도한 원고는 법원이 소송인수 결정을 한 후 피고의 승낙을 받아 소송에서 탈퇴할 수 있는데(민사소송법 제82조 제3항, 제80조), 그 후 법원이 인수참가인의 청구의 당부에 관하여 심리한 결과 인수참가인의 청구를 기각하거나 소를 각하하는 판결을 선고하여 판결이 확정된 경우에는 원고가 제기한 최초의 재판상 청구로 인한 시효중단의 효력은 소멸한다. 다만 소송탈퇴는 소취하와는 성질이 다르며, 탈퇴 후 잔존하는 소송에서 내린 판결은 탈퇴자에 대하여도 효력이 미친다(민사소송법 제82조 제3항, 제80조 단서). 이에 비추어 보면 인수참가인의 소송목적 양수 효력이 부정되어 인수참가인에 대한 청구기각 또는 소각하 판결이 확정된 날부터 6개월 내에 탈퇴한 원고가 다시 탈퇴 전과 같은 재판상의 청구 등을 한 때에는, 탈퇴 전에 원고가 제기한 재판상의 청구로 인하여 발생한 시효중단의 효력은 그대로 유지된다(대법원 2017. 7. 18. 선고 2016다35789 판결).

4. 사안의 해결 (3점)

본 사실관계에서 A의 소송탈퇴를 소취하로 보면 A는 소송탈퇴한 날로부터 6개월 내에 후소를 제기하지 않았기 때문에 전소로 인한 시효중단의 효력을 주장할 수 없다. 그렇지만 민법 제170조의 소송에서 최초의 재판상 청구를 한 후 제3자에게 승계된 소송까지 포함된다고 하면 A는 소각하 판결이 있은 후 6개월 내에 후소를 제기하였으므로 전소로 인한 시효중단의 효력을 주장할 수 있는 것이다. 판례는 소송탈퇴를 더 이상 권리를 행사하지 않겠다는 뜻으로 해석하지 않는다는 점에서 소취하와 명백하게 구별하였다. 결국 A의 후소는 인정되어 B의 주장은 타당하지 않다.

계속된 사실관계 | 채권양도와 소멸시효 |

B는 변제기인 2003. 3. 15.이 경과되었음에도 불구하고 채무를 이행하지 아니하였고, A는 물품대금채무를 부담하고 있는 D에게 2003. 4. 10.에 위 대여금채권을 양도하였다. 그렇지만 A는 B에게 채권양도의 통지를 하지 아니하였고, B도 이를 승낙한 적이 없었다. 그 후 2012. 10. 15.에 위 채권을 양수받은 D가 B를 상대로 양수금을 구하는 소를 제기하였고, 2013. 6. 5.에

B는 법원에서 위 채권이 시효로 소멸되었음을 주장하였다.

문제 4 D의 양수금 청구는 인용될 수 있는가? (10점)

✓정답 : 인용될 수 있다.

채권양도는 구 채권자인 양도인과 신 채권자인 양수인 사이에 채권을 그 동일성을 유지하면서 전자로부터 후자에게로 이전시킬 것을 목적으로 하는 계약을 말한다 할 것이고, 채권양도에 의하여 채권은 그 동일성을 잃지 않고 양도인으로부터 양수인에게 이전되며, 이러한 법리는 채권양도의 대항요건을 갖추지 못하였다고 하더라도 마찬가지인 점, 민법 제149조의 "조건의 성취가 미정한 권리의무는 일반규정에 의하여 처분, 상속, 보존 또는 담보로 할 수 있다."는 규정은 대항요건을 갖추지 못하여 채무자에게 대항하지 못한다고 하더라도 채권양도에 의하여 채권을 이전받은 양수인의 경우에도 그대로 준용될 수 있는 점, 채무자를 상대로 재판상의 청구를 한 채권의 양수인을 '권리 위에 잠자는 자'라고 할 수 없는 점 등에 비추어 보면, 비록 대항요건을 갖추지 못하여 채무자에게 대항하지 못한다고 하더라도 채권의 양수인이 채무자를 상대로 재판상의 청구를 하였다면 이는 소멸시효 중단사유인 재판상의 청구에 해당한다고 보아야 한다(대법원 2005. 11. 10. 선고 2005다41818 판결).

계속된 사실관계 | 양도담보설정자의 취득시효 인정여부 |

A는 평소 친분이 깊은 B에게 위 2002. 3. 15.자 대여금 외에 경제사정이 급속도로 나빠진 1997. 12.경에 2억원을 대여하면서 채무담보의 목적으로 B소유의 X토지에 대한 소유권이전등기를 경료하였다. 한편 B는 X토지를 점유·사용하다가 2010. 3. 15.에 사망하였고, 그 후 그의 아들인 E가 위 토지를 점유하고 있다. 2019. 4. 20.에 이르러 E가 A에 대하여 점유취득시효에 기한 소유권이전등기를 구하는 소를 제기하였다.

문제 5 이 경우 법원은 어떠한 판단을 하여야 하며, 그 이유는 무엇인가? (10점)

✓정답 : 청구기각

부동산점유취득시효는 원시취득에 해당하므로 특별한 사정이 없는 한 원소유자의 소유권에 가하여진 각종 제한에 의하여 영향을 받지 아니하는 완전한 내용의 소유권을 취득하는 것이지만, 진정한 권리자가 아니었던 채무자 또는 물상보증인이 채무담보의 목적으로 채권자에게 부동산에 관하여 저당권설정등기를 경료해 준 후 그 부동산을 시효취득하는 경우에는, 채무자 또는 물상보증인은 피담보채권의 변제의무 내지 책임이 있는 사람으로서 이미 저당권의 존재를 용인하고 점유하여 온 것이므로, 저당목적물의 시효취득으로 저당권자의 권리는 소멸하지 않는다. 이러한 법리는 부동산 양도담보의 경우에도 마찬가지이므로, 양도담보권설정자가 양도담보부동산을 20년간 소유의 의사로 평온, 공연하게 점유하였다고 하더라도, 양도담보권자를 상대로 피담보채권의 시효소멸을 주장하면서 담보 목적으로 경료된 소유권이전등기의 말소를 구하는 것은 별론으로 하고, 점유취득시효를 원인으로 하여 담보 목적으로 경료된 소유권이전등기의 말소를 구할 수 없고, 이와 같은 효과가 있는 양도담보권설정자 명의로의 소유권이전등기를 구할 수도 없다(대법원 2015. 2. 26. 선고 2014다21649 판결).

계속된 사실관계 | 소멸시효 |

A는 B로부터 금 1억원을 대여받은 후, 이자는 매월 지급하였으나 약속한 변제일인 2003. 5. 15.이 되어서도 원금을 반환하지 못하였다. 그런데 A는 식료품 도매업을 하는 B의 사정을 고려하여 B가 스스로 변제할 것을 기다렸으나 2008. 4. 15. B가 A를 상대로 소멸시효를 주장하며 채권무효의 소를 제기하자, 그 소송에서 A는 적극적으로 권리를 주장하였다. 그런데 B가 A를 상대로 한 위 채권무효의 소에 대하여 법원이 2008. 7. 10.에 소송요건 흠결을 이유로 소를 각하하여 본안에 관한 권리주장에 대하여 판단 없이 소송이 종료되었다. 그 후 2008. 10. 10.에 A가 B를 상대로 위 1억원에 대한 대여금반환소송을 제기하였다.

문제 6 이 경우 법원은 어떠한 판단을 하여야 하며, 그 이유는 무엇인가? (10점)

✓ 정답 : 청구인용

이유 : 민법 제168조 제1호, 제170조 제1항에서 시효중단 사유의 하나로 규정하고 있는 재판상의 청구는, 권리자가 시효를 주장하는 자를 상대로 소로써 권리를 주장하는 경우뿐 아니라, 시효를 주장하는 자가 원고가 되어 소를 제기한 데 대하여 피고로서 응소하여 그 소송에서 적극적으로

권리를 주장하고 그것이 받아들여진 경우도 포함한다. 권리자인 피고가 응소하여 권리를 주장하였으나 그 소가 각하되거나 취하되는 등의 사유로 본안에서 그 권리 주장에 관한 판단 없이 소송이 종료된 경우에도 민법 제170조 제2항을 유추적용하여 그때부터 6월 내에 재판상의 청구 등 다른 시효중단 조치를 취하면 응소 시에 소급하여 시효중단의 효력이 인정된다(대법원 2019. 3. 14. 선고 2018두56435 판결).

제6문 | 담보지상권

A은행은 2005. 8. 11. 이 사건 토지의 공유자중 1인인 B의 지분에 관하여 근저당권 설정등기를 마치면서, 같은 날 이 사건 토지의 공유자들인 B, C와 이 사건 토지 전부에 관하여 견고한 건물 및 공작물 또는 수목의 소유를 위한 지상권 설정계약을 체결하고 같은 달 18. 지상권 설정등기를 마쳤다. 한편 원고인 D는 B·C와 이 사건 토지에 관하여 수목의 소유를 위한 사용대차계약을 체결한 다음 2007. 10.경부터 같은 해 11월경까지 이 사건 토지 지상에 약 300주의 단풍나무를 식재하였다. 그 후 이 사건 토지 중 C의 지분에 관하여 개시된 임의경매절차에서 E가 위 지분을 매수하고 2011. 7. 15. 그 매각대금을 납부하였다. D는 E가 자신의 소유인 위 단풍나무 중 일부를 임의로 수거하여 제3자에게 매도하였음을 이유로 손해배상을 청구하는 이 사건 소송을 제기하였다.

문제 1 이 경우 법원은 어떠한 판단을 하여야 하며, 그 이유는 무엇인가? (20점)

✓정답 : 청구인용

1. 문제의 소재 (2점)

① 담보지상권의 유효성

② 담보지상권의 경우, 보통의 지상권자와는 달리 토지소유자가 토지의 사용·수익권을 가진다고 볼 수 있는지 여부

2. 담보지상권의 의의와 유효성 (5점)

담보지상권이라 함은, 금융기관이 토지에 관하여 저당권을 취득하는 경우에, 그 저당 목적물에 관하여 제3자가 용익권을 취득하거나 목적 토지의 담보가치를 하락시키는 침해행위를 하는 것을 배제함으로써 저당목적물의 가치를 유지하기 위하여 저당목적물인 토지에 대하여 지상권을 아울러 취득하는 것을 말한다.

담보지상권의 효력에 관하여는 다툼이 있는 바, 무효설은 ①지상권은 타인의 토지에 건물 기타 공작물이나 수목을 소유하기 위하여 그 토지를 사용하는 것을 내용으로 하는 권리인데, 토지상의 저당권에 대한 침해배제만을 보전하기 위하여 지상권을 설정한다는 것은 지상권의 내용과는 전혀 부합하지 않으므로 물권법정주의에 어긋난다. ②담보지상권은 타인의 토지를 사용하는 것을 내용으로 하지도 않고, 실제로는 전혀 공작물이나 수목을 소유할 생각도 없으면서도, 지상권설정계약서나 등기신청서에만 등기를 위하여 공작물 또는 수목의 소유를 목적으로 하는 것이라고 기재하는 것은 허위표시에 해당한다. ③저당목적 토지의 담보가치를 하락시키는 침해를 배제하기 위하여는 저당권에 기한 방해배제청구권을 행사하면 그것으로 충분하므로 별도로 담보지상권을 인정할 필요가 없다.

반면 유효설은, ①지상권에서 공작물 등의 소유 자체가 지상권의 본질적인 요소는 아니라고 한다. ②당사자 사이에서는 분명히 지상권을 설정하고자 하는 진의와 표시의 합치가 있으므로 허위표시라고 할 수도 없다고 본다. ③저당권에 기한 방해배제청구보다 담보지상권에 기한 방해배제청구가 더 쉽게 인정될 수 있으므로 담보지상권을 인정할 현실적인 필요성도 있다고 한다.

3. 담보지상권에 대한 종전 판례의 입장 (5점)

①토지 위에 건물을 신축하던 토지소유자가 제3자에게 위 건물에 대한 건축주 명의를 변경하여 준 경우, 담보지상권자는 방해배제청구로서 목적 토지 위에 건물을 축조하는 것을 중지하도록 요구할 수 있다(대법원 2004. 3. 29. 선고 2003마1753 결정). ②담보지상권의 목적 토지의 소유자 또는 제3자가 저당권 및 지상권의 목적 토지를 점유·사용한다는 사정만으로는 담보지상권자에게 어떠한 손해가 발생하였다고 볼 수 없다(대법원 2008. 1. 17. 선고2006다586 판결). ③담보지상권의 피담보채권이 변제나 시효로 인하여 소멸하면 담보지상권은 피담보채권에 부종하여 소멸한다(대법원 2011. 4. 14. 선고 2011다6342 판결). ④담보지상권과 함께 설정된 근저당권설정등기가 말소되고 그 대신 다른 근저당권이 설정되었다가 그 실행에 의하여 토지와 건물의 소유자가 달라진 경우에는 담보지상권은 나중에 설정된 근저당권의 실행으로 소멸되므로 건물을 위한 법정지상권이 성립한다(대법원 2014. 7. 24. 선고 2012다97871, 97888 판결).

4. 담보지상권의 경우, 보통의 지상권자와는 달리 토지소유자가 토지의 사용 · 수익권을 가진다고 볼 수 있는지 여부 (5점)

민법 제256조는 '부동산의 소유자는 그 부동산에 부합한 물건의 소유권을 취득한다. 그러나 타인의 권원에 의하여 부속된 것은 그러하지 아니하다.'라고 규정하고 있다. 지상권설정등기가 경료되면 그 토지의 사용·수익권은 지상권자에게 있고, 지상권을 설정한 토지소유자는 지상권이 존속하는 한 그 토지를 사용·수익할 수 없다. 따라서 지상권을 설정한 토지소유자로부터 그 토지를 이용할 수 있는 권리를 취득하였다고 하더라도 지상권이 존속하는 한 이와 같은 권리는 원칙적으로 민법 제256조 단서가 정한 '권원'에 해당하지 아니한다.

그런데 금융기관이 대출금 채권의 담보를 위하여 토지에 저당권과 함께 지료 없는 지상권을 설정하면서 채무자 등의 사용·수익권을 배제하지 않은 경우, 토지소유자는 저당 부동산의 담보가치를 하락시킬 우려가 있는 등의 특별한 사정이 없는 한 그 토지를 사용·수익할 수 있다고 보아야 한다. 따라서 그러한 토지소유자로부터 그 토지를 사용·수익할 수 있는 권리를 취득하였다면 이러한 권리는 민법 제256조 단서가 정한 '권원'에 해당한다고 볼 수 있다(대법원 2018. 3. 15. 선고 2015다69907 판결).

5. 사안의 해결 (3점)

토지소유자는 저당 부동산의 담보가치를 하락시킬 우려가 있는 등의 특별한 사정이 없는 한 그 토지를 사용·수익할 수 있다고 보아야 한다. D는 그러한 토지소유자로부터 그 토지를 사용·수익할 수 있는 권리를 취득한 자로서 민법 제256조 단서가 정한 '권원'에 해당한다고 볼 수 있기 때문에 D의 E에 대한 위 청구는 인용된다

• 제 8 장 •

제1문

기초적 사실관계

A아파트 재건축조합은 자신의 X토지 위에 Y아파트를 건축하기 위하여 건설회사인 B와 2008. 3. 10.에 아파트건축도급계약을 체결하고 건축기간은 2008. 3. 20.부터 2010. 3. 20.까지로 하면서 공사대금은 100억, 기성고는 매달 1일에 지급하기로 하면서 지체상금은 1일당 공사계약금의 1,000분의 1로 하는 계약을 체결하였다.

계속된 사실관계 | 비법인사단과 채권자대위권 |

A아파트 재건축조합은 재건축조합을 결성하고 조직하는 과정에서 J은행으로부터 금 5억원을 차용하여 조합장 활동비 등으로 충당해 왔다. 한편 B회사는 2010. 3. 20. 공사를 완료하여 A아파트 재건축조합에 완공된 아파트를 인도하였으나, 벽에 금이 가는 등 하자가 발생하여 A아파트 재건축조합에 10억원 정도의 손해를 입히게 되었다. 그래서 A아파트 재건축조합은 B회사를 상대로 하자보수에 갈음하는 손해배상청구의 소를 제기하였으나 사원총회의 결의 없이 총유재산에 관한 소가 제기되었다는 이유로 각하판결을 받게 되었다. 그 후 A아파트 재건축조합으로부터 대여금채권이 있는 J은행이 A아파트재건축조합을 대위하여 하자보수에 갈음하는 손해배상을 구하는 소를 제기하였다.

문제 1 이 경우 법원은 어떠한 판단을 하여야 하며, 그 이유는 무엇인가? (15점)

✓ **정답 : 청구인용**

1. 문제의 소재 (2점)

① 채권자가 비법인사단을 대위하는 경우, 사원총회 결의가 필요한지 여부

② 비법인사단인 채무자 명의로 제기된 제3채무자를 상대로 한 소가 사원총회 결의가 없었다는 이유로 각하되어 판결이 확정된 경우, 채무자가 스스로 제3채무자에 대한 권리를 행사하였다고 볼 수 있는지 여부

2. 채권자가 비법인사단을 대위하는 경우, 사원총회 결의가 필요한지 여부 (5점)

비법인사단이 총유재산에 관한 소를 제기할 때에는 정관에 다른 정함이 있는 등의 특별한 사정이 없는 한 사원총회의 결의를 거쳐야 하지만(대법원 2011. 7. 28. 선고 2010다97044 판결 등 참조), 이는 비법인사단의 대표자가 비법인사단 명의로 총유재산에 관한 소를 제기하는 경우에 비법인사단의 의사결정과 특별수권을 위하여 필요한 내부적인 절차이다. 채권자대위권은 채무자가 스스로 자기의 권리를 행사하지 아니하는 때에 채권자가 채무자에 대한 채권을 보전하기 위하여 채무자의 의사와는 상관없이 채무자의 권리를 대위하여 행사할 수 있는 권리로서 그 권리행사에 채무자의 동의를 필요로 하는 것은 아니므로, 비법인사단이 총유재산에 관한 권리를 행사하지 아니하고 있어 비법인사단의 채권자가 채권자대위권에 기하여 비법인사단의 총유재산에 관한 권리를 대위행사하는 경우에는 사원총회의 결의 등 비법인사단의 내부적인 의사결정절차를 거칠 필요가 없다(대법원 2014. 9. 25. 선고 2014다211336 판결).

3. 비법인사단인 채무자 명의로 제기된 제3채무자를 상대로 한 소가 사원총회 결의가 없었다는 이유로 각하되어 판결이 확정된 경우, 채무자가 스스로 제3채무자에 대한 권리를 행사하였다고 볼 수 있는지 여부 (5점)

채권자대위권은 채무자가 스스로 제3채무자에 대한 권리를 행사하지 아니하는 경우에 한하여 채권자가 자기의 채권을 보전하기 위하여 행사할 수 있는 것이어서, 채권자가 대위권을 행사할 당시에 이미 채무자가 그 권리를 재판상 행사하였을 때에는 채권자는 채무자를 대위하여 채무자의 권리를 행사할 수 없다. 그런데 비법인사단이 사원총회의 결의 없이 제기한 소는 소제기에 관한 특별수권을 결하여 부적법하고, 그 경우 소제기에 관한 비법인사단의 의사결정이 있었다고 할 수 없다. 따라서 비법인사단인 채무자 명의로 제3채무자를 상대로 한 소가 제기되었으나 사원총회의 결의 없이 총유재산에 관한 소가 제기되었다는 이유로 각하판결을 받고 그 판결이 확정된 경우에는 채무자가 스스로 제3채무자에 대한 권리를 행사한 것으로 볼 수 없다(대법원 2018. 10. 25. 선고 2018다210539 판결).

4. 사안의 해결 (3점)

채권자가 비법인사단을 대위할 때, 사원총회 결의가 필요하지 아니하여, J은행은 A아파트 재건축조합을 대위하는 경우 사원총회가 필요하지 아니하여 채권자대위권 행사가 가능하다. 또한 본 사안처럼 비법인사단인 채무자 명의로 제기된 제3채무자를 상대로 한 소가 사원총회 결의가 없었다는 이유로 각하되어 판결이 확정된 경우라도, 채무자가 스스로 제3채무자에 대한 권리를 행사하였다고 볼 수 있기 때문에, J은행은 자신의 대출금채권을 보전하기 위하여 A아파트 재건축조합의 하자보수에 갈음하는 손해배상청구권을 행사할 수 있다.

계속된 사실관계 | 비법인사단의 총유물의 관리 / 처분행위의 범위 |

위 Y아파트 건축을 도급받은 B회사는 2008. 4. 10.에 중소 건설업체인 C회사와 위 Y아파트 건축을 위하여 하도급계약을 맺고 매달 2일에 기성고를 지급하기로 약정하였다. 그런데 C가 B에 대하여 위 하도급계약에 의한 공사대금채권을 위하여 보증을 요구하자, B의 부탁으로 A 재건축조합의 조합장인 D가 사원총회도 거치지 아니한 채 A재건축조합의 명의로 보증을 서게 되었다. 그 후 2008. 5. 경부터 C의 하도급공사가 시작되었으나 2008. 9.에 이르기 까지 공사대금을 일체 지급하지 아니하자, C는 B에게 여러 번 독촉을 하다가 A아파트재건축조합에 대하여 위 공사대금채권을 구하는 소를 제기하였다.

문제 2 이 경우 법원은 어떠한 판단을 하여야 하며, 그 이유는 무엇인가? (20점)

✓ **정답 : 청구인용**

1. 문제의 소재 (2점)

비법인사단의 총유물의 관리·처분행위의 범위

2. 아파트재건축조합의 정체 (5점)

주택건설촉진법에 의하여 설립된 재건축조합은 민법상 비법인사단에 해당한다 할 것이나, 원고조합과 같은 재건축조합의 조합원은 부득이한 사유가 없는 한 조합의 사업목적이 달성되어 조합이 해산될 때까지 조합 목적 달성에 협력할 의무가 있는바, 이 경우 재건축조합에 가입하여 기존의 주택을 철거하고 그 대지 위에 주택을 건설하기로 한 조합원이 임의 탈퇴한다면 재건축사업의 시행이 불가능하거나 현저히 곤란하게 되고, 구 주택건설촉진법시행령(1994. 7. 30. 대통령령 제14349호로 개정되기 전의 것) 제34조의3 제2호, 제42조 제5항 본문, 제42조 제7항 및 그 재건축조합의 조합규약 규정들이 모두 조합원의 임의 탈퇴가 허용되지 않음을 당연한 전제로 하고 있으므로, 이와 같은 점들에 비추어 보면 재건축조합은 조합의 본질상 부득이한 사유가 없는 한 조합원의 임의 탈퇴를 허용하지 않는 것이라고 봄이 상당하고, 이와 같이 본다 하여 사단의 본질에 반하는 것은 아니다(대법원 1997. 5. 30. 선고 96다23887 판결).

3. 타인간의 금전채무를 보증하는 행위가 총유물 자체의 관리 처분인지 여부 (5점)

다수설은 타인간의 금전채무를 보증하는 행위는 총유물 자체의 관리 처분에 따르지 않는 단순한 채무부담행위에 불과하다고 한다. 따라서 조합장이 보증을 서는 경우에 사원총회를 거치지 않았다 하더라도 그 보증계약은 유효하다고 한다. 반면에 소수설은 ①다수설이 비법인사단의 타인에 대한 금전채무에 대하여 민법 제276조 제1항의 「총유물」, 민법 278조의 「재산권」에 대하여 지나치게 형식적으로 해석한 나머지 부당한 해석을 하고 있다는 것이다. 즉 보증채무 부담행위는 그 채무의 변제를 위한 책임재산과 불가결의 관계에 있기 때문에 보증채무의 부담행위는 비법인사단의 총유물의 처분으로 귀결될 수 밖에 없다는 것이다. ②총유물 자체의 관리·처분에 따르는 채무부담행위와 총유물 자체의 관리 처분에 따르지 않는 채무부담행위의 구별이 모호하여, 전자는 현재 또는 장래에 보유하는 금전을 유상 또는 무상으로 지급하는 행위이고, 후자는 금전채무의 보증행위를 말하는 것인데, 전자의 경우에는 사원총회의 결의가 필요한 것이고, 후자는 사원총회의 결의가 필요 없다는 하는 것은 타당한 해석이 아니다. ③종래의 판례와도 부합하지 않는다. 즉 비법인사단인 재건축조합의 조합원들이 재건축조합과 건설회사 사이에 체결된 도급계약의 무효확인을 구하는 소에서 그것이 채권·채무에 관한 소송이기 때문에 당연히 민법 제276조 제1항에 따른 사원총회결의가 있어야 한다고 밝히고 있다(대법원 1996. 10. 25. 95다56866 판결).

4. 비법인사단의 총유물의 관리 · 처분행위의 범위에 대한 판례의 입장 (5점)

민법 제275조, 제276조 제1항에서 말하는 총유물의 관리 및 처분이라 함은 총유물 그 자체에 관한 이용·개량행위나 법률적·사실적 처분행위를 의미하는 것이므로, 비법인사단이 타인 간의 금전채무를 보증하는 행위는 총유물 그 자체의 관리·처분이 따르지 아니하는 단순한 채무부담행위에 불과하여 이를 총유물의 관리·처분행위라고 볼 수는 없다. 따라서 비법인사단인 재건축조합의 조합장이 채무보증계약을 체결하면서 조합규약에서 정한 조합 임원회의 결의를 거치지 아니하였다거나 조합원총회 결의를 거치지 않았다고 하더라도 그것만으로 바로 그 보증계약이 무효라고 할 수는 없다. 다만, 이와 같은 경우에 조합 임원회의의 결의 등을 거치도록 한 조합규약은 조합장의 대표권을 제한하는 규정에 해당하는 것이므로, 거래 상대방이 그와 같은 대표권 제한 및 그 위반 사실을 알았거나 과실로 인하여 이를 알지 못한 때에는 그 거래행위가 무효로 된다고 봄이 상당하며, 이 경우 그 거래 상대방이 대표권 제한 및 그 위반 사실을 알았거나 알지 못한 데에 과실이 있다는 사정은 그 거래의 무효를 주장하는 측이 이를 주장·입증하여야 한다(대법원 2007. 4. 19. 선고 2004다60072 전원합의체 판결).

5. 사안의 해결 (3점)

A아파트재건축조합의 조합장인 D가 사원총회를 거치지 아니한 채, B의 C에 대한 하도급채무를 보증을 섰더라도, 이는 민법 제276조 제1항의 총유물의 관리·처분의 대상에 포함되지 않기 때문에, C가 A재건축조합에 대하여 공사대금청구를 하면 A재건축조합은 이를 거부할 수 없다.

계속된 사실관계 | 총회의 결의 없는 비법인사단 대표자의 양도담보 제공행위 |

2008. 4. 1.부터 위 Y아파트의 공사를 시작한 B는 매달 1일 지급받기로 하는 기성고를 제대로 받지 못하게 되었고, B건설회사가 A아파트재건축조합에 대하여 공사대금의 청구를 계속하자, 이에 A아파트 건축조합의 조합장인 D가 사원총회도 거치지 아니한 채 임의로 E은행으로 금 20억원을 차용하면서 A재건축조합의 소유인 X토지에 대하여 근저당권을 설정해 주었다. 이에 A재건축조합은 E은행에 대하여 재건축 조합장인 D가 임의로 자신의 소유인 X토지에 물적 담보를 제공한 행위는 무효라고 주장하며 근저당권말소청구소송을 제기하였다.

문제 3 이 경우 법원은 어떠한 판단을 하여야 하며, 그 이유는 무엇인가? (10점)

✓ **정답 : 청구인용**

이유 : 주택건설촉진법에 의하여 설립된 재건축조합인 피고 조합은 민법상의 비법인사단에 해당하고(대법원 1996. 1. 26. 선고 95다40915 판결, 대법원 1996. 10. 25. 선고 95다56866 판결, 대법원 1997. 5. 30. 선고 96다23887 판결, 대법원 1999. 12. 10. 선고 98다36344 판결 등 참조), 피고 조합의 실체가 비법인사단이라면 피고 조합이 주체가 되어 신축 완공한 이 사건 상가건물은 조합원 전원의 총유에 속한다고 할 것이다. 한편, 총유물의 관리 및 처분에 관하여 피고 조합의 정관이나 규약에 정한 바가 있으면 이에 따라야 하고, 그에 관한 정관이나 규약이 없으면 조합원 총회의 결의에 의하여 하는 것이므로 정관이나 규약에 정함이 없는 이상 비록 피고 조합의 대표자인 조합장에 의한 피고 조합의 재산인 이 사건 상가건물을 처분하였다고 하더라도 그러한 절차를 거치지 아니한 재산처분행위는 무효라고 할 것이다(대법원 1996. 8. 20. 선고 96다18656 판결). 원심이 적법하게 확정한 사실과 기록에 의하면, 피고 조합의 정관은 제19조 제1항에서 조합장의 대표권을 정하고, 제13조에서 조합원총회의 승인사항과 제22조에서 임원회의 의결사항을 규정하여 피고 조합의 대표자인 조합장의 대표권에 관한 제한을 두고 있을 뿐이고, 피고 조합의 조합원의 총유에 속하는 재산의 처분에 관하여는 그 정관이나 규약에 아무런 정함이 없는 사실을 알 수 있다. 사정이 이러하다면 피고 조

합의 대표자가 총회의 결의 없이 피고 조합의 총유에 속하는 이 사건 상가건물들을 원고에게 양도담보로 제공하기로 한 약정은 무효라고 할 것이다(대법원 2001. 5. 29. 선고 2000다10246 판결).

계속된 사실관계 | 비법인사단의 당사자능력 |

2010. 3. 20. 약정한 날짜에 B건설회사가 Y아파트공사를 완료하였고, 2010. 5.경부터 입주를 시작하여 100세대에 입주가 완료되었다. 그런데 입주자들이 입주한 후인 2010. 7. 초순에 장마기간을 거치면서 Y아파트의 일부세대에서 물이 새기 시작하여 이를 그 당시 알게 된 A아파트 건축조합이 사원총회를 생략한 채 B회사를 상대로 2011. 1. 10.에 소를 제기하였다.

문제 4 이 경우 법원은 어떠한 판단을 하여야 하며, 그 이유는 무엇인가? (15점)

✓ **정답 : 부적법 소각하**

1. 문제의 소재 (2점)

① 비법인사단의 당사자능력

② 비법인사단이 사원총회 결의 없이 소를 제기할 수 있는지 여부

2. 비법인사단의 당사자능력 (5점)

법인이 아닌 사단이나 재단은 대표자 또는 관리인이 있는 경우에는 그 사단이나 재단의 이름으로 당사자가 될 수 있다(민사소송법 제52조). 민사소송법 제52조가 비법인의 당사자능력을 인정하는 것은 법인이 아닌 사단이나 재단이라도 사단 또는 재단으로서의 실체를 갖추고 그 대표자 또는 관리인을 통하여 사회적 활동이나 거래를 하는 경우에는, 그로 인하여 발생하는 분쟁은 그 단체의 이름으로 당사자가 되어 소송을 통하여 해결하게 하고자 함에 있다 할 것이므로 여기서 말하는 사단이라 함은 일정한 목적을 위하여 조직된 다수인의 결합체로서 대외적으로 사단을 대표할 기관에 관한 정함이 있는 단체를 말한다고 할 것이고, 당사자능력이 있는지 여부는 사실심의 변론종결일을 기준으로 하여 판단되어야 할 성질의 것이다(대법원 1991. 11. 26. 선고 91다30675 판결).

3. 비법인사단이 사원총회 결의 없이 소를 제기할 수 있는지 여부 (5점)

비법인사단이 총유재산에 관한 소송을 제기할 때에는 정관에 다른 정함이 있다는 등의 특별한 사

정이 없는 한 사원총회 결의를 거쳐야 하는 것이므로, 비법인사단이 이러한 사원총회 결의 없이 그 명의로 제기한 소송은 소송요건이 흠결된 것으로서 부적법하다(대법원 2011. 7. 28. 선고 2010다97044 판결).

4. 사안의 해결 (3점)

비법인사단이 이러한 사원총회 결의 없이 그 명의로 제기한 소송은 소송요건이 흠결된 것으로서 부적법하여 A아파트 건축조합이 사원총회를 생략한 채 B회사를 상대로 한 소송은 부적법각하된다.

변형된 사실관계 | 부진정연대채무와 상계 |

위 Y아파트건축을 시작한 B회사는 고가의 공사재료비가 필요한 상태에서 G에게 사술을 써서 금전을 편취하는 불법행위를 행하였고, B회사의 대표이사인 H는 대표이사로서 업무를 태만히 하는 바람에 임원해태에 대한 불법행위를 함으로써 B와 H는 G에게 총 50억원의 공동불법행위책임을 부담하게 되었다. 그 후 G는 B회사와 사이에서 B회사 주식의 출자전환의 방식을 통해 50억원을 상계하는 합의를 하였다. G는 B회사와 상계합의를 한 후, 다른 공동불법행위자인 H에 대하여 불법행위에 기한 손해배상금 50억원을 구하는 소를 제기하였다.

문제 5 이 경우 법원은 어떠한 판단을 하여야 하며, 그 이유는 무엇인가? (15점)

✓ **정답 : 청구기각**

1. 문제의 소재 (2점)

부진정연대채무자 중 1인이 한 상계가 다른 부진정연대채무자에 미치는지 여부

2. 부진정연대채무자 중 1인이 상계한 경우에 있어서 견해의 대립 (5점)

부진정연대채무자 중 1인이 한 상계 내지 상계계약이 다른 부진정연대채무자에 미치는 효력에 대하여 상대적 효력설과 절대적 효력설의 다툼이 있다. 상대적 효력설은 ①연대채무의 경우에는 민법 제418조 제1항에서 채무자 1인이 상계를 함으로써 다른 연대채무자의 채무도 상계한 금액만큼 소멸한다는 이른바 절대적 효력의 취지를 규정하고 있으나, 부진정연대채무의 경우에는 그

러한 명문의 규정이 없으므로 이에 관하여는 합리적인 해석에 의하여 해결할 수밖에 없다. ②채무면제나 채권포기는 부진정연대채무에 있어서는 절대적 효력을 인정하지 않는 바, 이러한 취지는 채권자를 보호하기 위한 목적으로서 상계에서도 크게 다르지 않으며 ③상계는 채무면제나 채권의 포기 등과는 달리 채무자의 일반적 의사표시에 의해 발생하는 것으로서 채권자 보호의 필요성이 더 크다고 볼 수 있고 ④공동불법행위에 있어서 부진정연대책임을 인정하는 이유는 채권자의 보호필요성이 크기 때문이며 ⑤민법 제496조 고의의 불법행위 손해배상채권을 수동채권으로 하는 상계의 금지규정의 취지에도 부합하지 않는다. 왜냐 하면 불법행위를 일부러 유발한 사람에게 상계를 허용하지 않는 것은 불법행위 유발을 방지하고 사회정의관념에 합치하는 해석을 하기 위함인데, 상계의 절대효를 인정하게 되면 강행규정인 민법 제496조를 무색하게 만드는 결과가 나타나게 된다. 반면에 절대적 효력설은 ①부진정연대채무의 존재가 모호하고 ②민법 제413조 이하의 다수당사자 채권관계의 공통된 목적은 급부의 1회성 내지 중첩을 피하기 위한 것으로서 될 수 있으면 이러한 목적에 부합된 해석이 필요한 것이고 ③채권자는 자신이 입은 손해 이상은 배상받지 못한다는 손해배상의 대원칙은 지켜져야 하기 때문이다.

3. 부진정연대채무자 중 1인의 상계가 다른 부진정연대채무자에 미치는지 여부 (5점)

부진정연대채무자 중 1인이 자신의 채권자에 대한 반대채권으로 상계를 한 경우에도 채권은 변제, 대물변제, 또는 공탁이 행하여진 경우와 동일하게 현실적으로 만족을 얻어 그 목적을 달성하는 것이므로, 그 상계로 인한 채무소멸의 효력은 소멸한 채무 전액에 관하여 다른 부진정연대채무자에 대하여도 미친다고 보아야 한다. 이는 부진정연대채무자 중 1인이 채권자와 상계계약을 체결한 경우에도 마찬가지이다. 나아가 이러한 법리는 채권자가 상계 내지 상계계약이 이루어질 당시 다른 부진정연대채무자의 존재를 알았는지 여부에 의하여 좌우되지 아니한다(대법원 2010. 9. 16. 선고 2008다97218 전원합의체 판결).

4. 사안의 해결 (3점)

G에 대하여 B회사와 H는 공동불법행위의 책임이 있고, 부진정연대채무를 부담하고 있다. G는 B회사와의 사이에서 주식의 출자전환의 방식에 따라 50억원의 손배배상금에 대하여 상계를 하였는 바, G와 B회사간의 상계의 효력은 H에게도 미치기 때문에 G의 H에 대한 손해배상청구권은 인용될 수 없다.

변형된 사실관계 | 공동불법행위자간의 부담부분을 초과해야 구상권이 가능한지 |

위 Y아파트건축을 시작한 B회사는 고가의 공사재료비가 필요한 상태에서 G에게 사술을 써서 금전을 편취하는 불법행위를 행하였고, B회사의 대표이사인 H는 대표이사로서 업무를 태만히 하는 바람에 임원해태에 대한 불법행위를 함으로써 B와 H는 G에게 대하여 총 50억원의 공동불법행위책임을 부담하게 되었다. 그런데 사실확인의 결과 B회사는 25억원의 책임부분이 확인되었고, H 대표이사도 25억원의 책임부분이 확인되었다. 이에 H대표이사가 G에게 25억원을 변제한 후, H대표이사는 자신이 25억원을 변제하였음을 주장하며, B회사를 상대로 12억 5,000만원의 구상금을 구하는 소를 제기하였다.

문제 6 이 경우 법원은 어떠한 판단을 하여야 하며, 그 이유는 무엇인가? (15점)

✓ **정답 : 청구기각**

1. 문제의 소재 (2점)

공동불법행위자간의 부담부분을 초과해야 구상권을 행사할 수 있는지 여부

2. 견해의 대립 (5점)

연대채무의 부담부분은 고정액이 아니라 분수적 비율로 정해지는 것이기 때문에 공동면책이 된 부분이 부담액 이하라고 하더라도 당연히 구상권은 인정된다. 다만 공동불법행위인 부진정연대채무의 경우에 있어서는 서로 주관적 관계가 없고, 각각 독립적 불법행위를 구성한다는 특징을 가지고 있다. 그렇다면 공동불법행위자들간에 있어서 부담부분에 미달한 경우 구상권을 인정할 수 있는지 여부를 두고 다툼이 있다. 초과필요설에 있어서는 ①부진정연대채무는 개별성이 강해 자기의 부담부분을 넘어야 구상권을 행사할 수 있으며 ②부진정연대채무의 부담부분은 부담비율에 따른 전체손해에 대한 책임부분으로서 각자의 고유채무인 자기채무이고 ③초과필요설을 채택하게 되면 계속적인 구상반복을 막을 수 있으며 ④다른 공동불법행위자에 대한 무자력에 대한 불공평은 불법행위자 상호간의 내부관계에서 해결하는 것이 피해자의 보호를 위해서도 타당한 것이다. 반면에 초과불요설은 ①배상책임자 1인이 자기 부담액 이하로 피해자와 합의하여 배상한 경우, 다른 공동불법행위자에게 구상토록 하는 것이 타당하고 ②손해배상의 이념은 공평한 분담이 지도이념인 것이고 ③초과필요설을 채택하게 되면 성실한 배상자만 불리한 꼴이 발생하고 ④오히려 주관적 공동관련성이 적은 공동불법행위에서는 연대채무보다 더 공평한 취급이 필요하고

⑤법률행위에 의한 법률관계인 진정연대채무보다 공동불법행위인 부진정연대채무에서는 법적 안정성보다 구체적 타당성이 더 필요한 것이다.

3. 공동불법행위자간의 부담부분을 초과해야 구상권을 행사할 수 있는지 여부 (5점)

공동불법행위자는 채권자에 대한 관계에서는 연대책임(부진정연대채무)을 지되, 공동불법행위자들 내부관계에서는 일정한 부담 부분이 있고, 이 부담 부분은 공동불법행위자의 과실의 정도에 따라 정하여지는 것으로서 공동불법행위자 중 1인이 자기의 부담 부분 이상을 변제하여 공동의 면책을 얻게 하였을 때에는 다른 공동불법행위자에게 그 부담 부분의 비율에 따라 구상권을 행사할 수 있다.

공동불법행위자 중 1인이 다른 공동불법행위자에 대하여 구상권을 행사하기 위하여는 자기의 부담 부분 이상을 변제하여 공동의 면책을 얻었음을 주장·입증하여야 하며, 위와 같은 법리는 피해자의 다른 공동불법행위자에 대한 손해배상청구권이 시효소멸한 후에 구상권을 행사하는 경우라고 하여 달리 볼 것이 아니다.

피해자가 부진정연대채무자 중 1인에 대하여 손해배상에 관한 권리를 포기하거나 채무를 면제하는 의사표시를 하였다 하더라도 다른 채무자에 대하여 그 효력이 미친다고 볼 수는 없다(대법원 1997. 12. 12. 선고 96다50896 판결).

4. 사안의 해결 (3점)

H는 G에게 25억원을 변제하여 자기 부담액을 초과한 변제는 없었다. 따라서 H는 B에 대하여 구상권을 행사할 수 없다.

계속된 사실관계 | 비법인사단의 보존행위를 위한 소의 원고적격 |

2010. 3. 20. Y아파트건축을 완공한 후, 조합장인 D는 Y아파트의 2동에 위치한 5채의 아파트를 임의로 K에게 양도하여 K가 이전등기를 경료하였다. D가 임의로 위 아파트를 양도하면서 사원총회를 거치지 아니하고, 친분이 있는 몇몇 사람만 모아 놓고 총회결의서를 작성하여 교부한 상태였다. 이에 A아파트건축조합은 사원총회를 통해 조합원 중 법률에 해박한 M을 선임하여, M이 원고가 되어 K를 상대로 보존행위를 위한 소송인 말소등기소송을 제기하였다.

문제 7 이 경우 M은 원고적격이 있는가? (15점)

✓ 정답 : 원고적격이 없으므로 소 각하

1. 문제의 소재 (2점)

비법인사단의 보존행위를 위한 소의 원고적격

2. 총유와 소송 (3점)

민법상 합유나 공유에 있어서는 보존행위는 각자가 할 수 있다는 규정을 두고 있다(민법 제265조, 제272조). 따라서 합유나 공유에 있어서 보존행위를 위한 소는 각자가 할 수 있다. 그러나 총유에 있어서는 보존행위는 각자가 할 수 있다는 규정을 두고 있지 않다. 따라서 비법인사단이 보존행위를 위한 소를 제기하기 위해서는 비법인사단명의로 하든지(민사소송법 제52조), 모든 구성원이 당사자자 되는 필수적 공동소송으로 제기하여야 한다.

3. 비법인사단의 보존행위를 위한 소의 원고적격 (7점)

민법 제276조 제1항은 "총유물의 관리 및 처분은 사원총회의 결의에 의한다.", 같은 조 제2항은 "각 사원은 정관 기타의 규약에 좇아 총유물을 사용·수익할 수 있다."라고 규정하고 있을 뿐 공유나 합유의 경우처럼 보존행위는 그 구성원 각자가 할 수 있다는 민법 제265조 단서 또는 제272조 단서와 같은 규정을 두고 있지 아니한바, 이는 법인 아닌 사단의 소유형태인 총유가 공유나 합유에 비하여 단체성이 강하고 구성원 개인들의 총유재산에 대한 지분권이 인정되지 아니하는 데에서 나온 당연한 귀결이라고 할 것이므로 총유재산에 관한 소송은 법인 아닌 사단이 그 명의로 사원총회의 결의를 거쳐 하거나 또는 그 구성원 전원이 당사자가 되어 필수적 공동소송의 형태로 할 수 있을 뿐 그 사단의 구성원은 설령 그가 사단의 대표자라거나 사원총회의 결의를 거쳤다 하더라도 그 소송의 당사자가 될 수 없고, 이러한 법리는 총유재산의 보존행위로서 소를 제기하는 경우에도 마찬가지라 할 것이다(대법원 2005. 9. 15. 선고 2004다44971 전원합의체 판결).

4. 사안의 해결 (3점)

A아파트건축조합은 사원총회를 통해 조합원 중 1인인 M을 선임하여, M이 원고가 되어 K를 상대로 보존행위를 위한 소송인 말소등기소송을 제기하더라도 M은 원고적격이 없으므로 본 소는 각하된다.

계속된 사실관계 | 비법인사단의 채권자의 채권자대위권 행사 |

A아파트 재건축조합은 2010. 3. 20.에 위 Y아파트공사가 완료되어 B건설회사에 금 100억원을 제공하려고 하였는데, 예상대로 분양이 되지 않아 총 100세대 중 50세대만 분양된 상태였다. 이에 A아파트 재건축조합은 어쩔 수 없이 B건설회사에 약 6개월의 말미만 주면 미분양 아파트를 분양하여 대금을 지급하겠다고 하였는데, 6개월이 지나서도 A아파트 재건축조합은 금 50억원을 제공하지 못하였고, 이에 B건설회사는 A아파트재건축 조합이 10명의 분양자들로부터 받지 못하고 있는 10억원의 채권이 있음을 확인하고 A를 대위하여 H등에 대하여 각각 소를 구하였다.

문제 8 이 경우 법원은 어떠한 판단을 하여야 하며, 그 이유는 무엇인가? (10점)

✓ **정답 : 청구인용**

비법인사단이 총유재산에 관한 소를 제기할 때에는 정관에 다른 정함이 있는 등의 특별한 사정이 없는 한 사원총회의 결의를 거쳐야 하지만(대법원 2011. 7. 28. 선고 2010다97044 판결 등 참조), 이는 비법인사단의 대표자가 비법인사단 명의로 총유재산에 관한 소를 제기하는 경우에 비법인사단의 의사결정과 특별수권을 위하여 필요한 내부적인 절차이다. 채권자대위권은 채무자가 스스로 자기의 권리를 행사하지 아니하는 때에 채권자가 채무자에 대한 채권을 보전하기 위하여 채무자의 의사와는 상관없이 채무자의 권리를 대위하여 행사할 수 있는 권리로서 그 권리행사에 채무자의 동의를 필요로 하는 것은 아니므로, 비법인사단이 총유재산에 관한 권리를 행사하지 아니하고 있어 비법인사단의 채권자가 채권자대위권에 기하여 비법인사단의 총유재산에 관한 권리를 대위행사하는 경우에는 사원총회의 결의 등 비법인사단의 내부적인 의사결정절차를 거칠 필요가 없다(대법원 2014. 9. 25. 선고 2014다211336 판결).

계속된 사실관계 | 보증채무의 부종성과 소멸시효 |

A아파트 건축조합은 위 Y아파트의 건축을 한 후, 직접 분양을 겸하기로 하면서 S은행으로부터 일부 수분양자들인 P가 2008. 5. 10.에 중도금대출을 받는 것에 대하여 연대보증을 서면서, S은행과 A 아파트건축조합은 수분양자들인 P의 동의가 없어도 A 아파트건축조합이 곧바

로 중도금대출 만기요청을 할 수 있으며, 그로인하여 발생할 수 있는 문제는 전적으로 A아파트 건축조합이 책임지기로 약정하였다. 그런데 2008. 10. 1.에 A아파트건축조합과 수분양자들인 P간의 분양계약에 대한 합의해제가 있었고, A아파트 건축조합과 수분양자들인 P간에는 A아파트건축조합이 위 대출금채무를 상환하기로 약정하였으며, 합의해제된 후 1주일되던 때에 합의해제의 사실을 S은행에 통보하였다. 한편 A아파트건축조합과 S은행이 체결한 대출업무약정에는 분양계약이 해제되는 경우 A아파트건축조합이 P에게 반환하여야 할 분양대금을 S은행에 대한 대출금채무에 충당하기로 약정한 바 있었다. 그러나 A아파트건축조합은 분양계약이 해제된 후에도 대출금채무를 상환하지 아니한 채 계속하여 S은행에 만기요청을 하면서 2015. 4.까지 이자만 지급하고 있었고, S은행은 수분양자들인 P에 대하여 별다른 조치를 취하지 아니하였다. 2015. 5. 10.에 이르러 S은행은 수분양자들인 P와 A아파트건축조합을 상대로 주채무 및 보증채무의 이행을 구하는 소를 제기하였다. 이에 P는 시효완성을 주장하였다.

문제 9 P와 A에 대한 이행의 소는 인용될 수 있는가? (10점)

✓ 정답 : 인용될 수 없다.

이유 : 보증채무에 대한 소멸시효가 중단되는 등의 사유로 완성되지 아니하였다고 하더라도 주채무에 대한 소멸시효가 완성된 경우에는 시효완성의 사실로 주채무가 소멸되므로 보증채무의 부종성에 따라 보증채무 역시 당연히 소멸되는 것이 원칙이다.

다만 보증채무의 부종성을 부정하여야 할 특별한 사정이 있는 경우에는 예외적으로 보증인은 주채무의 시효소멸을 이유로 보증채무의 소멸을 주장할 수 없으나, 특별한 사정을 인정하여 보증채무의 본질적인 속성에 해당하는 부종성을 부정하려면 보증인이 주채무의 시효소멸에도 불구하고 보증채무를 이행하겠다는 의사를 표시하거나 채권자와 그러한 내용의 약정을 하였어야 하고, 단지 보증인이 주채무의 시효소멸에 원인을 제공하였다는 것만으로는 보증채무의 부종성을 부정할 수 없다.

상가 분양자인 갑 주식회사가 을 은행과 수분양자들에 대한 중도금 대출에 관하여 대출업무약정을 체결하면서 수분양자들의 대출금 채무를 연대보증하기로 하였고, 이에 따라 수분양자인 병의 을 은행에 대한 대출금 채무의 연대보증인이 되었는데, 갑 회사가 을 은행에 주채무자인 수분양자들의 개별 동의 없이 대출의 만기연장을 요청하면서 그로 인하여 발생하는 모든 문제를 책임지기로 하였고, 그 후 갑 회사가 병과 분양계약을 합의해제하면서 대출금의 상환을 책임지기로 약정하였으나, 대출금을 상환하지 아니한 채 계속하여 만기를 연장하면서 이자만을 납부하였으며, 을 은행은 병에 대하여 시효중단 등의 조치를 취하지 아니하여 병의 대출금 채무가 시효완성된 사안에서, 갑 회사는 수분양자들과 다수의 분양계약을 체결하고 수분양자들이 주채무자인 대출금 채무에 관하여 연대보증을 하였으므로, 갑 회사가 을 은행과 주채무자의 동의를 받지 아니한 채 대출만기를 연장하면서 그로 인하여 발생한 문제에 대하여 책임지기로 한 것은 주채무가 시효소멸해도 보증채무를 이행하겠다는 의사를 표시한 것이라기보다는 일괄적인 업무처리의 편의를 위한 것으로 볼 여지가 있고, 갑 회사가 분양계약을 해제하면서 병에 대하여 대출금의 상환을 책임지기로 한 것을 채권자인 을 은행에 대한 의사표시로 보기 어려울 뿐만 아니라, 그 밖에 갑 회사가 을 은행에 병의 동의 없는 대출만기의 연장을 요청하였고, 분양계약이 해제된 후에도 계속하여 만기를 연장하면서 대출금의 이자를 납부하였으며, 이에 따라 을 은행이 병에 대하여 채권회수 등을 위한 조치를 취하지 아니하여 주채무의 소멸시효가 완성되는 등으로 갑 회사가 주채무의 시효소멸에 원인을 제공하였다는 사정만으로는 보증채무의 부종성을 부정할 수 없는데도, 보증채무의 부종성을 부정하여야 할 특별한 사정이 있다고 보아 갑 회사가 주채무의 시효소멸을 이유로 보증채무의 소멸을 주장할 수 없다고 본 원심판결에 법리오해 등의 잘못이 있다(대법원 2018. 5. 15. 선고 2016다211620 판결).

제2문 | 관습법상 법정지상권

A소유의 X토지 위에 B가 2008. 1. 10.에 Y건물을 건축하여 자신의 명의로 보존등기를 경료하여 점유·사용하여 왔는데, 2008. 10. 18.에 B의 채권자인 C은행이 피보전채권액 5,000만원으로 하여 Y건물에 가압류신청을 하여 2008. 10. 20.자 가압류기입등기가 경료되었다. 그 후 2009. 9. 18.에 C은행이 압류를 하여 2009. 9. 20.에 강제경매개시결정이 나서 경매절차가 진행되었다. 한편 2010. 11. 30. D가 위 X토지를 A로부터 매수하여 이전등기를 경료하였는데, D는 2010. 12. 12.에 위 Y건물도 매수하여 자신의 명의로 이전등기를 경료하였다. 한편 E는 위 Y건물에 대한 강제경매절차에 따라, 2011. 6. 10. 매수대금을 완납하고 2011. 6. 15.에 자신의 명의로 이전등기를 경료하였다. 이에 건물과 토지를 매수한 D는 E를 상대로 Y건물의 철거 및 대지인도를 구하는 소를 제기하였다.

문제 1 이 경우 법원은 어떠한 판단을 하여야 하며, 그 이유는 무엇인가? (15점)

✓ **정답 : 청구인용**

1. 문제의 소재 (2점)

① 관습법상 법정지상권의 성립요건

② 관습상 법정지상권의 성립 요건인 '토지와 그 지상 건물이 동일인 소유에 속하였는지'를 판단하는 기준 시기

2. 관습법상 법정지상권의 성립요건 (5점)

관습법상 법정지상권은 토지와 그 지상건물이 동일인에게 속하였다가 매매 기타의 원인으로 각각 소유자를 달리하게 된 경우에 인정되는 제도이다. 관습법상 법정지상권은 ⅰ)토지와 지상건물이 동일인에게 속하였어야 한다. 여기서 주목할 점은 미등기나 무허가건물의 경우에도 관습법상 법정지상권이 성립하고(대법원 1991. 8. 13. 선고 91다16631 판결), 다만 이러한 경우에는 원시취득한 경우에 한하여 인정될 뿐이다(대법원 2002. 6. 20. 선고 2002다9660 전원합의체 판결). ⅱ)토지와 건물이 매매 기타의 원인으로 소유자가 달라져야 하며, 여기서 매매 기타의 원인으로 증여, 공매, 강제경매, 불하 등도 포함된다. ⅲ)당사자 사이에 건물을 철거한다는 특약이 없어야 한다.

3. 관습상 법정지상권의 성립 요건인 '토지와 그 지상 건물이 동일인 소유에 속하였는지'를 판단하는 기준 시기 (5점)

동일인의 소유에 속하고 있던 토지와 그 지상 건물이 강제경매 또는 국세징수법에 의한 공매 등으로 인하여 소유자가 다르게 된 경우에는 그 건물을 철거한다는 특약이 없는 한 건물소유자는 토지소유자에 대하여 그 건물의 소유를 위한 관습상 법정지상권을 취득한다. 원래 관습상 법정지상권이 성립하려면 토지와 그 지상 건물이 애초부터 원시적으로 동일인의 소유에 속하였을 필요는 없고, 그 소유권이 유효하게 변동될 당시에 동일인이 토지와 그 지상 건물을 소유하였던 것으로 족하다.

강제경매의 목적이 된 토지 또는 그 지상 건물의 소유권이 강제경매로 인하여 그 절차상의 매수인에게 이전된 경우에 건물의 소유를 위한 관습상 법정지상권이 성립하는가 하는 문제에 있어서는 그 매수인이 소유권을 취득하는 매각대금의 완납시가 아니라 그 압류의 효력이 발생하는 때를 기준으로 하여 토지와 그 지상 건물이 동일인에 속하였는지가 판단되어야 한다. 강제경매개시결정의 기입등기가 이루어져 압류의 효력이 발생한 후에 경매목적물의 소유권을 취득한 이른바

제3취득자는 그의 권리를 경매절차상 매수인에게 대항하지 못하고, 나아가 그 명의로 경료된 소유권이전등기는 매수인이 인수하지 아니하는 부동산의 부담에 관한 기입에 해당하므로(민사집행법 제144조 제1항 제2호 참조) 매각대금이 완납되면 직권으로 그 말소가 촉탁되어야 하는 것이어서, 결국 매각대금 완납 당시 소유자가 누구인지는 이 문제맥락에서 별다른 의미를 가질 수 없다는 점 등을 고려하여 보면 더욱 그러하다. 한편 강제경매개시결정 이전에 가압류가 있는 경우에는, 그 가압류가 강제경매개시결정으로 인하여 본압류로 이행되어 가압류집행이 본집행에 포섭됨으로써 당초부터 본집행이 있었던 것과 같은 효력이 있다. 따라서 경매의 목적이 된 부동산에 대하여 가압류가 있고 그것이 본압류로 이행되어 경매절차가 진행된 경우에는, 애초 가압류가 효력을 발생하는 때를 기준으로 토지와 그 지상 건물이 동일인에 속하였는지를 판단하여야 한다(대법원 2012. 10. 18. 선고 2010다52140 전원합의체 판결).

4. 사안의 해결 (3점)

D는 가압류효력이 발생한 시점에 토지와 건물이 동일인에게 속하지 않았기 때문에 법정지상권이 존재하지 않는다고 하는 반면, E는 대금완납시에 토지와 건물이 동일인에 속하기 때문에 법정지상권이 존재한다고 다투고 있다. C은행의 가압류 효력 발생시점에 X토지는 A의 소유로, Y건물은 B의 소유로 되어 있다가 E가 매수대금을 완납한 시점에 X토지와 Y건물이 D인 동일인의 소유로 되어 있었던 바, 가압류 효력 발생 시점에 토지와 건물이 동일인의 소유가 아니었기 때문에 E의 주장은 이유가 없다.

제3문

기초적 사실관계

A와 B는 친구사이로서 2003. 4. 1.에 F로부터 X토지를 매수하여 각각 2분의 1씩 소유권이전등기를 경료하고, 2003. 4. 10.에 C은행으로부터 금전을 차용하며, 채무자는 A로 하고, 9,000만원을 대출받으면서 채권최고액은 1억 3,000만원으로 하는 근저당권을 C은행에 설정해 주었다.

계속된 사실관계 | 채무자와 물상보증인의 공유부동산의 처분과 채권자취소권 |

2010. 3. 15.에 A는 채무초과의 상태에서 자신의 유일한 재산인 X토지의 2분의 1의 지분을 B와 통정허위 매매계약을 체결하고 2010. 3. 16. B명의로 소유권이전등기를 경료해 주었다. 그 후 B는 2010. 3. 30.에 X토지에 대하여 C은행으로부터 9,000만원의 금전을 차용하며 채권최고액 1억 800만원의 근저당권설정등기를 C은행의 명의로 경료해 주었다. 몇 달이 지난 후, B는 C은행에 근저당권의 피담보채무액 9,300만원을 변제하여, C은행 명의의 근저당권은 말소되었다. 그 후 C은행은 A와 B사이의 2010. 3. 15.자 매매는 통정허위매매라고 주장하며, B를 상대로 사해행위취소 및 원상회복을 구하는 소를 제기하였다. 이에 B는 2010. 3. 15. 매매 당시 X토지의 시가는 1억 5,000만원에 불과하고, 그 2분의 1에 해당하는 지분이 7,500만원에 불과하기 때문에, 그 금액이 피담보채무액보다 적은 금액이기 때문에 사해행위가 성립하지 않는다고 주장하였다.

문제 1 이러한 B의 주장은 이유가 있는가? (15점)

✓ 정답 : 이유 없음

1. 문제의 소재 (2점)

채무자와 물상보증인의 공유인 부동산에 관하여 저당권이 설정된 후 채무자가 자신의 지분을 양도한 경우, 그 양도가 사해행위에 해당하는지를 판단할 때 채무자 소유의 지분이 부담하는 피담보채권액의 범위

2. 채무자와 물상보증인의 공유부동산의 처분과 채권자취소권 (10점)

사해행위취소의 소에서 채무자가 수익자에게 양도한 목적물에 저당권이 설정되어 있는 경우라면 그 목적물 중에서 일반채권자들의 공동담보에 제공되는 책임재산은 피담보채권액을 공제한 나머지 부분만이라고 할 것이고, 그 피담보채권액이 목적물의 가액을 초과할 때는 당해 목적물의 양도는 사해행위에 해당한다고 할 수 없다. 그런데 수 개의 부동산에 공동저당권이 설정되어 있는 경우, 책임재산을 산정함에 있어 각 부동산이 부담하는 피담보채권액은 특별한 사정이 없는 한 민법 제368조의 규정 취지에 비추어 공동저당권의 목적으로 된 각 부동산의 가액에 비례하여 공동저당권의 피담보채권액을 안분한 금액이라고 보아야 한다. 그러나 그 수 개의 부동산 중 일부는 채무자의 소유이고 다른 일부는 물상보증인의 소유인 경우에는, 물상보증인이 민법 제481조,

제482조의 규정에 따른 변제자대위에 의하여 채무자 소유의 부동산에 대하여 저당권을 행사할 수 있는 지위에 있는 점 등을 고려할 때, 그 물상보증인이 채무자에 대하여 구상권을 행사할 수 없는 특별한 사정이 없는 한 채무자 소유의 부동산에 관한 피담보채권액은 공동저당권의 피담보채권액 전액으로 봄이 상당하다. 이러한 법리는 하나의 공유부동산 중 일부 지분이 채무자의 소유이고, 다른 일부 지분이 물상보증인의 소유인 경우에도 마찬가지로 적용된다(대법원 2013. 7. 18. 선고 2012다5643 전원합의체 판결).

공동저당으로 제공된 수개의 부동산 중 일부는 채무자의 소유이고 다른 일부는 물상보증인의 소유인 경우에는, 물상보증인이 변제자대위를 할 수 있는 점을 고려할 때, 특별한 사정이 없는 한 채무자 소유의 부동산이 부담하는 피담보채권액은 채무자 소유 부동산의 가액을 한도로 한 공동저당권의 피담보채권액 전액이고, 물상보증인 소유의 부동산이 부담하는 피담보채권액은 공동저당권의 피담보채권액에서 위와 같은 채무자 소유의 부동산이 부담하는 피담보채권액을 제외한 나머지이다. 이러한 법리는 하나의 공유부동산 중 일부지분이 채무자의 소유이고, 다른 일부지분이 물상보증인 소유인 사안에서도 그대로 적용된다(대법원 2016. 8. 18. 선고 2013다90402 판결).

3. 사안의 해결 (3점)

A가 B에게 자신의 X토지의 2분의 1의 지분을 매매할 당시 X토지의 시가는 1억 5,000만원이었고, A의 지분이 7,500만원에 불과하다 하더라도, 특별한 사정이 없는 한 채무자 소유의 부동산에 관한 피담보채권액은 공동저당권의 피담보채권액 전액으로 봄이 상당하기 때문에, B가 피담보채권액으로 변제한 9,300만원을 C은행에 변제하였으므로 사해행위는 성립하지 않는다.

	제1판결 2003다39989	**제2판결** 2007다78234	**제3판결** 2008다25671	**제4판결** 2012다5643
공동저당물	수개부동산	수개부동산	공유부동산	공유부동산
저당물 소유자	모두채무자	채무자 & 물상보증인	채무자 & 제3취득자	채무자 & 물상보증인
수익자	제3자	제3자	제3자	물상보증인
산정방식	안분설	전액설	전액설	전액설

계속된 사실관계 | 공동저당과 물상보증인 |

A는 2003. 4. 10.자 근저당권에 기한 피담보채무를 2008. 5. 1.에 전액변제하고 근저당권이 그 다음날 말소되었다. 상당한 기간이 흐른 2016. 11. 1.에 사업상 금전이 필요한 A는 친구인

B를 찾아가서 C은행을 통해 금 5억원의 대출이 필요하다고 하면서 연대보증을 부탁하였고, 이에 B는 A를 위하여 C은행과 연대보증계약을 체결하고, 한편 C은행이 위 5억원의 대출이 다소 고액이라 대출을 꺼리자 어쩔 수 없이 B에게 부탁하여 위 X토지상의 자신의 지분과 B의 지분을 모두 위 5억원의 대출을 위한 담보를 부탁하자 B가 이에 응하여 자신의 지분인 X토지상의 2분의 1지분에 대하여 물상보증을 서게 되었다. 그런데 A가 정해진 날짜에 이자를 계속 연체하자 C은행은 2017. 9. 10.에 임의경매를 신청하게 되어, 위 X토지 전체에 대하여 저당권이 실행되었다. 그런데 위 X토지의 평가액은 8억원으로 결정되어 배당을 실시하게 되었다.

문제 2 이 경우 그 배당은 어떻게 이루어지며, 그 이유는 무엇인가? (15점)

1. 문제의 소재 (2점)

① 물상보증인 소유 부동산에 대한 공동저당의 법리

② 연대보증을 겸한 물상보증인의 법적 지위

2. 물상보증인 소유 부동산에 대한 공동저당의 법리 (5점)

공동저당권이 설정되어 있는 수개의 부동산 중 일부는 채무자 소유이고 일부는 물상보증인의 소유인 경우 위 각 부동산의 경매대가를 동시에 배당하는 때에는, 물상보증인이 민법 제481조, 제482조의 규정에 의한 변제자대위에 의하여 채무자 소유 부동산에 대하여 담보권을 행사할 수 있는 지위에 있는 점 등을 고려할 때, "동일한 채권의 담보로 수개의 부동산에 저당권을 설정한 경우에 그 부동산의 경매대가를 동시에 배당하는 때에는 각 부동산의 경매대가에 비례하여 그 채권의 분담을 정한다"고 규정하고 있는 민법 제368조 제1항은 적용되지 아니한다고 봄이 상당하다. 따라서 이러한 경우 경매법원으로서는 채무자 소유 부동산의 경매대가에서 공동저당권자에게 우선적으로 배당을 하고, 부족분이 있는 경우에 한하여 물상보증인 소유 부동산의 경매대가에서 추가로 배당을 하여야 한다(대법원 2010. 4. 15. 선고 2008다41475 판결).

3. 연대보증을 겸한 물상보증인의 법적 지위 (5점)

공동저당권이 설정되어 있는 수개의 부동산 중 일부는 채무자 소유이고 일부는 물상보증인 소유인 경우 각 부동산의 경매대가를 동시에 배당하는 때에는 민법 제368조 제1항은 적용되지 아니하고, 채무자 소유 부동산의 경매대가에서 공동저당권자에게 우선적으로 배당을 하고, 부족분이 있는 경우에 한하여 물상보증인 소유 부동산의 경매대가에서 추가로 배당을 하여야 한다. 그리고 이러한 이치는 물상보증인이 채무자를 위한 연대보증인의 지위를 겸하고 있는 경우에도 마찬가지이다(대법원 2016. 3. 10. 선고 2014다231965 판결).

4. 사안의 해결 (3점)

사안의 경우, 물상보증인이 연대보증을 겸하고 있는 경우로서, 민법 제368조 제1항은 적용되지 아니한다고 봄이 상당하다. 따라서 이러한 경우 경매법원으로서는 채무자 소유 부동산의 경매대가에서 공동저당권자에게 우선적으로 배당을 하고, 부족분이 있는 경우에 한하여 물상보증인 소유 부동산의 경매대가에서 추가로 배당을 하여야 하기 때문에, A의 지분인 4억원에 대하여 전액 배당을 하고, 나머지 1억원은 B의 지분에서 배당을 받게 된다.

제4문

기초적 사실관계

A는 자신의 X토지 위의 Y건물을 B에게 2010. 2. 10.에 전세금은 1억원으로 하고, 기간은 2년으로 하여, 2010. 2. 20.에 전세권설정등기를 경료하였다. 이에 B는 2010. 2. 20.에 Y건물에 입주하여 핸드폰 가게를 운영하고 있었는데, 2010. 9. 10.에 전세권자 B는 C은행으로부터 금 9,800만원을 대출받으면서 C은행에 전세권저당권을 설정해 주었다.

계속된 사실관계 | 전세권저당권 |

전세기간이 만료된 후인 2012. 8. 20.에 C은행은 전세권저당권에 기한 물상대위권을 행사하여 B의 전세금반환채권에 대하여 청구금액 원금 및 이자를 합한 1억원으로 하는 압류명령과 전부명령을 받고, 이 명령이 2012. 8. 23.에 A에게 송달되었다. 그런데 B는 2012. 8. 현재에도 위 Y건물을 비우지 아니하고, 계속하여 영업을 하고 있다가 2012. 8. 즈음에 퇴거를 하였다. 이에 C은행은 자신의 압류 및 전부명령에 따른 채권액 1억원 전액을 A에게 구하자, A는 B가 Y건물을 비워주지 아니한 기간 동안의 월 임료상당을 공제한 나머지 금액을 반환하겠다고 주장하고 있다.

문제 1 A의 이러한 주장은 타당한가? (10점)

✓ **정답 : A의 주장은 타당하지 않다.**

1. 문제의 소재 (2점)

전세권설정자의 공제금과 전세권저당권의 압류채권의 우열관계

2. 전세권설정자의 공제금과 전세권저당권의 압류채권의 우열관계 (5점)

전세권저당권의 압류채권은 담보물권에 따른 우선변제권을 가진 채권이고, 전세권설정자의 임료상당의 채권은 일반채권에 불과하다.

3. 사안의 해결 (3점)

결국 A의 임료상당의 공제금은 일반채권에 불과한 것으로서, 우선변제권을 확보하고 있는 전세권저당권의 실행에 기한 압류채권액보다 후순위에 있기 때문에, 1억원의 전세금반환채권 전액을 A는 C은행에 반환하여야 한다.

변형된 사실관계 | 전세권설정등기와 통정허위표시에 의한 선의의 제3자 |

사실확인의 결과, A는 자신의 X토지 위의 Y건물을 B에게 2010. 2. 10.에 임대차보증금은 1억원으로 하고, 기간은 2년으로 하는 임대차계약을 체결하였으나, 실제로는 전세권계약을 체결하지 아니하였으면서 임대차계약에 기한 임대차보증금반환채권을 담보할 목적 또는 금융기관으로부터 대출을 받기 위하여 임대인과 임차인 사이의 합의에 의해 임차인 명의로 전세권을 2010. 2. 20.에 경료하였다. 그런데 이러한 사실을 잘 알고 있는 C가 B에 대한 채권을 담보하기 위하여 2010. 5. 10.에 전세권저당권설정등기를 경료하였고, 2010. 8. 25.에 이러한 사실을 전혀 모르는 C의 채권자인 D가 C의 전세권저당권부 채권을 가압류 하여, 2010. 10. 10.에 압류명령을 받게 되었다. 이에 A는 D에 대하여 C가 A와 B사이의 통정허위표시에 의한 전세권설정등기임을 알고 있음에도 불구하고, 그에 기하여 전세권저당권을 설정한 것이기 때문

에, 이에 기한 D의 전세권저당권부 채권의 가압류도 무효라고 주장하면서, 전세권저당권의 말소를 구하면서 승낙의 의사표시를 구하였다.

문제 2 이 경우 법원은 어떠한 판단을 하여야 하며, 그 이유는 무엇인가? (15점)

✓ 정답 : 청구기각

1. 문제의 소재 (2점)

실제로는 전세권설정계약을 체결하지 않았으면서도 임차보증금반환채권을 담보할 목적 등으로 임차인과 임대인의 합의에 따라 임차인 명의로 전세권설정등기를 마친 경우, 통정허위표시의 무효를 주장할 수 없는 '선의의 제3자'의 범위

2. 전세권설정등기와 통정허위표시에 의한 선의의 제3자 (10점)

실제로는 전세권설정계약을 체결하지 아니하였으면서도 임대차계약에 기한 임차보증금반환채권을 담보할 목적 또는 금융기관으로부터 자금을 융통할 목적으로 임차인과 임대인 사이의 합의에 따라 임차인 명의로 전세권설정등기를 경료한 경우에, 위 전세권설정계약이 통정허위표시에 해당하여 무효라 하더라도 위 전세권설정계약에 의하여 형성된 법률관계에 기초하여 새로이 법률상 이해관계를 가지게 된 제3자에 대하여는 그 제3자가 그와 같은 사정을 알고 있었던 경우에만 그 무효를 주장할 수 있다. 그리고 여기에서 선의의 제3자가 보호될 수 있는 법률상 이해관계는 위 전세권설정계약의 당사자를 상대로 하여 직접 법률상 이해관계를 가지는 경우 외에도 그 법률상 이해관계를 바탕으로 하여 다시 위 전세권설정계약에 의하여 형성된 법률관계와 새로이 법률상 이해관계를 가지게 되는 경우도 포함된다.

갑이 을의 임차보증금반환채권을 담보하기 위하여 통정허위표시로 을에게 전세권설정등기를 마친 후 병이 이러한 사정을 알면서도 을에 대한 채권을 담보하기 위하여 위 전세권에 대하여 전세권근저당권설정등기를 마쳤는데, 그 후 정이 병의 전세권근저당권부 채권을 가압류하였다가 이를 본압류로 이전하는 압류명령을 받은 사안에서, 병의 전세권근저당권부 채권은 통정허위표시에 의하여 외형상 형성된 전세권을 목적물로 하는 전세권근저당권의 피담보채권이고, 정은 이러한 병의 전세권근저당권부 채권을 가압류하고 압류명령을 얻음으로써 그 채권에 관한 담보권인 전세권근저당권의 목적물에 해당하는 전세권에 대하여 새로이 법률상 이해관계를 가지게 되었으므로, 정이 통정허위표시에 관하여 선의라면 비록 병이 악의라 하더라도 허위표시자는 그에

대하여 전세권이 통정허위표시에 의한 것이라는 이유로 대항할 수 없다(대법원 2013. 2. 15. 선고 2012다49292 판결).

3. 사안의 해결(3점)

A와 B가 임대차계약을 체결하고, 전세권설정계약을 체결한 바가 없으면서 통정허위표시로 B명의로 전세권설정등기를 경료한 경우, C가 이러한 사실을 잘 알고 있음에도 불구하고, 전세권저당권을 경료하였는데, 이러한 사실을 전혀 알지 못하는 D가 전세권저당권부 채권을 가압류한 경우라면, D는 민법 제108조 제2항의 선의의 제3자로서 보호를 받기 때문에 A의 가압류말소 주장은 타당하지 않다.

계속된 사실관계 | 전세권저당권의 실행과 전세권설정자의 상계 |

A는 자신의 X토지 위의 Y건물을 B에게 2010. 2. 10.에 전세금은 금 1억원으로 하고, 기간은 2년으로 하여, 2010. 2. 20.에 전세권설정등기를 경료하였다. 이에 B는 2010. 2. 20.에 Y건물에 입주하여 핸드폰 가게를 운영하고 있었는데, 2010. 9. 10.에 전세권자 B는 C은행으로부터 금 9,800만원을 대출받으면서 C은행에 전세권저당권을 설정해 주었다.

Y건물에 입주하여 핸드폰 가게를 운영하던 B는 경영상의 어려움을 겪고 있다가 2010. 5. 1.에 A를 방문하여 자신에게 금 5,000만원을 빌려주면 1년 뒤인 2011. 5. 1.에 변제하겠다고 부탁하였다. 이에 A는 당일 금 5,000만원을 마련하여 B에게 대여하고, 이자는 월 1%로 하기로 합의하였다. 그런데 B는 A에게 단 한 번의 이자도 지급하지 않았을 뿐만 아니라, 원금도 일체 변제하지 않고 있었다. 그 후 2012. 8. 20.에 C은행이 전세권저당권에 기해 전세금반환채권에 대하여 청구금액 1억원으로 하는 압류명령과 전부명령을 받고, 이 명령이 2012. 8. 23.에 A에게 송달되자, A는 C에 대하여 자신의 5,000만원의 대여금채권 및 이자와 그 대등액에서 상계를 주장하였다.

문제 3 A의 이러한 상계주장은 이유가 있는가? (15점)

✓ 정답 : 이유 있음

1. 문제의 소재 (2점)

① 전세기간만료시 전세권저당권의 실행방안

② 전세권저당권자가 전세금반환채권에 대하여 물상대위권을 행사한 경우, 전세권설정자가 전세권자에 대한 반대채권으로 전세권저당권자에게 상계로써 대항할 수 있는지 여부

2. 전세권저당권의 실행방안 (5점)

전세권을 목적으로 한 저당권이 설정된 경우, 전세권의 존속기간이 만료되면 전세권의 용익물권적 권능이 소멸하기 때문에 더 이상 전세권 자체에 대하여 저당권을 실행할 수 없게 되고, 저당권자는 저당권의 목적물인 전세권에 갈음하여 존속하는 것으로 볼 수 있는 전세금반환채권에 대하여 압류 및 추심명령 또는 전부명령을 받거나 제3자가 전세금반환채권에 대하여 실시한 강제집행절차에서 배당요구를 하는 등의 방법으로 물상대위권을 행사하여 전세금의 지급을 구하여야 한다(대법원 1999. 9. 17. 선고 98다31301 판결 등 참조).

3. 전세권저당권자가 전세금반환채권에 대하여 물상대위권을 행사한 경우, 전세권설정자가 전세권자에 대한 반대채권으로 전세권저당권자에게 상계로써 대항할 수 있는지 여부 (5점)

전세권저당권자가 위와 같은 방법으로 전세금반환채권에 대하여 물상대위권을 행사한 경우, 종전 저당권의 효력은 물상대위의 목적이 된 전세금반환채권에 존속하여 저당권자가 그 전세금반환채권으로부터 다른 일반채권자보다 우선변제를 받을 권리가 있으므로, 설령 전세금반환채권이 압류된 때에 전세권설정자가 전세권자에 대하여 반대채권을 가지고 있고 그 반대채권과 전세금반환채권이 상계적상에 있다고 하더라도 그러한 사정만으로 전세권설정자가 전세권저당권자에게 상계로써 대항할 수는 없다.

그러나 전세금반환채권은 전세권이 성립하였을 때부터 이미 그 발생이 예정되어 있다고 볼 수 있으므로, 전세권저당권이 설정된 때에 이미 전세권설정자가 전세권자에 대하여 반대채권을 가지고 있고 그 반대채권의 변제기가 장래 발생할 전세금반환채권의 변제기와 동시에 또는 그보다 먼저 도래하는 경우와 같이 전세권설정자에게 합리적 기대 이익을 인정할 수 있는 경우에는 특별한 사정이 없는 한 전세권설정자는 그 반대채권을 자동채권으로 하여 전세금반환채권과 상계함으로써 전세권저당권자에게 대항할 수 있다(대법원 2014. 10. 27. 선고 2013다91672 판결).

4. 사안의 해결(3점)

A와 B가 전세권을 설정한 시기는 2010. 2. 20.이고, B가 A로부터 5,000만원을 대여한 시기는 2010. 5. 1.이며, A의 B에 대한 대여금 변제기는 2011. 5. 1.이고, C은행의 전세권저당권의 압류의 효력발생 시기는 2012. 8.경이므로, 전세권저당권이 설정된 때에 이미 A가 B에 대하여 반대채

권을 가지고 있고, 그 반대채권의 변제기가 장래 발생할 전세금반환채권의 변제기와 동시에 또는 그보다 먼저 도래하는 경우에 해당되기 때문에, A의 C에 대한 상계주장은 이유가 있다.

추가적 사실관계 | 전세금반환채권 양도 |

전세권자인 B는 위 전세권의 약정기한인 2012. 2. 9.까지 Y건물을 사용·수익한 후에 아직 전세금을 돌려받지 않은 상태에서 2012. 2. 20.에 D에게 전세권 양도계약 및 전세권이전의 부기등기를 경료해 주었다. 그런데 B에 대하여 외상대금 5,000만원을 가지고 있는 E가 B의 A에 대한 전세금반환채권이 존재한다는 것을 확인하고 2012. 3. 10.에 압류명령을 신청하여 이에 따른 전부명령이 확정되었다. 이에 E는 A를 상대로 전세금반환채권 중 5,000만원에 대하여 전부금을 구하는 소를 제기하였다.

문제 4 이 경우 법원은 어떠한 판단을 하여야 하며, 그 이유는 무엇인가? (10점)

✓ 전세권설정등기를 마친 민법상의 전세권은 그 성질상 용익물권적 성격과 담보물권적 성격을 겸비한 것으로서, 전세권의 존속기간이 만료되면 전세권의 용익물권적 권능은 전세권설정등기의 말소 없이도 당연히 소멸하고 단지 전세금반환채권을 담보하는 담보물권적 권능의 범위 내에서 전세금의 반환시까지 그 전세권설정등기의 효력이 존속하고 있다 할 것인데, 이와 같이 존속기간의 경과로서 본래의 용익물권적 권능이 소멸하고 담보물권적 권능만 남은 전세권에 대해서도 그 피담보채권인 전세금반환채권과 함께 제3자에게 이를 양도할 수 있다 할 것이지만 이 경우에는 민법 제450조 제2항 소정의 확정일자 있는 증서에 의한 채권양도절차를 거치지 않는 한 위 전세금반환채권의 압류·전부 채권자 등 제3자에게 위 전세보증금반환채권의 양도사실로써 대항할 수 없다.

전세기간 만료 이후 전세권양도계약 및 전세권이전의 부기등기가 이루어진 것만으로는 전세금반환채권의 양도에 관하여 확정일자 있는 통지나 승낙이 있었다고 볼 수 없어 이로써 제3자인 전세금반환채권의 압류·전부 채권자에게 대항할 수 없다(대법원 2005. 3. 25. 선고 2003다35659 판결).

제5문 | 사해행위취소에 의한 가액반환과 부당이득 / 변제자대위의 법리

A는 2009. 4. 17. B에게 서울 소재 아파트를 매도하는 매매예약을 체결하고, 같은 날 위 매매예약을 원인으로 한 B 명의의 소유권이전청구권 가등기를 마쳤다. 이후 B는 2010. 3. 19. C에게 위 매매예약에 기한 소유권이전청구권을 양도하였고, C는 2010. 4. 9. 이 사건 부동산에 관한 가등기 이전의 부기등기와 함께 2010. 3. 19.자 매매를 원인으로 하여 위 가등기에 기한 본등기를 마쳤다.
이에 대하여 A의 채권자인 D와 E는 각각 위 매매예약과 매매계약이 사해행위에 해당한다면서 B과 C을 상대로 사해행위취소의 소를 제기하였고, 법원은 D에 대하여는 4,040만 원, E에 대하여는4,840만 원의 한도에서 위 매매계약과 매매예약을 각각 취소하고 B와 C에게 그 가액배상을 명하는 판결을 선고하였으며, 이후 위 판결은 모두 확정되었다.
한편 A의 대표이사인 F는 D에 대하여는 주채무자 A의 구상채무를 위하여, E에 대하여는 주채무자 H의 대출채무를 위하여 각각 연대보증을 하였는데, 가액반환 채무자 C의 이름으로 2012. 9. D에게 가액반환금 4,040만 원 등을 지급하였고, 2012. 11. E를 피공탁자로 하여 가액반환금 잔액 8,530,410원 등을 변제공탁하였다.
F의 채권자인 G는 F가 B와 C의 가액반환 채무를 대신 변제하여 B와 C에게 구상권을 가진다고 주장하면서, F에 대한 집행력 있는 공정증서 정본에 기하여 F의 B와 C에 대한 구상권을 압류·전부받은 후 B와 C를 상대로 전부금의 지급을 구하는 이 사건 소를 제기하였다.

문제 1 이 경우 법원은 어떠한 판단을 하여야 하며, 그 이유는 무엇인가? (10점)

✓ 채무자의 법률행위가 사해행위에 해당하여 취소를 이유로 원상회복이 이루어지는 경우, 특별한 사정이 없는 한 채무자는 수익자 또는 전득자에게 부당이득반환채무를 부담한다.

채무자의 책임재산이 위와 같이 원상회복되어 그로부터 채권자가 채권의 만족을 얻음으로써 채무자의 다른 공동채무자도 자신의 채무가 소멸하는 이익을 얻을 수 있다. 이러한 경우에 공동채무의 법적 성격이나 내용에 따라 채무자와 다른 공동채무자 사이에 구상관계가 성립하는 것은 별론으로 하고 공동채무자가 수익자나 전득자에게 직접 부당이득반환채무를 부담하는 것은 아니다. 따라서 채무자의 공동채무자가 수익자나 전득자의 가액배상의무를 대위변제한 경우에도 특별한 사정이 없는 한 수익자나 전득자에게 구상할 수 있다(대법원 2017. 9. 26. 선고 2015다38910 판결).

제6문 | 금전채권자가 공유물분할청구권을 대위행사할 수 있는지 여부

A는 B에게 2015. 1. 5.에 금 1억원을 대여하면서 변제일은 1년 후로 정하였다. 그런데 2016. 1. 5.이 경과하여도 B는 A에게 대여금반환을 차일피일 미루고 있었다. 그 즈음 B는 자신의 아버지가 돌아가시자 서울에 위치하고 있는 시가 5억원 상당의 아파트를 두 동생인 C·D와 같이 공동으로 상속받아 각각의 지분으로 이전등기를 경료하였다. 2018. 2.경 C는 甲은행 금 1억원을 차용하면서 위 아파트를 甲은행에 공동근저당권을 설정해 주었고, 그 이듬해 D도 乙은행으로부터 금 1억원을 차용하면서 위 아파트를 乙은행에 공동근저당권을 설정해 주었다. 이에 A는 B가 형제들과 같이 위 아파트를 공동으로 상속받아 지분등기까지 경료한 사실을 확인하고, 2020. 5. 22.에 자신의 1억원의 금전채권을 보전하기 위하여 B를 대위하여 C와 D에 대하여 공유물분할을 구하는 소를 제기하였다..

문제 1 이 경우 법원은 어떠한 판단을 하여야 하며, 그 이유는 무엇인가?(10점)

✓ **정답 : 청구기각**

이유

1. 채권자는 자기의 채권을 보전하기 위하여, 일신에 전속한 권리가 아닌 한 채무자의 권리를 행사할 수 있다(민법 제404조 제1항). 공유물분할청구권은 공유관계에서 수반되는 형성권으로서 공유자의 일반재산을 구성하는 재산권의 일종이다. 공유물분할청구권이 오로지 공유자의 의사에 행사의 자유가 맡겨져 있어 공유자 본인만 행사할 수 있는 권리라고 볼 수는 없다. 따라서 공유물분할청구권도 채권자대위권의 목적이 될 수 있다.

2. 권리의 행사 여부는 그 권리자가 자유로운 의사에 따라 결정하는 것이 원칙이다. 채무자가 스스로 권리를 행사하지 않는데도 채권자가 채무자를 대위하여 채무자의 권리를 행사할 수 있으려면 그러한 채무자의 권리 행사를 통해 채권자의 권리를 보전해야 할 필요성이 있어야 한다. 여기에서 보전의 필요성은 채권자가 보전하려는 권리의 내용, 채권자가 보전하려는 권리가 금전채권인 경우 채무자의 자력 유무, 채권자가 보전하려는 권리와 대위하여 행사하려는 권리의 관련성 등을 종합적으로 고려하여 채권자가 채무자의 권리를 대위하여 행사하지 않으면 자기 채권의 완

전한 만족을 얻을 수 없게 될 위험이 있어 채무자의 권리를 대위하여 행사하는 것이 자기 채권의 현실적 이행을 유효·적절하게 확보하기 위하여 필요한지 여부를 기준으로 판단하여야 하고, 채권자대위권의 행사가 채무자의 자유로운 재산관리행위에 대한 부당한 간섭이 되는 등 특별한 사정이 있는 경우에는 보전의 필요성을 인정할 수 없다(대법원 1993. 10. 8. 선고 93다28867 판결, 대법원 2013. 5. 23. 선고 2010다50014 판결, 대법원 2017. 7. 11. 선고 2014다89355 판결 등 참조).

3. 채권자가 자신의 '금전채권'을 보전하기 위하여 채무자를 대위하여 '부동산에 관한' 공유물분할청구권을 행사하는 것은, 책임재산의 보전과 직접적인 관련이 없어 채권의 현실적 이행을 유효·적절하게 확보하기 위하여 필요하다고 보기 어렵고 채무자의 자유로운 재산관리행위에 대한 부당한 간섭이 되므로 보전의 필요성을 인정할 수 없다. 또한 특정 분할방법을 전제하고 있지 않는 공유물분할청구권의 성격 등에 비추어 볼 때 그 대위행사를 허용하면 여러 법적 문제들이 발생한다. 따라서 극히 예외적인 경우가 아니라면 금전채권자는 부동산에 관한 공유물분할청구권을 대위행사할 수 없다고 보아야 한다.

이는 채무자의 공유지분이 다른 공유자들의 공유지분과 함께 근저당권을 공동으로 담보하고 있고, 근저당권의 피담보채권이 채무자의 공유지분 가치를 초과하여 채무자의 공유지분만을 경매하면 남을 가망이 없어 민사집행법 제102조에 따라 경매절차가 취소될 수밖에 없는 반면, 공유물분할의 방법으로 공유부동산 전부를 경매하면 민법 제368조 제1항에 따라 각 공유지분의 경매대가에 비례해서 공동근저당권의 피담보채권을 분담하게 되어 채무자의 공유지분 경매대가에서 근저당권의 피담보채권 분담액을 변제하고 남을 가망이 있는 경우에도 마찬가지이다.

4. 이와 달리 공유물에 근저당권 등 선순위 권리가 있어 남을 가망이 없다는 이유로 민사집행법 제102조에 따라 공유지분에 대한 경매절차가 취소된 경우에는 공유자의 금전채권자는 자신의 채권을 보전하기 위하여 공유자의 공유물분할청구권을 대위행사할 수 있다는 취지로 판단한 대법원 2015. 12. 10. 선고 2013다56297 판결은 이 판결의 견해에 배치되는 범위에서 이를 변경하기로 한다(대법원 2020. 5. 21. 선고 2018다879 전원합의체 판결).

• 제 9 장 •

제1문

기초적 사실관계

B는 A소유의 X토지 위의 Y건물에 대하여 2010. 3. 10.에 기간은 3년, 보증금 3억원으로 하는 임대차계약을 체결하였다. 한편 B는 2010. 3. 20.에 위 Y건물에 입주하여 상가건물임대차보호법상의 대항력을 갖춘 후, 약 한달 정도의 인테리어 공사를 완료한 후, 스포츠의류 아울렛 매장을 운영하면서 영업을 계속하고 있다.

계속된 사실관계 | 임대차와 전대차 |

B가 영업을 시작한 지 1여년이 된 2011. 2. 10.에 건강이 좋지 않게 되어 계속 영업을 할 수 없는 처지가 되자, A의 동의를 얻은 후 B는 C와 기간은 A와 B간의 남아 있는 임대차기간으로 하여 전대차계약을 체결하고 C가 영업을 계속하게 되었다. 한편 A와 B간의 임대차기간이 만료된 2013. 4.경에 A가 B에게 X토지의 임대차기간이 만료되었음을 통지하여 Y건물의 인도를 구하였으나, 그럼에도 불구하고 C는 2014. 5. 20.까지 Y건물에서 영업을 계속하였고, 이에 A는 C에 대하여 2013. 3. 10. 이후부터 C가 부당하게 X토지를 점유·사용 하였음을 이유로 전대차 종료일 이후부터 목적물 명도 완료일까지의 차임 상당 부당이득금을 구하는 소를 제기하였다.

문제 1 이 경우 법원은 어떠한 판단을 하여야 하며, 그 이유는 무엇인가? (10점)

✓ 정답 : 청구기각

1. 문제의 소재 (2점)

임대차와 전대차가 모두 종료된 경우, 전차인은 임대인과 전대인 중에서 누구에게 전대차 종료일 이후부터 목적물 명도 완료일까지의 차임 상당 부당이득금의 반환의무가 있는지

2. 전대차와 부당이득 (5점)

임대차는 당사자 일방이 상대방에게 목적물을 사용·수익하게 할 것을 약정하고 상대방이 이에 대

하여 차임을 지급할 것을 약정함으로써 그 효력이 생기는 것이므로, 임차인은 임대차계약이 종료된 경우 특별한 사정이 없는 한 임대인에게 그 목적물을 명도하고 임대차 종료일까지의 연체차임을 지급할 의무가 있음은 물론, 임대차 종료일 이후부터 목적물 명도 완료일까지 그 부동산을 점유·사용함에 따른 차임 상당의 부당이득금을 반환할 의무도 있다고 할 것인데, 이와 같은 법리는 임차인이 임차물을 전대하였다가 임대차 및 전대차가 모두 종료된 경우의 전차인에 대하여도 특별한 사정이 없는 한 그대로 적용된다(대법원 2007. 8. 23. 선고 2007다21856 판결).

3. 사안의 해결 (3점)

A와 B간의 임대차에 기해 B와 C간의 전대차계약이 체결되었다가, A와 B간의 임대차기간이 만료되었음에도 불구하고, C가 계속하여 임차목적물을 사용·수익하고 있는 경우, 전차인은 임대인에게 부당이득의무를 부담하는 것이 아니라, 전대인에게 부당이득의무를 부담하여야 한다. 따라서 C는 B에게 부당이득의무를 부담하기 때문에 A의 C에 대한 부당이득청구는 인용될 수 없다.

계속된 사실관계 | 임차권의 무단양도 |

A소유의 X토지 중 Y건물이 위치하고 있는 인근 토지 300평을 D가 건물의 소유를 목적으로 하는 임대차계약을 2010. 5. 10.에 체결하고, D가 위 토지 위에 Z건물을 축조한 후, 2010. 8. 10.에 보존등기를 경료한 후 카센터를 운영하고 있다. 한편 D는 2010. 9. 20.에 E은행으로부터 금 3억원을 대출받으면서 기간은 1년, 이자는 월 0.5%로 하고, 이자는 매월 1일 E은행구좌로 입금하기로 하면서, 자신의 Z건물에 대하여 E은행 명의로 근저당권을 설정해 주었다. 그런데 D가 매월 지급하기로 하는 이자를 지급하지 않는 등 채무불이행을 하자, 2011. 2. 10.에 임의경매를 신청하여 2011. 5. 30.에 E은행이 Z건물을 경낙을 받게 되었다. 이에 A는 자신은 D와 신뢰관계를 바탕으로 X토지에 대하여 임대차계약을 체결한 것이고, 자신의 동의도 없는 E은행의 토지임차권을 인정할 수 없다고 주장하며 E은행에 대하여 건물의 철거 및 대지인도를 구하는 소를 제기하자, E은행은 자신은 경매를 통해 매수한 것이라고 항변하였다.

문제 2 이 경우 법원은 어떠한 판단을 하여야 하며, 그 이유는 무엇인가? (15점)

1. 문제의 소재 (2점)

① 부동산임차권의 무단양도

② 배신행위이론

2. 토지임차권의 무단양도와 해지 (5점)

건물의 소유를 목적으로 하는 토지임차권은 임차인이 건물을 축조하고 보존등기를 하면 대항력을 확보하게 된다(민법 제622조 제1항). 그러나 임차권을 무단으로 양도하게 되면 신뢰관계가 파기되기 때문에 임대차계약의 해지가 가능하다(민법 제629조). 그런데 판례는 「민법 제629조는 임차인은 임대인의 동의 없이 그 권리를 양도하거나 전대하지 못하고, 임차인이 이에 위반한 때에는 임대인은 계약을 해지할 수 있다고 규정하고 있는바 이는 민법상의 임대차계약은 원래 당사자의 개인적 신뢰를 기초로 하는 계속적 법률관계임을 고려하여 임대인의 인적 신뢰나 경제적 이익을 보호하여 이를 해치지 않게 하고자 함에 있으며, 임차인이 임대인의 승낙 없이 제3자에게 임차물을 사용·수익시키는 것은 임대인에게 임대차관계를 계속시키기 어려운 배신적 행위가 될 수 있는 것이기 때문에 임대인에게 일방적으로 임대차관계를 종지시킬 수 있도록 하고자 함에 있다. 또한 임차인이 임대인으로부터 별도의 승낙을 얻은 바 없이 제3자에게 임차물을 사용·수익하도록 한 경우에 있어서도 임차인의 당해 행위가 임대인에 대한 배신적 행위라고 인정할 수 없는 특별한 사정이 있는 경우에는 위 법조항에 의한 해지권은 발생하지 않는다(대법원 1993. 4. 27. 선고 92다45308 판결)」라고 밝히고 있다. 즉 무단양도제한의 규정을 완화한 배신행위이론을 적용하고 있다. 따라서 그 무단임대가 신뢰관계를 훼손할 정도의 배신행위라는 특단의 사정이 없는 한 무단양도가 되지 않는다고 한다. 이와 관련하여 경낙에 의하여 건물의 소유자가 변경된 경우 임대인의 동의가 필요한지 문제가 된다.

3. 경매를 통한 매수에도 배신행위이론이 적용되는지 여부 (5점)

건물의 소유를 목적으로 하여 토지를 임차한 사람이 그 토지 위에 소유하는 건물에 저당권을 설정한 때에는 민법 제358조 본문에 따라서 저당권의 효력이 건물뿐만 아니라 건물의 소유를 목적으로 한 토지의 임차권에도 미친다고 보아야 할 것이므로, 건물에 대한 저당권이 실행되어 경락인이 건물의 소유권을 취득한 때에는 특별한 다른 사정이 없는 한 건물의 소유를 목적으로 한 토지의 임차권도 건물의 소유권과 함께 경락인에게 이전된다.

위의 경우에도 민법 제629조가 적용되기 때문에 토지의 임대인에 대한 관계에서는 그의 동의가 없는 한 경락인은 그 임차권의 취득을 대항할 수 없다고 할 것인바, 민법 제622조 제1항은 건물의 소유를 목적으로 한 토지임대차는 이를 등기하지 아니한 경우에도 임차인이 그 지상건물을 등기한 때에는 토지에 관하여 권리를 취득한 제3자에 대하여 임대차의 효력을 주장할 수 있음을 규정한 취지임에 불과할 뿐, 건물의 소유권과 함께 건물의 소유를 목적으로 한 토지의 임차권을 취득한 사람이 토지의 임대인에 대한 관계에서 그의 동의가 없이도 임차권의 취득을 대항할 수 있는 것까지 규정한 것이라고는 볼 수 없다.

임차인의 변경이 당사자의 개인적인 신뢰를 기초로 하는 계속적 법률관계인 임대차를 더 이상 지속시키기 어려울 정도로 당사자간의 신뢰관계를 파괴하는 임대인에 대한 배신행위가 아니라고 인정되는 특별한 사정이 있는 때에는 임대인은 자신의 동의 없이 임차권이 이전되었다는 것만을 이유로 민법 제629조 제2항에 따라서 임대차계약을 해지할 수 없고, 그와 같은 특별한 사정이 있는 때에 한하여 경락인은 임대인의 동의가 없더라도 임차권의 이전을 임대인에게 대항할 수 있다고 봄이 상당한바, 위와 같은 특별한 사정이 있는 점은 경락인이 주장·입증하여야 한다(대법원 1993. 4. 13. 선고 92다24950 판결).

4. 사안의 해결 (3점)

D는 A소유의 X토지 위에 건물의 소유를 목적으로 한 토지임대차계약을 체결하여, 그 위에 Z건물을 신축한 후 보존등기를 경료함으로써 대항력을 갖추게 되었다. 그런데 D가 E은행으로부터 금 3억원을 차용하면서 Z건물에 대하여 근저당권을 설정해 주었다가 경낙으로 인하여 E은행이 Z건물의 소유권을 취득하게 되었다. 이 경우 A는 민법 제629조 제1항에 의해 임차권의 무단양도를 이유로 임대차계약의 해지를 구할 수 있으나, 배신행위이론에 근거하여 A는 E은행에 대하여 Z건물의 철거 및 대지인도를 구할 수 없다.

계속된 사실관계 | 임대차보증채권의 통정허위양도와 선의의 제3자 |

B는 2012. 2. 10.에 자신의 친구인 F에게 실제로는 양도할 의사도 없으면서 형식적으로 자신의 임대차보증금반환채권을 F에게 양도하는 계약을 체결하고, F와 짜고 2012. 2. 15.에 A에게 통지하였다. 그런데 F의 채권자인 G는 2013. 3. 12.에 자신의 F에 대한 채권액 2억원을 집행채권으로 하여 채권압류 및 추심명령을 받고 그 명령은 2013. 3. 15.에 A에게 송달되었다. 이에 G가 A를 상대로 추심금채권을 구하는 소를 제기하자, A는 G가 가장양수인의 일반채권자로서 자신의 채권추심을 위하여 임대차보증금채권에 대한 압류 및 추심명령을 받아 추심권을 취득한 자에 불과하기 때문에 이에 응할 수 없다고 주장하고 있다.

문제 3 이 경우 법원은 어떠한 판단을 하여야 하며, 그 이유는 무엇인가? (10점)

✓ 정답 : G의 소제기에 대하여 청구인용

1. 문제의 소재 (2점)

통정허위표시에 있어서 제3자의 범위

2. 임대차보증금반환채권의 통정허위양도와 선의의 제3자 (5점)

상대방과 통정한 허위의 의사표시는 무효이고 누구든지 그 무효를 주장할 수 있는 것이 원칙이나, 허위표시의 당사자와 포괄승계인 이외의 자로서 허위표시에 의하여 외형상 형성된 법률관계를 토대로 실질적으로 새로운 법률상 이해관계를 맺은 선의의 제3자에 대하여는 허위표시의 당사자뿐만 아니라 그 누구도 허위표시의 무효를 대항하지 못하는 것인데, 허위표시를 선의의 제3자에게 대항하지 못하게 한 취지는 이를 기초로 하여 별개의 법률원인에 의하여 고유한 법률상의 이익을 갖는 법률관계에 들어간 자를 보호하기 위한 것으로서, 제3자의 범위는 권리관계에 기초하여 형식적으로만 파악할 것이 아니라 허위표시행위를 기초로 하여 새로운 법률상 이해관계를 맺었는지 여부에 따라 실질적으로 파악하여야 할 것이다(대법원 2000. 7. 6. 선고 99다51258 판결 참조). 따라서 임대차보증금반환채권이 양도된 후 그 양수인의 채권자가 임대차보증금반환채권에 대하여 채권압류 및 추심명령을 받았는데 그 임대차보증금반환채권 양도계약이 허위표시로서 무효인 경우 그 채권자는 그로 인해 외형상 형성된 법률관계를 기초로 실질적으로 새로운 법률상 이해관계를 맺은 제3자에 해당한다고 보아야 한다(대법원 2014. 4. 10. 선고 2013다59753 판결).

3. 사안의 해결 (3점)

임대차보증금반환채권이 양도된 후 양수인의 채권자가 임대차보증금반환채권에 대하여 채권압류 및 추심명령을 받았는데 임대차보증금반환채권 양도계약이 허위표시로서 무효인 경우 채권자는 그로 인해 외형상 형성된 법률관계를 기초로 실질적으로 새로운 법률상 이해관계를 맺은 제3자에 해당한다고 볼 수 있기 때문에 G는 자신의 채무자인 F의 A에 대한 양수금채권에 대한 압류 및 추심금을 구하는 소를 구할 수 있다.

계속된 사실관계 | 채권양도금지특약과 선의의 제3자 |

A와 B는 이 사건 임대차계약 체결시 "이 계약에 의하여 발생한 임대차보증금반환채권에 대하여 양도할 수 없음"이라는 양도금지특약을 체결하였다. 그런데 위 Y건물에 대한 아울렛 공

사를 한 건축업자 H가 B에 대하여 자신의 공사대금채권 1억원을 요구하자, B는 2011. 10. 10.에 양도금지특약 사실을 전혀 알지 못하는 H에게 보증금반환채권액 중 1억원을 양도하고 2011. 10. 12. A에게 통지하였다. 또한 H는 자신의 친구이면서 B의 친구이기도 한 K에게 대여금채무에 갈음하여 금 5,000만원을 2012. 10. 20.에 양도하고 2012. 10. 22.에 A에게 이러한 사실이 통지되는데, 실상은 K가 A와 B사이의 채권양도금지특약에 대하여 잘 알고 있는 상황이었다. 그 후 2013. 3. 15.에 위 A와 B간의 임대차기간이 만료하자, K의 채권자인 M이 K의 A에 대한 양수금채권에 대하여 채권압류 및 추심명령을 받고 추심을 구하는 소를 제기하였다.

문제 4 이 경우 법원은 어떠한 판단을 하여야 하며, 그 이유는 무엇인가? (10점)

1. 문제의 소재 (2점)

채권양도금지특약에 대한 악의 중과실과 선의의 제3자

2. 채권양도금지특약에 대한 악의 중과실과 선의의 제3자 (5점)

당사자의 의사표시에 의한 채권양도금지 특약은 제3자가 악의인 경우는 물론 제3자가 채권양도금지 특약을 알지 못한 데에 중대한 과실이 있는 경우에도 채권양도금지 특약으로써 대항할 수 있고, 제3자의 악의 내지 중과실은 채권양도금지 특약으로 양수인에게 대항하려는 자가 이를 주장·증명하여야 한다. 그리고 민법 제449조 제2항 단서는 채권양도금지 특약으로써 대항할 수 없는 자를 '선의의 제3자'라고만 규정하고 있어 채권자로부터 직접 양수한 자만을 가리키는 것으로 해석할 이유는 없으므로, 악의의 양수인으로부터 다시 선의로 양수한 전득자도 위 조항에서의 선의의 제3자에 해당한다. 또한 선의의 양수인을 보호하고자 하는 위 조항의 입법 취지에 비추어 볼 때, 이러한 선의의 양수인으로부터 다시 채권을 양수한 전득자는 선의·악의를 불문하고 채권을 유효하게 취득한다(대법원 2015. 4. 9. 선고 2012다118020 판결).

3. 사안의 해결 (3점)

민법 제449조 제2항 단서는 채권금지특약으로써 대항할 수 없는 자를 선의의 제3자라고 규정하고 있다. 여기서 선의의 제3자라 함은 채권자로부터 직접 양수한 자만을 가리키는 것이 아니라, 악의의 양수인으로부터 다시 선의의 양수한 전득자도 본 규정의 선의의 제3자에 해당되기 때문에, K가 악의의 양수인이라 하더라도 M이 선의의 전득자인 이상, M은 A에 대하여 당연히 추심의 소를 제기하여 채권의 만족을 얻을 수 있다.

계속된 사실관계 | 임차건물의 소실에 있어서 임차인의 이행불능 |

A는 같은 필지의 X토지 위에 Y건물과 구조상 불가분의 일체를 이루고 있는 Z건물을 가지고 있었는데, 위 Y건물을 K에게 2010. 5. 20.에 기간은 2년, 보증금 5,000만원으로 임대하는 임대차계약을 체결하고 그 다음 날 K가 위 Y건물을 인도받아 인테리어 공사를 한 후, 커피전문점을 운영하여 왔다. 그런데 2010. 12. 10.에 Y건물에서 원인모를 화재가 발생하여 Y건물이 전소하고, Y건물과 일체를 이루고 있는 Z건물도 모두 전소되었다. 이에 A는 B를 상대로 이행불능에 기한 손해배상청구소송을 제기하였다.

문제 5 이 경우 법원은 어떠한 판단을 하여야 하며, 그 이유는 무엇인가? (25점)

1. 문제의 소재 (2점)

건물소실과 이행불능

2. 임대인이 임차인에 대하여 임차건물의 소실에 대한 요건사실 (5점)

①임대차관계의 존재 ②채무불이행의 사실(임차인이 임차건물에 대하여 선관주의의무를 소홀히 했다는 사실) ③임차건물의 소실이다. 이때 채무불이행의 사실 즉, 선관주의의무에 대한 입증책임이 문제된다.

3. Y건물의 이행불능 부분에 대하여 (5점)

임차인의 임차물 반환채무가 이행불능이 된 경우 임차인이 그 이행불능으로 인한 손해배상책임을 면하려면 그 이행불능이 임차인의 귀책사유로 말미암은 것이 아님을 입증할 책임이 있으며, 임차건물이 화재로 소훼된 경우에 있어서 그 화재의 발생원인이 불명인 때에도 임차인이 그 책임을 면하려면 그 임차건물의 보존에 관하여 선량한 관리자의 주의의무를 다하였음을 입증하여야 한다(대법원 1999. 9. 21. 선고 99다36273 판결).

4. Z건물의 이행불능 부분에 대하여 (10점)

건물 일부의 임대차에서 임차건물 부분에 화재가 발생하여 '임차 외 건물'부분까지 불에 타 발생한 손해에 대하여 임차인에게 손해배상책임을 물으려면 ①화재 발생에 대하여 임차인의 계약상 의무가 있을 것 ②의무위반과 임차 외 건물의 손해사이에 인과관계가 있을 것 ③임차 외 건물 부분의 손해가 의무위반에 따른 통상손해 혹은 임차인이 알았거나 알 수 있었을 특별손해의 범위에 포함된다는 것을 임대인이 입증해야 한다.

대법원은 임차인이 임대인 소유 건물의 일부를 임차하여 사용·수익하던 중 임차 건물 부분에서 화재가 발생하여 임차 건물 부분이 아닌 건물 부분(이하 '임차 외 건물 부분'이라 한다)까지 불에 타 그로 인해 임대인에게 재산상 손해가 발생한 경우에, 임차인이 보존·관리의무를 위반하여 화재가 발생한 원인을 제공하는 등 화재 발생과 관련된 임차인의 계약상 의무 위반이 있었음이 증명되고, 그러한 의무 위반과 임차 외 건물 부분의 손해 사이에 상당인과관계가 있으며, 임차 외 건물 부분의 손해가 그러한 의무 위반에 따른 통상의 손해에 해당하거나, 임차인이 그 사정을 알았거나 알 수 있었을 특별한 사정으로 인한 손해에 해당한다고 볼 수 있는 경우라면, 임차인은 임차 외 건물 부분의 손해에 대해서도 민법 제390조, 제393조에 따라 임대인에게 손해배상책임을 부담하게 된다.

종래 대법원은 임차인이 임대인 소유 건물의 일부를 임차하여 사용·수익하던 중 임차 건물 부분에서 화재가 발생하여 임차 외 건물 부분까지 불에 타 그로 인해 임대인에게 재산상 손해가 발생한 경우에, 건물의 규모와 구조로 볼 때 건물 중 임차 건물 부분과 그 밖의 부분이 상호 유지·존립함에 있어서 구조상 불가분의 일체를 이루는 관계에 있다면, 임차인은 임차 건물의 보존에 관하여 선량한 관리자의 주의의무를 다하였음을 증명하지 못하는 이상 임차 건물 부분에 한하지 아니하고 건물의 유지·존립과 불가분의 일체 관계에 있는 임차 외 건물 부분이 소훼되어 임대인이 입게 된 손해도 채무불이행으로 인한 손해로 배상할 의무가 있다고 판단하여 왔다.

그러나 임차 외 건물 부분이 구조상 불가분의 일체를 이루는 관계에 있는 부분이라 하더라도, 그 부분에 발생한 손해에 대하여 임대인이 임차인을 상대로 채무불이행을 원인으로 하는 배상을 구하려면, 임차인이 보존·관리의무를 위반하여 화재가 발생한 원인을 제공하는 등 화재 발생과 관련된 임차인의 계약상 의무 위반이 있었고, 그러한 의무 위반과 임차 외 건물 부분의 손해 사이에 상당인과관계가 있으며, 임차 외 건물 부분의 손해가 의무 위반에 따라 민법 제393조에 의하여 배상하여야 할 손해의 범위 내에 있다는 점에 대하여 임대인이 주장·증명하여야 한다(대법원 2017. 5. 18. 선고 2012다86895, 86901 전원합의체 판결).

5. 사안의 해결 (3점)

A소유의 Y건물과 Z건물이 모두 전소된 경우, B가 지배하고 있었던 영역에서 화재가 발생하였기 때문에 그 화재의 Y건물에 대해서는 B가 입증책임을 부담하나, 임차 외 건물 부분의 손해가 의무

위반에 따라 민법 제393조에 의하여 배상하여야 할 손해의 범위 내에 있다는 점에 대하여 임대인이 주장·증명하여야 한다.

계속된 사실관계 | 부합, 비용상환청구권 |

B는 2010. 3. 20.에 위 Y건물을 인도받아 내부 인테리어 공사를 완료하고 아울렛 매장을 운영하여 왔는데, 약 1년이 지난 후 Y건물의 외벽이 훼손되어 벽돌을 통해 보수공사를 완료하였고, 그 비용이 4,000만원이 들었다.

문제 6 B는 A에 대하여 그 4,000만원에 대하여 비용상환을 구할 수 있는 근거는 무엇인가? (20점)

1. 문제의 소재 (2점)

① 민법 제256조의 부합의 법리
② 민법 제261조의 보상청구권
③ 민법 제626조의 비용상환청구권

2. 민법 제256조의 부합의 법리 (5점)

부동산의 소유자는 그 부동산에 부합한 물건의 소유권을 취득한다. 그러나 타인의 권원에 의하여 부속된 것은 그러하지 아니하다(민법 제256조). 사안의 경우 Y건물의 소유자가 위 벽돌 등에 대한 소유권을 취득하게 된다.

3. 민법 제261조의 보상청구권 (5점)

전5조의 경우에 손해를 받은 자는 부당이득에 관한 규정에 의하여 보상을 청구할 수 있다(민법 제261조). 즉 부합, 혼합, 가공, 첨부 등으로 손해를 입은 자는 부당이득에 의해 보상을 청구할 수 있다. 결국 B는 A에 대하여 보상청구권이나 부당이득반환청구권을 구할 수 있다.

4. 민법 제626조의 비용상환청구권 (5점)

임차인이 임차물의 보존에 관한 필요비를 지출한 때에는 임대인에 대하여 그 상환을 청구할 수 있다(민법 제626조 제1항). 임차인이 유익비를 지출한 경우에는 임대인은 임대차종료시에 그 가액의 증가가 현존한 때에 한하여 임차인의 지출한 금액이나 그 증가액을 상환하여야 한다. 이 경우에 법원은 임대인의 청구에 의하여 상당한 상환기간을 허여할 수 있다(동조 제2항). B의 부합은 권원에 기한 부합이므로 민법 제626조에 의해 비용상환을 구할 수 있다(대법원 1999. 7. 27. 선고 99다14518 판결).

5. 사안의 해결 (3점)

B는 A에 대하여 민법 제261조에 따라 보상청구권을 구할 수 있고, 민법 제626조에 따라 비용상환청구권을 구할 수 있으나, 계약법상의 원칙에 따라 민법 제626조에 따른 비용상환청구권을 행사하여 만족을 얻을 수 있을 것이다.

계속된 사실관계 | 차임증감청구권의 발생시기 |

원래 A와 B는 임대차계약을 체결하면서 당사자 사이에 물가상승률 및 매출실적을 반영하여 임대차계약의 조건을 협의·조정하기로 하는 조정조항을 계약내용으로 포함시켰다. A와 B는 2018. 3.까지 위 임대차계약을 연장하여 오다가 2018. 4. 10.에 B에게 차임의 증액청구의 의사표시를 하고, 그 무렵 위 의사표시가 B에게 도달되었다. 그럼에도 B가 그 증액금액 등이 과도하다고 다투었고, A는 B에 대하여 증액의 차임을 구하는 소를 제기하여 2019. 5. 10. 원심판결에서 A의 청구가 인용되었다. 그러자 B는 위 인용된 차임의 증액은 2019. 5. 10. 확정판결을 기준으로 장래에 대한 차임에 적용되는 것이라고 주장하자, A는 자신의 의사표시가 B에게 도달된 2018. 4. 10.로 소급하여 적용된다고 주장하였다.

문제 7 A의 주장은 이유가 있는가? (15점)

✓ **정답 : 이유 있음**

1. 문제의 소재 (2점)

차임증감청구권의 효력발생시기

2. 차임증감청구권의 법적 성질 (5점)

민법 제628조의 차임증감청구권은 사정변경을 입법화한 것으로서 그 법적 성질은 형성권이다. 따라서 권리자의 일방적 의사표시에 의하여 당연히 상당한 액으로 증액되거나 감액되는 것이다.

다만 당사자간의 의사의 합치가 없으면 결국 법원의 결정에 의해 정해질 수 밖에 없다. 이 경우 법원의 결정에 의해 차임이 증가된 경우에 증가된 부분에 대한 이행기를 증액청구시로 보아야 하는지, 법원의 결정시로 보아야 하는지 문제가 된다.

3. 차임증감청구권의 효력발생시기 (5점)

임대차계약을 할 때에 임대인이 임대 후 일정 기간이 경과할 때마다 물가상승 등 경제사정의 변경을 이유로 임차인과의 협의에 의하여 차임을 조정할 수 있도록 약정하였다면, 그 취지는 임대인에게 일정 기간이 지날 때마다 물가상승 등을 고려하여 상호 합의에 의하여 차임을 증액할 수 있는 권리를 부여하되 차임 인상요인이 생겼는데도 임차인이 인상을 거부하여 협의가 성립하지 않는 경우에는 법원이 물가상승 등 여러 요인을 고려하여 정한 적정한 액수의 차임에 따르기로 한 것으로 보아야 한다.

한편 임대인이 민법 제628조에 의하여 장래에 대한 차임의 증액을 청구하였을 때에 당사자 사이에 협의가 성립되지 아니하여 법원이 결정해 주는 차임은 증액청구의 의사표시를 한 때에 소급하여 그 효력이 생기는 것이므로, 특별한 사정이 없는 한 증액된 차임에 대하여는 법원 결정 시가 아니라 증액청구의 의사표시가 상대방에게 도달한 때를 이행기로 보아야 한다(대법원 2018. 3. 15. 선고 2015다239508, 239515 판결).

4. 사안의 해결 (3점)

A의 증액청구의 의사표시가 B에게 도달한 2018. 4. 10.부터 그 차임의 증액이 적용된다.

계속된 사실관계 | 권리금 |

B는 2010. 3. 20. 이후 3년 단위로 계속 갱신하여 오다가 2019. 8. 즈음에 개인적 사정에 따라 이울렛 매장사업을 접기로 하면서, A에게 요청하여 합의해지를 구하였고, 이에 A가 응하자 새로운 임차인 M과 접촉하여 M에게 매장 사업체를 넘기고자 구체적인 논의를 하였으나 권리금에 관한 구체적인 의견교환을 없는 상태였다. 그런데 그 즈음 A는 자신의 Y건물의 공실이 두려워 2019. 10.경 M과 임대차계약을 체결하면서 시설비 등의 명목으로 권리금 1억원을 수령하였다. 이에 B는 A를 상대로 권리금회수 방해로 인한 손해배상을 구하는 소를 제기하였다.

문제 8 이 경우 법원은 어떠한 판단을 하여야 하며, 그 이유는 무엇인가? (20점)

✓ **정답 : 청구인용**

1. 문제의 소재 (2점)

① 권리금의 개념

② 구임차인과 신임차인이 권리금계약을 하지 않아도 권리금회수 방해를 이유로 손해배상청구가 가능한지 여부

2. 권리금의 개념 (5점)

권리금이란 임대차 목적물인 상가건물에서 영업을 하는 자 또는 영업을 하려는 자가 영업시설·비품, 거래처, 신용, 영업상의 노하우, 상가건물의 위치에 따른 영업상의 이점 등 유형·무형의 재산적 가치의 양도 또는 이용대가로서 임대인, 임차인에게 보증금과 차임 이외에 지급하는 금전 등의 대가를 말한다. 권리금 계약이란 신규임차인이 되려는 자가 임차인에게 권리금을 지급하기로 하는 계약을 말한다(상가건물 임대차보호법 제10조의 3).

3. 권리금 회수 방해로 인한 손해배상책임이 성립하기 위하여 반드시 임차인과 신규임차인이 되려는 자 사이에 권리금 계약이 미리 체결되어 있어야 하는지 여부 (10점)

구 상가건물 임대차보호법(2018. 10. 16. 법률 제15791호로 개정되기 전의 것, 이하 개정 전후와 관계없이 '상가임대차법'이라고 한다) 제10조의3, 제10조의4의 문언과 내용, 입법 취지 등을 종합하면, 임차인이 구체적인 인적사항을 제시하면서 신규임차인이 되려는 자를 임대인에게 주선하였는데, 임대인이 제10조의4 제1항에서 정한 기간에 이러한 신규임차인이 되려는 자에게 권리금을 요구하는 등 제1항 각호의 어느 하나에 해당하는 행위를 함으로써 임차인이 신규임차인으로부터 권리금을 회수하는 것을 방해한 때에는 임대인은 임차인이 입은 손해를 배상할 책임이 있고, 이때 권리금 회수 방해를 인정하기 위하여 반드시 임차인과 신규임차인이 되려는 자 사이에 권리금 계약이 미리 체결되어 있어야 하는 것은 아니다. 상세한 이유는 다음과 같다.

① 상가임대차법 제10조의4 제1항 본문에서 정한 '권리금 계약에 따라'라는 문언이, 임차인이 신규임차인이 되려는 자와 권리금 계약을 체결한 상태임을 전제로 하는지는 위 제1항 본문 자체만으로는 명확하지 않다. 그런데 상가임대차법 제10조의4 제1항 각호는 임대인이 신규임차인이 되려는 자에게 권리금을 요구하거나 그로부터 권리금을 수수하는 행위 등을 금지하면서 임차인이 신규임차인이 되려는 자와 반드시 권리금 계약을 체결했어야 함을 전제로 하고 있지 않다. 또한 상가임대차법 제10조의4 제3항은 권리금 계약이 체결되지 않은 경우에도 임대인의 권리금 회수

방해로 인한 손해배상액을 '임대차 종료 당시의 권리금'으로 정할 수 있도록 하고 있다.

② 상가임대차법 제10조의4는 임차인이 임대차 종료 시 스스로 신규임차인이 되려는 자를 찾아 임대인에게 임대차계약을 체결하도록 주선하고 신규임차인으로부터 그동안 투자한 비용이나 영업활동으로 형성된 지명도나 신용 등 경제적 이익을 권리금 형태로 지급받아 회수할 수 있도록 보장하면서 임대인이 부당하게 이를 침해하지 못하도록 한 것이다. 이는 임대인이 임차인과 신규임차인 사이에 체결된 권리금 계약에 따른 이행을 방해하는 것에 한정하지 않고, 임차인이 신규임차인이 되려는 자와 권리금 계약 체결에 이르지 못하도록 하는 등 임차인이 권리금을 지급받을 수 있는 기회를 방해하는 다양한 행위를 금지함으로써 임차인을 보호하는 것이다.

③ 현실적으로 권리금은 임대차계약의 차임, 임차보증금, 기간 등 조건과 맞물려 정해지는 경우가 많다. 신규임차인이 되려는 자가 임대인과의 임대차계약 조건에 따라서 임차인에게 지급하려고 하는 권리금 액수가 달라질 수 있고, 이러한 이유로 권리금 계약과 임대차계약이 동시에 이루어지는 경우도 있다.

임대인이 임대차기간이 종료될 무렵 현저히 높은 금액으로 임차보증금이나 차임을 요구하거나 더 이상 상가건물을 임대하지 않겠다고 하는 등 새로운 임대차계약 체결 자체를 거절하는 태도를 보이는 경우 임차인이 신규임차인이 되려는 자를 찾아 권리금 계약을 체결하는 것은 사실상 불가능하다. 이러한 임대인의 행위는 상가임대차법 제10조의4 제1항 제3호, 제4호에서 정한 방해행위에 해당한다고 볼 수 있고, 임차인과 신규임차인이 되려는 자 사이에 권리금 계약이 체결되지 않았더라도 임대인은 임차인의 권리금 회수 방해를 이유로 손해배상책임을 진다고 보아야 한다(대법원 2019. 7. 10. 선고 2018다239608 판결).

4. 사안의 해결 (3점)

사안의 내용을 볼 때, A와 B사이의 임대차계약이 해지되고 B가 새로운 임차인인 M과 권리금계약을 체결하지 않았다고 하더라도 B는 A에 대하여 권리금회수 방해를 이유로 손해배상을 청구할 수 있다.

계속된 사실관계 | 공동임대인의 불가분채무 |

B는 2013. 3. 9.까지 임대차기간을 만료한 후, A에 대하여 계약갱신을 요구하자 A는 B에게 계속하여 아울렛 매장 영업을 지속할 예정이면 차라리 위 X토지를 포함한 Y건물을 10억원에 매수하라고 권유하였다. 이에 B는 고민을 하다가 자신의 처남인 P에게 이러한 사실을 말하자, P가 자신이 5억원을 보태겠다고 하여, 2013. 4.경에 B와 P가 공유로 하여 위 Y건물을 10억원에 매수하였다. 한편 B는 위 Y건물을 매수하는 과정에서 S은행으로부터 금 2억 5,000만원을 빌리면서 자신의 지분에 대하여 S은행 명의로 채권최고액 3억원의 근저당권을 설정해 주었다. 그 후 B가 건강이 나빠져 사업을 계속할 수 없는 처지가 되자 B와 P는 공동임대인이 되어 J에게 2014. 5. 10.에 위 Y건물을 보증금 2억 5,000만원에 임대하였고, J는 상가건물임대차보호법상의 대항력을 갖추었다. 그런데 경제적 사정이 어려워지고 채무에 시달리던 B가 자신의 Y건물에 대한 50%의 지분에 대하여 O와 짜고 O명의로 이전등기를 경료하였다. 이에 B에 대하여 1억원의 대여금채권을 가지고 있던 L이 집행권원을 확보하여 O를 상대로 사해행위취소를 구하는 소를 제기하였다.

문제 9 이 경우 법원은 어떠한 판단을 하여야 하며, 그 이유는 무엇인가? (10점)

✓ **정답 : 소 각하**

1. 문제의 소재 (2점)

① 채권자취소권의 요건

② 공유자의 임대와 불가분채무

2. 채권자취소권의 요건 (5점)

채권자취소권이 인정되기 위해서는 피담보채권의 존재, 사해행위가 있을 것, 채무자 및 수익자의 악의, 일반채권자의 공동담보로서의 가치를 갖추어야 한다.

3. 공유자의 임대와 불가분채무 (5점)

건물의 공유자가 공동으로 건물을 임대하고 임차보증금을 수령한 경우 특별한 사정이 없는 한 그 임대는 각자 공유지분을 임대한 것이 아니라 임대목적물을 다수의 당사자로서 공동으로 임대한 것이고 임차보증금 반환채무는 성질상 불가분채무에 해당한다. 임차인이 공유자 전원으로부터 상가건물을 임차하고 상가건물 임대차보호법 제3조 제1항에서 정한 대항요건을 갖추어 임차보증금에 관하여 우선변제를 받을 수 있는 권리를 가진 경우에, 상가건물의 공유자 중 1인인 채무자가 처분한 지분 중에 일반채권자들의 공동담보에 제공되는 책임재산은 우선변제권이 있는 임차보증금 반환채권 전액을 공제한 나머지 부분이다(대법원 2017. 5. 30. 선고 2017다205073 판결).

4. 사안의 해결 (3점)

사안의 내용을 볼 때, 채권자취소권의 요건으로서 B의 지분에 대하여 이미 제1순위의 2억 5,000만원의 근저당채무와 공동임대인과 불가분채무로서 2억 5,000만원의 임대차보증금이 있어서 일반채권자의 공동담보로서의 가치를 갖추지 못하고 있다. 즉 L의 사해행위취소의 소는 각하된다.

제2문 | 변제충당 / 소멸시효

A는 건축자재점을 운영하는 상인인 B에게 1995. 6. 20. 월 이자 1.5%, 변제기는 2002. 6. 20.로 하여 금 5,000만원을 대여하면서 대여금증서를 작성하였다. 한편 B는 2007. 3. 27.에 A에게 일부 금액인 2,500만원을 변제한 후, A는 B를 상대로 2011. 4. 28.에 대여금반환을 구하는 소를 제기하였다.

문제 1 이 경우 ⅰ)시효이익의 포기 및 변제충당은 어떻게 되며 ⅱ)이자채권의 소멸시효는 어떻게 되며, ⅲ)지연손해금은 어떻게 되는가? (15점)

✓ **정답** : ⅰ)B가 2007. 3. 27. A에게 2,500만원을 변제함으로써 본 대여금증서에 기한 원금채무를 승인하는 한편 소멸시효가 이미 완성된 이자채무에 대해서도 그 소멸시효를 포기한 것이고, 다만 B가 A에게 변제한 2,500만원은 이 사건 대여금채권에 기한 1995. 6. 20.부터 1997. 3. 20.까지의 이자채무에 우선하여 변제에 충당하여야 한다고 주장하였다.

ⅱ)B가 1997. 3. 21.부터 2002. 6. 20.까지의 이자채권의 소멸시효는 B가 A에게 일부채무를 변제한 2007. 3. 27.부터 다시 진행되어 민법 제163조 제1항에 따라 3년의 소멸시효기간이 이 사건 소가 제기하기 전에 이미 재차 시효가 완성되었다.

iii)2002. 6. 21.부터의 지연손해금, 즉 금전채무의 이행지체로 인하여 발생되는 지연손해금은 그 성질이 손해배상금으로서 이자는 될 수 없다. 따라서 원본채권이 상행위로 인하여 발생한 채권은 그 지연손해금의 계산도 상행위에 의한 상법 제64조에 따라 5년의 소멸시효 규정이 적용된다.

결국 2011. 4. 28.에 A가 B에게 소를 제기하였고, B가 A에게 2,500만원을 변제한 2007. 3. 27.이었기 때문에 아직 5년의 소멸시효가 완성되지 않은 상태로서 B의 A에 대한 소멸시효항변은 받아들여질 수 없다. **(10점)**

이유 : 원금채무에 관하여는 소멸시효가 완성되지 아니하였으나 이자채무에 관하여는 소멸시효가 완성된 상태에서 채무자가 채무를 일부 변제한 때에는 액수에 관하여 다툼이 없는 한 원금채무에 관하여 묵시적으로 승인하는 한편 이자채무에 관하여 시효완성의 사실을 알고 그 이익을 포기한 것으로 추정되며, 채무자의 변제가 채무 전체를 소멸시키지 못하고 당사자가 변제에 충당할 채무를 지정하지 아니한 때에는 민법 제479조, 제477조에 따른 법정변제충당의 순서에 따라 충당되어야 한다.

채무자가 소멸시효 완성 후에 채권자에 대하여 채무 일부를 변제함으로써 시효의 이익을 포기한 경우에는 그때부터 새로이 소멸시효가 진행한다(대법원 2013. 5. 23. 선고 2013다12464 판결). **(5점)**

제3문

기초적 사실관계 | 소멸시효 |

커피재료 납품업을 하는 A는 커피숍을 경영하는 B에게 2005. 2. 16.에 이행기는 2006. 2. 16.로 하여 3,000만원을 대여하였다. 또한 이와 별도로 A는 B에게 2005. 3. 21.에 이행기는 2006. 3. 21.로 하여 2,000만원을 대여하였다. 한편 위 모든 채무들에 대한 이행기가 도래한 2011. 2. 9.에 A는 B에 대하여 채무이행을 최고하고, 그해 다시 3. 20과 7. 25.에 최고를 반복하다가, 2011. 8. 13.에 5,000만원의 반환을 구하는 소를 제기하였다. 이에 B는 위 채무들은 2006. 3. 21.을 기산점으로 하여 이미 상사시효의 소멸시효가 완성되었다고 주장하고 있다.

문제 1 이 경우 B의 주장은 이유가 있는가? (20점)

1. 문제의 소재 (2점)

소멸시효의 기산점

2. 소멸시효의 기산점에 관한 논의 (5점)

민법 제174조는 소멸시효의 중단사유로서 최고를 규정하고 있다. 판례는 최고의 외연을 확대하여 채권양도통지를 최고로 보고 있고(대법원 2009. 2. 26. 선고 2007다83908 판결), 재산명시신청의 결정이 채무자에게 송달되었다면 소멸시효의 중단사유인 최고로서의 효력이 있으며(대법원 1992. 2. 11. 선고 91다41118 판결), 연대채무자 중 1인에 대한 최고도 최고의 효력을 인정하고 있다(대법원 2001. 8. 21. 선고 2001다22840 판결). 그런데 최고는 6개월 내에 소를 제기하여야 하는 잠정적 시효중단사유라고 볼 수 있는데, 본 사안처럼 여러 개의 최고 중 어느 것이 확정적으로 시효중단 사유가 되는지를 두고 다툼이 있다. 민법 제166조는 「소멸시효는 권리를 행사할 수 있을 때로부터 진행한다」 라고 규정하고 있는데, 본 사안처럼 확정기한채권은 확정기한이 도래한 때로부터 진행하게 된다. 특히 소멸시효에 있어서는 당사자가 주장하는 소멸시효의 기산점이 다를 때 법원은 간접사실로 보지 않고 주요사실로 보기 때문에 당사자의 주장에 구속되어 판단할 수 밖에 없다.

3. 소멸시효의 실체법상의 문제 (5점)

최고를 여러 번 거듭하다가 재판상청구 등을 한 경우에 시효중단의 효력은 항상 최초의 최고시에 발생하는 것이 아니라 재판상청구 등을 한 시점을 기준으로 하여 이로부터 소급하여 6월 이내에 한 최고시에 발생한다(대법원 1983. 7. 12. 선고 83다카437 판결).

4. 소멸시효의 소송법상의 문제 (5점)

소멸시효의 기산일은 채무의 소멸이라고 하는 법률효과 발생의 요건에 해당하는 소멸시효 기간 계산의 시발점으로서 소멸시효 항변의 법률요건을 구성하는 구체적인 사실에 해당하므로 이는 변론주의의 적용 대상이고, 따라서 본래의 소멸시효 기산일과 당사자가 주장하는 기산일이 서로 다른 경우에는 변론주의의 원칙상 법원은 당사자가 주장하는 기산일을 기준으로 소멸시효를 계산하여야 하는데, 이는 당사자가 본래의 기산일보다 뒤의 날짜를 기산일로 하여 주장하는 경우는 물론이고 특별한 사정이 없는 한 그 반대의 경우에 있어서도 마찬가지이다(대법원 1995. 8. 25. 선고 94다35886 판결).

5. 사안의 해결 (3점)

A가 B에 대하여 재판상 청구를 한 시점부터 소급하여 6개월 내에 한 최고가 2개인 경우 그 중 먼

저 한 최고에 시효중단의 효력이 발생한다. 따라서 A가 B에 대하여 소를 제기한 시점이 2011. 8. 13.에서 역산하여 2011. 2. 13. 이후에 한 최고 중 가장 빠른 2011. 3. 20.의 최고에 시효중단의 효력이 발생한다. 결국 위 3,000만원의 대여금은 소멸시효가 완성되었고, 위 2000만원에 대한 대여금은 소멸시효가 완성되지 않아 그 권리를 주장할 수 있다.

계속된 사실관계 | 압류 / 가압류와 소멸시효 중단 |

커피 납품업을 하는 A는 커피재료를 각 매장에 배달하는 C를 직원으로 두고 있었는데, C는 2002. 3. 10.에 변제기는 2003. 3. 10.로 하여 D로부터 금 3,000만원을 대여 받아 생활자금으로 사용하였다. 한편 C가 D에게 변제기가 지난 후에도 위 대여금을 변제하지 아니하자, D는 C의 A에 대한 퇴직금 5,000만원의 2분의 1인 2,500만원에 대하여 2004. 9. 28.에 가압류를 신청하여, 소송을 통해 2005. 6. 5.에 판결이 확정되었다. 그 후 D는 위 판결에 따라 압류 및 추심명령을 받아 2011. 7. 7.에 제3채무자인 A에게 송달되었고, 이에 D는 2011. 8. 27.에 A를 상대로 추심의 소를 제기하였다.

문제 2 이 경우 법원은 어떠한 판단을 하여야 하며, 그 이유는 무엇인가? (15점)

1. 문제의 소재 (2점)

채권의 압류 및 추심명령과 시효중단

2. 가압류에 의한 시효중단 (5점)

채권자가 채무자의 제3채무자에 대한 채권을 압류 또는 가압류한 경우에 채무자에 대한 채권자의 채권에 관하여 시효중단의 효력이 생긴다고 할 것이나, 압류 또는 가압류된 채무자의 제3채무자에 대한 채권에 대하여는 민법 제168조 제2호 소정의 소멸시효 중단사유에 준하는 확정적인 시효중단의 효력이 생긴다고 할 수 없다(대법원 2003. 5. 13. 선고 2003다16238 판결). 한편 가압류에 의한 시효중단의 효력은 신청시에 발생한다(대법원 2017. 4. 7. 선고 2016다35451 판결).

3. 소멸사유 중단사유로서 최고 (5점)

소멸시효 중단사유의 하나로서 민법 제174조가 규정하고 있는 최고는 채무자에 대하여 채무이행을 구한다는 채권자의 의사통지(준법률행위)로서, 이에는 특별한 형식이 요구되지 아니할 뿐 아니라 행위 당시 당사자가 시효중단의 효과를 발생시킨다는 점을 알거나 의욕하지 않았다 하더라도 이로써 권리 행사의 주장을 하는 취지임이 명백하다면 최고에 해당하는 것으로 보아야 할 것이므로, 채권자가 확정판결에 기한 채권의 실현을 위하여 채무자의 제3채무자에 대한 채권에 관하여 압류 및 추심명령을 받아 그 결정이 제3채무자에게 송달이 되었다면 거기에 소멸시효 중단사유인 최고로서의 효력을 인정하여야 한다(대법원 2003. 5. 13. 선고 2003다16238 판결).

4. 사안의 해결 (3점)

채권자가 채무자의 제3채무자에 대한 채권을 가압류한 경우, 채권자의 채무자에 대한 채권(피보전채권)의 소멸시효는 중단되나, 채무자의 제3채무자에 대한 채권(피압류채권)의 소멸시효는 중단되지 않는다. 본 사안의 경우 C가 퇴직한 때로부터 3년이 경과한 때 소멸시효가 완성되는 것인데, 이와 관련된 내용은 보이지 않기 때문에 당연히 소멸시효가 완성되지 않는 것으로 보아야 할 것이다.

다만 제3채무자에게 압류 및 추심명령이 송달된 날짜가 2011. 7. 7.이고, D가 추심의 소를 제기한 날짜가 2011. 8. 27.이므로 그로부터 6개월 내에 소를 제기하였기 때문에 D의 청구는 인용될 수 있다. 특히 압류 및 추심명령이 제3채무자에게 송달된 것을 최고로 볼 수 있는지가 쟁점이 되는 바, 판례는 이를 최고로 인정하고 있다.

계속된 사실관계 | 횡령한 금전의 부당이득과 전용물소권 |

커피재료 납품업을 하는 A는 자신의 직원 중 경리를 담당하는 직원 E를 두고 있었는데, E는 F로부터 2010. 5. 경부터 2012. 10.경까지 수차례 금전을 차용하여 총 3,000만원의 대여금채무를 부담하고 있었다. 이에 E는 F에게 2012. 12. 10.에 자신의 퇴직금의 중간정산금이라고 말하면서 A의 커피 재료 납품업체인 甲회사의 계좌로부터 직접 F에게 3,000만원을 송금하였다. 이에 위 금액을 횡령당한 A는 F를 상대로 부당이득반환을 구하는 소를 제기하였다.

문제 3 이 경우 법원은 어떠한 판단을 하여야 하며, 그 이유는 무엇인가? (15점)

✓ **정답 : 청구기각**

1. 문제의 소재 (2점)

① 전용물소권
② 횡령한 금전의 부당이득

2. 전용물소권 (5점)

전용물소권이라 함은 수익자 A, 중간자 B, 급부자 C가 있을 때, B와 C의 계약으로 A가 이득을 입은 경우 C가 A에 대하여 직접 부당이득반환청구권을 행사할 수 있는지에 관한 문제이다. 즉 C의 손실과 A의 이득사이에 법률상 원인이 결여되어 있는가에 관한 문제이다. 예를 들어 A와 B가 공유하고 있는 X건물이 있는 경우, B가 A의 동의도 없이 X건물 전체를 건축업자인 C에게 도급하여 공사를 마친 경우, A는 이득을 입었고, C는 공사대금채권이 발생하였다. 이때 C가 직접 A에 대하여 부당이득을 구할 수 있는지 문제인 바, 우리의 판례는 이를 인정하지 않고 있다(대법원 2002. 8. 23. 선고 99다66564, 66571 판결).

3. 횡령한 금전의 부당이득 (5점)

부당이득제도는 이득자의 재산상 이득이 법률상 원인을 결여하는 경우에 공평·정의의 이념에 근거하여 이득자에게 그 반환의무를 부담시키는 것인바, 채무자가 피해자로부터 횡령한 금전을 그대로 채권자에 대한 채무변제에 사용하는 경우 피해자의 손실과 채권자의 이득 사이에 인과관계가 있음이 명백하고, 한편 채무자가 횡령한 금전으로 자신의 채권자에 대한 채무를 변제하는 경우 채권자가 그 변제를 수령함에 있어 악의 또는 중대한 과실이 있는 경우에는 채권자의 금전 취득은 피해자에 대한 관계에 있어서 법률상 원인을 결여한 것으로 봄이 상당하나, 채권자가 그 변제를 수령함에 있어 단순히 과실이 있는 경우에는 그 변제는 유효하고 채권자의 금전 취득이 피해자에 대한 관계에 있어서 법률상 원인을 결여한 것이라고 할 수 없다(대법원 2003. 6. 13. 선고 2003다8862 판결).

4. 사안의 해결 (3점)

본 사안의 경우 전용물 소권의 법리를 통해 A는 F에게 부당이득반환을 구할 수 없다는 결론을 내릴 수 있었으나, 판례는 법률상 원인의 존재여부의 판단에 수익자의 악의 중과실 이라는 주관적 요소를 끌어들여 판단하고 있다. 따라서 F는 A로부터 3,000만원의 E에 대한 대여금채권의 만족을 얻는 과정에서 고의 중과실이 없었으므로, A의 부당이득청구는 인용될 수 없다.

제4문

기초적 사실관계

A는 2005. 현재 70세 된 노인으로서 5년 전에 자신의 아내를 여의고 혼자 살아가고 있으며, 슬하에 큰아들 B와 며느리, 손자, 손녀를 두고 있고, 아직 미혼인 둘째아들 E를 두고 있다. 한편 A는 자수성가하여 서울 종로에 X토지와 Y건물, Z건물을 소유하고 있으며, 이들 총 자산은 약 30억원 정도의 가치를 가지고 있다.

계속된 사실관계 | 표현대리와 상대방 |

A가 2005. 12.경 자신의 아들인 B에게 자신의 X토지와 Y건물의 매도를 위임하였다. 그런데 B는 C에 대하여 부담하고 있던 별건 채무를 담보하기 위하여 X토지를 양도담보로 제공하기로 마음먹고, 2005. 12. 중순경 A로부터 X토지의 소유권이전등기에 필요한 서류 및 인감도장을 교부받아, 2006. 1. 11. A를 대리하여 C와 매매계약 형식으로 X토지에 관한 양도담보계약을 체결한 다음, 2006. 1. 12. X토지에 관하여 C명의의 2006. 1. 11. 매매를 원인으로 한 소유권이전등기를 마쳤다. 또한 B는 2005. 12. 24.경 D와 Y건물을 B가 D에 대하여 부담하고 있던 별건 채무의 지급에 갈음하여 양도하기로 하는 내용의 대물변제계약을 매매계약 형식으로 A를 대리하여 체결하고, 2006. 1. 초순경 A로부터 Y건물의 소유권이전등기에 필요한 서류와 인감도장을 교부받은 다음, 2006. 1. 16. Y건물에 관하여 D명의의 2005. 12. 24. 매매를 원인으로 한 소유권이전등기를 마쳤다. 이러한 사실을 나중에 알게 된 A가 C와 D에 대하여 B가 월권행위를 하였음을 주장하며, 각각 등기말소소송을 제기하였다.

문제 1 이 경우 법원은 어떠한 판단을 하여야 하며, 그 이유는 무엇인가? (20점)

1. 문제의 소재 (2점)

표현대리의 상대방이 대리권이 있다고 믿는데 정당한 이유

2. 표현대리의 상대방이 대리권이 있다고 믿는데 정당한 이유 (5점)

민법 제126조에서 말하는 권한을 넘은 표현대리의 효과를 주장하려면 자칭 대리인이 본인을 위

한다는 의사를 명시 또는 묵시적으로 표시하거나 대리의사를 가지고 권한 외의 행위를 하는 경우에 상대방이 자칭 대리인에게 대리권이 있다고 믿고 그와 같이 믿는 데 정당한 이유가 있을 것을 요건으로 하는 것인바, 여기서 정당한 이유의 존부는 자칭 대리인의 대리행위가 행하여질 때에 존재하는 모든 사정을 객관적으로 관찰하여 판단하여야 한다(대법원 1987. 7. 7. 선고 86다카2475 판결; 대법원 2002. 6. 28. 선고 2001다49814 판결; 대법원 2009. 2. 26. 선고 2007다30331 판결 등 참조).

표현대리의 상대방이 대리권이 있다고 믿는데 "정당한 이유"는, ①믿는데 과실이 없어야 하고 ②정당한 이유를 믿는 판단시점은 대리행위의 거래당시 사정으로부터 객관적 거래관념에 따라 정하여야 하며(대법원 1987. 7. 7. 선고 86다카2475 판결) ③정당한 이유에 대한 입증책임은 표현대리의 효력을 주장하는 자가 부담한다(대법원 1968. 6. 18. 선고 68다694 판결). 또한 정당한 이유의 요인들로는 인감도장이나 등기필증 등 거래서류의 소지가 주는 일반적 신뢰성, 인감증명서의 소지, 본인의 승낙적 언동 등 종합적으로 고려하여야 한다.

3. B의 C에 대한 양도담보제공에 대하여 (5점)

B가 A로부터 X토지의 매도를 위임받고 그 소유권이전등기에 필요한 서류와 인감도장을 모두 교부받아 소지한 채 이를 위 C에게 제시하며 위 부동산을 처분할 대리권이 있음을 표명하고 나섰다면 일응 위 C로서는 B에게 A를 대리하여 X토지를 양도담보로 제공할 권한이 있다고 믿을 만한 정당한 이유가 있었다 할 것이고, B가 위 C에 대하여 별건 채무를 부담하고 있었다 하여 더 나아가 A에 대해 직접 대리권 수여 유무를 확인해보아야만 정당한 이유가 있다고 볼 것은 아니라 할 것이다(대법원 1978. 3. 28. 선고 78다282, 283 판결, 대법원 1987. 5. 26. 선고 86다카1821 판결 등 참조).

4. B의 D에 대한 대물변제예약에 대하여 (5점)

B가 D와 Y건물에 관한 대물변제계약을 체결함에 있어서는 그 계약을 체결할 때가 아니라 이를 체결한 이후인 2006. 1. 초순경에야 비로소 A로부터 Y건물의 소유권이전등기에 필요한 서류 및 A의 인감도장을 교부받았다는 것이므로, D가 B에게 Y건물을 대물변제로 제공할 대리권이 있다고 믿은 데에 정당한 이유가 있다고 할 수 없다(대법원 2009. 11. 12. 선고 2009다46828 판결).

5. 사안의 해결 (3점)

A의 C에 대한 등기말소청구는 C가 B의 대리권 있음을 믿는데 정당한 이유가 있기 때문에 인용될 수 없다.

A의 D에 대한 등기말소청구는 D가 B와 대물변제계약을 체결한 후에 A로부터 등기에 필요한 서류와 인감도장을 교부받았으므로 대리권이 있다고 믿는데 정당한 이유가 될 수 없어서 인용될

수 있다.

계속된 사실관계 | 무권대리와 상속 |

사실확인의 결과, A는 차후에 X토지와 Y건물을 매도할 목적으로 소유권이전등기에 필요한 서류와 인감도장을 자신의 서랍에 넣어 두었는데, 아들인 B가 이를 훔쳐 C에게 자신의 채무를 담보할 목적으로 X토지를 양도담보로 제공하였고, D에게 자신의 채무담보를 위하여 대물변제계약을 매매의 형식으로 제공하였음이 밝혀지게 되었다. 한편 이러한 아들의 비행행위에 충격을 받은 A가 2007. 10. 10. 사망하자, B는 C와 D에 대하여 자신의 무권대리를 주장하며, C에 대하여는 X토지의 등기말소를, D에 대하여는 Y건물의 등기말소를 구하는 소를 제기하였다.

문제 2 이 경우 법원은 어떠한 판단을 하여야 하며, 그 이유는 무엇인가? (15점)

✓ **정답 : 청구기각**

1. 문제의 소재 (2점)

무권대리와 상속

2. 무권대리인이 본인을 상속하는 경우 (5점)

갑이 대리권 없이 을 소유 부동산을 병에게 매도하여 부동산소유권이전등기등에관한특별조치법에 의하여 소유권이전등기를 마쳐주었다면 그 매매계약은 무효이고 이에 터잡은 이전등기 역시 무효가 되나, 갑은 을의 무권대리인으로서 민법 제135조 제1항의 규정에 의하여 매수인인 병에게 부동산에 대한 소유권이전등기를 이행할 의무가 있으므로 그러한 지위에 있는 갑이 을로부터 부동산을 상속받아 그 소유자가 되어 소유권이전등기이행의무를 이행하는 것이 가능하게 된 시점에서 자신이 소유자라고 하여 자신으로부터 부동산을 전전매수한 정에게 원래 자신의 매매행위가 무권대리행위여서 무효였다는 이유로 정 앞으로 경료된 소유권이전등기가 무효의 등기라고 주장하여 그 등기의 말소를 청구하거나 부동산의 점유로 인한 부당이득금의 반환을 구하는 것은 금반언의 원칙이나 신의성실의 원칙에 반하여 허용될 수 없다(대법원 1994. 9. 27. 선고 94다20617 판결).

3. 본인이 무권대리인을 상속하는 경우 (5점)

본인이 자유롭게 거절할 수 있다는 제1설과 본인이 무권대리인의 책임을 상속하기 때문에 무권대리행위를 당연히 상속한다는 제2설이 있다. 그렇지만 제2설은 상대방이 무권대리인의 사망이라는 우연한 사정에 의해 무권대리행위가 추인되는 망외의 이득을 얻는다는 점에서 문제가 있다고 볼 수 있다.

4. 사안의 해결 (3점)

무권대리인인 B가 본인인 A를 상속한 경우, 무권대리행위는 당연히 유효하고 본인으로서의 지위에서 추인거절은 신의칙상 하지 못한다. 따라서 B의 C와 D에 대한 등기말소청구는 인용될 수 없다.

계속된 사실관계 | 민법 제126조 권한을 넘는 표현대리와 일부무효의 법리 |

2005. 10. 경 B가 아버지인 A를 찾아와서 사업자금 2억원이 필요하다고 하면서 금전을 요구하자, A는 B에게 자신의 인감증명서와 Z건물의 등기필증, 인감도장을 교부하면서 Z건물을 담보로 제공하고 2억원을 차용하라고 위임하였다. 그런데 B는 E은행으로부터 금 5억원을 차용하면서 채권최고액 6억원으로 하는 근저당권설정계약을 체결하고, Z건물에 대하여 E은행 명의의 근저당권을 설정해 주었다. 이에 이러한 사실을 뒤늦게 안 A는 E은행을 상대로 무권대리를 주장하며 근저당권설정등기의 말소를 구하자, E은행은 A의 묵시적 명시적 추인이 있었고, A가 2억원의 범위 내에서 추인을 한 것이며, 권한을 넘는 표현대리를 주장하였다.

문제 3 이 경우 E은행의 주장은 타당성이 있는가? (20점)

✓ **정답 : E은행의 주장은 타당하다.**

1. 문제의 소재 (2점)

민법 제126조 권한을 넘는 표현대리를 일부무효의 법리에 적용가능한지 여부

2. 일부무효의 법리 (5점)

민법 제137조는 법률행위의 일부분이 무효인 때에는 그 전부를 무효로 한다는 원칙을 선언하고, 그러나 그 무효부분이 없더라도 법률행위를 하였을 것이라고 인정될 때에는 나머지 부분은 무효

가 되지 아니한다고 하여 가정적 의사에 따라 유효성을 인정하고 있다. 이러한 법리가 인정되기 위해서는 1개의 1체적 법률행위는 가분가능한 것이어야 한다. 즉 일부가 무효로 탈락하여도 잔부가 독립한 1개의 법률행위로 성립이 가능한 경우여야 한다.

3. 권한을 넘는 표현대리의 법리 (5점)

민법 제126조의 표현대리의 요건을 충족하면 그 대리행위 전체가 본인에게 귀속되고, 민법 제126조의 표현대리의 요건을 충족하지 못하면 그 대리행위가 무권대리가 된다. 즉 대리권 범위 내의 대리행위 부분은 유권대리가 되고, 대리권 범위 밖의 대리행위 부분은 무권대리가 되는 것이다.

4. 민법 제126조 권한을 넘는 표현대리를 일부무효의 법리에 적용가능한지 여부 (5점)

갑이 을에게 자기의 부동산을 담보로 금 2,000만원의 차용을 부탁하면서 담보설정용인감증명서, 등기필증, 인감인장 등을 교부하였다면 갑이 을에게 제3자로부터 금 2,000만원을 차용하여 줄 것을 위임하면서 을에게 갑을 대리하여 위 금전을 차용하고 그 담보설정을 하는 법률행위를 할 권한을 수여함과 동시에 그 대리권 수여의 범위도 위 담보부동산에 의하여 담보되는 피담보채무의 범위가 금 2,000만원인 이상 그 담보의 형식이 무엇이든 그 차용의 형식이 어떠하던지 무방하다는 뜻이 포함된 것으로 볼 것인바, 을이 위 수권의 범위를 넘어 위 담보부동산에 관하여 병을 채무자로, 갑을 물상보증인으로 하고 그 피담보최고액을 금 1억 3,000만원으로 하여 근저당권설정계약을 체결한 경우에 있어서는 위 근저당권설정행위가 무권대리행위에 해당한다 할지라도 갑이 차용을 부탁한 금 2,000만원의 한도 내에서는 을이 수여받은 대리권의 범위 내에 속하는 것이므로 위 근저당권설정계약은 위 금 2,000만원을 담보하는 범위 내에서는 을의 대리행위에 의하여 본인인 갑에게 그 효력을 미치는 유효한 것이라고 보아야 할 것이다(대법원 1987. 9. 8. 선고 86다카754 판결).

5. 사안의 해결 (3점)

B가 E은행과 체결한 채권최고액 6억원의 근저당권 설정계약 중, 일부무효의 법리에 따라 2억원에 해당하는 부분은 A에게 그 효력이 미치고, 나머지 4억원에 대한 부분은 A에게 효력이 미치지 않는다.

계속된 사실관계 | 상속재산분할 |

2007. 5.경 A가 사망하자 E는 형인 B를 상대로 상속재산분할심판청구를 하였고, 법원은 X토지와 Y건물은 B에게, Z건물은 E에게 각각 소유하기로 하는 심판을 2008. 3.에 확정하였다. 그런데 Y건물에는 A의 사망 후 계속하여 매월 500만원의 임대료수입이 있었으나, Z건물로부터는 임대료가 발생하지 않고 있었다. 이에 E는 B에 대하여 아버지 사망 후 현재까지의 임료상당액도 재산분할의 대상이라고 주장하자, B는 민법 제1015조 본문에 따라 상속재산분할은 상속이 개시된 때에 소급하는 것이라고 주장하며 이를 거절하였다.

문제 4 E가 상속개시 후 상속재산분할심판 확정시 사이에 발생한 과실에 대한 권리를 주장할 수 있는가? (10점)

✓ **정답 : 주장할 수 있다.**

이유 : 상속개시 후 상속재산분할이 완료되기 전까지 상속재산으로부터 발생하는 과실(이하 '상속재산 과실'이라 한다)은 상속개시 당시에는 존재하지 않았던 것이다. 상속재산분할심판에서 이러한 상속재산 과실을 고려하지 않은 채, 분할의 대상이 된 상속재산 중 특정 상속재산을 상속인 중 1인의 단독소유로 하고 그의 구체적 상속분과 특정 상속재산의 가액과의 차액을 현금으로 정산하는 방법(이른바 대상분할의 방법)으로 상속재산을 분할한 경우, 그 특정 상속재산을 분할받은 상속인은 민법 제1015조 본문에 따라 상속개시된 때에 소급하여 이를 단독소유한 것으로 보게 되지만, 상속재산 과실까지도 소급하여 상속인이 단독으로 차지하게 된다고 볼 수는 없다. 이러한 경우 상속재산 과실은 특별한 사정이 없는 한, 공동상속인들이 수증재산과 기여분 등을 참작하여 상속개시 당시를 기준으로 산정되는 '구체적 상속분'의 비율에 따라, 이를 취득한다고 보는 것이 타당하다(대법원 2018. 8. 30. 선고 2015다27132, 27149 판결).

계속된 사실관계 | 무권리자에 의한 추인 |

A는 2019. 84세가 되었고, 그 기간 동안 서울 종로에 있는 X토지, Y건물, Z건물의 경제적 가치는 두 배로 상승하였다. A의 아들인 B는 2007.부터 H농협에 근무하였고, K는 B의 친구로서 1997.부터 H농협에 입사하여 H농협의 지점장으로 근무하였다. K와 B는 공모하여 A명의

의 대출거래약정서, 근저당권설정계약서 등을 위조하고 이를 행사하여 위 X토지에 대하여 2019. 5. 10.에 H농협 앞으로 채무자 A, 채권최고액 3억 2,000만원인 근저당권설정등기(제1근저당권설정등기)를 하고 2억 3,000만원을 대출받았다. 이후 A는 B와 K를 사문서 위조, 사기 등으로 고소하였고, 이들은 유죄판결을 받았다. 그리고 제1근저당권설정등기가 된 후, 2019. 5. 11.에 그 설정자인 A에게 등기완료통지가 되었다. H농협은 제1근저당권설정등기의 담보대출금 2억 3,000만 원에 대한 이자 납입이 연체되자, 2019. 8. 하순 A에게 대출금채무와 관련하여 기한의 이익 상실 예고통지를 하였고, 그 이후에도 연체가 계속되자 A에게 대출금 이자납입을 독촉하고 2019. 11. 10. 이 사건 제1근저당권설정등기에 기한 임의경매 실행예정 통지를 하였으며, A는 2012. 11. 15. 이를 직접 수령하였다. A는 2019. 12. 31. 직접 H농협을 방문하여 관련 서류(대출거래약정서, 근저당권설정계약서)에 자필 서명한 다음 이 사건 토지에 관하여 H농협 앞으로 채무자 A, 채권최고액 1,680만 원인 근저당권설정등기(제2근저당권설정등기)를 하고 1,400만 원을 대출받아 그중 13,237,000원을 제1근저당권설정등기의 피담보대출금의 이자로 납부하였다.

문제 5 이 경우 A가 B와 K의 처분을 추인한 것으로 볼 수 있는가? (10점)

✓ 정답 : 추인한 것으로 볼 수 있다.

이유 : 법률행위에 따라 권리가 이전되려면 권리자 또는 처분권한이 있는 자의 처분행위가 있어야 한다. 무권리자가 타인의 권리를 처분한 경우에는 특별한 사정이 없는 한 권리가 이전되지 않는다. 그러나 이러한 경우에 권리자가 무권리자의 처분을 추인하는 것도 자신의 법률관계를 스스로의 의사에 따라 형성할 수 있다는 사적 자치의 원칙에 따라 허용된다. 이러한 추인은 무권리자의 처분이 있음을 알고 해야 하고, 명시적으로 또는 묵시적으로 할 수 있으며, 그 의사표시는 무권리자나 그 상대방 어느 쪽에 해도 무방하다.

권리자가 무권리자의 처분을 추인하면 무권대리에 대해 본인이 추인을 한 경우와 당사자들 사이의 이익상황이 유사하므로, 무권대리의 추인에 관한 민법 제130조, 제133조 등을 무권리자의 추인에 유추 적용할 수 있다. 따라서 무권리자의 처분이 계약으로 이루어진 경우에 권리자가 이를 추인하면 원칙적으로 계약의 효과가 계약을 체결했을 때에 소급하여 권리자에게 귀속된다고 보아야 한다(대법원 2017. 6. 8. 선고 2017다3499 판결).

제5문 | 시효중단을 위한 후소로서 새로운 방식의 확인소송 인정여부

A는 B를 상대로 대여금 청구의 소를 제기하여 2004. 11. 11. 전부승소 판결을 선고받고 2004. 12. 7. 그 판결이 확정되었다. 한편, B는 법원에 파산 및 면책신청을 하여 2013. 3. 12. 파산선고를, 2013. 10. 21. 면책결정을 받았고, 위 면책결정은 2013. 11. 5. 확정되었다. 이후 A는 2014. 11. 4. 위 대여금 채권의 시효중단을 위한 후소로서 B를 상대로 위 대여금 및 그 지연손해금의 지급을 구하는 이행의 소를 제기하였다.
제1심은 B가 소장 부본을 송달받고서도 답변서를 제출하지 아니하자, 청구의 표시로 위 '○○지방법원 △△△가합△△△△호 대여금반환 사건 판결로 확정된 채권의 시효중단 청구'와 같이 기재하여 무변론으로 A 승소판결을 선고하였다.
원심에서 B가 파산절차에서 면책결정이 확정되었으므로 이 사건 판결금 채권에 대하여도 면책되었다는 취지로 항변하였다. 이에 대하여 A는, B가 이 사건 판결금 채권의 존재를 알고 있음에도 악의로 채권자목록에 기재를 누락하였으므로 비면책채권에 해당한다는 취지로 재항변하였다. 원심법원은 A의 재항변을 받아들여 B의 항소를 기각하였다. 이에 B가 상고하였다.

문제 1 대법원 또한 B의 상고를 기각하였는데, 이 과정에서 소멸시효 중단을 위한 후소로서 전소 판결로 확정된 채권의 시효를 중단시키기 위한 재판상의 청구가 있다는 점에 대하여만 확인을 구하는 형태의 '새로운 방식의 확인소송'의 허용할 수 있는가? (10점)

✓ **정답 : 허용할 수 있다.**

이유 : 종래 대법원은 시효중단사유로서 재판상의 청구에 관하여 반드시 권리 자체의 이행청구나 확인청구로 제한하지 않을 뿐만 아니라, 권리자가 재판상 그 권리를 주장하여 권리 위에 잠자는 것이 아님을 표명한 것으로 볼 수 있는 때에는 널리 시효중단사유로서 재판상의 청구에 해당하는 것으로 해석하여 왔다. 이와 같은 법리는 이미 승소 확정판결을 받은 채권자가 그 판결상 채권의 시효중단을 위해 후소를 제기하는 경우에도 동일하게 적용되므로, 채권자가 전소로 이행청구를 하여 승소 확정판결을 받은 후 그 채권의 시효중단을 위한 후소를 제기하는 경우, 후소의 형태로서 항상 전소와 동일한 이행청구만이 시효중단사유인 '재판상의 청구'에 해당한다고 볼 수는 없다.

시효중단을 위한 이행소송은 다양한 문제를 야기한다. 그와 같은 문제들의 근본적인 원인은 시효중단을 위한 후소의 형태로 전소와 소송물이 동일한 이행소송이 제기되면서 채권자가 실제로 의도하지도 않은 청구권의 존부에 관한 실체 심리를 진행하는 데에 있다. 채무자는 그와 같은 후소에서 전소 판결에 대한 청구이의사유를 조기에 제출하도록 강요되고 법원은 불필요한 심리를 해야 한다. 채무자는 이중집행의 위험에 노출되고, 실질적인 채권의 관리·보전비용을 추가로 부담하게 되며 그 금액도 매우 많은 편이다. 채권자 또한 자신이 제기한 후소의 적법성이 10년의 경과가 임박하였는지 여부라는 불명확한 기준에 의해 좌우되는 불안정한 지위에 놓이게 된다.

위와 같은 종래 실무의 문제점을 해결하기 위해서, 시효중단을 위한 후소로서 이행소송 외에 전소 판결로 확정된 채권의 시효를 중단시키기 위한 조치, 즉 '재판상의 청구'가 있다는 점에 대하여만 확인을 구하는 형태의 '새로운 방식의 확인소송'이 허용되고, 채권자는 두 가지 형태의 소송 중 자신의 상황과 필요에 보다 적합한 것을 선택하여 제기할 수 있다고 보아야 한다(대법원 2018. 10. 18. 선고 2015다232316 전원합의체 판결).

제6문 | 법정지상권, 관습법상 법정지상권

A는 자신의 X토지 위에 Y건물을 신축하여 소유하다가 위 X토지의 다른 부분에 Z건물을 신축하였다. 그러나 위 Z건물에 대해서는 미등기의 상태로 두고 있던 중, B가 위 X토지와 Y 및 Z건물에 대하여 매수의사를 보이자, 이를 모두 B에게 매도하고 X토지와 Y건물에 대해서만 이전등기를 경료해 주었다. 그 후 금전이 필요한 B는 C은행으로부터 금 2억원을 차용하며 위 X토지에 대해서 근저당권을 설정해 주었는데, B가 C은행에 대하여 채무를 이행하지 아니하자, C은행은 어쩔 수 없이 임의경매를 신청하여 D가 위 X토지를 경매로 매수하였다. 한편 B는 X토지 위의 Y건물과 Z건물을 E에게 매도하고 Y건물에 대하여 이전등기를 경료해 주었으나, Z건물은 여전히 미등기의 상태로 E에게 인도해 주었다.

문제 1 위 사안에서 D는 E에 대하여 Y건물의 철거를 구할 수 있는가? (5점)

✓ **정답 : 없다**

이유 : 법정지상권을 가진 건물소유자로부터 건물을 양수하면서 법정지상권까지 양도받기로 한 자는 채권자대위의 법리에 따라 전건물소유자 및 대지소유자에 대하여 차례로 지상권의 설정등기 및 이전등기절차이행을 구할 수 있다 할 것이므로 이러한 법정지상권을 취득할 지위에 있는 자에 대하여 대지소유자가 소유권에 기하여 건물철거를 구함은 지상권의 부담을 용인하고 그 설정등기절차를 이행할 의무있는 자가 그 권리자를 상대로 한 청구라 할 것이어서 신의성실의 원칙상 허용될 수 없다(대법원 1985. 4. 9. 선고 84다카1131, 1132 전원합의체판결).

문제 2 D는 E에 대하여 Z건물의 철거를 구할 수 있는가? (5점)

✓ **정답 : 있다.**

이유 : 민법 제366조의 법정지상권은 저당권 설정 당시에 동일인의 소유에 속하는 토지와 건물이 저당권의 실행에 의한 경매로 인하여 각기 다른 사람의 소유에 속하게 된 경우에 건물의 소유를 위하여 인정되는 것이므로, 미등기건물을 그 대지와 함께 매수한 사람이 그 대지에 관하여만 소유권이전등기를 넘겨받고 건물에 대하여는 그 등기를 이전 받지 못하고 있다가, 대지에 대하여 저당권을 설정하고 그 저당권의 실행으로 대지가 경매되어 다른 사람의 소유로 된 경우에는, 그 저당권의 설정 당시에 이미 대지와 건물이 각각 다른 사람의 소유에 속하고 있었으므로 법정지상권이 성립될 여지가 없다(대법원 2002. 6. 20. 선고 2002다9660 전원합의체 판결).

문제 3 E는 Y건물을 위하여 지상권설정등기를 하지 않은 경우라도, Y건물을 위한 법정지상권을 취득할 수 있는가? (5점)

✓ **정답 : 있다**

이유 : 법정지상권자가 건물을 제3자에게 양도하는 경우에는 특별한 사정이 없는 한 건물과 함께 법정지상권도 양도하기로 하는 채권적 계약이 있었다고 할 것이며, 양수인은 양도인을 순차 대위하여 토지소유자 및 건물의 전소유자에 대하여 법정지상권의 설정등기 및 이전등기절차이행을 구할 수 있고, 토지소유자는 건물소유자에 대하여 법정지상권의 부담을 용인하고 그 설정등기절차를 이행할 의무가 있다 할 것이므로, 법정지상권이 붙은 건물의 양수인은 법정지상권에 대한

등기를 하지 않았다 하더라도 토지소유자에 대한 관계에서 적법하게 토지를 점유사용하고 있는 자라 할 것이고, 따라서 건물을 양도한 자라고 하더라도 지상권갱신청구권이 있고 건물의 양수인은 법정지상권자인 양도인의 갱신청구권을 대위행사할 수 있다고 보아야 할 것이다(대법원 1995. 4. 11. 선고 94다39925 판결).

문제 4 B가 A로부터 X토지의 소유권을 취득하게 되면 A는 Z건물을 위한 관습법상 법정지상권을 취득하게 되는가? (5점)

✓ **정답 : 없다.**

이유 : 관습상의 법정지상권은 동일인의 소유이던 토지와 그 지상건물이 매매 기타 원인으로 인하여 각각 소유자를 달리하게 되었으나 그 건물을 철거한다는 등의 특약이 없으면 건물 소유자로 하여금 토지를 계속 사용하게 하려는 것이 당사자의 의사라고 보아 인정되는 것이므로 토지의 점유·사용에 관하여 당사자 사이에 약정이 있는 것으로 볼 수 있거나 토지 소유자가 건물의 처분권까지 함께 취득한 경우에는 관습상의 법정지상권을 인정할 까닭이 없다 할 것이어서, 미등기건물을 그 대지와 함께 매도하였다면 비록 매수인에게 그 대지에 관하여만 소유권이전등기가 경료되고 건물에 관하여는 등기가 경료되지 아니하여 형식적으로 대지와 건물이 그 소유 명의자를 달리하게 되었다 하더라도 매도인에게 관습상의 법정지상권을 인정할 이유가 없다(대법원 2002. 6. 20. 선고 2002다9660 전원합의체 판결).

• 제 10 장 •

제1문

기초적 사실관계

A는 자신의 X토지 위에 독일전문 빵집을 경영할 목적으로 Y건물의 축조계획을 세우고, 건축업자인 B에게 Y건물에 대한 도급을 주기로 하였다. 이에 따라 A는 B와 2000. 2. 10. 총공사비 5억원, 기간은 2000. 2. 20.부터 2000. 8. 20.로 하고, 지체상금은 하루에 총공사대금의 1,000분의 1로 하기로 하는 도급계약을 체결하였다.

계속된 사실관계 | 준점유자에 의한 변제 |

2000. 8. 20. 공사가 완공된 후, B는 C에게 2000. 8. 25.에 위 공사대금 5억원을 양도하고 이를 A에게 통지하였다가, 다시 3일이 지난 2000. 8. 28.에 그 채권양도통지를 철회하였다. 한편 B의 채권자인 D는 2000. 9. 5.에 B의 A에 대한 위 공사대금채권에 대하여 압류 및 전부명령을 받아 2000. 9. 7.에 그 명령이 A에게 송달되었으며, 그 후에 D는 A에 대하여 전부금청구의 소를 제기하여 A의 패소판결이 확정되었다. 그 후 2001. 1. 10.에 D는 자신의 위 전부금채권을 E에게 양도하여 2001. 1. 12.에 A에게 통지되었다. 이에 E가 2001. 1. 20.에 A에 대하여 전부금을 구하자, A는 즉시 E에게 금 5억원을 제공하였다. 그 후 이러한 사실을 전혀 알지 못하던 C가 A에 대하여 2000. 8. 25.자 양수금채권에 기해 5억원을 구하는 소를 제기하였다.

문제 1 이 경우 법원은 어떠한 판단을 하여야 하며, 그 이유는 무엇인가? (10점)

✓ **정답 : 청구기각**

이유: 무효인 채권압류 및 전부명령을 받은 자에 대한 변제라도 그 채권자가 피전부채권에 관하여 무권리자라는 사실을 알지 못하거나 과실 없이 그러한 사실을 알지 못하고 변제한 때에는 그 변제는 채권의 준점유자에 대한 변제로서 유효하다.

채무자(을)가 제3채무자(병)에 대하여 가지고 있던 채권에 관하여 제3자(정) 앞으로 대항력 있는 채권양도가 이루어진 후, 을이 정의 승낙 없이 임의로 병에게 채권양도철회의 통지를 한 상태에서, 을에 대한 채권자(갑)가 위 채권에 대하여 채권압류 및 전부명령을 받고, 이어 갑이 제기한 전부금소송에서 병이 패소판결을 받고, 갑에게 그 금원을 지급한 경우, 법률전문가가 아닌 병으로서는 을의 채권양도철회통지로 인하여 채권양도가 없었던 것과 같이 되었다고 믿을 수밖에 없었고, 더욱이 갑이 제기한 전부금청구의 소에서 전부명령의 효력을 적극 다투었다가 패소판결을 선고받았다면, 병이 갑이 유효하게 임대보증금반환채권을 전부받은 채권자인 것으로 오인한 데 대하여 과실이 있다고 볼 수 없고, 따라서 병의 갑에 대한 변제는 유효하다(대법원 1997. 3. 11. 선고 96다44747 판결).

계속된 사실관계 | 하자담보책임과 소멸시효 |

B가 공사를 완공한 후, 2000. 8. 20.에 A에게 Y건물을 인도하였는데, A는 Y건물을 자신의 명의로 보존등기를 경료한 후 그곳에서 독일전문 빵집을 2년간 경영하다가, 2002. 2. 10.에 C에게 X토지와 Y건물을 양도하고 C명의로 이전등기를 경료하였다. 그런데 C는 X토지의 다른 부분에 건축을 위하여 공사를 시행하던 중인 2004. 4. 10.에 X토지의 지하에 엄청난 양의 산업폐기물을 발견하고 일단 공사를 중단하였다가 차일피일 미루다가 2012. 5. 20.에 이르러 A를 상대로 하자담보에 기한 손해배상을 구하는 소를 제기하였다.

문제 2 이 경우 법원은 어떠한 판단을 하여야 하며, 그 이유는 무엇인가? (10점)

✓ **정답 : 청구기각**

이유 : 매도인에 대한 하자담보에 기한 손해배상청구권에 대하여는 민법 제582조의 제척기간이 적용되고, 이는 법률관계의 조속한 안정을 도모하고자 하는 데에 취지가 있다. 그런데 하자담보에 기한 매수인의 손해배상청구권은 권리의 내용·성질 및 취지에 비추어 민법 제162조 제1항의 채권 소멸시효의 규정이 적용되고, 민법 제582조의 제척기간 규정으로 인하여 소멸시효 규정의 적용이 배제된다고 볼 수 없으며, 이때 다른 특별한 사정이 없는 한 무엇보다도 매수인이 매매 목적물을 인도받은 때부터 소멸시효가 진행한다고 해석함이 타당하다.

갑이 을 등에게서 부동산을 매수하여 소유권이전등기를 마쳤는데 위 부동산을 순차 매수한 병이 부동산 지하에 매립되어 있는 폐기물을 처리한 후 갑을 상대로 처리비용 상당의 손해배상청구소송을 제기하였고, 갑이 병에게 위 판결에 따라 손해배상금을 지급한 후 을 등을 상대로 하자담보책임에 기한 손해배상으로서 병에게 기지급한 돈의 배상을 구한 사안에서, 갑의 하자담보에 기한 손해배상청구권은 갑이 을 등에게서 부동산을 인도받았을 것으로 보이는 소유권이전등기일로부터 소멸시효가 진행하는데, 갑이 그로부터 10년이 경과한 후 소를 제기하였으므로, 갑의 하자담보책임에 기한 손해배상청구권은 이미 소멸시효 완성으로 소멸되었다(대법원 2011. 10. 13. 선고 2011다10266 판결).

계속된 사실관계 | 영업물건 멸실로 인한 손해배상의 범위 |

2000. 8. 20. Y건물의 공사가 완공되어 A가 독일전문 빵집에 필요한 독일제 빵굽는 기계를 시가 5,000만원에 독일로부터 수입하여, 9. 1.부터 Y건물에서 빵집을 운영하여 왔는데, 개업한 첫 달부터 매달 평균 매출액이 2,000만원이 될 정도로 고수입을 올리고 있었다. 그런데 2002. 8. 30.경 Y건물의 인근에서 숯불갈비집을 경영하는 D의 과실로 인하여 불이 나는 바람에 독일로부터 수입한 빵굽는 기계가 불에 타서 전혀 쓰지 못하는 지경이 되었다. 이에 A는 D에 대하여 독일제 빵 굽는 기계는 주문제작한 기계로서 독일에서 다시 제작하여 국내로 들여와 영업을 재개하기 까지는 5개월이 소요되기 때문에 화재발생일로부터 영업재개일까지 빵굽는 기계를 사용하지 못함으로 인하여 발생하는 영업이익 상실손해액이 1억원이라고 주장하자, D는 기계가 불에 타서 멸실된 경우에 해당되기 때문에 그 기계의 교환액인 5,000만원만 배상하겠다고 다투고 있다.

문제 3 D의 이러한 주장은 타당한가? (15점)

✓ **정답 : D의 주장은 타당하지 않다.**

1. 문제의 소재 (2점)

영업물건 멸실로 인한 손해배상의 범위

2. 영업물건 멸실로 인한 손해배상의 범위에 관한 문제점 (5점)

영업물건의 멸실로 인한 손해배상의 범위를 정함에 있어서, 종전의 판례는 물건이 멸실된 경우와 수리가 가능한 경우를 정당한 근거도 없이 달리 취급하였다. 그래서 영업용물건이 완전멸실한 경우보다 일부 파손된 경우의 배상액이 더 많이 나오는 경우가 발생하였다. 종전의 판례는 물건이 완전히 멸실한 경우, 그 손해액은 불법행위 당시의 그 물건의 시가와 그에 대한 지연손해금이 손해배상액이라고 하였다. 그 이유는 수익의 상실이라는 것이 상당인과관계를 정하기 어렵고, 실제로 손해로 보기에는 관념적이기 때문이었다. 결국 종전의 판례는 장래에 사용 수익할 수 있는 이익은 교환가치에 완전히 포함되었다고 본 것이다.

3. 휴업손해도 통상손해인가 (5점)

통상손해란 경험칙에 비추어 그와 같은 채무불이행이 없었다면 통상적으로 발생할 수 있는 있는 손해를 말하는 것으로서, 종전의 판례는 수리가능한 경우의 휴업손해만 통상손해로 파악하였다. 그러나 현재의 판례는 수리불가능한 휴업손해도 통상손해로 파악하고 있다.

불법행위로 영업용 물건이 멸실된 경우, 이를 대체할 다른 물건을 마련하기 위하여 필요한 합리적인 기간 동안 그 물건을 이용하여 영업을 계속하였더라면 얻을 수 있었던 이익, 즉 휴업손해는 그에 대한 증명이 가능한 한 통상의 손해로서 그 교환가치와는 별도로 배상하여야 하고, 이는 영업용 물건이 일부 손괴된 경우, 수리를 위하여 필요한 합리적인 기간 동안의 휴업손해와 마찬가지라고 보아야 할 것이다(대법원 2004. 3. 18. 선고 2001다82507 전원합의체 판결).

4. 사안의 해결 (3점)

D의 과실로 화재가 발생하여 A는 5개월 동안 영업을 하지 못하는 손해를 입게 되었는데, A는 매달 2,000만원의 영업이익을 얻고 있었고, 이러한 휴업손해는 통상손해이기 때문에 A는 D에 대하여 1억원의 손해배상을 청구할 수 있다. 따라서 기계가 불에 타서 멸실된 경우에 해당되기 때문에 그 기계의 교환액인 5,000만원만 배상하겠다고 하는 D의 주장은 타당하지 않다.

계속된 사실관계 | 사용자책임 |

A는 2000. 8. 빵집을 개업하면서 제빵사인 E를 고용하여 사업을 지속하여 왔는데, 제빵사인 E가 제빵을 하는 과정에서 제빵기계를 과열시켜 불이나는 바람에 Y건물뿐만 아니라, 인근 Z건물에도 불이 번저 Z건물에서 옷가게를 운영하는 F에게 1억원의 손해를 입하는 일이 발생하였다. 이에 A는 F에게 1억원 전액을 배상한 후, E를 상대로 1억원 전액에 대한 구상금을 구하는 소를 제기하였다.

문제 4 법원은 어떠한 판단을 하여야 하며, 그 이유는 무엇인가? (20점)

✓ 정답 : 법원은 구상금을 제한하여 인용하여야 한다.

1. 문제의 소재 (2점)

① 사용자책임의 본질

② 사용자책임에서 사무집행관련성

③ 사용자책임에 있어서 구상권의 제한

2. 사용자책임의 본질 (5점)

사용자책임의 본질과 관련하여 ①대위책임설은 사용자책임에 대하여 사용자의 고유의 책임이 아니라 피용자의 불법행위책임에 대한 대위책임이라고 한다. 따라서 그 책임이 성립하기 위해서는 피용자의 불법행위책임이 전제되어야 하고, 사용자는 피용자에게 그 손해배상액 전액을 구상할 수 있다는 입장이다. 반면에 ②고유책임설은 사용자책임은 피용자의 선임 감독을 다하지 못한 사용자 자신의 책임이라는 입장이다. 이 견해에 따르면 피용자의 불법행위책임의 요건이 충족될 필요는 없다. 즉 피용자에게 고의 및 과실이 없더라도 사용자책임이 성립하고, 사용자의 피용자에 대한 구상권은 제한을 받게 된다. 판례는 전자의 입장이다. 피용자와 제3자가 공동불법행위로 피해자에게 손해를 가하여 그 손해배상채무를 부담하는 경우에 피용자와 제3자는 공동불법행위자로서 서로 부진정연대관계에 있고, 한편 사용자의 손해배상책임은 피용자의 배상책임에 대한 대체적 책임이어서 사용자도 제3자와 부진정연대관계에 있다고 보아야 할 것이므로, 사용자가 피용자와 제3자의 책임비율에 의하여 정해진 피용자의 부담부분을 초과하여 피해자에게 손해를 배상한 경우에는 사용자는 제3자에 대하여도 구상권을 행사할 수 있으며, 그 구상의 범위는 제3자의 부담부분에 국한된다고 보는 것이 타당하다(대법원 1992. 6. 23. 선고 91다33070 전원합의체 판결).

3. 사용자책임에서 사무집행관련성 (5점)

민법상 "사무집행에 관하여"라는 의미를 두고 학설은 외형이론과 제한외형이론의 다툼이 있다. ①외형이론은 객관적으로 사업의 범위 내에 있고, 피용자의 주관적 사정은 제외하며, 피해자측의 사정만 고려하는 특징을 가지고 있다. ②제한외형이론은 사용자가 상대방의 신뢰를 야기할만한 원인을 제공하고 피용자의 가해를 방지할 조치를 게을리 한 경우에 사용자책임이 인정될 수 있다고 한다. 판례는 외형이론을 채택하고 있다. 즉 사용자의 배상책임을 규정한 민법 제756조 소정의 "그 사무집행에 관하여 "라 함은 사용자의 사업집행 자체 또는 이에 필요한 행위뿐만 아니라 이와 관련된 것이라고 일반적으로 보여지는 행위는 설사 그것이 피용자의 이익을 도모하기 위한 경우라도 이에 포함된다고 보아야 할 것이므로 택시회사의 운전수가 택시의 승객을 태우고 운행 중

차속에서 부녀를 강간한 경우 위 회사는 사용자로서 손해배상책임이 있다(대법원 1991. 1. 11. 선고 90다8954 판결)고 하였다.

4. 사용자책임에 있어서 구상권의 제한 (5점)

일반적으로 사용자가 피용자의 업무수행과 관련하여 행해진 불법행위로 인하여 직접 손해를 입었거나 그 피해자에게 사용자로서의 손해배상책임을 부담한 결과로 손해를 입게 된 경우에 있어 사용자는 그 사업의 성격과 규모, 시설의 현황, 피용자의 업무내용, 근로조건이나 근무태도, 가해행위의 상황, 가해행위의 예방이나 손실의 분산에 관한 사용자의 배려정도, 기타 제반사정에 비추어 손해의 공평한 분산이라는 견지에서 신의칙상 상당하다고 인정되는 한도 내에서만 피용자에 대하여 위 손해배상이나 그 구상권을 행사할 수 있다고 보아야 한다(대법원 1991. 5. 10. 선고 91다7255 판결).

5. 사안의 해결 (3점)

A의 E에 대한 구상권의 행사는 그 사업의 성격과 규모, 시설의 현황, 피용자의 업무내용, 근로조건이나 근무태도, 가해행위의 상황, 가해행위의 예방이나 손실의 분산에 관한 사용자의 배려정도, 기타 제반사정에 비추어 행사될 수 있기 때문에 A는 E에 대하여 1억원 전액에 대한 구상권을 행사할 수 없고, 일정액에 대하여 구상권을 행사할 수 있을 뿐이다.

계속된 사실관계 | 부진정연대채무에 있어서 다액채무자의 일부변제의 효력 |

A는 2000. 8. 빵집을 개업하면서 제빵사인 E를 고용하여 사업을 지속하여 왔는데, 제빵사인 E가 제빵을 하는 과정에서 제빵기계를 과열시켜 불이 나는 바람에 Y건물뿐만 아니라, 인근 Z건물에도 불이 번져 Z건물에서 옷가게를 운영하는 F에게 2억원의 손해를 입하는 일이 발생하였다. 그런데 F는 자신의 가게에 소화기도 설치하고 아니하였고, 불에 타기 쉬운 판넬자재로 화재를 키운 측면도 있어 피해자의 과실을 참작하여 과실상계를 한 결과 타인에게 직접 손해를 가한 피용자 자신의 손해배상액과 달라졌는데, F의 과실비율이 50%로 정해졌다. 한편 A와 E의 F에 대한 1억원의 손해배상채권 중 A의 과실비율은 6,000만원, E의 과실비율은 4,000만원으로 정해졌다.

문제 5 다액채무자인 A가 F에게 5,000만원을 변제한 경우, 그 법률관계는 어떻게 되는가? (25점)

1. 문제의 소재 (2점)

① 부진정연대채무에 있어서 다액채무자의 일부변제의 효력

② 사용자책임의 성질

③ 과실상계

2. 사용자책임의 부진정연대채무 (5점)

사용자책임에 있어서 과실의 대상은 선임·감독상의 과실이지 피용자의 가해행위 자체는 아니다. 그에 대한 입증책임은 사용자가 부담하고, 사실상 무과실책임이라고 볼 수 있다. 또한 사용자의 사용자책임(민법 제756조)과 피용자의 책임(민법 제750조)의 부진정연대채무관계에 있다. 판례도 금액이 다른 채무가 서로 부진정연대의 관계에 있을 때 금액이 많은 채무의 일부가 변제 등으로 소멸하는 경우 그 중 먼저 소멸하는 부분은 당사자의 의사와 채무 전액의 지급을 확실히 확보하려는 부진정연대채무 제도의 취지에 비추어 볼 때 다른 채무자와 공동으로 채무를 부담하는 부분이 아니라 단독으로 채무를 부담하는 부분으로 보아야 한다(대법원 2000. 3. 14. 선고 99다67376 판결).

3. 과실상계 (5점)

채무불이행에 관하여 채권자에게 과실이 있는 때에는 법원은 손해배상의 책임 및 그 금액을 정함에 이를 참작하여야 한다(민법 제393조). 또한 제393조, 제394조, 제396조, 제399조의 규정은 불법행위로 인한 손해배상에 준용한다(민법 제763조).

4. 부진정연대채무에 있어서 다액채무자의 일부변제의 효력 (10점)

금액이 다른 채무가 서로 부진정연대 관계에 있을 때 다액채무자가 일부 변제를 하는 경우 변제로 인하여 먼저 소멸하는 부분은 당사자의 의사와 채무 전액의 지급을 확실히 확보하려는 부진정연대채무 제도의 취지에 비추어 볼 때 다액채무자가 단독으로 채무를 부담하는 부분으로 보아야 한다. 이러한 법리는 사용자의 손해배상액이 피해자의 과실을 참작하여 과실상계를 한 결과 타인에게 직접 손해를 가한 피용자 자신의 손해배상액과 달라졌는데 다액채무자인 피용자가 손해배상액의 일부를 변제한 경우에 적용되고, 공동불법행위자들의 피해자에 대한 과실비율이 달라 손해배상액이 달라졌는데 다액채무자인 공동불법행위자가 손해배상액의 일부를 변제한 경우에도 적용된다(대법원 2018. 3. 22. 선고 2012다74236 전원합의체 판결).

5. 사안의 해결 (3점)

부진정연대채무에 있어서 다액채무자의 일부변제의 효력에 있어서 소위 외측설을 채택하고 있

다. 따라서 다액채무자인 A의 변제로 소멸하는 부분은 다액채무자가 단독으로 채무를 부담하는 부분으로 보아야 한다.

계속된 사실관계 | 공동불법행위와 구상권 |

A는 2000. 8. 빵집을 개업하면서 제빵사인 E를 고용하여 사업을 지속하여 왔는데, 2001. 3. 10.에 제빵사인 E가 제빵을 하는 과정에서 제빵기계를 과열시켜 불이 나는 바람에 Y건물뿐만 아니라, 인근 Z건물에도 불이 번져 Z건물에서 옷가게를 운영하는 F에게 손해를 입하는 일이 발생하였고, 이로 인하여 F도 약간의 화상을 입었고, 재산 및 신체상의 손해가 총 2억원으로 확정되었다. 이에 F는 2002. 10. 10.에 A를 상대로 2억원을 구하는 소를 제기하자, A는 2004. 7. 20.에 금 2억원의 손해배상액 전액을 F에게 배상하였다(2억원 중 A의 과실비율은 1억 2,000만원, E의 과실비율은 8,000만원으로 확정). 그 후 A는 경제상황이 나아진 E를 상대로 2010. 8. 10. 8,000만원의 구상금을 구하는 소를 제기하였다.

문제 6 이 경우 법원은 어떠한 판단을 하여야 하며, 그 이유는 무엇인가? (20점)

1. 문제의 소재 (2점)

① 공동불법행위자 중 1인의 손해배상채무가 시효로 소멸한 후 다른 공동불법행위자가 피해자에게 자기의 부담 부분을 넘는 손해를 배상한 경우, 손해를 배상한 공동불법행위자는 손해배상채무가 시효로 소멸한 다른 공동불법행위자에게 구상권을 행사할 수 있는지 여부

② 구상권의 소멸시효 기산점

2. 공동불법행위자 중 1인의 손해배상채무가 시효로 소멸한 후 다른 공동불법행위자가 피해자에게 자기의 부담 부분을 넘는 손해를 배상한 경우, 손해를 배상한 공동불법행위자는 손해배상채무가 시효로 소멸한 다른 공동불법행위자에게 구상권을 행사할 수 있는지 여부 (10점)

부진정연대채무자 중 1인을 위하여 보증인이 된 자가 피보증인을 위하여 그 채무를 변제한 경우에는 그 보증인은 피보증인이 아닌 다른 부진정연대채무자들에 대하여는 그 부담 부분에 한하여 구상권을 행사할 수 있고(대법원 1996. 2. 9. 선고 95다47176 판결, 대법원 2010. 5. 27. 선고 2009다85861 판결), 공동불법행위자 중 1인의 손해배상채무가 시효로 소멸한 후에 다른 공동불법행위자 1인이 피해자에게 자기의 부담 부분을 넘는 손해를 배상하였을 경우에도, 그 공동불법행위자는 다른 공동

불법행위자에게 구상권을 행사할 수 있다(대법원 2006. 1. 27. 선고 2005다19378, 대법원 2010. 12. 23. 선고 2010다52225 판결). 즉 공동불법행위자의 다른 공동불법행위자에 대한 구상권은 피해자의 다른 공동불법행위자에 대한 손해배상채권과는 그 발생 원인 및 성질을 달리하는 별개의 권리이고, 연대채무에 있어서 소멸시효의 절대적 효력에 관한 민법 제421조의 규정은 공동불법행위자 상호간의 부진정연대채무에 대하여는 그 적용이 없으므로, 공동불법행위자 중 1인의 손해배상채무가 시효로 소멸한 후에 다른 공동불법행위자 1인이 피해자에게 자기의 부담 부분을 넘는 손해를 배상하였을 경우에도, 그 공동불법행위자는 다른 공동불법행위자에게 구상권을 행사할 수 있다(대법원 1997. 12. 23. 선고 97다42830 판결).

3. 구상권의 소멸시효 기산점 (5점)

공동불법행위자의 다른 공동불법행위자에 대한 구상권의 소멸시효는 그 구상권이 발생한 시점, 즉 구상권자가 공동면책행위를 한 때로부터 기산하여야 할 것이고, 그 기간도 일반 채권과 같이 10년으로 보아야 한다(대법원 1996. 3. 26. 선고 96다3791 판결).

4. 사안의 해결 (3점)

공동불법행위자 중 1인의 손해배상채무가 시효로 소멸한 후에 다른 공동불법행위자 1인이 피해자에게 자기의 부담 부분을 넘는 손해를 배상하였을 경우에도, 그 공동불법행위자는 다른 공동불법행위자에게 구상권을 행사할 수 있기 때문에 A의 구상권 주장은 타당하다.

계속된 사실관계 | 원고의 사망과 소송대리권 |

B는 2000. 8. 20.에 약속한대로 Y건물의 축조를 완공한 후, 그 다음날 전화를 통해 공사대금 5억원을 요구하자, A는 현재는 경제사정이 여의치 않고 빵 전문점을 경영이 정상화되어 상당한 수입이 올라오면 그때 공사대금 전액을 지급하겠다고 약속하였다. 그런데 A는 상당한 기간이 지나도 위 공사대금을 지급하지 않자, B는 2003. 8. 1.에 법무법인 甲을 찾아가서 소송을 위임하였고, 위 소송의 위임한 사흘 후인 2003. 8. 4.에 B가 심장마비로 갑자기 사망하였는데, B에게는 아내인 C와 아들인 D가 있다. 그런데 법무법인 甲은 이러한 사실을 전혀 모른 채 2003. 8. 10. B를 원고로 기재하여 제1심법원에 소장을 제출하였다.

문제 7 법무법인 甲은 원고 B를 대리할 소송대리권이 있는가? (15점)

1. 문제의 소재 (2점)

① 도급계약에 있어서 소멸시효

② 원고가 사망한 경우의 소송대리인의 소송대리권

2. 도급계약에 있어서 소멸시효 (5점)

민법 제163조 제1호에 따르면, 도급받은 자, 기사 기타 공사의 설계 또는 감독에 종사하는 자의 공사에 관한 채권은 3년의 단기소멸시효의 대상이 된다. 한편 민법 제166조 제1항에 따라 시효는 권리를 행사할 수 있는 때로부터 진행되며, 제169조에 따라 시효의 중단은 당사자 및 그 승계인에 대해서만 그 효력이 있다.

3. 원고가 사망한 경우의 소송대리인의 소송대리권 (10점)

당사자가 사망하더라도 소송대리인의 소송대리권은 소멸하지 아니하므로(민사소송법 제95조 제1호), 당사자가 소송대리인에게 소송위임을 한 다음 소 제기 전에 사망하였는데 소송대리인이 당사자가 사망한 것을 모르고 당사자를 원고로 표시하여 소를 제기하였다면 소의 제기는 적법하고, 시효중단 등 소 제기의 효력은 상속인들에게 귀속된다. 이 경우 민사소송법 제233조 제1항이 유추적용되어 사망한 사람의 상속인들은 소송절차를 수계하여야 한다(대법원 2016. 4. 29. 선고 2014다210449 판결).

참고로 당사자가 실제로 존재한다는 것은 소송요건이고 직권조사사항이다. 따라서 당사자가 사망하고 그에게 상속인이 있다고 하더라도 사망한 사람을 당사자로 하여 소송을 제기하면 소송요건의 흠결로 부적법 각하되어야 한다. 소송계속이 생기기 이전에 당사자가 사망한 경우에 사망한 사람이 원고이든 피고이든 그 판결은 당연히 무효가 된다(대법원 2015. 1. 29. 선고 2014다34041 판결).

그러나 당사자가 사망하더라도 소송대리인의 소송대리권은 소멸하지 않는다(민사소송법 제95조 제1호). 민법은 본인과 대리인의 개인적인 신뢰관계를 존중하여 본인의 사망을 대리권의 소멸사유로 정하고 있으나(민법 제127조 제1항), 소송위임에 기한 소송대리권은 그렇지 않다.

그렇다면 피고의 사망과 소송대리권의 문제는 어떻게 되는가. 법원이 피고의 사망을 이유로 소를 부적법각하 하기 이전에 사망한 피고를 그 상속인으로 표시정정을 할 수 있는지의 문제이다. 판례는 피고가 재심대상 판결에 대하여 재심을 제기할 당시 피고는 사망하였는데 그 표시를 사망자 그대로 표시하였다 하더라도 그것이 그 상속인들에 의하여 실제 제기되었음이 인정되는 경우에는 당사자 표시정정을 할 수 있다(대법원 1979. 8. 14. 선고 78다1283 판결)고 하거나 원고가 피고의 사망 사실을 모르고 사망자를 피고로 표시하여 소를 제기한 경우에, 청구의 내용과 원인사실, 당해 소송을 통하여 분쟁을 실질적으로 해결하려는 원고의 소제기 목적 내지는 사망 사실을 안 이후 원고의 피고표시정정신청 등 여러 사정을 종합하여 볼 때에, 실질적인 피고는 당사자능력이 없어 소송당사자가 될 수 없는 사망자가 아니라 처음부터 사망자의 상속자이고 다만 그 표시에 잘못이 있는 것에 지나지 않는다고 인정되면 사망자의 상속인으로 피고의 표시를 정정할 수 있다 할 것인바, 상속개시 이후 상속의 포기를 통한 상속채무의 순차적 승계 및 그에 따른 상속채무자 확정의 곤란성 등 상속제도의 특성에 비추어 위의 법리는 채권자가 채무자의 사망 이후 그 1순위 상속인의 상속포기 사실을 알지 못하고 1순위 상속인을 상대로 소를 제기한 경우에도 채권자가 의도한 실질적 피고의 동일성에 관한 위 전제요건이 충족되는 한 마찬가지로 적용이 된다(대법원 2009. 10. 15. 선고 2009다49964 판결)고 하여 원고와 사망한 피고의 상속인 사이에 실질적으로 소송수행이 이루어 졌다면 소송관계를 인정하여 표시정정을 허용하고 있다.

4. 사안의 해결 (3점)

사안의 내용을 볼 때, B는 2003. 8. 1.에 법무법인 甲을 찾아가서 소송을 위임하였고, 위 소송의 위임한 사흘 후인 2003. 8. 4.에 B가 심장마비로 갑자기 사망하였는데, B에게는 아내인 C와 아들인 D가 있었고, 법무법인 甲은 이러한 사실을 전혀 모른 채 2003. 8. 10. B를 원고로 기재하여 제1심법원에 소장을 제출하였다. B의 소송위임을 받은 법무법인 甲이 2003. 8. 10.에 소를 제기하여 소멸시효가 중단되었고, 그 시효중단의 효력은 상속인인 C와 D에게 귀속되어 상속인들은 소송수계를 신청하여 위 공사대금청구를 구할 수 있다.

계속된 사실관계 | 시효중단을 위한 재소 가능성 |

평소 B와 오랜 기간 동안 거래처로 맺어져 있던 건축자재업자 K는 A와 B사이의 건축도급계약상의 손해배상채무를 위하여 B를 위하여 A와 2000. 2. 15.에 연대보증계약을 체결하였는데, B가 2000. 2. 20,경 건축을 시작한 후 극도의 경제사정이 나빠져 수개월 후에 파산을 하게 되었고, 이에 A는 2000. 5.경에 연대보증채무자인 K를 상대로 위 연대보증채무에 기한 소를 제기하여 2000. 7. 10.에 승소판결이 확정되었다. 그런데 K가 위 채무를 이행하지 않고 10년이 임박해 오자, 2009. 10. 20.에 시효연장을 위해 위 연대보증에 기한 소를 제기하여 2010. 3. 10.에 승소판결이 확정되었다. 그럼에도 불구하고 K가 위 연대보증채무를 이행하지 아니하자, 다시 2019. 4.경에 시효연장을 위한 소를 제기하였다.

문제 8 이 경우 법원은 어떠한 판단을 하여야 하며, 그 이유는 무엇인가? (20점)

1. 문제의 소재 (2점)

① 판결이 확정된 채권의 시효연장

② 시효연장을 위한 재소의 허용여부

2. 판결이 확정된 채권의 시효연장 (5점)

판결이 확정된 채권의 시효기간을 10년으로 정하고 있는데(민법 제165조 제1항), 원래의 채무가 1년이나 3년의 단기소멸시효라고 하더라도 10년으로 연장되는 효과를 가진다.

3. 시효연장을 위한 재소의 허용여부 (10점)

확정된 승소판결에는 기판력이 있으므로, 승소 확정판결을 받은 당사자가 그 상대방을 상대로 다시 승소 확정판결의 전소(전소)와 동일한 청구의 소를 제기하는 경우 그 후소(후소)는 권리보호의 이익이 없어 부적법하다. 하지만 예외적으로 확정판결에 의한 채권의 소멸시효기간인 10년의 경과가 임박한 경우에는 그 시효중단을 위한 소는 소의 이익이 있다.

나아가 이러한 경우에 후소의 판결이 전소의 승소 확정판결의 내용에 저촉되어서는 아니 되므로, 후소 법원으로서는 그 확정된 권리를 주장할 수 있는 모든 요건이 구비되어 있는지 여부에 관하여 다시 심리할 수 없다.

대법원은 종래 확정판결에 의한 채권의 소멸시효기간인 10년의 경과가 임박한 경우에는 그 시효중단을 위한 재소(재소)는 소의 이익이 있다는 법리를 유지하여 왔다. 이러한 법리는 현재에도 여전히 타당하다. 다른 시효중단사유인 압류·가압류나 승인 등의 경우 이를 1회로 제한하고 있지 않음에도 유독 재판상 청구의 경우만 1회로 제한되어야 한다고 보아야 할 합리적인 근거가 없다. 또한 확정판결에 의한 채무라 하더라도 채무자가 파산이나 회생제도를 통해 이로부터 전부 또는 일부 벗어날 수 있는 이상, 채권자에게는 시효중단을 위한 재소를 허용하는 것이 균형에 맞다(대법원 2018. 7. 19. 선고 2018다22008 전원합의체 판결).

4. 사안의 해결 (3점)

확정판결에 의한 채권의 소멸시효기간인 10년의 경과가 임박한 경우에는 그 시효중단을 위한 소는 소의 이익이 있으므로 A의 소제기로 인한 시효중단의 효력은 발생한다.

계속된 사실관계 | 공사대금채권의 양도시 저당권설정등기청구권의 양도여부 |

B는 A로부터 이 사건 Y건물의 공사대금 일부를 제때에 지급받지 못하자 2000. 7. 1.에 도급계약을 해지한 후 공사대금청구 소송을 제기하여 법원으로부터 'A는 B에게 총공사비 4억 5,000만원을 지급하라.'는 취지의 판결을 선고받았고, 위 판결은 2000. 10. 21.경 확정되었다. 한편 B는 2001. 2. 10.에 Y건물의 공사대금채권 전부를 P에게 양도하기로 하는 내용의 채권양도양수 합의서를 작성하고, 그 다음날 A에게 위 채권양도사실을 통지하였다. 2001. 5. 15. A가 Y건물에 대해 소유권보존등기를 마친 다음 같은 달 30일 P와 사이에 이 사건 Y건물에 관하여 근저당권자 P, 채권최고액 5억 원으로 하는 근저당권 설정계약을 체결하고, 근저당권의 설정등기를 마쳤다. 이에 B의 채권자인 M이 P에 대하여 사해행위취소의 소를 구하며, B가 A에 대한 공사대금채권을 P에게 양도하고, 그 공사대금채권뿐만 아니라 이를 담보하기 위한 B의 A에 대하여 가지는 저당권설정청구권은 공사대금채권에 수반하여 P에게 이전될 수 없다고 주장하고 있다.

문제 9 이러한 M의 주장은 이유가 있는가? (10점)

✓ 민법 제666조에서 정한 수급인의 저당권설정청구권은 공사대금채권을 담보하기 위하여 인정되는 채권적 청구권으로서 공사대금채권에 부수하여 인정되는 권리이므로, 당사자 사이에 공사대금채권만을 양도하고 저당권설정청구권은 이와 함께 양도하지 않기로 약정하였다는 등의 특별한 사정이 없는 한, 공사대금채권이 양도되는 경우 저당권설정청구권도 이에 수반하여 함께 이전된다고 봄이 타당하다. 따라서 신축건물의 수급인으로부터 공사대금채권을 양수받은 자의 저당권설정청구에 의하여 신축건물의 도급인이 그 건물에 저당권을 설정하는 행위 역시 다른 특별한 사정이 없는 한 사해행위에 해당하지 아니한다(대법원 2018. 11. 29. 선고 2015다19827 판결).

제2문

기초적 사실관계

A와 B는 2010. 5. 10. 혼인한 부부로서 A는 대학졸업 후 D회사에 입사하여 10년째 회사생활

을 하고 있으며, B는 결혼 전부터 다니던 세무회계사무소에 직원으로 다니고 있었다. 이들은 2000. 5. 10. 혼인 시에 A의 父 C가 제공한 1억원을 바탕으로 하여, 甲아파트를 2억원에 A의 명의로 매수하였고, 모자라는 돈 1억원은 E은행으로부터 대출받아 E은행명의로 채권최고액 1억 2,000만원의 근저당권을 설정해 주었다.

계속된 사실관계 | 채무초과 부부의 재산분할청구권 인정여부 |

A와 B는 열심히 노력한 결과 결혼 후 2년 만에 E은행에 대한 대출원금 1억원을 모두 상환하였다. 그 후 A는 지방으로 발령이 나는 바람에 어쩔 수 없이 甲아파트를 보증금 1억 5,000만원으로 E에게 임대하였고, A와 B는 다시 작은 집을 얻어 살게 되었다. 그러던 중 A와 B는 생활자금으로 사용하기 위하여 G은행으로부터 금 1억원을 대출받아 사용하게 되었으며, 이러저러한 사유로 E로부터 받았던 보증금마저도 모두 소비하게 되었다. 그런데 지방으로 발령한 A는 자신의 회사 여직원인 J양과 불륜관계를 맺게 되어, 이러한 불륜관계가 B에게 발각되는 바람에 A와 B 사이가 나빠지게 되었으며, 이에 B는 2014. 10. 10.에 A에 대하여 재판상 이혼을 구하는 소를 제기하면서, 시가 2억원으로 평가받은 甲아파트에 대하여 재산분할청구를 하였다.

문제 1 이 경우 법원은 어떠한 판단을 하여야 하며, 그 이유는 무엇인가? (15점)

✓ **정답 : 청구인용**

1. 문제의 소재 (2점)

채무초과 부부의 재산분할청구권 인정여부

2. 판례의 입장 (5점)

이혼 당사자 각자가 보유한 적극재산에서 소극재산을 공제하는 등으로 재산상태를 따져 본 결과 재산분할 청구의 상대방이 그에게 귀속되어야 할 몫보다 더 많은 적극재산을 보유하고 있거나 소극재산의 부담이 더 적은 경우에는 적극재산을 분배하거나 소극재산을 분담하도록 하는 재산분할은 어느 것이나 가능하다고 보아야 하고, 후자의 경우라고 하여 당연히 재산분할 청구가 배척되어야 한다고 할 것은 아니다. 그러므로 소극재산의 총액이 적극재산의 총액을 초과하여 재산분할을 한 결과가 결국 채무의 분담을 정하는 것이 되는 경우에도 법원은 채무의 성질, 채권자와의 관계, 물적 담보의 존부 등 일체의 사정을 참작하여 이를 분담하게 하는 것이 적합하다고 인정되면 구체적인 분담의 방법 등을 정하여 재산분할 청구를 받아들일 수 있다 할 것이다. 그것이 부부가 혼인 중 형성한 재산관계를 이혼에 즈음하여 청산하는 것을 본질로 하는 재산분할 제도의 취지에 맞고, 당사자 사이의 실질적 공평에도 부합한다. 다만 재산분할 청구 사건에 있어서는 혼인 중에 이룩한 재산관계의 청산뿐 아니라 이혼 이후 당사자들의 생활보장에 대한 배려 등 부양적 요소 등도 함께 고려할 대상이 되므로, 재산분할에 의하여 채무를 분담하게 되면 그로써 채무초과 상태가 되거나 기존의 채무초과 상태가 더욱 악화되는 것과 같은 경우에는 채무부담의 경위, 용처, 채무의 내용과 금액, 혼인생활의 과정, 당사자의 경제적 활동능력과 장래의 전망 등 제반 사정을 종합적으로 고려하여 채무를 분담하게 할지 여부 및 분담의 방법 등을 정할 것이고, 적극재산을 분할할 때처럼 재산형성에 대한 기여도 등을 중심으로 일률적인 비율을 정하여 당연히 분할 귀속되게 하여야 한다는 취지는 아니라는 점을 덧붙여 밝혀 둔다(대법원 2013. 6. 20. 선고 2010므4071 전원합의체 판결).

3. 특유재산과 재산분할 (5점)

원칙적으로 특유재산과 고유재산은 재산분할청구의 대상이 되지 않는다. 다만 민법 제843조, 제839조의2의 규정에 의한 재산분할의 경우 부부 일방의 특유재산은 원칙적으로 분할대상이 되지 아니하나 특유재산일지라도 다른 일방이 적극적으로 특유재산의 유지에 협력하여 감소를 방지하였거나 증식에 협력하였다고 인정되는 경우에는 분할대상이 될 수 있고 또 부부 일방이 혼인중 제3자에게 부담한 채무는 일상가사에 관한 것 이외에는 원칙으로 개인채무로서 청산대상이 되지 않으나 공동재산의 형성에 수반하여 부담한 채무인 경우에는 청산대상이 된다(대법원 1993. 5. 25. 선고 92므501 판결).

4. 사안의 해결 (3점)

A의 부정행위로 인하여 B는 A에 대하여 재판상 이혼을 구하고, 재산분할청구권을 구할 수 있는데, 이 경우 A와 B부부가 소유하고 있는 재산인 적극재산이 2억원이고, 소극재산이 2억 5,000만원으로서 소극재산이 적극재산을 초과하는 경우에도 재산분할청구권은 인정된다. 따라서 B의 A에 대한 재산분할청구권은 인용된다.

계속된 사실관계 | 재산분할청구권 산정시기 |

A는 평소 회사에서 알고 지내던 J양과 정교관계를 가져 오다가 B에게 발각되어 A와 B사이의 관계가 급속히 악화되었으며, 2014. 10. 10.에 B는 A를 상대로 재판상 이혼소송을 제기하였다. 마침 이혼소송이 진행될 즈음에 甲아파트가 위치한 주변에 시청이 이전된다는 발표가 나서 2014. 10. 10. 이혼소송을 제기할 당시의 아파트의 시가는 3억원 상당이었고, 이혼소송의 사실심 변론종결시는 시가 4억원으로 폭등하였으며, 이혼소송의 판결이 확정되는 2015. 3. 20.에 시가 5억원으로 폭등하였다. 이에 B는 A에 대하여 그 판결의 확정시를 기준으로 재산분할을 구할 권리가 있다고 주장하고 있다.

문제 2 이 경우 법원은 어떠한 판단을 내릴 수 있는가? (15점) | 위자료는 고려하지 말 것 |

✓ 정답 : 사실심 변론종결시를 기준으로 재산분할액을 산정하여야 한다.

1. 문제의 소재 (2점)

① 재산분할청구의 방식

② 재판상 이혼시 재산분할청구액의 산정기준시기

2. 특유재산과 재산분할 (5점)

원칙적으로 특유재산과 고유재산은 재산분할청구의 대상이 되지 않는다. 다만 민법 제843조, 제839조의2의 규정에 의한 재산분할의 경우 부부 일방의 특유재산은 원칙적으로 분할대상이 되지 아니하나 특유재산일지라도 다른 일방이 적극적으로 특유재산의 유지에 협력하여 감소를 방지하였거나 증식에 협력하였다고 인정되는 경우에는 분할대상이 될 수 있고 또 부부 일방이 혼인중 제3자에게 부담한 채무는 일상가사에 관한 것 이외에는 원칙으로 개인채무로서 청산대상이 되지 않으나 공동재산의 형성에 수반하여 부담한 채무인 경우에는 청산대상이 된다(대법원 1993. 5. 25. 선고 92므501 판결).

3. 재판상 이혼시 재산분할청구액의 산정기준시기 (5점)

재판상 이혼시의 재산분할에 있어 분할의 대상이 되는 재산과 그 액수는 이혼소송의 사실심 변론종결일을 기준으로 하여 정하여야 하므로, 법원은 변론종결일까지 기록에 나타난 객관적인 자료에 의하여 개개의 공동재산의 가액을 정하여야 한다(대법원 2010. 4. 15. 선고 2009므4297 판결).

4. 사안의 해결 (3점)

A와 B가 혼인시에 A의 父 C로부터 1억원을 받아 아파트를 구입한 것이기 때문에 그 아파트의 절반은 A의 특유재산이라고 볼 수 있다. 그리고 나머지 1억은 부부가 혼인 후 대출금을 갚아 온 것이기 때문에 그 부분에 대한 재산분할청구권은 인정된다. 또한 재산분할청구권의 산정기준시는 이혼소송의 사실심 변론종결시기 기준이 되기 때문에 결국 B는 A에 대하여 4억원 중, 3억원의 일정부분에 대하여 재산분할청구권을 행사할 수 있다. 참고로 판례는 맞벌이 부부인 경우에는 50% 정도의 재산분할을, 전업주부인 경우에는 30~50% 정도로 재산분할을 인정하고 있다.

계속된 사실관계 | 재산분할청구권과 사해행위 |

2010. 5. 10. 결혼 후 A와 B는 혼인생활을 계속하여 영위하다가 2011. 3. 경에 B는 다니던 직장을 그만 두고 시내에 점포를 하나 얻어 옷가게를 운영하게 되었다. 그러던 중 B는 남대문시장의 도매상인 K와 상품거래를 하면서 무려 2억원의 빚을 지게 되었다. 그 후 경제사정 등의 갈등으로 A와 B는 자주 다투게 되었고, 이에 A와 B는 이혼하기로 합의를 하면서 B는 A에 대하여 재산분할을 구하지 않기로 하였다. 이에 K는 B가 A로부터 재산분할을 구하지 않기로 합의가 끝난 것은 사해행위가 되기 때문에 K는 A를 상대로 사해행위취소를 구하는 소를 제기하였다.

문제 3 이 경우 법원은 어떠한 판단을 하여야 하며, 그 이유는 무엇인가? (15점)

✓ **정답 : 청구인용**

1. 문제의 소재 (2점)

재산분할이 사해행위취소의 대상이 되는지 여부

2. 재산분할이 사해행위취소의 대상이 되는지 여부 (10점)

이미 채무초과 상태에 있는 채무자가 이혼을 함에 있어 자신의 배우자에게 재산분할로 일정한 재산을 양도함으로써 결과적으로 일반 채권자에 대한 공동담보를 감소시키는 결과로 되어도, 위 재산분할이 민법 제839조의2 제2항 규정의 취지에 따른 상당한 정도를 벗어나는 과대한 것이라고 인정할 만한 특별한 사정이 없는 한 사해행위로서 채권자에 의한 취소의 대상으로 되는 것은 아니라고 할 것이고, 다만 위와 같은 상당한 정도를 벗어나는 초과부분에 관한 한 적법한 재산분할이라고 할 수 없기 때문에 그 취소의 대상으로 될 수 있다고 할 것인바, 위와 같이 상당한 정도를 벗어나는 과대한 재산분할이라고 볼 만한 특별한 사정이 있다는 점에 관한 입증책임은 채권자에게 있다(대법원 2000. 7. 28. 선고 2000다14101 판결).

또한 이혼에 있어서 재산분할은 부부가 혼인 중에 가지고 있었던 실질상의 공동재산을 청산하여 분배함과 동시에 이혼 후에 상대방의 생활유지에 이바지하는 데 있지만, 분할자의 유책행위에 의하여 이혼함으로 인하여 입게 되는 정신적 손해(위자료)를 배상하기 위한 급부로서의 성질까지 포함하여 분할할 수도 있다고 할 것인바, 재산분할의 액수와 방법을 정함에 있어서는 당사자 쌍방의 협력으로 이룩한 재산의 액수 기타 사정을 참작하여야 하는 것이 민법 제839조의2 제2항의 규정상 명백하므로 재산분할자가 이미 채무초과의 상태에 있다거나 또는 어떤 재산을 분할한다면 무자력이 되는 경우에도 분할자가 부담하는 채무액 및 그것이 공동재산의 형성에 어느 정도 기여하고 있는지 여부를 포함하여 재산분할의 액수와 방법을 정할 수 있다고 할 것이고, 재산분할자가 당해 재산분할에 의하여 무자력이 되어 일반채권자에 대한 공동담보를 감소시키는 결과가 된다고 하더라도 그러한 재산분할이 민법 제839조의2 제2항의 규정 취지에 반하여 상당하다고 할 수 없을 정도로 과대하고, 재산분할을 구실로 이루어진 재산처분이라고 인정할 만한 특별한 사정이 없는 한 사해행위로서 채권자취소권의 대상이 되지 아니하고, 위와 같은 특별한 사정이 있어 사해행위로서 채권자취소권의 대상이 되는 경우에도 취소되는 범위는 그 상당한 부분을 초과하는 부분에 한정된다고 할 것이다(대법원 2005. 1. 28. 선고 2004다58963 판결).

참고로 협의 또는 심판에 의하여 구체화되지 않은 이혼에 따른 재산분할청구권을 포기하는 행위가 채권자취소권의 대상이 되는지 여부에 대하여 판례는 "이혼으로 인한 재산분할청구권은 이혼을 한 당사자의 일방이 다른 일방에 대하여 재산분할을 청구할 수 있는 권리로서 이혼이 성립한 때에 그 법적 효과로서 비로소 발생하는 것일 뿐만 아니라, 협의 또는 심판에 의하여 구체적 내용이 형성되기까지는 그 범위 및 내용이 불명확·불확정하기 때문에 구체적으로 권리가 발생하였다고 할 수 없으므로 협의 또는 심판에 의하여 구체화되지 않은 재산분할청구권은 채무자의 책임재산에 해당하지 아니하고, 이를 포기하는 행위 또한 채권자취소권의 대상이 될 수 없다"고 하여 소극적으로 판단하고 있다(대법원 2013. 10. 11. 선고 2013다7936 판결).

판례의 표현인 "상당한 범위 내에서 사해행위취소가 되지 않는다"는 점에 주목할 필요가 있다. 판례가 이러한 표현을 하는 이유는 재산분할 가운데 청산적 요소는 자신의 기여분을 되찾아 가는 것이기 때문에 특별히 상대방에게 이익을 주는 것이라고 할 수는 없는 것이고, 부양적 요소와 결부하여 부양료를 압류금지채권으로 규정하고 있는 점 등 부양료에 우선적 지위를 부여한 것 등을 고려한 것이기 때문이다.

3. 사안의 해결 (3점)

원칙적으로 재산분할은 사해행위취소의 대상이 된다. 따라서 K의 A에 대한 사해행위취소소송은 인용될 수 있다. 다만 재산분할이 상당할 정도를 벗어나는 과대한 재산분할이라고 볼만한 특별한 사정이 전제되어야 하는 바, 본 사안에서 B는 충분히 일정한 정도의 재산분할을 구할 수 있음에도 불구하고 이를 포기하고 있기 때문에 사해행위의 대상이 될 수 있을 것이다.

계속된 사실관계 | 퇴직급여채권이 재산분할의 대상에 포함되는지 여부 |

2010. 5. 10. A와 B가 혼인을 한 후, B는 다니던 직장을 그만 두고 전업주부로서 A를 내조하여 왔다. 그러던 2012. 3.경 지방으로 발령한 A는 자신의 회사 여직원인 J양과 불륜관계를 맺게 되었고, 이러한 불륜관계가 B에게 발각되는 바람에 A와 B 사이가 나빠지게 되었으며, 이에 B는 2014. 10. 10.에 A에 대하여 재판상 이혼을 구하는 소를 제기하면서, A가 D회사로부터 수령할 퇴직금에 대한 재산분할을 구하였다.

문제 4 이 경우 B의 재산분할청구는 이유가 있는가? (10점)

✓ **정답 : 이유가 있다**

1. 문제의 소재 (2점)

부부 일방이 이혼 당시 아직 퇴직하지 아니한 채 직장에 근무하고 있는 경우, 퇴직급여채권이 재산분할의 대상에 포함되는지 여부

2. 퇴직금의 재산분할청구 (5점)

근로자퇴직급여보장법, 공무원연금법, 군인연금법, 사립학교교직원연금법이 각 규정하고 있는 퇴직급여는 사회보장적 급여로서의 성격 외에 임금의 후불적 성격과 성실한 근무에 대한 공로보상적 성격도 지닌다. 그리고 이러한 퇴직급여를 수령하기 위하여는 일정기간 근무할 것이 요구되는 바, 그와 같이 근무함에 있어 상대방 배우자의 협력이 기여한 것으로 인정된다면 그 퇴직급여 역시 부부 쌍방의 협력으로 이룩한 재산으로서 재산분할의 대상이 될 수 있다.

퇴직급여채권은 퇴직이라는 급여의 사유가 발생함으로써 현실화되는 것이므로, 이혼 시점에서는 어느 정도의 불확실성이나 변동가능성을 지닐 수밖에 없다. 그러나 그렇다고 하여 퇴직급여채

권을 재산분할의 대상에서 제외하고 단지 장래의 수령가능성을 재산분할의 액수와 방법을 정하는 데 필요한 기타 사정으로만 참작하는 것은 부부가 혼인 중 형성한 재산관계를 이혼에 즈음하여 청산·분배하는 것을 본질로 하는 재산분할제도의 취지에 맞지 않고, 당사자 사이의 실질적 공평에도 반하여 부당하다.

위와 같은 재산분할제도의 취지 및 여러 사정들에 비추어 볼 때, 비록 이혼 당시 부부 일방이 아직 재직 중이어서 실제 퇴직급여를 수령하지 않았더라도 이혼소송의 사실심 변론종결 시에 이미 잠재적으로 존재하여 경제적 가치의 현실적 평가가 가능한 재산인 퇴직급여채권은 재산분할의 대상에 포함시킬 수 있으며, 구체적으로는 이혼소송의 사실심 변론종결 시를 기준으로 그 시점에서 퇴직할 경우 수령할 수 있을 것으로 예상되는 퇴직급여 상당액의 채권이 그 대상이 된다 (대법원 2014. 7. 16. 선고 2013므2250 전원합의체 판결).

3. 사안의 해결 (3점)

A와 B는 2010. 5. 10.에 혼인하여 2014. 10. 10.까지 결혼생활을 유지하였다. B는 A와 혼인 후 전업주부로서 A를 내조하여 오다가 A의 책임 있는 사유로 이혼을 하게 되었는 바, B는 A에 대한 이혼소송에서 변론종결시를 기준으로 그 시점에서 퇴직할 경우 수령할 것으로 예상되는 퇴직금 상당액에 대하여 재산분할을 구할 수 있으므로, 2010. 5. 10.부터 이혼소송의 변론종결시 사이의 적립된 퇴직금의 상당액에 대하여 재산분할을 구할 수 있다.

제3문

기초적 사실관계

A는 2000. 2. 10.에 사망하였고, 그의 처인 B도 같은 해 10. 20.에 사망하였다. A와 B는 슬하에 C, D, E의 삼형제를 두고 있었는데, C는 F와 결혼 후 슬하에 G를 두고 있었다. 한편 C는 자신의 부모인 A와 B가 사망하기 전인 1998. 5.경에 교통사고를 당해 사망하였고, 사고 당시 G는 만 17세였으며, C의 처인 F는 C가 사망한 1년 뒤 재가하여 G는 A와 B와 더불어 조손가정으로 살아오고 있었다.

계속된 사실관계 | 상속회복청구권 |

A와 B가 사망한 후 G의 삼촌들인 D와 E는 A소유인 시가 12억원 상당의 X토지에 대하여 2002. 3. 30.에 공동으로 상속등기를 하여 두었는데, 2014. 5. 10.에 이러한 사실을 알게 된 G가 2014. 6. 20.에 D와 E를 상대로 상속회복을 구하는 소를 제기하였다.

문제 1 이 경우 법원은 어떠한 판단을 하여야 하며, 그 이유는 무엇인가? (20점)

✓ **정답 : 소 각하**

1. 문제의 소재 (2점)

① 대습상속
② 상속회복청구권의 성질
③ 상속회복청구권과 제척기간
④ 공동상속인이 상속회복청구권의 상대방이 되는지 여부

2. 대습상속 (3점)

대습상속은 상속인이 될 직계비속이나 형제자매가 상속개시 전에 사망하거나 상속결격으로 된 경우에 그 상속인이 될 자의 직계비속 및 배우자가 원래 상속인이 될 자 대신에 상속을 하는 것을 말한다(민법 제1001조).

3. 상속회복청구권의 성질 (4점)

상속회복청구권의 성질과 관련하여 독립권리설과 집합권리설의 다툼이 있다. 두 견해가 다투는 이유는 상속회복청구권이 제척기간에 걸린 경우에도 상속에 기한 개별적 청구권(예를 들면 소유권에 기한 물권적 청구권)에 기하여 별도의 청구를 할 수 있는지 여부가 갈리기 때문이다. ①독립권리설에 따르면, 상속회복청구권은 상속인의 소유권 기타의 권리에 기한 개별적 청구권과는 별개의 독립한 권리로서, 상속권 그 자체에 대한 침해를 포괄적으로 회복하는 것을 목적으로 하는 독립된 권리라고 한다. ②집합권리설에 따르면, 상속회복청구권은 상속재산을 구성하는 개개의 재산에 관하여 생기는 개별적 청구권의 집합에 불과한 것이라고 한다. 이 견해는 물권적 청구권과의 경합을 인정하지 않는다. 판례는 "진정상속인이 참칭상속인을 상대로 상속재산인 부동산에 관한 등기의 말소등을 구하는 경우에 그 소유권 또는 지분권 등의 귀속원인을 상속으로 주장하고 있는 이상 청구원인 여하에 불구하고 이는 민법 제999조 소정의 상속회복청구의 소라고 해석하여야 할 것이므로 동법 제982조 제2항 소정의 제척기간의 적용이 있다. 또한 진정상속인이 참칭상속인으로 부터 상속재산을 양수한 제3자를 상대로 등기말소청구를 하는 경우에도 상속회복청구권의 단기의 제척기간이 적용된다(대법원 1981. 1. 27. 선고 79다854 전원합의체 판결)"라고 하여 집합권리설을 채택하고 있다.

4. 상속회복청구권의 제척기간 (4점)

상속회복청구권은 반드시 소의 제기에 의해서만 할 수 있다(민법 제999조). 상속회복청구권은 침해를 안 날로부터 3년 또는 상속권의 침해행위가 있은 날부터 10년을 경과하면 소멸한다(민법 제999조 제2항). 이에 대하여 2002. 1. 14. 민법 개정 전에는 10년의 제척기간이 상속개시일로부터 진행된다고 하였다. 그 후 헌법재판소 2001. 7. 19. 선고 99헌바9, 26, 84와 2000헌바11, 2000헌가3, 2001헌가23 전원재판부 결정은 상속회복청구권의 행사기간을 상속개시일로부터 10년은 재산권, 행복추구권, 재판청구권에 위배한다고 한 후, 2002. 1. 14.에 민법 제999조 제2항과 같은 조항을 신설하여 침해행위 있은 날로부터 10년을 경과하면 소멸한다고 하여 문제를 해결하였다.

판례도 민법(1990.1.13. 법률 제4199호로 개정되기 전의 것)이 규정하는 상속회복의 소는 호주상속권이나 재산상속권이 참칭호주나 참칭재산상속인으로 인하여 침해된 때에 진정한 상속권자가 그 회복을 청구하는 소를 가리키는 것이나, 재산상속에 관하여 진정한 상속인임을 전제로 그 상속으로 인한 소유권 또는 지분권 등 재산권의 귀속을 주장하고, 참칭상속인 또는 자기들만이 재산상속을 하였다는 일부 공동상속인들을 상대로 상속재산인 부동산에 관한 등기의 말소 등을 청구하는 경우에도, 그 소유권 또는 지분권이 귀속되었다는 주장이 상속을 원인으로 하는 것인 이상 그 청구원인 여하에 불구하고 이는 민법 제999조 소정의 상속회복청구의 소라고 해석함이 상당하다. 또한 재산상속회복청구의 소인 이상 위 민법 제999조에 의하여 준용되는 같은 법 제982조 제2항 소정의 제척기간의 적용이 있다 할 것이며, 상속개시일로부터 10년을 경과한 후에 상속권의 침해가 있는 경우라도 10년의 제척기간 경과로 인하여 상속회복청구권은 소멸되었다고 보아야 한다(대법원 1991. 12. 24. 선고 90다5740 전원합의체 판결).

5. 공동상속인이 상속회복청구권의 상대방이 되는지 여부 (4점)

원고의 청구가 계쟁토지가 원소유자의 재산상속인들인 원·피고 및 소외인 등이 공동상속한 것임에도 피고가 그 단독 명의로 소유권보존등기를 마친 것이므로 그 상속지분을 초과한 부분은 원인무효라고 주장하고 그 말소를 구하는 것이어서 상속회복청구의 소에 해당한다(대법원 1991. 12. 24. 선고 90다5740 전원합의체 판결).

6. 사안의 해결 (3점)

본 사안에서 A와 B가 사망하기 전에 이미 G의 아버지인 C가 사망한 경우이기 때문에, A와 B의 사망으로 G는 대습상속을 받게 된다. 한편 상속회복청구권은 상속재산을 구성하는 개개의 재산에 관하여 생기는 개별적 청구권의 집합에 불과한 것이기 때문에 물권적 청구권과의 경합은 인정되지 않는다. 따라서 제척기간의 도과로 상속회복청구권은 소멸하게 된다. 본 사안에서 2000.경 A와 B의 사망으로 D, E, G에게 상속이 개시되었고, 2002. 3. 30.에 D와 E가 X토지에 대하여 공동상속등기를 하여 상속권의 침해가 있었다. 그런데 G는 2014. 6. 20.에 상속회복청구권을 행사하였으므로 그 침해한 날로부터 이미 10년의 제척기간이 도과하여 G의 소는 각하된다.

계속된 사실관계 | 상속회복청구권 |

A와 B가 사망한 후 공동상속인 중의 하나인 E가 2001. 8. 10.에 협의분할에 의한 상속을 원인으로 하여 X토지의 일부에 대하여 소유권이전등기를 경료하였다. 이러한 사실을 알게 된 D와 G는 2009. 10. 10.에 위 협의분할이 다른 공동상속인의 동의 없이 이루어진 것이 무효라는 이유로 등기의 말소를 구하며, 이는 상속회복청구의 소에 해당한다고 주장하였다.

문제 2 이러한 D와 G의 주장은 타당한가? (10점)

✓ **정답 : 타당하다.**

✓ 공동상속인 중 1인이 협의분할에 의한 상속을 원인으로 하여 상속부동산에 관한 소유권이전등기를 마친 경우에, 협의분할이 다른 공동상속인의 동의 없이 이루어진 것이어서 무효라는 이유로 다른 공동상속인이 위 등기의 말소를 청구하는 소는 상속회복청구의 소에 해당한다(대법원 2011. 3. 10. 선고 2007다17482 판결).

제4문 | 유류분

B는 2015. 9. 10.에 사망하였고, B의 남편 A는 1950. 7. 10.에 사망하였는데, A와 B사이에 4명의 자녀인 D(원고들), 장남인 C(피고) 및 2001. 11. 20.에 사망한 E가 있는데, E에게는 그 배우자와 직계비속과 자녀 3명이 있다.
B가 2015. 9. 10. 사망할 당시 B 소유의 재산으로는 甲 부동산이 있고, 그밖에 다른 적극재산, 소극재산은 없다.
B는 사망 전인 2013. 5. 30. 이 사건 부동산을 C에게 유증하는 내용의 유언공정증서를 작성하였다. 이에 따라 C는 B의 사망 후인 2015. 10. 10. 이 사건 부동산에 관하여 유증을 원인으로 한 소유권이전등기를 마쳤다.
그런데 D(원고들)는 C에 대하여 C는 B로부터 이 사건 부동산을 유증받아 소유권이전등기를 마쳤지만, D(원고들)는 B로부터 증여받거나 달리 상속받은 재산이 없다. 그렇다면 C는 甲부동산 중 D(원고들)의 각 유류분(1/8 지분) 침해분을 현물로서 반환할 의무가 있다고 주장하였다. 그러자 C는 D(원고들)는 B로부터 생전에 아래 乙 부동산 등 토지나 건물을 각각 1975. 12. 경에 증여받았는바(민법개정으로 1979. 1. 1.부터 유류분제도 시행함), 이와 같은 특별수익은 유류분 산정을 위한 기초재산(실질상속재산)에 산입되어야 하며, D(원고들)이 이미 증여받은 재산들이 C(피고)가 유증받은 이 사건 부동산보다 훨씬 많으므로 이를 반영하여 유류분액을 계산하면, 이 사건 유증으로 인하여 D(원고들)의 유류분이 침해된 것은 없다고 주장하였다.

문제 1 D의 C에 대한 유류분 주장은 이유가 있는가? (10점)

✓ 정답 : 이유 없음

이유 : 유류분 제도가 생기기 전에 피상속인이 상속인이나 제3자에게 재산을 증여하고 이행을 완료하여 소유권이 수증자에게 이전된 때에는 피상속인이 1977. 12. 31. 법률 제3051호로 개정된 민법(이하 '개정 민법'이라 한다) 시행 이후에 사망하여 상속이 개시되더라도 소급하여 증여재산이 유류분 제도에 의한 반환청구의 대상이 되지는 않는다. 개정 민법의 유류분 규정을 개정 민법 시행 전에 이루어지고 이행이 완료된 증여에까지 적용한다면 수증자의 기득권을 소급입법에 의하여 제한 또는 침해하는 것이 되어 개정 민법 부칙 제2항의 취지에 반하기 때문이다. 개정 민법 시행 전에 이미 법률관계가 확정된 증여재산에 대한 권리관계는 유류분 반환청구자이든 반환의무

자이든 동일하여야 하므로, 유류분 반환청구자가 개정 민법 시행 전에 피상속인으로부터 증여받아 이미 이행이 완료된 경우에는 그 재산 역시 유류분산정을 위한 기초재산에 포함되지 아니한다고 보는 것이 타당하다.

그러나 유류분 제도의 취지는 법정상속인의 상속권을 보장하고 상속인 간의 공평을 기하기 위함이고, 민법 제1115조 제1항에서도 '유류분권리자가 피상속인의 증여 및 유증으로 인하여 그 유류분에 부족이 생긴 때에는 부족한 한도 내에서 그 재산의 반환을 청구할 수 있다'고 규정하여 이미 법정 유류분 이상을 특별수익한 공동상속인의 유류분 반환청구권을 부정하고 있다. 이는 개정 민법 시행 전에 증여받은 재산이 법정 유류분을 초과한 경우에도 마찬가지로 보아야 하므로, 개정 민법 시행 전에 증여를 받았다는 이유만으로 이를 특별수익으로도 고려하지 않는 것은 유류분 제도의 취지와 목적에 반한다고 할 것이다. 또한 민법 제1118조에서 제1008조를 준용하고 있는 이상 유류분 부족액 산정을 위한 특별수익에는 그 시기의 제한이 없고, 민법 제1008조는 유류분 제도 신설 이전에 존재하던 규정으로 민법 부칙 제2조와도 관련이 없다.

따라서 개정 민법 시행 전에 이행이 완료된 증여 재산이 유류분 산정을 위한 기초재산에서 제외된다고 하더라도, 위 재산은 당해 유류분 반환청구자의 유류분 부족액 산정 시 특별수익으로 공제되어야 한다(대법원 2018. 7. 12. 선고 2017다278422 판결).

• 제 11 장 •

제1문

기초적 사실관계

커피전문점을 경영하는 A는 평소 잘 알고 지내던 거래처 사장인 B로부터 2015. 3. 10.에 금 2억원을 차용하면서 1년 뒤에 갚기로 하였다. 그런데 A가 1년이 경과한 2016. 5..1.이 되어서도 채무를 변제하지 않자, B는 몇 번 독촉을 하다가 A가 소유하고 있는 전주에 소재하는 X주택에 대하여 피보전채권 1억원으로 하는 가압류를 신청하여 2016. 5. 15.에 가압류등기가 기입되고 A에게 송달되었다. 그 후 2016. 7. 20.에 A는 다시 C로부터 금 2억원을 차용하면서 위 X주택에 C명의의 근저당권을 설정해 주었고, 한편 A는 지인인 D로부터 빌린 차용금 1억원이 있었는데, 이를 갚지 못하자 D가 2016. 9. 30.에 가압류를 하였다.

추가적 사실관계 | 가압류 후의 저당권설정 |

B는 A에 대하여 금 2억원의 채권을 주장하며 계속 독촉을 하다가 2016. 10. 20.에 집행권원을 확보하여 강제경매를 신청하여 2016. 10. 22.에 강제경매개시결정이 났고, 위 경매에 따른 배당재단은 2억원으로 확정되었다.

문제 1 이 경우 B, C, D는 각각 얼마씩 배당을 받을 수 있으며, 그 이유는 무엇인가? (20점)

1. 문제의 소재 (2점)

가압류 후에 설정된 저당권의 효력에 대한 내용이 쟁점이다.

2. 근저당권의 소멸주의 (5점)

근저당권은 경매로 인하여 소멸하게 된다(민사집행법 제91조 2항). 따라서 B의 강제경매신청에 따라 C의 근저당권도 소멸하게 된다.

3. 가압류 후의 근저당권 (5점)

부동산에 대하여 가압류등기가 먼저 되고 나서 담보가등기가 마쳐진 경우에 그 담보가등기는 가압류에 의한 처분금지의 효력 때문에 그 집행보전의 목적을 달성하는데 필요한 범위 안에서 가압류채권자에 대한 관계에서만 상대적으로 무효라 할 것이고 따라서 담보가등기권자는 그 보다 선순위의 가압류채권자에 대항하여 우선변제를 받을 권리는 없으나 한편 가압류채권자도 우선변제청구권을 가지는 것은 아니므로 가압류채권자보다 후순위의 담보가등기권자라 하더라도 가등기담보등에관한법률 제16조 제1, 2항에 따라 법원의 최고에 의한 채권신고를 하면 가압류채권자와 채권액에 비례하여 평등하게 배당받을 수 있다(대법원 1987. 6. 9. 선고 86다카2570 판결).

4. 안분 후 흡수설에 따른 배당 (5점)

가등기담보권자는 그 담보가등기가 경료된 부동산에 대하여 경매 등이 개시된 경우에 다른 채권자보다 자기 채권에 대하여 우선변제를 받을 권리가 있다고 할 것이고 이 경우 그 순위에 관하여는 그 담보가등기권리를 저당권으로 보고 그 담보가등기가 경료된 때에 저당권설정등기가 행해진 것으로 보게 되므로, 가등기담보권에 대하여 선순위 및 후순위 가압류채권이 있는 경우 부동산의 경매에 의한 매득금 중 경매비용을 제외한 나머지 금원을 배당함에 있어 가등기담보권자는 선순위 가압류채권에 대하여는 우선변제권을 주장할 수 없어 그 피담보채권과 선순위 및 후순위 가압류채권에 대하여 1차로 채권액에 따른 안분비례에 의하여 평등배당을 하되, 담보가등기권자는 위 후순위 가압류채권에 대하여는 우선변제권이 인정되어 그 채권으로부터 받을 배당액으로부터 자기의 채권액을 만족시킬 때까지 이를 흡수하여 변제받을 수 있으며 선순위와 후순위 가압류채권이 동일인의 권리라 하여 그 귀결이 달라지는 것이 아니다(대법원 1992. 3. 27. 선고 91다44407 판결).

5. 사안의 해결 (3점)

배당재단 2억원에 대하여 B는 2억원의 일반채권자이고, C는 2억원의 담보채권자로서 서로 평등하여 배당을 받아, B가 1억원, C가 1억원을 각각 배당받는다. 한편 B와 D는 일반채권자로서 B와 D는 B가 취득한 1억원에 대하여 평등배당을 받게 되는 바, 각각 5,000만원씩 배당을 받게 되나, D가 취득한 5,000만원은 C에 흡수되어, 결국 B는 5,000만원, C는 1억 5,000만원, D는 0원을 배당받게 된다.

변형된 사실관계 | 저당권의 효력이 압류 후 차임채권에 미치는지 여부 |

A는 2016. 10. 20.에 B가 집행권원을 확보하여 강제경매를 신청하자, 즉시 금전을 마련하여 B에게 변제하여 위 강제경매절차가 취소되었다. 그 후 A는 X주택의 1층 부분 전체를 2016.

11. 10.에 E에게 보증금 5,000만원으로 임대차계약을 체결하고 월 임료로 150만원을 지급받기로 약정하였다. 그런데 A가 C에 대한 위 근저당권에 따른 매월 이자액 40만원을 반복적으로 연체하자 2017. 4. 10.에 임의경매를 신청하여 그 다음날 경매개시결정이 나고 기입등기가 경료되었다. 그 후 2017. 10. 10.에 경낙되어 매각대금이 납부되었음에도 불구하고 그때까지 E는 A에게 위 X주택의 1층 부분을 사용하여 왔으며, 2016. 11. 10. 이후 한 번도 매달 임료 150만원을 지급한 바 없었다. 또한 A의 X주택이 매각되어 형성된 배당재단은 피담보채권액에 미치지 못하는 1억 7,000만원으로 확정되었다. 그 후 C는 E에 대하여 2016. 11. 10. 이후 단 한 차례도 차임이 지급된 바가 없기 때문에 자신의 피담보채권액 2억원에 포함되어야 한다고 주장하였다.

문제 2 이러한 C의 주장은 이유가 있는가? (20점)

1. 문제의 소재 (2점)

저당권의 효력이 압류 후 차임채권에 미치는지 여부와 그 실행방법

2. 저당권의 과실의 효력 (5점)

저당권의 효력은 저당부동산에 대한 압류가 있은 후에 저당권설정자가 그 부동산으로부터 수취한 과실 또는 수취할 수 있는 과실에 미친다. 그러나 저당권자가 그 부동산에 대한 소유권, 지상권 또는 전세권을 취득한 제삼자에 대하여는 압류한 사실을 통지한 후가 아니면 이로써 대항하지 못한다(민법 제359조). 따라서 원칙적으로 C의 저당권의 효력은 저당부동산에 대한 압류가 있는 후인 2017. 4. 10. 이후부터의 임료부터 효력이 미친다.

3. 연체를 시작한 때부터 매각대금납부시까지 차임상당액 공제되는지 여부 (10점)

보증금이 수수된 저당부동산에 관한 임대차계약이 저당부동산에 대한 경매로 종료되었는데, 저당권자가 차임채권 등에 대하여는 민사집행법 제273조에 따른 채권집행의 방법으로 별개로 저당권을 실행하지 아니한 경우에 저당부동산에 대한 압류의 전후와 관계없이 임차인이 연체한 차임 등의 상당액이 임차인이 배당받을 보증금에서 당연히 공제됨은 물론, 저당권자가 차임채권 등에 대하여 위와 같은 방법으로 별개로 저당권을 실행한 경우에도 채권집행 절차에서 임차인이 실제로 차임 등을 지급하거나 공탁하지 아니하였다면 잔존하는 차임채권 등의 상당액은 임차인이 배당받을 보증금에서 당연히 공제된다(대법원 2016. 7. 27. 선고 2015다230020 판결).

4. 사안의 해결(3점)

E는 입주 한 2016. 11. 10. 이후 단 한 차례도 차임이 지급된 바가 없고, C는 자신의 피담보채권액 2억원의 만족을 얻기 위하여 저당부동산에 대한 압류의 전후와 관계없이 임차인이 연체한 차임 등의 상당액이 임차인이 배당받을 보증금에서 당연히 공제됨을 주장할 수 있다.

변형된 사실관계 | 저당권과 물상대위 |

A는 2016. 10. 20.에 B가 집행권원을 확보하여 강제경매를 신청하자, 즉시 금전을 마련하여 B에게 변제하여 위 강제경매절차가 취소되었다. 그런데 그 후에 A가 소유하고 있는 위 X주택이 택지재개발지구로 지정되어 2017. 4. 15.에 ~~공용수용~~절차를 밟게 되었고, ~~공용수용~~자인 LH공사가 A에게 손실보상금으로 2억원의 손실보상금을 지급하려 하자, C가 물상대위권을 위한 압류도 하기 전에 A의 일반채권자인 F가 손실보상금에 대하여 압류 및 전부명령을 받았다. 그렇지만 C는 여전히 손실보상금에 대하여 물상대위권을 행사하려고 한다.

문제 3 이 경우 C는 물상대위권을 행사할 수 있는가? 있다면 그 이유와 방법을 설명하고, 없다면 그 이유를 설명하시오. (20점)

1. 문제의 소재 (2점)

전부명령을 받은 경우에도 배당요구종기까지 물상대위가능한지 여부

2. 물상대위권에 있어서 압류의 의미 (5점)

민법 제370조, 제342조 단서가 저당권자는 물상대위권을 행사하기 위하여 저당권설정자가 받을 금전 기타 물건의 지급 또는 인도 전에 압류하여야 한다고 규정한 것은 물상대위의 목적인 채권의 특정성을 유지하여 그 효력을 보전함과 동시에 제3자에게 불측의 손해를 입히지 않으려는 데에 그 취지가 있다. 따라서 저당목적물의 변형물인 금전 기타 물건에 대하여 이미 제3자가 압류하여 그 금전 또는 물건이 특정된 이상 저당권자가 스스로 이를 압류하지 않고서도 물상대위권을 행사하여 일반 채권자보다 우선변제를 받을 수 있으나, 그 행사방법은 민사집행법 제273조에 의하여 담보권의 존재를 증명하는 서류를 집행법원에 제출하여 채권압류 및 전부명령을 신청하는 것이거나 민사집행법 제247조 제1항에 의하여 배당요구를 하는 것이므로, 이러한 물상대위권의 행사에 나아가지 아니한 채 단지 수용대상토지에 대하여 담보물권의 등기가 된 것만으로는 그 보

상금으로부터 우선변제를 받을 수 없다. 그렇다면 저당권자가 물상대위권의 행사에 나아가지 아니하여 우선변제권을 상실한 이상, 다른 채권자가 그 보상금 또는 이에 관한 변제공탁금으로부터 이득을 얻었다고 하더라도 저당권자는 이를 부당이득으로서 반환청구할 수 없다(대법원 2010. 10. 28. 선고 2010다46756 판결).

3. 전부명령을 받은 경우에도 배당요구종기까지 물상대위가능한지 여부 (5점)

담보권자는 토지수용법 제14조, 제16조 소정의 사업인정의 고시가 있으면 수용대상토지에 대한 손실보상금의 지급이 확실시되므로 토지수용의 재결 이전 단계에서도 물상대위권의 행사로서 피수용자의 기업자에 대한 손실보상금 채권을 압류 및 전부받을 수 있어, 설사 그 압류 전에 양도 또는 전부명령 등에 의하여 보상금 채권이 타인에게 이전된 경우라도 보상금이 직접 지급되거나 보상금지급청구권에 관한 강제집행절차에 있어서 배당요구의 종기에 이르기 전에는 여전히 그 청구권에 대한 추급이 가능하다(대법원 1998. 9. 22. 선고 98다12812 판결).

4. 물상대위권의 행사방법 (5점)

물상대위권의 행사방법은 민사집행법 제273조에 의하여 담보권의 존재를 증명하는 서류를 집행법원에 제출하여 채권압류 및 전부명령을 신청하는 것이거나 민사집행법 제247조 제1항에 의하여 배당요구를 하는 방식으로 진행된다(대법원 2010. 10. 28. 선고 2010다46756 판결).

5. 사안의 해결 (3점)

압류 전에 양도 또는 전부명령 등에 의하여 보상금 채권이 타인에게 이전된 경우라도 보상금이 직접 지급되거나 보상금지급청구권에 관한 강제집행절차에 있어서 배당요구의 종기에 이르기 전에는 여전히 그 청구권에 대한 추급이 가능하기 때문에 C는 물상대위를 주장할 수 있다.

변형된 사실관계 | 선의취득 |

A는 자신의 위 X주택에 대한 리모델링 공사를 위해 건축업자인 G에게 금 5,000만원에 공사도급계약을 체결하였고, 다시 G는 H와 공사자재공급계약을 체결하면서 공사자재대금이 완납되기 전까지 공사자재에 대한 소유권은 H에게 있다는 약정을 체결하였다. 그런데 A는 G와 H의 이러한 약정을 알지 못하였는데, G가 공사를 완공한 후 잠적하자 H는 A에 대하여 공사자재대금상당의 부당이득반환청구를 구하는 소를 제기하였다.

문제 4 이 경우 법원은 어떠한 판단을 하여야 하며, 그 이유는 무엇인가? (20점)

✓ 정답 : H의 청구기각

1. 문제의 소재 (2점)

매도인에게 소유권이 유보된 자재가 제3자와 매수인 사이에 이루어진 도급계약의 이행으로 제3자 소유 건물의 건축에 사용되어 부합된 경우 선의취득이 인정될 수 있는지 여부

2. 부합인지 여부 (5점)

부동산의 소유자는 그 부동산에 부합한 물건의 소유권을 취득한다. 그러나 타인의 권원에 의하여 부속된 것은 그러하지 아니하다(민법 제256조). 따라서 공사자재는 부동산에 부합한 것으로서 부동산의 소유자가 소유권을 취득한다. 결국 A에게 소유권이 귀속된다.

3. 첨부로 인한 구상권 (5점)

전5조의 경우에 손해를 받은 자는 부당이득에 관한 규정에 의하여 보상을 청구할 수 있다(민법 제261조). 공사자재는 첨부로 인한 구상권의 범위에 포함된다.

4. A의 선의취득이 인정되는지 여부 (5점)

민법 제261조에서 첨부로 법률규정에 의한 소유권 취득(민법 제256조 내지 제260조)이 인정된 경우에 "손해를 받은 자는 부당이득에 관한 규정에 의하여 보상을 청구할 수 있다"라고 규정하고 있는바, 이러한 보상청구가 인정되기 위해서는 민법 제261조 자체의 요건만이 아니라, 부당이득 법리에 따른 판단에 의하여 부당이득의 요건이 모두 충족되었음이 인정되어야 한다. 매도인에게 소유권이 유보된 자재가 제3자와 매수인 사이에 이루어진 도급계약의 이행으로 제3자 소유 건물의 건축에 사용되어 부합된 경우 보상청구를 거부할 법률상 원인이 있다고 할 수 없지만, 제3자가 도급계약에 의하여 제공된 자재의 소유권이 유보된 사실에 관하여 과실 없이 알지 못한 경우라면 선의취득의 경우와 마찬가지로 제3자가 그 자재의 귀속으로 인한 이익을 보유할 수 있는 법률상 원인이 있다고 봄이 상당하므로, 매도인으로서는 그에 관한 보상청구를 할 수 없다(대법원 2009. 9. 24. 선고 2009다15602 판결).

5. 사안의 해결 (3점)

매도인에게 소유권이 유보된 자재가 제3자와 매수인 사이에 이루어진 도급계약의 이행으로 제3

자 소유 건물의 건축에 사용되어 부합된 경우 보상청구를 거부할 법률상 원인이 있다고 할 수 없지만, 제3자가 도급계약에 의하여 제공된 자재의 소유권이 유보된 사실에 관하여 과실 없이 알지 못한 경우라면 선의취득의 경우와 마찬가지로 제3자가 그 자재의 귀속으로 인한 이익을 보유할 수 있는 법률상 원인이 있다고 봄이 상당하므로, H는 A에 대하여 부당이득을 구할 수 없다.

변형된 사실관계 | 저당권 후 성립한 유치권의 대항력여부 |

A는 2016. 10. 20.에 B가 집행권원을 확보하여 강제경매를 신청하자, 즉시 금전을 마련하여 B에게 변제하여 위 강제경매절차가 취소되었다. 그 후 A는 위 C의 근저당권설정등기 이후인 2017. 2. 20.에 자신의 위 X주택에 대한 리모델링 공사를 위해 건축업자인 G에게 금 5,000만원으로 공사도급계약을 체결하였는데, 공사가 완공된 2017. 6. 1.이 되어도 A가 G에게 공사대금을 지급하지 않자 2017. 6. 20.에 위 X주택에 대하여 유치권을 행사하였다. 그 후 A가 C에 대한 근저당권의 피담보채무에 대한 월 이자를 계속 연체하자 C가 위 X주택에 대하여 임의경매를 신청하였고, J가 위 주택을 경낙 받게 되었다.

문제 5 이 경우 유치권자인 G는 저당권자인 C와 매수인인 J에 대항할 수 있는가? (20점)

1. 문제의 소재 (2점)

저당권 후 성립한 유치권의 대항력여부

2. 유치권의 특성 (5점)

매수인은 유치권자(유치권자)에게 그 유치권(유치권)으로 담보하는 채권을 변제할 책임이 있다(민사집행법 제91조 제5항). 즉 유치권은 사실상의 권리를 행사하는 것이기 때문에 등기를 매개로 하는 저당권과 그 본질상의 차이가 있다. 따라서 유치권에 있어서는 인수주의가 적용된다.

3. 저당권 후 성립한 유치권의 대항력 (10점)

부동산 경매절차에서의 매수인은 민사집행법 제91조 제5항에 따라 유치권자에게 그 유치권으로 담보하는 채권을 변제할 책임이 있는 것이 원칙이나, 채무자 소유의 건물 등 부동산에 경매개시결정의 기입등기가 경료되어 압류의 효력이 발생한 후에 채무자가 위 부동산에 관한 공사대금 채권자에게 그 점유를 이전함으로써 그로 하여금 유치권을 취득하게 한 경우, 그와 같은 점유의 이전은 목적물의 교환가치를 감소시킬 우려가 있는 처분행위에 해당하여 민사집행법 제92조 제1항, 제83조 제4항에 따른 압류의 처분금지효에 저촉되므로 점유자로서는 위 유치권을 내세워 그 부동산에 관한 경매절차의 매수인에게 대항할 수 없다. 그러나 이러한 법리는 경매로 인한 압류의 효력이 발생하기 전에 유치권을 취득한 경우에는 적용되지 아니하고, 유치권 취득시기가 근저당권설정 후라거나 유치권 취득 전에 설정된 근저당권에 기하여 경매절차가 개시되었다고 하여 달리 볼 것은 아니다(대법원 2009. 1. 15. 선고 2008다70763 판결).

4. 사안의 해결 (3점)

유치권 취득시기가 근저당권설정 후라고 하더라도 매수인에게 대항할 수 있기 때문에 G는 매수인인 J에게 대항할 수 있다.

제2문

기초적 사실관계

A는 자신의 X사다리차를 2015. 2. 10.에 이사센터를 하는 B에게 금 5억원에 매도하고 계약 당일 계약금으로 5,000만원을 수수하고 중도금 2억원은 2015. 5. 10.에 잔금 2억 5,000만원은 2015. 8. 10.에 각각 제공하기로 하였다.

추가적 사실관계 | 채권압류 후 계약인수에 의한 채권양도 |

A는 B로부터 2015. 6, 20.경 계약금과 중도금을 이미 지급받은 상태에서 A의 B에 대한 잔금 2억 5,000만원에 대하여, A의 채권자인 C가 B에 대하여 채권압류 및 추심명령을 받고 그 명령이 B에게 송달되었다. 2015. 7. 10.에 A는 자신의 위 B에 대한 매매계약상의 지위를 D에게 양도하기로 하는 계약을 체결하였다. 그 후 C는 B에 대하여 추심금청구의 소를 제기하였다.

문제 1 이 경우 법원은 어떠한 판단을 하여야 하며, 그 이유는 무엇인가? (20점)

✓ 정답 : 청구인용

1. 문제의 소재 (2점)

채권압류 후 계약인수에 의한 채권양도

2. 채권압류의 효력 (5점)

채권의 압류는 제3채무자에 대하여 채무자에게 지급 금지를 명하는 것이므로 채무자는 채권을 소멸 또는 감소시키는 등의 행위를 할 수 없고 그와 같은 행위로 채권자에게 대항할 수 없는 것이지만, 채권의 발생원인인 법률관계에 대한 채무자의 처분까지도 구속하는 효력은 없다(대법원 2015. 5. 14. 선고 2012다41359 판결).

3. 계약인수의 법리 (5점)

계약 당사자로서의 지위 승계를 목적으로 하는 계약인수의 경우에는 양도인이 계약관계에서 탈퇴하는 까닭에 양도인과 상대방 당사자 사이의 계약관계가 소멸하지만, 양도인이 계약관계에 기하여 가지던 권리의무가 동일성을 유지한 채 양수인에게 그대로 승계된다(대법원 2015. 5. 14. 선고 2012다41359 판결).

4. 채권압류 후 계약인수에 의한 채권양도 (10점)

채권의 압류는 제3채무자에 대하여 채무자에게 지급 금지를 명하는 것이므로 채무자는 채권을 소멸 또는 감소시키는 등의 행위를 할 수 없고 그와 같은 행위로 채권자에게 대항할 수 없는 것이지만, 채권의 발생원인인 법률관계에 대한 채무자의 처분까지도 구속하는 효력은 없다.

그런데 계약 당사자로서의 지위 승계를 목적으로 하는 계약인수의 경우에는 양도인이 계약관계에서 탈퇴하는 까닭에 양도인과 상대방 당사자 사이의 계약관계가 소멸하지만, 양도인이 계약관계에 기하여 가지던 권리의무가 동일성을 유지한 채 양수인에게 그대로 승계된다. 따라서 양도인의 제3채무자에 대한 채권이 압류된 후 채권의 발생원인인 계약의 당사자 지위를 이전하는 계약인수가 이루어진 경우 양수인은 압류에 의하여 권리가 제한된 상태의 채권을 이전받게 되므로, 제3채무자는 계약인수에 의하여 그와 양도인 사이의 계약관계가 소멸하였음을 내세워 압류채권자에 대항할 수 없다(대법원 2015. 5. 14. 선고 2012다41359 판결).

5. 사안의 해결(3점)

제3채무자인 B는 계약인수에 의하여 그와 양도인 사이의 계약관계가 소멸하였음을 이유로 압류채권자에게 대항할 수 없기 때문에, C의 B에 대한 추심금청구의 소는 인용된다.

계속된 사실관계 | 채권양도에 있어서 이의보류 없는 승낙 |

A는 2015. 5. 20. 잔금 2억 5,000만원을 자신의 친구인 E에게 양도하였는데, E는 B를 찾아가서 자신이 A로부터 금 2억 5,000만원을 양도받았으니 그 잔대금을 자신에게 지급하라고 말하자, B는 E에게 "알겠다 몇일만 기다려 달라"라고 하였고, 그런데 B가 위 사다리차의 기능이 제대로 작동하지 않는 점을 확인하고 A와 자신이 체결한 매매계약을 해제하였다. 그렇지만 E는 B에 대하여 양수금을 구하는 소를 제기하였다.

문제 2 이 경우 법원은 어떠한 판단을 하여야 하며, 그 이유는 무엇인가? (20점)

✓ **정답 : E의 양수금청구의 소는 인용된다.**

1. 문제의 소재 (2점)

채권양도에 대한 이의보류 없는 승낙에 있어서 대항사유

2. 채권양도의 이의의 보류 없는 승낙 (5점)

채무자가 이의를 보류하지 아니하고 전조의 승낙을 한 때에는 양도인에게 대항할 수 있는 사유로써 양수인에게 대항하지 못한다(민법 제451조 제1항). 따라서 B는 이의의 보류 없는 승낙을 한 자이기 때문에 A에 대하여 대항할 수 있는 사유로서 E에게 대항할 수 없다. 특히 여기서 주목할 점은 민법이 대항사유에 대한 양수인의 주관적 상태, 즉 고의나 과실은 문제되지 않는다는 점이다. 즉 양수인이 대항사유에 대하여 악의이더라도 채무자는 양도인에 대한 대항사유로서 양수인에게 대항할 수 없다.

3. 채권양도에 대한 이의보류 없는 승낙에 있어서 대항사유 (10점)

민법 제451조 제1항이 이의를 보류하지 않은 승낙에 대하여 항변사유를 제한한 취지는 이의를 보류하지 않은 승낙이 이루어진 경우 양수인은 양수한 채권에 아무런 항변권도 부착되지 아니한 것으로 신뢰하는 것이 보통이므로 채무자의 '승낙'이라는 사실에 공신력을 주어 양수인의 신뢰를 보호하고 채권양도나 질권설정과 같은 거래의 안전을 꾀하기 위한 규정이라 할 것이므로, 채권의 양도나 질권의 설정에 대하여 이의를 보류하지 아니하고 승낙을 하였더라도 양수인 또는 질권자가 악의 또는 중과실의 경우에 해당하는 한 채무자의 승낙 당시까지 양도인 또는 질권설정자에 대하여 생긴 사유로써도 양수인 또는 질권자에게 대항할 수 있다(대법원 2002. 3. 29. 선고 2000

다13887 판결). 즉 판례는 양수인에게 고의나 중과실이 없을 것을 그 요건으로 하고 있다.

4. 사안의 해결 (3점)

B는 이의의 보류 없는 승낙을 한 것으로 보이고, B가 A에 대하여 해제의 항변은 가능하다. 위 판례의 기준에 의하면 E의 과실이 중과실인지 여부가 문제될 수 있는 바, E가 자신의 양수채권이 사다리차 대금이라는 사실은 알고 있었다고 볼 수 있으나, 위와 같은 해제사유가 있었다는 사실에 대하여 과실이 있을지는 몰라도 중과실이 없음은 분명해 보인다. 따라서 B는 A에 대하여 부담하지 않아도 될 대금채무를 E에게는 부담하여야 한다.

계속된 사실관계 | 채권양도가 해제된 경우 민법 제452조 제1항 유추적용 여부 |

B는 2015. 5. 10.의 중도금 2억원은 A에게 지급하였으나, 잔금지급일이 지난 후에도 2억 5,000만원을 제공하지 아니하였다. 그 후 2016. 1. 10.에 A는 위 잔금 2억 5,000만원을 평소 거래를 하던 중장비업체 C로부터 새로운 Y사다리차를 공급받기로 하면서, B로부터 받을 잔금 2억 5,000만을 양도하는 채권양도계약을 체결하였다. 2016. 1. 15.에 채권양도사실을 B에게 통지하였으나, 수개월이 지나도 C가 A에게 Y사다리차를 제공하지 않았고, 어쩔 수 없이 A와 C는 위 채권양도계약을 합의해제하였지만 B는 이러한 사실을 알지 못한 상황이었다. 그 후인 2016. 7. 1.에 A는 B에게 채권양도가 합의해제 되었음을 C에게 통지하였다. 그런데 이사센터를 하는 B는 C에 대하여 변제기가 2016. 5. 15.인 2억원의 대여금채권을 가지고 있었다. 한편 A는 B에게 양도합의가 해제된 2억 5,000만원을 구하자, B는 A에게 자신의 C에 대여금채권 2억원의 채권과 상계를 주장하면서 5,000만원에 대해서만 지급하겠다고 항변하였다.

문제 3 B의 이러한 항변은 이유가 있는가? (15점)

1. 문제의 소재 (2점)

채권양도가 해제된 경우에도 민법 제452조 제1항을 유추적용할 수 있는지 여부

2. 채권양도가 합의해제된 경우, 민법 제452조 제1항을 유추적용할 수 있는지 (10점)

민법 제452조는 '양도통지와 금반언'이라는 제목 아래 제1항에서 '양도인이 채무자에게 채권양도를 통지한 때에는 아직 양도하지 아니하였거나 그 양도가 무효인 경우에도 선의인 채무자는 양수

인에게 대항할 수 있는 사유로 양도인에게 대항할 수 있다'고 하고, 제2항에서 '전항의 통지는 양수인의 동의가 없으면 철회하지 못한다'고 하여 채권양도가 불성립 또는 무효인 경우에 선의인 채무자를 보호하는 규정을 두고 있다. 이는 채권양도가 해제 또는 합의해제되어 소급적으로 무효가 되는 경우에도 유추적용할 수 있다고 할 것이므로, 지명채권의 양도통지를 한 후 양도계약이 해제 또는 합의해제된 경우에 채권양도인이 해제 등을 이유로 다시 원래의 채무자에 대하여 양도채권으로 대항하려면 채권양도인이 채권양수인의 동의를 받거나 채권양수인이 채무자에게 위와 같은 해제 등 사실을 통지하여야 한다. 이 경우 위와 같은 대항요건이 갖추어질 때까지 양도계약의 해제 등을 알지 못한 선의인 채무자는 해제 등의 통지가 있은 다음에도 채권양수인에 대한 반대채권에 의한 상계로써 채권양도인에게 대항할 수 있다고 봄이 타당하다(대법원 2012. 11. 29. 선고 2011다17953 판결).

3. 사안의 해결 (3점)

채권양도계약이 합의해제된 후, A는 B에게 합의해제 사실을 통지하였으나 C가 B에게 합의해제를 통지하지 않았기 때문에 이는 대항요건을 인정될 수 없다. 결국 A는 대항요건을 갖추지 못하였기 때문에 그때까지 선의인 B는 C에 대한 반대채권에 의한 상계로써 A에게 대항할 수 있어서 B의 항변은 충분한 이유가 있다.

계속된 사실관계 | 연대채무와 면제 |

A는 X사다리차 대금 5억원을 모두 지급받은 후 통장에 현금을 보유하고 있던 중, 평소 친분이 있는 F가 찾아와서 수산물 유통업체를 G, H와 같이 3인 공동으로 운영하겠다며 사업자금으로 금 3억원의 대여를 부탁하자, A가 이들에게 3억원을 대여하면서 위 채무를 위하여 F, G, H가 A에 대하여 연대채무를 부담하게 되었다. 그런데 채 1년이 되기도 전에 위 수산물 유통사업이 잘되지 않자 폐업을 하게 되었고, 위 3억원의 채무는 그대로 남아 있는 상태가 되었다. 한편 A는 위 사업에 실패한 사실을 알고 F, G, H에게 각각 3억원의 대여금반환을 주장하자, F가 금 1억 5,000만원을 A에게 반환하자 A는 F를 위하여 나머지 1억 5,000만원을 면제해 주었다.

문제 4 이 경우 A의 F에 대한 면제는 다른 연대채무자인 G와 H에게 어떠한 영향이 있는가? (10점)

✓ **정답 : 다른 연대채무자인 G와 H에 영향이 없다.**

이유 : 민법 제419조는 "어느 연대채무자에 대한 채무면제는 그 채무자의 부담부분에 한하여 다른 연대채무자의 이익을 위하여 효력이 있다."라고 정하여 면제의 절대적 효력을 인정한다. 이는 당사자들 사이에 구상의 순환을 피하여 구상에 관한 법률관계를 간략히 하려는 데 취지가 있는바, 채권자가 연대채무자 중 1인에 대하여 채무를 일부 면제하는 경우에도 그와 같은 취지는 존중되어야 한다. 따라서 연대채무자 중 1인에 대한 채무의 일부 면제에 상대적 효력만 있다고 볼 특별한 사정이 없는 한 일부 면제의 경우에도 면제된 부담부분에 한하여 면제의 절대적 효력이 인정된다고 보아야 한다.

구체적으로 연대채무자 중 1인이 채무 일부를 면제받는 경우에 그 연대채무자가 지급해야 할 잔존 채무액이 부담부분을 초과하는 경우에는 그 연대채무자의 부담부분이 감소한 것은 아니므로 다른 연대채무자의 채무에도 영향을 주지 않아 다른 연대채무자는 채무 전액을 부담하여야 한다. 반대로 일부 면제에 의한 피면제자의 잔존 채무액이 부담부분보다 적은 경우에는 차액(부담부분 - 잔존 채무액)만큼 피면제자의 부담부분이 감소하였으므로, 차액의 범위에서 면제의 절대적 효력이 발생하여 다른 연대채무자의 채무도 차액만큼 감소한다(대법원 2019. 8. 14. 선고 2019다216435 판결).

제3문

기초적 사실관계

B는 1992. 2. 29. A로부터 X토지를 금 2억원에 매수하는 매매계약을 체결하고, 계약 당일 계약금 2,000만원을 지급하고, 1992. 3. 15.에 중도금 1억원을 제공하기로 하였으며, 잔대금 8,000만원은 1992. 4. 1.에 제공하기로 하였다.

계속된 사실관계 | 계약해제와 이자 |

B는 1992. 2. 29. 계약체결과 동시에 계약금 2,000만원은 지급하였고, 1992. 3. 15. 중도금 1억원도 지급하였으나, 1992. 4. 1.자에 지급할 8,000만원의 잔대금을 지급하지 아니하였고, 특

별한 이유도 없이 잔금지급을 미루어 왔다. 한편 이러한 상태로 잔금지급기일로부터 1년이 경과하도록 B가 잔금을 지급하고 등기를 하지 아니하자, A는 어쩔 수 없이 B를 상대로 계약불이행을 이유로 계약을 해제하였다.

문제 1 이 경우 B가 A에게 지급한 계약금과 중도금에 따른 원상회복은 어떻게 되는가? (20점)

1. 문제의 소재 (2점)

① 계약금

② 계약해제와 이자지급

2. 계약금에 대하여 (5점)

계약금이란 계약을 체결할 때 당사자 일방이 상대방에게 교부하는 금전 기타 유가물을 말한다. 계약금계약은 금전 기타 유가물의 교부를 요건으로 하는 요물계약이고 매매 기타 계약의 종된 계약이다. 계약금은 위약계약금과 해약계약금으로 나누어지는데, 계약금의 성질이 불분명하면 해약금으로 추정된다. 민법 제565조 제1항은 "매매당사자 일방이…이행에 착수할 때까지는 그 배액을 상황하여 매매계약을 해제할 수 있다"고 하는데, 여기서 이행에 착수한다 함은 채무의 이행행위 자체에 착수하는 것을 말하는 것이지, 이행의 준비만으로는 이행의 착수라고 볼 수 없으므로 이행기가 되기 전에 잔대금 수령을 최고한 행위가 이행에 착수한 것으로는 볼 수 없다(대법원 1979. 11. 27. 선고 79다1663 판결).

3. 계약해제와 이자지급에 대하여 (10점)

금전이 지급된 경우, 금전을 받은 날로부터 이자를 붙여 반환하여야 한다(민법 제548조 제2항). 여기서 이자는 일종의 부당이득반환의 성질이지 반환의무 위반에 따르는 지연손해금의 성질은 아니다. 따라서 이자는 당사자 사이에 관하여 특별한 약정이 있으면 그 약정이율이 우선하여 적용되고, 약정이 없는 경우에 법정이율이 적용된다.

그러나 만약 원상회복의무가 이행지체에 빠진 이후의 기간에 대하여는 이자가 아니라 반환채무에 대한 지연손해금이 된다. 이러한 지연손해금도 당사자 사이에 별도의 약정이 있으면 이에 따라야 하고, 설사 그것이 법정이율보다 낮더라도 그대로 적용된다(금전채무불이행의 경우와 동일함). 그러나 계약해제시 반환할 금전에 가산할 이자에 관하여 당사자 사이에 약정이 있는 경우에는 그 이행지체로 인한 지연손해금도 그 약정이율에 의해야 한다. 이 경우 약정이율이 법정이율보다 낮은 경우에는 약정이율이 적용되는 것이 아니라 법정이율이 적용된다.

왜냐 하면 민법 제397조 제1항은 본문에서 금전채무불이행의 손해배상액을 법정이율에 의할 것을 규정하고 그 단서에서 "그러나 법령의 제한에 위반하지 아니한 약정이율이 있으면 그 이율에 의한다"고 정한다. 이 단서규정은 약정이율이 법정이율 이상인 경우에만 적용되고, 약정이율이 법정이율보다 낮은 경우에는 그 본문으로 돌아가 법정이율에 의하여 지연손해금을 정할 것이다. 우선 금전채무에 관하여 아예 이자약정이 없어서 이자청구를 전혀 할 수 없는 경우에도 채무자의 이행지체로 인한 지연손해금은 법정이율에 의하여 청구할 수 있으므로, 이자를 조금이라도 청구할 수 있었던 경우에는 더욱이나 법정이율에 의한 지연손해금을 청구할 수 있다고 하여야 한다(대법원 2009. 12. 24. 선고 2009다85342 판결).

당사자 일방이 계약을 해제한 때에는 각 당사자는 상대방에 대하여 원상회복의무가 있고, 이 경우 반환할 금전에는 받은 날로부터 이자를 가산하여 지급하여야 한다. 여기서 가산되는 이자는 원상회복의 범위에 속하는 것으로서 일종의 부당이득반환의 성질을 가지는 것이고 반환의무의 이행지체로 인한 지연손해금이 아니다. 따라서 당사자 사이에 그 이자에 관하여 특별한 약정이 있으면 그 약정이율이 우선 적용되고 약정이율이 없으면 민사 또는 상사 법정이율이 적용된다. 반면 원상회복의무가 이행지체에 빠진 이후의 기간에 대해서는 부당이득반환의무로서의 이자가 아니라 반환채무에 대한 지연손해금이 발생하게 되므로 거기에는 지연손해금률이 적용되어야 한다. 그 지연손해금률에 관하여도 당사자 사이에 별도의 약정이 있으면 그에 따라야 할 것이고, 설사 그것이 법정이율보다 낮다 하더라도 마찬가지이다.

계약해제 시 반환할 금전에 가산할 이자에 관하여 당사자 사이에 약정이 있는 경우에는 특별한 사정이 없는 한 이행지체로 인한 지연손해금도 그 약정이율에 의하기로 하였다고 보는 것이 당사자의 의사에 부합한다. 다만 그 약정이율이 법정이율보다 낮은 경우에는 약정이율에 의하지 아니하고 법정이율에 의한 지연손해금을 청구할 수 있다고 봄이 타당하다. 계약해제로 인한 원상회복 시 반환할 금전에 받은 날로부터 가산할 이자의 지급의무를 면제하는 약정이 있는 때에도 그 금전반환의무가 이행지체 상태에 빠진 경우에는 법정이율에 의한 지연손해금을 청구할 수 있는 점과 비교해 볼 때 그렇게 보는 것이 논리와 형평의 원리에 맞기 때문이다(대법원 2013. 4. 26. 선고 판결).

4. 사안의 해결 (3점)

사안의 경우, 계약금과 중도금을 이미 지급받은 상태에서 매수인이 잔대금을 지급하지 아니하여 계약이 해제되는 경우, 계약금의 경우 해약금의 성질을 가지는 것이기 때문에 반환할 필요는 없다. 다만 중도금을 반환하여야 하는 경우에는 반환할 금전에는 받은 날로부터 이자를 가산하여 지급하면 된다.

계속된 사실관계 | 소유권이전등기청구권 |

B는 A에게 1992. 3. 15.에 중도금을 지급하고 1992. 4. 1.에 B가 3,000만원만 지급하면서 먼저 위 X토지를 자신이 사용하도록 허락해 주면 그 자리에 식당을 짓고 장사를 하여 차후에 갚겠다고 부탁을 하였다. 이에 A는 B의 사정을 듣고 1992. 5. 1.에 B에게 X토지를 인도해 주었고, B는 위 잔대금 5,000만원을 차일피일 미루어 오다가 2005. 2. 15.까지 이르게 되었다. 이에 A가 B에 대하여 5,000만원의 잔대금과 이자를 구하자, B는 A에게 소유권이전등기청구권을 주장하면서 이미 A의 B에 대한 매매대금채권은 소멸시효가 완성되어 그 대금을 지급할 수 없다고 주장하였다.

문제 2 A의 B의 주장에 대하여 판단하시오. (15점)

1. 문제의 소재 (2점)

① 소유권이전등기청구권과 매매대금청구권

② 매매대금청구권의 소멸시효

2. 소유권이전등기청구권의 소멸시효 (5점)

시효제도는 일정 기간 계속된 사회질서를 유지하고 시간의 경과로 인하여 곤란해지는 증거보전으로부터의 구제를 꾀하며 자기 권리를 행사하지 않고 소위 권리 위에 잠자는 자는 법적 보호에서 이를 제외하기 위하여 규정된 제도라 할 것인바, 부동산에 관하여 인도, 등기 등의 어느 한 쪽만에 대하여서라도 권리를 행사하는 자는 전체적으로 보아 그 부동산에 관하여 권리 위에 잠자는 자라고 할 수 없다 할 것이므로, 매수인이 목적 부동산을 인도받아 계속 점유하는 경우에는 그 소유권이전등기청구권의 소멸시효가 진행하지 않는다. 또한 부동산의 매수인이 그 부동산을 인도받은 이상 이를 사용·수익하다가 그 부동산에 대한 보다 적극적인 권리 행사의 일환으로 다른 사람에게 그 부동산을 처분하고 그 점유를 승계하여 준 경우에도 그 이전등기청구권의 행사 여부에 관하여 그가 그 부동산을 스스로 계속 사용·수익만 하고 있는 경우와 특별히 다를 바 없으므로 위 두 어느 경우에나 이전등기청구권의 소멸시효는 진행되지 않는다고 보아야 한다(대법원 1999. 3. 18. 선고 98다32175 전원합의체 판결).

3. 매매대금청구권의 소멸시효 (5점)

부동산에 대한 매매대금 채권이 비록 소유권이전등기청구권과 동시이행의 관계에 있다 할지라도 매도인은 매매대금의 지급기일 이후 언제라도 그 대금의 지급을 청구할 수 있는 것이며, 다만 매수인은 매도인으로부터 그 이전등기에 관한 이행의 제공을 받기까지 그 지급을 거절할 수 있는데 지나지 아니하므로 매매대금청구권은 그 지급기일 이후 시효의 진행에 걸린다고 할 것이다(대법원 1991. 3. 22. 선고 90다9797 판결).

4. 사안의 해결 (3점)

A의 B에 대한 매매대금청구권은 1992. 4. 1.을 기산점으로 하여 소멸시효가 진행되어 2005. 2. 15.자 A의 위 청구는 소멸시효가 완성되었다. 다만 B는 A로부터 아직 소유권이전등기를 경료한 상태가 아니고, 소유권이전등기청구권의 소멸시효가 완성된 것이 아니기 때문에 B는 A에 대하여 1992. 2. 29.자 매매를 원인으로 하여 소유권이전등기를 구할 수 있다.

계속된 사실관계 | 자기소유 부동산에 대한 취득시효 인정여부 |

1992. 3. 25.경 A의 채권자인 C는 위 X토지에 피보전채권 5,000만원으로 하는 가압류등기를 마친 상태에서 B가 1992. 4. 1.에 잔대금 8,000만원을 제공하고 자신의 명의로 이전등기를 경료 하였다. C는 2013. 5. 10.경 위 가압류에 따른 본안소송을 제기하여 승소판결을 받아 집행권원을 확보한 후, 2013. 6. 1.에 위 X토지에 대하여 강제경매를 신청하자, B는 C에 대하여 자신은 1992. 4. 1.부터 20년간 소유의 의사로 평온·공연하게 점유하여 취득시효를 완성하였다고 주장하면서, 원시취득 하였음을 이유로 C명의 가압류는 말소되어야 한다고 주장하였다.

문제 3 이러한 B의 주장은 이유가 있는가? (15점)

1. 문제의 소재 (2점)

① 가압류의 상대적 효력

② 자기소유 부동산에 대한 점유취득시효 인정여부

2. 가압류의 상대적 효력 (5점)

가압류가 집행되면 채무자는 목적물을 처분해서는 안되는 처분금지효가 발생한다. 가압류가 있더라도 처분행위는 가능하고 다만 가압류채권자에 대한 관계에서만 무효가 된다. 이를 가압류의 상대적 효력이라고 한다.

3. 자기소유 토지에 대한 점유취득시효의 인정여부 (10점)

부동산에 대한 취득시효 제도의 존재이유는 부동산을 점유하는 상태가 오랫동안 계속된 경우 권리자로서의 외형을 지닌 사실상태를 존중하여 이를 진실한 권리관계로 높여 보호함으로써 법질서의 안정을 기하고, 장기간 지속된 사실상태는 진실한 권리관계와 일치될 개연성이 높다는 점을 고려하여 권리관계에 관한 분쟁이 생긴 경우 점유자의 증명곤란을 구제하려는 데에 있다. 그런데 부동산에 관하여 적법·유효한 등기를 마치고 소유권을 취득한 사람이 자기 소유의 부동산을 점유하는 경우에는 특별한 사정이 없는 한 사실상태를 권리관계로 높여 보호할 필요가 없고, 부동산의 소유명의자는 부동산에 대한 소유권을 적법하게 보유하는 것으로 추정되어 소유권에 대한 증명의 곤란을 구제할 필요 역시 없으므로, 그러한 점유는 취득시효의 기초가 되는 점유라고 할 수 없다. 다만 그 상태에서 다른 사람 명의로 소유권이전등기가 되는 등으로 소유권의 변동이 있는 때에 비로소 취득시효의 요건인 점유가 개시된다고 볼 수 있을 뿐이다(대법원 2016. 10. 27. 선고 2016다224596 판결).

4. 사안의 해결 (3점)

B는 1992. 4. 1. 자신의 명의로 이전등기를 경료한 후 20년간 소유의 의사로 평온·공연하게 X토지를 점유 하였다라도 그러한 점유는 취득시효의 기초가 되는 점유라고 보기 어려우므로 B의 점유취득시효 주장은 타당하지 않다.

계속된 사실관계 | 중간생략등기 |

1992. 3. 15. B가 A에게 중도금 1억원을 제공한 다음날인 1992. 3. 16.에 B가 C에게 위 X토지를 다시 2억 5,000만원에 전매하고 계약당일 계약금 2,500만원을 수령하였고, 1992. 4. 1.에 3자의 합의로 A로부터 직접 C에게 등기하기로 하였다. 그런데 A는 자신의 위 X토지가 주변시세보다 낮게 팔았다는 알고 이러한 사실을 B에게 말하자 B는 3,000만원을 인상해 주기로 하여 마무리되었다. 한편 B에 대하여 대금을 모두 지급한 C가 A와 B사이의 토지가격 인상사실을 전혀 모른 상태에서 1992. 4. 1.에 이르러 A에게 소유권이전등기를 구하는 소를 제기하자, A는 B와 토지가격 인상대금이 아직 지급되지 않다고 주장하며, 소유권이전등기의무를 거절하고 있다.

문제 4 C의 A에 대한 소유권이전등기소송은 인용될 수 있는가? (10점)

✓ **정답 : 인용될 수 없다.**

이유 : 최초 매도인과 중간 매수인, 중간 매수인과 최종 매수인 사이에 순차로 매매계약이 체결되고 이들 간에 중간생략등기의 합의가 있은 후에 최초 매도인과 중간 매수인 간에 매매대금을 인상하는 약정이 체결된 경우, 최초 매도인은 인상된 매매대금이 지급되지 않았음을 이유로 최종 매수인 명의로의 소유권이전등기의무의 이행을 거절할 수 있다(대법원 2005. 4. 29. 선고 2003다66431 판결).

계속된 사실관계 | 소유권이전등기청구권에 대한 가압류 |

B가 A에게 중도금을 지급한 후인 1992. 3. 20.에 B의 채권자인 D가 B의 A에 대한 소유권이전등기청구권에 대하여 가압류를 하였고, 그 결정문이 이틀 뒤 A에게 송달되었다. 그 후 잔금기일이 도래하자 B가 A에게 잔금 8,000만원을 지급하자 A는 즉시 B에게 소유권이전등기를 경료해 주었다. 그 후 소유권을 확보한 B는 1993. 4. 10.에 위 X토지를 E에게 매도하여 E명의로 이전등기를 경료해 주었다. 한편 1992. 3. 20. 자 가압류채권자인 D가 E명의의 등기의 무효를 주장하며 말소를 구하는 소를 제기하였다.

문제 5 이 경우 법원은 어떠한 판단을 하여야 하며, 그 이유는 무엇인가? (15점)

1. 문제의 소재 (2점)

가압류의 상대적 효력

2. 소유권이전등기청구권에 대한 압류의 효력 (5점)

소유권이전등기청구권에 대한 압류나 가압류는 채권에 대한 것이지 등기청구권의 목적물인 부동산에 대한 것이 아니고, 채무자와 제3채무자에게 결정을 송달하는 외에 현행법상 등기부에 이를 공시하는 방법이 없는 것으로서 당해 채권자와 채무자 및 제3채무자 사이에만 효력을 가지며, 압류나 가압류와 관계가 없는 제3자에 대하여는 압류나 가압류의 처분금지적 효력을 주장할 수 없으므로 소유권이전등기청구권의 압류나 가압류는 청구권의 목적물인 부동산 자체의 처분을 금지하는 대물적 효력은 없다 할 것이고, 제3채무자나 채무자로부터 소유권이전등기를 넘겨받은 제3자에 대하여는 취득한 등기가 원인무효라고 주장하여 말소를 청구할 수 없다(대법원 1992. 11. 10. 선고 92다4680 전원합의체판결).

3. 가압류의 처분제한적 효력 (5점)

일반적으로 채권에 대한 가압류가 있더라도 이는 채무자가 제3채무자로부터 현실로 급부를 추심하는 것만을 금지하는 것이므로 채무자는 제3채무자를 상대로 그 이행을 구하는 소송을 제기할 수 있고, 법원은 가압류가 되어 있음을 이유로 이를 배척할 수 없는 것이 원칙이나, 소유권이전등기를 명하는 판결은 의사의 진술을 명하는 판결로서 이것이 확정되면 채무자는 일방적으로 이전등기를 신청할 수 있고 제3채무자는 이를 저지할 방법이 없으므로 이와 같은 경우에는 가압류의 해제를 조건으로 하지 아니하는 한 법원은 이를 인용하여서는 안되고, 제3채무자가 임의로 이전등기의무를 이행하고자 한다면 민사소송법 제577조에 의하여 정하여진 보관인에게 권리이전을 하여야 할 것이고, 이 경우 보관인은 채무자의 법정대리인의 지위에서 이를 수령하여 채무자 명의로 소유권이전등기를 마치면 된다(대법원 1992. 11. 10. 선고 92다4680 전원합의체판결).

4. 사안의 해결 (3점)

가압류는 처분금지적 효력을 가지는 것이 아니라, 처분제한적 효력을 가지는 것이기 때문에 A는 D의 가압류가 있었다고 하더라도 B에게 등기를 이전해 줄 수 있으며, 이를 전매하여 E명의로 이전등기가 가능하다. 한편 D의 소유권이전등기청구권에 대한 가압류는 등기에 공시되는 것이 없기 때문에 이러한 가압류를 가지고 전전매수인인 E에게 대항할 수 없다.

계속된 사실관계 | 채권자취소권과 원상회복 |

1992. 4. 1.에 B는 위 X토지에 대한 대금을 전액 완납하고, 매수한 위 토지 위에서 식품가공공장을 설립하여 사업을 하기 위해 F로부터 금 7,000만원을 빌렸는데, 원재료의 공급 등의 계약관계가 원활하지 않아 B의 경제적 사정이 극도로 악화되었다. 이에 B는 어쩔 수 없이 자신의 유일한 재산인 X토지를 H와 통모하여 양도하고 H명의로 이전등기를 경료하였다. 그 후 H는 이러한 사실을 전혀 모르는 G로부터 금 5,000만원을 차용하면서 G명의의 채권최고액 6,000만원의 근저당권 설정등기를 경료해 주었다. 한편 F는 이러한 사실을 뒤늦게 알아내고 H를 상대로 사해행위 취소 및 원상회복으로서 등기말소소송을 제기하여 승소판결이 확정되었다. 그렇지만 위 원상회복은 G명의의 근저당권등기로 인하여 수익자인 H명의의 등기말소가 불가능하게 되자, 다시 F는 H를 상대로 가액배상을 구하는 소를 제기하였다.

문제 6 이 경우 법원은 어떠한 판단을 하여야 하며, 그 이유는 무엇인가? (20점)

1. 문제의 소재 (2점)

① 채권자취소권의 상대적 효력

② 사해행위취소와 원상회복

2. 채권자취소권의 상대적 효력 (5점)

채권자취소권은 채무자의 사해행위를 채권자와 수익자 또는 전득자 사이에서 상대적으로 취소하고 채무자의 책임재산에서 일탈한 재산을 회복하여 채권자의 강제집행이 가능하도록 하는 것을 본질로 하는 권리이므로, 채권자취소권에 의하여 책임재산을 보전할 필요성이 없어지면 채권자취소권은 소멸한다. 따라서 채권자취소소송에서 피보전채권의 존재가 인정되어 사해행위 취소 및 원상회복을 명하는 판결이 확정되었다고 하더라도, 그에 기하여 재산이나 가액의 회복을 마치기 전에 피보전채권이 소멸하여 채권자가 더 이상 채무자의 책임재산에 대하여 강제집행을 할 수 없게 되었다면, 이는 위 판결의 집행력을 배제하는 적법한 청구이의 이유가 된다(대법원 2017. 10. 26. 선고 2015다224469 판결).

3. 사해행위취소와 원상회복 (10점)

채권자의 사해행위취소 및 원상회복청구가 인정되면, 수익자는 원상회복으로서 사해행위의 목적물을 채무자에게 반환할 의무를 진다. 만일 원물반환이 불가능하거나 현저히 곤란한 경우에는 원상회복의무 이행으로서 사해행위 목적물의 가액 상당을 배상하여야 하는데, 여기서 원물반환이 불가능하거나 현저히 곤란한 경우는 원물반환이 단순히 절대적, 물리적으로 불가능한 경우가 아니라 사회생활상 경험법칙 또는 거래 관념에 비추어 채권자가 수익자나 전득자로부터 이행의 실현을 기대할 수 없는 경우를 말한다. 따라서 사해행위로 부동산 소유권이 이전된 후 그 부동산에 관하여 제3자가 저당권이나 지상권 등의 권리를 취득한 경우에는 수익자가 부동산을 저당권 등의 제한이 없는 상태로 회복하여 채무자에게 이전하여 줄 수 있다는 등의 특별한 사정이 없는 한 채권자는 수익자를 상대로 원물반환 대신 가액 상당의 배상을 구할 수 있지만, 그렇다고 하여 채권자가 스스로 위험이나 불이익을 감수하면서 원물반환을 구하는 것까지 허용되지 않는 것은 아니다. 채권자는 원상회복 방법으로 가액배상 대신 수익자 명의 등기의 말소를 구하거나 수익자를 상대로 채무자 앞으로 직접 소유권이전등기절차를 이행할 것을 구할 수도 있다. 이 경우 원상회복청구권은 사실심 변론종결 당시 채권자의 선택에 따라 원물반환과 가액배상 중 어느 하나로 확정된다. 채권자가 일단 사해행위취소 및 원상회복으로서 수익자 명의 등기의 말소를 청구하여 승소판결이 확정되었다면, 어떠한 사유로 수익자 명의 등기를 말소하는 것이 불가능하게 되었다고 하더라도 다시 수익자를 상대로 원상회복청구권을 행사하여 가액배상을 청구하거나 원물반환으로서 채무자 앞으로 직접 소유권이전등기절차를 이행할 것을 청구할 수는 없으므로, 그러한 청구는 권리보호의 이익이 없어 허용되지 않는다(대법원 2018. 12. 28. 선고 2017다265815 판결).

4. 사안의 해결 (3점)

채권자가 일단 사해행위취소 및 원상회복으로서 수익자 명의 등기의 말소를 청구하여 승소판결이 확정되었다면, 다시 수익자를 상대로 원상회복청구권을 행사하여 가액배상을 청구하거나 원물반환으로서 채무자 앞으로 직접 소유권이전등기절차를 이행할 것을 청구할 수는 없다. 결국 F의 청구는 소의이익이 없어 각하된다.

계속된 사실관계 | 대상청구권과 소멸시효 |

B는 1992. 4. 1.에 잔대금 8,000만원을 모두 지급하고 자신의 명의로 이전등기를 경료하였다. 한편 서울 시내에서 식기 도·소매업을 하던 B가 금전이 필요하자 위 X토지를 담보로 하여 금원을 차용하기로 하고, K은행으로부터 금 1억원을 차용하면서 K명의로 1994. 10. 10.에 근저당권을 설정해 주고 1억원을 차용하였다. 한편 B는 매달 지급하기로 한 이자를 계속하여 연체하자 K은행은 1996. 4. 10.경 임의경매를 신청하여 K은행이 1996. 8. 1.에 위 X토지에 대하여 경낙을 받고 등기를 경료하였다. 그런데 위 X토지는 K은행이 경낙대금을 완납하기 전인 1996. 7. 20.에 대한민국으로부터 공용수용이 되었고, 대한민국은 등기명의가 K은행으로 되어 있음을 이유로 K에게 손실보상금 2억 2,000만원을 제공하였다. 이러한 사실을 안 B는 대한민국을 상대로 1996. 10. 15,에 대한민국을 상대로 위 X토지에 대한 손실보상금의 청구권이 자신에게 있다고 주장하며, 대한민국을 상대로 확인의 소를 제기하여 1997. 3. 10.에 승소판결이 확정되었고, 2007. 4. 10.에 K은행을 상대로 손실보상금 2억 2000만원이 자신에게 귀속되어야 할 것을 주장하며 소를 제기하였다.

문제 7 이 경우 법원은 어떠한 판단을 하여야 하며 그 이유는 무엇인가? (25점)

1. 문제의 소재 (2점)

① 경매의 성격

② 경낙허가 결정 후 목적물이 국유가 된 경우

③ 대상청구권의 소멸시효

2. 경매의 성질 (5점)

민법 제578조 제1항, 제2항은 매매의 일종인 경매에 있어서 그 목적물의 하자로 인하여 경락인이 경락의 목적인 재산권을 완전히 취득할 수 없을 때에 매매의 경우에 준하여 매도인의 위치에 있는 경매의 채무자나 채권자에게 담보책임을 부담시켜 경락인을 보호하기 위한 규정으로서, 그 담보책임은 매매의 경우와 마찬가지로 경매절차는 유효하게 이루어졌으나 경매의 목적이 된 권리의 전부 또는 일부가 타인에게 속하는 등의 하자로 경락인이 완전한 소유권을 취득할 수 없거나 이를 잃게 되는 경우에 인정되는 것이고, 경매절차 자체가 무효인 경우에는 경매의 채무자나 채권자의 담보책임은 인정될 여지가 없다(대법원 1991. 10. 11. 선고 91다21640 판결).

3. 대상청구권의 의의와 요건사실 (5점)

대상청구권은 이행을 불능하게 하는 사정의 결과로 채무자가 이행의 목적물에 대신하는 이익을 취득한 경우 채권자가 채무자에 대하여 그 이익을 청구하는 권리이다. 대상청구권은 ①급부의 후발적 불능 ②대신하는 급부의 취득 ③인과관계의 존재의 요건이 있어야 한다.

4. 대상청구권 인정여부와 인정범위 (5점)

우리 민법에는 이행불능의 효과로서 채권자의 전보배상 청구권과 계약 해제권 외에 별도로 대상청구권을 규정하고 있지는 않으나 해석상 대상청구권을 부정할 이유가 없다(대법원 1995. 12. 22. 선고 95다38080 판결). 쌍무계약의 당사자 일방이 상대방의 급부가 이행불능이 된 사정의 결과로 상대방이 취득한 대상에 대하여 급부청구권을 행사할 수 있다고 하더라도, 그 당사자 일방이 대상청구권을 행사하려면 상대방에 대하여 반대급부를 이행할 의무가 있는바, 이 경우 당사자 일방의 반대급부도 그 전부가 이행불능이 되거나 그 일부가 이행불능이 되고 나머지 잔부의 이행만으로는 상대방의 계약목적을 달성할 수 없는 등 상대방에게 아무런 이익이 되지 않는다고 인정되는 때에는, 상대방이 당사자 일방의 대상청구를 거부하는 것이 신의칙에 반한다고 볼 만한 특별한 사정이 없는 한, 당사자 일방은 상대방에 대하여 대상청구권을 행사할 수 없다(대법원 1996. 6. 25. 선고 95다6601 판결). 취득시효가 완성된 토지가 수용됨으로써 취득시효 완성을 원인으로 하는 소유권이전등기의무가 이행불능이 된 경우에는, 그 소유권이전등기청구권자는 소위 대상청구권의 행사로서, 그 토지의 소유자가 그 토지의 대가로서 지급받은 수용보상금의 반환을 청구할 수 있다고 보아야 할 것이다(대법원 1994. 12. 9. 선고 94다25025 판결).

5. 대상청구권의 소멸시효 기산점 (5점)

매매의 일종인 경매의 목적물인 토지가 경락허가결정 확정 이후 하천구역에 편입되어 국유로 됨으로써 소유자의 경락인에 대한 소유권이전등기의무가 이행불능이 되었다면, 경락인은 소유자가 위 하천구역 편입으로 인하여 지급받게 되는 손실보상금에 대한 대상청구권을 행사할 수 있다고 할 것이다. 그런데 이러한 대상청구권에 대하여는 특별한 사정이 없는 한 매각 목적물의 수용 내지 국유화로 인하여 매도인의 소유권이전등기의무가 이행불능이 되었을 때 매수인이 그 권리를 행사할 수 있다고 할 것이나, 국유화가 된 사유의 특수성과 법규의 미비 등으로 그 보상금의 지급을 구할 수 있는 방법이나 절차가 없다가 상당한 기간이 지난 뒤에야 보상금청구의 방법과 절차가 마련된 경우라면, 대상청구권자로서는 그 보상금청구의 방법이 마련되기 전에는 대상청구권을 행사하는 것이 불가능하였던 것이고, 따라서 이러한 경우에는 보상금을 청구할 수 있는 방법이 마련된 시점부터 그 권리를 행사할 수 있다고 봄이 상당하다. 그리고 이러한 경우라 하더라도 채무자가 목적물 소유자로서 수령하게 되는 보상금에 대하여 채권자인 경락인이 대상청구권을 가진다고 보는 이상, 특별한 사정이 없는 한 채권자는 그 목적물에 대하여 지급되는 보상금 전부에 대하여 대상청구권을 행사할 수 있는 것이고, 소유권이전등기의무의 이행불능 당시 채권자가 그 목적물의 소유권을 취득하기 위하여 지출한 매수대금 상당액 등의 한도 내로 그 범위가 제한된다고 할 수 없다. 나아가 대상청구권의 행사방법으로 채권자는 채무자에 대하여 그가 지급받은 보상금의 반환을 청구하거나 채무자로부터 보상금청구권을 양도받아 보상금을 지급받는 것이 원칙이기는 하나, 어떤 사유로 채권자가 직접 자신 명의로 대상청구의 대상이 되는 보상금을 청구하여 지급받았다고 하더라도 이로써 채권자는 대상청구권을 행사한 것으로 볼 수 있을 것이다(대법원 2008. 6. 12. 선고 2005두5956 판결).

6. 사안의 해결 (3점)

우리 민법은 대상청구권을 규정하고 있지는 않으나, 판례를 통해 이를 인정하고 있다. 한편 경매도 매매의 성질을 가지는 것으로 볼 수 있고, 사안의 경우 B가 행사할 대상청구권을 K은행이 경매로 매수 한 후 이를 행사한 것이므로 위 보상금청구권은 대상청구권의 대상이 된다. 다만 공용수용이 된 날짜가 1996. 7. 20. 이고 B가 대상청구권의 대상이 된 손실보상금을 구한 날짜가 2007. 4. 10.로서 이미 소멸시효가 완성되었다. 결국 B는 K은행을 상대로 위 보상금청구권을 구할 수 없을 것이다.

계속된 사실관계 | 공유물의 소수지분권자의 인도청구/방해배제청구 |

B는 1992. 4. 1. X토지에 대한 대금을 모두 지급하고 이를 소유하고 하던 중, 자금 사정이 여의치 않아 2010. 5. 경. L과 M에게 금 5억원에 매도하였고, L과 M은 각각 $\frac{1}{2}$의 지분으로 이를 매수하였다. 그 후 2013. 3. 경. M이 사망하자 M의 아들인 O가 M의 지분 전체에 대하여 자신의 명의로 소유권이전등기를 마쳤다. 한편 P는 L의 장남으로서 L이 2015. 5. 경 사망하자 형제들과 함께 L의 재산을 공동상속 하였다. 그 후 P는 2017.부터 X토지의 일부에 소나무를 심어 2020. 5. 현재까지 그 부분 토지를 독점적으로 점유하고 있다. 이에 O가 P를 상대로 이 토지에 대한 인도 및 방해배제를 구하는 소를 제기하였다.

문제 8 이 경우 법원은 어떠한 판단을 하여야 하며, 그 이유는 무엇인가? (15점)

✓ **정답 : O의 인도청구 기각**
O의 방해배제청구 인용

1. 문제의 소재 (2점)

① 소수지분권자의 인도청구와 보존행위
② 소수지분권자의 방해배제청구권

2. 소수지분권자의 인도청구와 보존행위 (5점)

공유물의 소수지분권자인 피고가 다른 공유자와 협의하지 않고 공유물의 전부 또는 일부를 독점적으로 점유하는 경우 소수지분권자인 원고가 피고를 상대로 공유물의 인도를 청구할 수는 없다고 보아야 한다.

(1) 공유자 중 1인인 피고가 공유물을 독점적으로 점유하고 있어 다른 공유자인 원고가 피고를 상대로 공유물의 인도를 청구하는 경우, 그러한 행위는 공유물을 점유하는 피고의 이해와 충돌한다. 애초에 보존행위를 공유자 중 1인이 단독으로 할 수 있도록 한 것은 보존행위가 다른 공유자에게도 이익이 되기 때문이라는 점을 고려하면, 이러한 행위는 민법 제265조 단서에서 정한 보존행위라고 보기 어렵다.

(2) 모든 공유자는 공유물 전부를 지분의 비율로 사용·수익할 수 있다(민법 제263조). 피고가 공

유물을 독점적으로 점유하는 위법한 상태를 시정한다는 명목으로 원고의 인도 청구를 허용한다면, 피고가 적법하게 보유하는 '지분 비율에 따른 사용·수익권'까지 근거 없이 박탈하는 부당한 결과를 가져온다.

(3) 원고 역시 소수지분권자에 지나지 않으므로 원고가 공유자인 피고를 전면적으로 배제하고 자신만이 단독으로 공유물을 점유하도록 인도해 달라고 청구할 권원은 없다.

(4) 공유물에 대한 인도 판결과 그에 따른 집행의 결과는 원고가 공유물을 단독으로 점유하며 사용·수익할 수 있는 상태가 되어 '일부 소수지분권자가 다른 공유자를 배제하고 공유물을 독점적으로 점유'하는 인도 전의 위법한 상태와 다르지 않다.

(5) 기존 대법원 판례가 공유자 사이의 공유물 인도 청구를 보존행위로서 허용한 것은, 소수지분권자가 자의적으로 공유물을 독점하고 있는 위법 상태를 시정하기 위해서 인도 청구를 가장 실효적인 구제수단으로 보았기 때문이라고 할 수 있다. 그러나 원고는 피고를 상대로 지분권에 기한 방해배제청구권을 행사함으로써 위와 같은 위법 상태를 충분히 시정할 수 있다.

이와 달리 공유물의 소수지분권자가 다른 공유자와 협의 없이 공유물의 전부 또는 일부를 독점적으로 점유하고 있는 경우 다른 소수지분권자가 공유물에 대한 보존행위로서 그 인도를 청구할 수 있다고 판단한 대법원 1994. 3. 22. 선고 93다9392, 93다9408 전원합의체 판결 등은 이 판결의 견해에 배치되는 범위에서 이를 변경하기로 한다(**대법원 2020. 5. 21. 선고 2018다287522 전원합의체 판결**)

3. 소수지분권자의 방해배제청구권 (5점)

공유자들 사이에 공유물 관리에 관한 결정이 없는 경우 공유자가 다른 공유자를 배제하고 공유물을 독점적으로 점유·사용하는 것은 위법하여 허용되지 않지만, 다른 공유자의 사용·수익권을 침해하지 않는 방법으로, 즉 비독점적인 형태로 공유물 전부를 다른 공유자와 함께 점유·사용하는 것은 자신의 지분권에 기초한 것으로 적법하다. 일부 공유자가 공유물의 전부나 일부를 독점적으로 점유한다면 이는 다른 공유자의 지분권에 기초한 사용·수익권을 침해하는 것이다. 공유자는 자신의 지분권 행사를 방해하는 행위에 대해서 민법 제214조에 따른 방해배제청구권을 행사할 수 있고, 공유물에 대한 지분권은 공유자 개개인에게 귀속되는 것이므로 공유자 각자가 행사할 수 있다.

원고는 공유물의 종류(토지, 건물, 동산 등), 용도, 상태(피고의 독점적 점유를 전·후로 한 공유물의 현황)나 당사자의 관계 등을 고려해서 원고의 공동 점유를 방해하거나 방해할 염려 있는 피고의 행위와 방해물을 구체적으로 특정하여 그 방해의 금지, 제거, 예방(작위·부작위의무의 이행)을 구하는 형태로 청구취지를 구성할 수 있다. 법원은 이것이 피고의 방해 상태를 제거하기 위하여 필요하고 원고가 달성하려는 상태가 공유자들의 공동 점유 상태에 부합한다면 이를 인용할 수 있다. 위와 같은 출입 방해금지 등의 부대체적 작위의무와 부작위의무는 간접강제의 방법으로 민사집행법에 따라 충분히 실효성 있는 강제집행을 할 수 있다(대법원 2020. 5. 21. 선고 2018다287522 전원합의체 판결).

4. 사안의 해결 (3점)

O는 P에 대하여 소수지분권자로서 소나무 식재를 하여 점유하고 있는 X토지의 부분에 대하여 방해배제를 구할 수 있으나, 보존행위를 이유로 그 인도를 구할 수는 없다.

제4문 | 명의신탁

A는 자신의 소유인 X건물을 B에게 2017. 2. 20.에 5억원에 매도하는 매매계약을 체결하고, 계약 당일 계약금으로 1억원을 수수하고, 잔대금 4억원은 같은 해 3. 20.에 지급받기로 약정하였다. B는 2017. 3. 20.에 위 X건물에 대한 잔대금 4억원을 모두 지급하고 자신의 명의로 이전등기를 경료한 후, 약간의 리모델링 공사를 하여 그 곳에서 식당을 운영하였다. 그런데 식당 사업이 여의치 않자 B는 위 X건물을 매도하기로 마음을 먹고 부동산 중개업소에 매물로 내어 놓게 되었으며, 2018. 3. 10.에 처남매부지간이라고 소개하는 H와 K가 찾아와서 위 X건물을 5억원에 매수하겠다고 하여 바로 그날 위 X건물에 대한 매매계약을 체결하게 되었으며, 매매계약서 매수인란에는 'H외 1인'이라고 기재하였다. 그런데 그 후 2018. 3. 30.경 H는 매매대금 4억 8,000만원으로 하는 매매계약서를 다시 작성하여 매수인란에 'H와 K'로 하는 매매계약서를 다시 작성하였으며, 2018. 4. 10.에 H와 K 공동명의로 소유권이전등기를 경료하였다. 한편 매매대금은 H의 계좌에서 모두 지급되었다. 그 후 2018. 5. 20.에 K는 그 명의의 2분의 1지분에 대하여 2018. 5. 15.일자 매매예약을 원인으로 H앞으로 지분이전청구권

의 가등기를 경료해 주었는데, K의 채권자인 M이 K의 이와 같은 행위가 사해행위라고 하면서 그 취소 및 원상회복을 구하는 소를 제기하였다.

문제 1 이 경우 법원은 어떠한 판단을 하여야 하며, 그 이유는 무엇인가? (15점)

1. 문제의 소재 (2점)

K는 H의 명의수탁자로서, 이 부동산에 관한 지분을 소유하고 있다가 이를 H에게 가등기를 설정해 준 것인데, K의 지분이 법적으로 K의 지분으로 K의 책임재산이 될 수 있는지가 쟁점이다. 즉 K가 계약명의신탁에 의한 명의수탁자인지, 중간생략형에 의한 명의수탁자인지에 따라 부동산실명법상 K지분등기의 효력이 달라지기 때문이다. 즉 최초의 계약서에 매수인을 'H외 1인'으로 하였다가 등기 전에 'H와 K'로 하는 매매계약서를 다시 작성하여 문제된 사안인 바, 공유 지분 중 자신의 지분에 대하여 제3채무자에게 가등기를 설정해 주는 것은 사해행위에 해당되기 때문이다.

2. 중간생략형 명의신탁으로 볼 경우의 법리 (5점)

중간생략형 명의신탁으로 보게 되면, H가 계약당사자이고 K는 계약당사자가 아니라 명의만을 수탁 받은 자로 보아, K명의의 등기는 부동산실명법에 따라 무효이고, 그 지분이 여전히 매도인 B에게 속하게 된다. 결국 K의 책임재산이 아니기 때문에 사해행위취소의 대상이 될 수 없는 것이다.

3. 계약형 명의신탁으로 볼 경우의 법리 (5점)

계약형 명의신탁으로 보게 되면, H와 K 모두가 계약당사자가 되어 B의 선의·악의를 살펴 K등기가 무효인지 판단하여야 한다. 즉 B가 선의이면 K의 책임재산이 되나, B가 악의이면 K의 책임재산이 될 수 없는 것이다. 즉 어떤 사람이 타인을 통하여 부동산을 매수하면서 매수인 명의 및 소유권이전등기 명의를 타인 명의로 하기로 한 경우에, 매수인 및 등기 명의의 신탁관계는 그들 사이의 내부적인 관계에 불과하므로, 상대방이 명의신탁자를 매매당사자로 이해하였다는 등의 특별한 사정이 없는 한 대외적으로는 계약명의자인 타인을 매매당사자로 보아야 하며, 설령 상대방이 명의신탁관계를 알고 있었더라도 상대방이 계약명의자인 타인이 아니라 명의신탁자에게 계약에 따른 법률효과를 직접 귀속시킬 의도로 계약을 체결하였다는 등의 특별한 사정이 인정되지 아니하는 한 마찬가지이다(대법원 2016. 7. 22. 선고 2016다207928 판결).

4. 사안의 해결 (3점)

사안을 볼 때, 후에 체결한 계약에 따라 대내적으로 H의 단독소유로 된다 하더라도 대외적으로는 H와 K가 계약당사자가 되는 것이고, 이에 따라 매도인 B의 입장에서 보면 계약명의신탁으로 볼 수 있고, K가 자신의 지분을 H에게 가등기를 설정해 준 행위는 사해행위가 되기 때문에 K의 채권자인 M은 사해행위취소소송을 제기할 수 있다.

• 제 12 장 •

제1문

기초적 사실관계

급전이 필요한 B는 A로부터 2016. 10. 10.에 앞으로 석 달간만 쓰기로 하고 금 3억원을 차용하여 사용하였다. 한편 B는 2017. 4. 15.에 D와 매매대금 2억원으로 하여 D소유의 X토지에 대하여 매매계약을 체결하면서 매수인은 자신의 명의로 하되, 자신의 동생인 C와 합의하에 C에게 매매를 원인으로 한 소유권이전등기를 하기로 하였고, 몇일 뒤 C명의로 이전등기가 경료되었다.

계속된 사실관계 | 금전채무의 특칙 |

A에 대하여 2억원의 대여금채권을 가지고 있던 E는 A의 B에 대한 위 대여금채권을 2016. 12. 10.에 가압류를 하였고, B의 A에 대한 대여금변제일인 2016. 1. 10.이 경과하여도 이를 변제하지 않고 있다. 그 후 A가 B에게 위 대여금의 반환을 계속 독촉하자, B는 E의 가압류로 인하여 이중변제의 위험이 있음을 이유로 이를 거절하고 있다.

문제 1 이러한 B의 주장은 이유가 있는 것이며, 이 경우 B가 A에게 지급해야 할 이자는 어떻게 되는가? (15점)

1. 문제의 소재 (2점)

① B의 주장의 타당근거

② B의 A에 대한 이자 및 손해배상 인정여부

2. B의 주장의 타당근거 (5점)

금전채권의 채무자는 과실 없음을 항변할 수 없다(민법 제397조 제2항 후단). 이는 일반채권의 채무불이행의 경우 채무자에게 귀책사유가 있음을 전제한 것과 차이점이다. 한편 채권의 가압류는 제3채무자에 대하여 채무자에게 지급하는 것을 금지하는 데 그칠 뿐 채무 그 자체를 면하게 하는 것이 아니고, 가압류가 있다 하여도 그 채권의 이행기가 도래한 때에는 제3채무자는 그 지체책임을 면할 수 없다고 보아야 할 것이다.

가압류에 불구하고 제3채무자가 채무자에게 변제를 한 때에는 나중에 채권자에게 이중으로 변제하여야 할 위험을 부담하게 되므로 제3채무자로서는 민법 제487조의 규정에 의하여 공탁을 함으로써 이중변제의 위험에서 벗어나고 이행지체의 책임도 면할 수 있다고 보아야 할 것이다. 왜냐하면 민법상의 변제공탁은 채무를 변제할 의사와 능력이 있는 채무자로 하여금 채권자의 사정으로 채무관계에서 벗어나지 못하는 경우를 대비할 수 있도록 마련된 제도로서 그 제487조 소정의 변제공탁의 요건인 "채권자가 변제를 받을 수 없는 때"의 변제라 함은 채무자로 하여금 종국적으로 채무를 면하게 하는 효과를 가져다 주는 변제를 의미하는 것이므로 채권이 가압류된 경우와 같이 형식적으로는 채권자가 변제를 받을 수 있다고 하더라도 채무자에게 여전히 이중변제의 위험부담이 남는 경우에는 마찬가지로 "채권자가 변제를 받을 수 없는 때"에 해당한다고 보아야 할 것이기 때문이다. 그리고 제3채무자가 이와 같이 채권의 가압류를 이유로 변제공탁을 한 때에는 그 가압류의 효력은 채무자의 공탁금출급청구권에 대하여 존속한다고 할 것이므로 그로 인하여 가압류 채권자에게 어떤 불이익이 있다고도 할 수 없다(대법원 1994. 12. 13. 선고 93다951 판결).

3. B의 A에 대한 이자 및 손해배상 인정여부 (5점)

①금전채무불이행의 손해배상액은 법정이율에 의한다. 그러나 법령의 제한에 위반하지 아니한 약정이율이 있으면 그 이율에 의한다. ②전항의 손해배상에 관하여는 채권자는 손해의 증명을 요하지 아니하고 채무자는 과실 없음을 항변하지 못한다(민법 제397조). 판례는 민법 제397조 제1항은 본문에서 금전채무불이행의 손해배상액을 법정이율에 의할 것을 규정하고 그 단서에서 "그러나 법령의 제한에 위반하지 아니한 약정이율이 있으면 그 이율에 의한다"고 정한다. 이 단서규정은 약정이율이 법정이율 이상인 경우에만 적용되고, 약정이율이 법정이율보다 낮은 경우에는 그 본문으로 돌아가 법정이율에 의하여 지연손해금을 정할 것이다. 우선 금전채무에 관하여 아예 이자약정이 없어서 이자청구를 전혀 할 수 없는 경우에도 채무자의 이행지체로 인한 지연손해금은 법정이율에 의하여 청구할 수 있으므로, 이자를 조금이라도 청구할 수 있었던 경우에는 더욱이나 법정이율에 의한 지연손해금을 청구할 수 있다고 하여야 한다(대법원 2009. 12. 24. 선고 2009다85342 판결).

4. 사안의 해결 (3점)

B의 지급거절은 타당하지 않고, B는 변제일 이후부터 지체책임을 면하지 못한다. 또한 B는 금전채무에 대한 민법 제397조의 특칙이 인정되어 금전채무에 관하여 아예 이자약정이 없어서 이자청구를 전혀 할 수 없는 경우에도 채무자의 이행지체로 인한 지연손해금은 법정이율에 의하여 청구할 수 있으므로, 이자를 조금이라도 청구할 수 있었던 경우에는 더욱이나 법정이율에 의한 지

연손해금을 청구할 수 있다.

계속된 사실관계 | 중간생략형 명의신탁에 있어서 사해행위취소 여부 |

C명의로 소유권이전등기가 될 무렵, B의 채무는 위 A에 대한 3억원의 채무 외에 신용금고에 별도의 1억원의 채무가 있는 상태였고, B의 재산으로는 시가 1억원에 상당하는 주택이 1채 있는 것이 전부였다. 이에 A는 2018. 1. 10. C를 상대로 B와 C사이의 명의신탁이 채권자를 해한다는 이유로 채권자취소소송을 제기하였다.

문제 2 이 경우 법원은 어떠한 판단을 하여야 하며, 그 이유는 무엇인가? (30점)

✓ **정답 : 청구인용**

1. 문제의 소재 (2점)

중간생략형 명의신탁에 있어서 사해행위취소 여부

2. 중간생략형 명의신탁과 채권자취소권 (5점)

채무자가 채무초과상태에서 매수한 부동산의 등기명의를 아들에게 신탁하고 이에 따라 소유권이전등기를 마친 사안에서, 위 명의신탁약정은 사해행위에 해당하고, 채권자가 수익자 및 전득자를 상대로 소유권이전등기의 말소를 구하고 매도인을 상대로 채무자를 대위하여 소유권이전등기절차의 이행을 구할 수 있다(대법원 2004. 3. 25. 선고 2002다69358 판결).

3. 채권자취소권의 요건 중 객관적 요건으로서 채무초과가 되었는지 여부 (5점)

채권자취소권의 주관적 요건인 채무자가 채권자를 해함을 안다는 이른바 채무자의 악의, 즉 사해의사는 채무자의 재산처분 행위에 의하여 그 재산이 감소되어 채권의 공동담보에 부족이 생기거나 이미 부족 상태에 있는 공동담보가 한층 더 부족하게 됨으로써 채권자의 채권을 완전하게 만족시킬 수 없게 된다는 사실을 인식하는 것을 의미하고, 채무자의 재산이 채무의 전부를 변제하기에 부족한 경우에 채무자가 그의 유일한 재산인 부동산을 무상 양도하거나 일부 채권자에게 대물변제로 제공하였다면 특별한 사정이 없는 한 이러한 행위는 사해행위가 된다(대법원 1999. 11. 12. 선고 99다29916 판결).

4. 수익자 악의의 추정 (5점)

채권자취소권의 요건 중 주관적 요건으로서 채무자가 수익자가 사해의사가 있는지 여부, 즉 객관적 요건을 충족하면 채무자의 사해의사는 사실상 충족된다. 나아가 수익자의 악의도 추정된다(대법원 2006. 4. 14. 선고 2006다5710 판결).

5. 통정한 허위의 의사표시도 채권자취소의 대상인지 여부 (5점)

사해행위는 채무자가 적극재산을 감소시키거나 소극재산을 증가시킴으로써 채무초과상태에 이르거나 이미 채무초과상태에 있는 것을 심화시킴으로써 채권자를 해하는 행위를 말하는 것이므로 어떤 행위를 사해행위라고 하려면 그 행위로 말미암아 위와 같은 상태가 초래되었다는 점이 전제되어야 한다고 할 것이고, 이는 채무자가 처음부터 특정 채권자로 하여금 채무자의 적극재산인 채권을 강제집행의 형식을 빌려 압류·전부받게 할 목적으로 채무부담행위를 하고 그와 아울러 그에 대하여 강제집행을 승낙하는 취지가 기재된 공정증서를 작성하여 주고 채권자는 이를 이용하여 채무자의 채권을 압류·전부받은 때와 같이, 실질에 있어 채무자가 자신의 채권을 특정 채권자에게 양도한 것과 다를 바가 없는 것으로 볼 수 있는 특별한 사정이 있는 경우에도 마찬가지이다(대법원 2002. 10. 25. 선고 2000다7783 판결; 대법원 2009. 1. 15. 선고 2007다61618 판결).

6. 사안의 해결 (3점)

B는 채무초과의 상태에서 매도인 D와 X토지에 대한 매매계약을 체결하고 그 등기에 대해서는 D로부터 자신의 아들인 C명의로 한 중간생략형 명의신탁으로서 채무자와 명의수탁자인 C의 사해의사가 추정되는 통정허위표시에 의한 것으로 사해행위취소의 대상이 된다.

계속된 사실관계 | 명의신탁에 있어서 제3자 |

2017. 8. 10.경 C명의의 등기가 명의신탁관계에 있음을 잘 알고 있는 E가 B에게 접근하여 자신에게 위 X토지를 매도하면 아무런 문제가 생기지 않는다고 안심시켰고, 이에 B는 C에게 위 배임행위에 적극 가담한 E와 2018. 8. 20.에 매매계약을 체결하도록 하고, 그 다음날 E명의로 이전등기를 경료하였다. 한편 E가 위 X토지에 대하여 등기한 후 이를 점유·사용하다가 이러한 사실을 전혀 알지 못하는 H에게 위 X토지를 매도하여 이전등기를 경료하였다. 그렇지만 D가 위 X토지를 다시 회수하기로 마음을 먹고 자신과 원래 계약을 체결한 B에게 매매대금을 반환하고, C와 E를 대위하여 등기말소를 구하는 소를 제기하였다.

문제 3 이 경우 법원은 어떠한 판단을 하여야 하며, 그 이유는 무엇인가? (10점)

✓ **정답 : 청구인용**

이유 : 부동산 실권리자명의 등기에 관한 법률(이하 '부동산실명법'이라 한다) 제4조 제3항에서 "제3자"라고 함은 명의신탁 약정의 당사자 및 포괄승계인 이외의 자로서 명의수탁자가 물권자임을 기초로 그와의 사이에 직접 새로운 이해관계를 맺은 사람을 말한다고 할 것이므로, 명의수탁자로부터 명의신탁된 부동산의 소유명의를 이어받은 사람이 위 규정에 정한 제3자에 해당하지 아니한다면 그러한 자로서는 부동산실명법 제4조 제3항의 규정을 들어 무효인 명의신탁등기에 터 잡아 마쳐진 자신의 등기의 유효를 주장할 수 없고, 따라서 그 명의의 등기는 실체관계에 부합하여 유효라고 하는 등의 특별한 사정이 없는 한 무효라고 할 것이고, 등기부상 명의수탁자로부터 소유권이전등기를 이어받은 자의 등기가 무효인 이상, 부동산등기에 관하여 공신력이 인정되지 아니하는 우리 법제 아래서는 그 무효인 등기에 기초하여 새로운 법률원인으로 이해관계를 맺은 자가 다시 등기를 이어받았다면 그 명의의 등기 역시 특별한 사정이 없는 한 무효임을 면할 수 없다고 할 것이므로, 이렇게 명의수탁자와 직접 이해관계를 맺은 것이 아니라 부동산실명법 제4조 제3항에 정한 제3자가 아닌 자와 사이에서 무효인 등기를 기초로 다시 이해관계를 맺은 데 불과한 자는 위 조항이 규정하는 제3자에 해당하지 않는다고 보아야 한다(대법원 2005. 11. 10. 선고 2005다34667,34674 판결).

제2문 | 부부간 명의신탁과 사해행위취소권의 인정여부

D는 2015. 2. 10. A에게 금 1억원을 대여하면서 1년 후 원금과 이자를 갚기로 약정하였다. 그런데 대여금 변제기일이 한참 지난 2016. 8. 20.경 A는 자신의 처인 B에게 명의신탁해 두었던 X건물을 B의 동의를 받아 직접 C에게 매도하였다. A는 위 X건물 외에 다른 재산은 없는 상태이다. 말하자면 A가 유효한 명의신탁약정을 해지함을 전제로 신탁한 X건물을 제3자인 C에게 직접 처분하면서, 수탁자인 B 및 제3자인 C와의 합의로 중간등기를 생략한 채 곧장 B명의로 소유권이전등기를 경료해 준 것이다. 이에 A의 채권자인 D는 C를 상대로 사해행위취소

를 구하는 소를 제기하였다.

문제 1 이 경우 법원은 어떠한 판단을 하여야 하며, 그 이유는 무엇인가? (15점)

1. 문제의 소재 (2점)

부부간 명의신탁과 사해행위취소권의 인정여부

2. 부부간 명의신탁과 사해행위 (10점)

부부간의 명의신탁약정은 특별한 사정이 없는 한 유효하고(부동산 실권리자명의 등기에 관한 법률 제8조 참조), 이때 명의신탁자는 명의수탁자에 대하여 신탁해지를 하고 신탁관계의 종료 그것만을 이유로 하여 소유 명의의 이전등기절차의 이행을 청구할 수 있음은 물론, 신탁해지를 원인으로 하고 소유권에 기해서도 그와 같은 청구를 할 수 있는데, 이와 같이 명의신탁관계가 종료된 경우 신탁자의 수탁자에 대한 소유권이전등기청구권은 신탁자의 일반채권자들에게 공동담보로 제공되는 책임재산이 된다.

그런데 신탁자가 유효한 명의신탁약정을 해지함을 전제로 신탁된 부동산을 제3자에게 직접 처분하면서 수탁자 및 제3자와의 합의 아래 중간등기를 생략하고 수탁자에게서 곧바로 제3자 앞으로 소유권이전등기를 마쳐 준 경우 이로 인하여 신탁자의 책임재산인 수탁자에 대한 소유권이전등기청구권이 소멸하게 되므로, 이로써 신탁자의 소극재산이 적극재산을 초과하게 되거나 채무초과상태가 더 나빠지게 되고 신탁자도 그러한 사실을 인식하고 있었다면 이러한 신탁자의 법률행위는 신탁자의 일반채권자들을 해하는 행위로서 사해행위에 해당한다(대법원 2016. 7. 29. 선고 2015다56086 판결).

3. 사안의 해결 (3점)

부부간 명의신탁약정은 특별한 약정이 없는 한 유효한 것이고, 이때 명의신탁자인 남편은 명의수탁자인 아내에 대하여 소유권이전등기청구권이 있는 것이다. 결국 A의 채권자인 D는 C를 상대로 사해행위취소를 구할 수 있다.

제3문

기초적 사실관계

B는 A로부터 2013. 2. 10부터 2015. 5. 20사이에 합계 4억 5,000만원을 차용하였다. 한편 B는 자신의 아들인 C로 하여금 이러한 사실을 전혀 모르는 D로부터 시가 7억원에 해당하는 X건물을 매수하게 하고 C명의로 이전등기가 경료되도록 하였다. C명의로 소유권이전등기가 경료될 무렵, B는 A에 대한 채무 4억 5,000만원 외에 타 금융기관으로부터 2억원의 채무가 있었고, 시가 2억원에 해당하는 아파트가 1채 있었을 뿐이다.

추가적 사실관계 | 계약명의신탁과 사해행위취소의 법리 |

B는 실제로 채무초과의 상태에 빠져 있는 상태에 있고, B에 대하여 4억 5,000만원의 채권자인 A가 위 X건물에 대하여 강제집행 할 것을 염려하여, C의 아버지인 B가 실질적인 당사자가 되어 자신의 고향친구인 E에게 이러한 사정을 말하고, 형식적으로 C와 E가 매매계약을 체결한 것으로 하고, E명의로 2015. 10. 1. 이전등기를 경료하였다.

문제 1 그 후에 이러한 사정을 알아챈 A가 E를 상대로 사해행위 취소 및 원상회복을 구하는 소를 제기하였다. 이 경우 법원은 어떠한 판단을 하여야 하며, 그 이유는 무엇인가? (15점)

1. 문제의 소재 (2점)

계약명의신탁과 사해행위취소의 법리

2. 계약명의신탁의 법리 (5점)

계약명의신탁에 있어서 매도인이 선의인 경우와 악의인 경우, 서로 다른 결론에 다다르게 된다. 먼저 매도인이 선의인 경우, ①신탁자와 수탁자의 관계에 있어서는, 신탁자와 수탁자의 명의신탁약정은 무효이다. 따라서 신탁자는 수탁자에게 소유권이전등기청구를 할 수 없다. 만약 수탁자가 제3자에게 부동산을 처분한 경우에는 법률상 원인 없이 수탁자가 이득을 얻었기 때문에 부당이득반환청구를 구할 수 있다. ②매도인과 수탁자의 관계에 있어서는, 매도인과 수탁자의 계약은 유효하기 때문에 매도인은 수탁자에게 등기말소를 구할 수 없다. ③매도인과 신탁자의 관계에 있어서는, 어떠한 법률관계도 없다.

매도인이 악인인 경우에는 ①신탁자와 수탁자의 관계에 있어서는, 수탁자는 매매대금상당의 반환을 하여야 하고, 신탁자는 수탁자를 대위하여 매도인에게 매매대금상당의 부당이득을 구할 수 있다. ②매도인과 수탁자의 관계에 있어서는, 수탁자명의의 등기는 무효가 되기 때문에 매도인은 수탁자에게 등기말소청구나 이전등기를 구할 수 있다. ③매도인과 신탁자의 관계에 있어서는, 신탁자는 매도인에게 소유권이전등기를 구할 수 없다.

3. 계약명의신탁과 사해행위취소 (10점)

신탁자가 수탁자에 대하여 부당이득반환채권만을 가지는 경우에는 그 부동산은 신탁자의 일반채권자들의 공동담보에 제공되는 책임재산이라고 볼 수 없고, 신탁자가 위 부동산에 관하여 제3자와 매매계약을 체결하는 등 신탁자가 실질적인 당사자가 되어 처분행위를 하고 소유권이전등기를 마쳐주었다고 하더라도 그로써 신탁자의 책임재산에 감소를 초래한 것이라고 할 수 없으므로, 이를 들어 신탁자의 일반채권자들을 해하는 사해행위라고 할 수 없다(대법원 2013. 9. 12. 선고 2011다89903 판결).

4. 사안의 해결 (3점)

사안의 경우, B가 C에게 계약명의신탁을 통해 신탁한 X건물을 C로 하여금 E와 매매계약을 체결하도록 하고, E명의로 이전등기를 경료한 경우, B의 일반채권자인 A는 E를 상대로 사해행위취소를 구할 수 없다. 왜냐 하면 법리상 신탁자의 책임재산의 감소를 초래한 것이 아니고, 이를 통해 신탁자의 일반채권자들을 해하는 사해행위라고 볼 수 없기 때문이다.

계속된 사실관계 | 가장채권양도와 사해행위취소 |

위 기초적 사실관계에서, 2015. 6. 10.에 B는 A에 대한 총채무 4억 5,000만원 전액을 변제하였고, 자신의 아들인 C에게 위 X건물을 증여하여 C가 형식적·실질적 소유자가 되었다. 그 후 C는 위 X건물에 대하여 2015. 7. 15.에 약품유통업을 하는 F와 기간은 2년으로 하고, 보증금 3억원으로 하는 임대차계약을 체결하고, 그 다음 날 F에게 위 X건물을 인도해 주었고, 무자력에 빠진 F는 X건물에서 약품유통사업을 계속하였다. 한편, F는 자신의 사업이 지지부진하자 스스로 C와의 임대차계약을 합의해지하고, 보증금 3억원의 채권에 대하여 자신의 친구인 H에게 2016. 5. 20. 가장으로 채권을 양도하고 제3채무자인 C에게 이를 통지하여, C가 H에게 위 보증금 3억원을 반환하였다. 그런데 F에 대하여 약품외상대금 2억원을 가지고 있던 K가 이러한 사실을 알고 H에 대하여 2016. 6. 30.에 사해행위 취소를 구하는 소를 제기하였고, 본 소송은 2017. 2. 10. 사실심 변론종결까지 이르게 되었다.

문제 2 이 경우 항소심 법원은 어떠한 판단을 하여야 하며, 그 원상회복의 방법은 무엇인가? (15점)

1. 문제의 소재 (2점)

가장채권양도와 사해행위취소

2. 채권자취소권에 있어서의 피보전채권을 산정하는 기준시점과 그 범위 (5점)

채권자가 채권자취소권을 행사할 때에는 원칙적으로 자신의 채권액을 초과하여 취소권을 행사할 수 없고, 이 때 채권자의 채권액에는 사해행위 이후 사실심 변론종결시까지 발생한 이자나 지연손해금이 포함된다(대법원 2002. 10. 25. 선고 2002다42711 판결).

3. 원상회복의 방법 (5점)

채권자의 채권액에는 사해행위 이후 사실심 변론종결시까지 발생한 이자나 지연손해 수익자가 사해행위인 약속어음 발행행위 및 그에 터잡은 추심명령 또는 전부명령에 기하여 배당에 참가하여 배당표는 확정되었으나 배당금을 현실적으로 지급받지 못함으로써 취득한 채무자의 제3채무자에 대한 피압류채권이 아직 소멸되지 아니한 경우에는 채권자취소권의 행사에 따른 원상회복의 방법은 수익자에게 바로 배당금의 지급을 명할 것이 아니라 수익자가 취득한 배당금지급청구권을 채무자에게 반환하는 방법으로 이루어져야 하고, 이는 결국 배당금지급채권의 양도와 그 채권양도의 통지를 배당금지급채권의 채무자에게 하여 줄 것을 청구하는 형태가 될 것이며, 사해행위가 채권자에 의하여 취소되기 전에 이미 수익자 또는 전득자가 배당금을 지급받았거나 변제 등의 방법으로 피압류채권이 소멸된 경우에는, 채권자는 원상회복방법으로 수익자 또는 전득자를 상대로 배당 또는 변제로 수령한 금전의 지급을 가액배상의 방법으로 청구할 수 있다(대법원 2002. 10. 25. 선고 2002다42711 판결).

4. 사안의 해결 (3점)

채권자인 K는 원상회복방법으로 수익자인 H를 상대로 배당 또는 변제로 수령한 금전의 지급을 가액배상의 방법으로 청구할 수 있다

추가된 사실관계 | 채권양도와 사해행위취소 |

위 기초적 사실관계에서, 2015. 6. 10.에 B는 A에 대한 총채무 4억 5,000만원 전액을 변제하였고, 자신의 아들인 C에게 위 X건물을 증여하여 C가 형식적·실질적 소유자가 되었다. 그 후 C는 위 X건물에 대하여 2015. 7. 15.에 약품유통업을 하는 F와 기간은 2년으로 하고, 보증금 3억원으로 하는 임대차계약을 체결하고, 그 다음 날 F에게 위 X건물을 인도해 주었다. 한편, F는 자신의 사업이 지지부진하자 스스로 C와의 임대차계약을 합의해지하고, 보증금 3억원의 채권에 대해서는 자신의 친구인 H에게 2016. 5. 20.에 가장으로 양도하고 제3채무자인 C에게 통지하였다.

문제 3 그런데 F에 대하여 약품외상대금 2억원을 가지고 있던 K가 이러한 사실을 알고 H에 대하여 2016. 5. 30.에 사해행위 취소를 구하는 소룰 구할 수 있는가? 그리고 K가 F를 대위하여 C에 대하여 자신의 채권액 2억원을 직접 구할 수 있는가? (20점)

1. 문제의 소재 (2점)

채권양도와 사해행위취소

2. 채권자 K는 수익자 H에 대하여 사해행위 취소 및 채권양도통지가 취소되도록 청구가능한지 여부 (5점)

채무자의 수익자에 대한 채권양도가 사해행위로 취소되는 경우, 수익자가 제3채무자에게서 아직 채권을 추심하지 아니한 때에는, 채권자는 사해행위취소에 따른 원상회복으로서 수익자가 제3채무자에게 채권양도가 취소되었다는 취지의 통지를 하도록 청구할 수 있다.

3. K가 F를 대위하여 C에 대하여 자신의 채권액 2억원을 직접 구할 수 있는지 여부 (5점)

사해행위의 취소는 채권자와 수익자의 관계에서 상대적으로 채무자와 수익자 사이의 법률행위를 무효로 하는 데에 그치고, 채무자와 수익자 사이의 법률관계에는 영향을 미치지 아니한다. 따라서 채무자의 수익자에 대한 채권양도가 사해행위로 취소되고, 그에 따른 원상회복으로서 제3채무자에게 채권양도가 취소되었다는 취지의 통지가 이루어지더라도, 채권자와 수익자의 관계에서 채권이 채무자의 책임재산으로 취급될 뿐, 채무자가 직접 채권을 취득하여 권리자로 되는 것은 아니므로, 채권자는 채무자를 대위하여 제3채무자에게 채권에 관한 지급을 청구할 수 없다(대법원 2015. 11. 17. 선고 2012다2743 판결).

4. 사안의 해결 (3점)

K는 사해행위취소에 따른 원상회복으로서 H에 대하여 제3채무자에게 채권양도가 취소되었다는 취지의 통지를 하도록 청구할 수 있다. 그리고 K는 F를 대위하여 H에게 채권에 관한 지급을 청구할 수는 없다.

계속된 사실관계 | 소유권이전등기청구권에 대한 압류의 효력 |

위 기초적 사실관계에서, 2015. 6. 10.에 B는 A에 대한 총채무 4억 5,000만원 전액을 변제하였고, 자신의 아들인 C에게 위 X건물을 증여하여 C가 형식적·실질적 소유자가 되었다. C는 자신이 X건물에 대한 형식적·실질적 소유자가 된 후, 위 X건물을 M에게 8억원에 매도하였다. 그런데 이러한 사실을 알고 있는 M의 채권자인 P가 M의 C에 대한 소유권이전등기청구권에 대하여 피보전채권 2억원으로 한 가압류를 하였고, 그 후 C가 M에게 등기를 경료해 주었고, M은 다시 위 X건물을 S에게 매도하고 이전등기를 경료해 주었다.

문제 4 이에 가압류채권자인 P가 S에 대하여 이전등기의 말소를 구하는 소를 제기하였다. 이 경우 법원은 어떠한 판단을 하여야 하며, 그 이유는 무엇인가? (20점)

1. 문제의 소재 (2점)

소유권이전등기청구권에 대한 압류의 효력

2. 소유권이전등기청구권의 성질 (5점)

부동산의 매매로 인한 소유권이전등기청구권은 물권의 이전을 목적으로 하는 매매의 효과로서 매도인이 부담하는 재산권이전의무의 한 내용을 이루는 것이고, 매도인이 물권행위의 성립요건을 갖추도록 의무를 부담하는 경우에 발생하는 채권적 청구권으로 그 이행과정에 신뢰관계가 따르므로, 소유권이전등기청구권을 매수인으로부터 양도받은 양수인은 매도인이 그 양도에 대하여 동의하지 않고 있다면 매도인에 대하여 채권양도를 원인으로 하여 소유권이전등기절차의 이행을 청구할 수 없고, 따라서 매매로 인한 소유권이전등기청구권은 특별한 사정이 없는 이상 그 권리의 성질상 양도가 제한되고 그 양도에 채무자의 승낙이나 동의를 요한다고 할 것이므로 통상의 채권양도와 달리 양도인의 채무자에 대한 통지만으로는 채무자에 대한 대항력이 생기지 않으며 반드시 채무자의 동의나 승낙을 받아야 대항력이 생긴다(대법원 2001. 10. 9. 선고 2000다51216 판결).

3. 소유권이전등기청구권에 대한 가압류의 가능성 (5점)

금전채권이나 금전채권으로 환산할 수 있는 채권을 가지는 자는 가압류를 신청할 수 있다(민사집행법 제276조). 소유권이전등기청구권은 금전채권으로 환산할 수 있는 채권에 해당되어 가압류의 대상이 된다.

4. 소유권이전등기청구권에 대한 압류의 효력 (5점)

소유권이전등기청구권에 대한 압류나 가압류는 채권에 대한 것이지 등기청구권의 목적물인 부동산에 대한 것이 아니고, 채무자와 제3채무자에게 결정을 송달하는 외에 현행법상 등기부에 이를 공시하는 방법이 없는 것으로서 당해 채권자와 채무자 및 제3채무자 사이에만 효력을 가지며, 압류나 가압류와 관계가 없는 제3자에 대하여는 압류나 가압류의 처분금지적 효력을 주장할 수 없으므로 소유권이전등기청구권의 압류나 가압류는 청구권의 목적물인 부동산 자체의 처분을 금지하는 대물적 효력은 없다 할 것이고, 제3채무자나 채무자로부터 소유권이전등기를 넘겨받은 제3자에 대하여는 취득한 등기가 원인무효라고 주장하여 말소를 청구할 수 없다(대법원 1992. 11. 10. 선고 92다4680 전원합의체판결).

5. 사안의 해결 (3점)

소유권이전등기청구권은 채권으로서 채권에 대한 압류나 가압류는 채무자나 제3채무자에게 송달하는 외에 등기부에 공시되는 방법이 없으므로 채권자, 채무자, 제3자 사이에서만 효력이 있을 뿐이기 때문에 대물적 효력은 없다. 따라서 제3채무자나 채무자로부터 소유권이전등기를 넘겨 받은 제3자에 대하여는 대항할 수 없어서 가압류 채권자인 P가 S에 대하여 등기의 말소를 구할 수 없는 것이다.

제4문

기초적 사실관계

A는 인접한 자신의 두 필지의 X토지와 Y토지에서 20연간 염색공장을 운영하다가 X토지 위에 지상 5층짜리 Z건물을 세워 상가를 분양할 목적으로 2014. 1. 10.에 B회사의 명의를 빌린

C와 B회사 명의로 도급계약을 체결하고, 총 공사비는 50억원으로 정하여 2014. 2. 10.부터 공사를 시작하기로 하면서, 매월 10일에 기성금 10억원씩을 C에게 제공하기로 하고, 그 공사는 2014. 7. 10.에 완공하기로 약정하였다. 한편 A는 B회사나 C에 대하여 위 도급과 관련하여 어떠한 지휘나 감독을 한 바는 없다.

추가적 사실관계 | 사용자책임 |

B회사 명의로 견적서를 발급받고 세금계산서도 발행하여 위 공사를 시작한 C는 자신이 평소 알고 지내던 인력정보회사를 통해 D 등의 근로자들을 모집하여 공사를 시작하였고, B회사의 관여 없이 공사를 시작한지 4개월이 지난 2014. 6. 20.에 D가 지상 5층에서 시멘트 공굴 작업을 하던 중, 폭이 좁은 안전시설물 위에서 D가 실수로 발을 헛 딛는 바람에 1층으로 추락하면서 전치 6개월의 중상을 입게 되었다.

문제 1 이 경우 D는 B회사와 C에 대하여 어떠한 책임을 구할 수 있으며, 그 이유는 무엇인가? (30점)

1. 문제의 소재 (2점)

사용자책임

2. 명의대여자의 사용자책임의 성립여부 (5점)

타인에게 어떤 사업에 관하여 자기의 명의를 사용할 것을 허용한 경우에 그 사업이 내부관계에 있어서는 타인의 사업이고 명의자의 고용인이 아니라 하더라도 외부에 대한 관계에 있어서는 그 사업이 명의자의 사업이고, 또 그 타인은 명의자의 종업원임을 표명한 것과 다름이 없으므로 명의사용을 허가받은 사람이 업무수행을 함에 있어 고의 또는 과실로 다른 사람에게 손해를 끼쳤다면 명의사용을 허락한 사람은 민법 제756조에 의하여 그 손해를 배상할 책임이 있다(대법원 1994. 10. 25. 선고 94다24176 판결). 즉 명의대여자는 B는 D에 대하여 사용자책임을 C는 D에 대하여 불법행위책임을 져야 한다.

3. 피용자의 불법행위 성립여부 (5점)

사용자의 손해배상책임은 피용자의 배상책임에 대한 대체적 책임이어서 사용자도 책임이 있다고 보아야 할 것이다(대법원 1992. 6. 23. 선고 91다33070 전원합의체 판결) 즉 소위 우리의 판례는 대위책임설을 채택하고 있어서 피용자의 불법행위책임도 인정된다.

4. 부진정연대채무의 성립 (5점)

피용자와 제3자가 공동불법행위로 피해자에게 손해를 가하여 그 손해배상채무를 부담하는 경우에 피용자와 제3자는 공동불법행위자로서 서로 부진정연대관계에 있다(대법원 1992. 6. 23. 선고 91다33070 전원합의체 판결).

5. 안전배려의무(채무불이행책임) (5점)

도급인은 수급인이 노무를 제공하는 과정에서 생명·신체·건강을 해치는 일이 없도록 물적 환경을 정비하고 필요한 조치를 강구할 보호의무를 부담하며, 이러한 보호의무는 실질적인 고용계약의 특수성을 고려하여 신의칙상 인정되는 부수적 의무로서 구 산업안전보건법시행령(1995. 10. 19. 대통령령 제14787호로 개정되기 전의 것) 제3조 제1항에 의하여 사업주의 안전상 조치의무를 규정한 산업안전보건법 제23조가 적용되지 아니하는 사용자일지라도 마찬가지로 인정된다고 할 것이고, 만일 실질적인 사용관계에 있는 노무도급인이 고의 또는 과실로 이러한 보호의무를 위반함으로써 노무수급인의 생명·신체·건강을 침해하여 손해를 입힌 경우 노무도급인은 노무도급계약상의 채무불이행책임과 경합하여 불법행위로 인한 손해배상책임을 부담한다(상가신축공사를 시공하는 건축주로부터 일부 공사를 도급받은 수급인에 의해 고용된 전문기술자가 공사 중 누전으로 사망한 사안에서, 수급인의 안전조치의무 위반을 이유로 손해배상책임을 인정할 수 있다(대법원 1997. 4. 25. 선고 96다53086 판결).

6. 과실상계의 법리 (5점)

민법 396조는 과실상계에 대하여 규정하고 있다. 즉 채무불이행에 관하여 채권자에게 과실이 있는 때에는 법원은 손해배상의 책임 및 그 금액을 정함에 이를 참작하여야 한다. 민법 제763조는 제393조, 제394조, 제396조, 제399조의 규정은 불법행위로 인한 손해배상에 준용한다고 밝히고 있기 때문에 과실상계의 법리를 불법행위에도 적용할 수 있다.

7. 사안의 해결 (3점)

D는 B회사에 대하여 사용자책임을 주장할 수 있고, C에 대하여는 불법행위책임을 주장할 수 있다. 여기서 B회사와 C는 D에 대하여 부진정연대책임을 져야하고, 이에 따라 D는 둘 중 누구에게든지 손해액 전액을 구할 수 있다. 다만, 사안의 내용으로 볼 때 피용인 D가 발을 헛디디는 과실이 있었기 때문에 이에 대한 과실상계의 법리에 따라 해결하면 될 것이다.

추가적 사실관계 | 변제자대위 |

위 도급계약에 따라 금 50억원을 모두 지급한 A는 자신의 위 X토지 위의 Z건물에 대하여 보존등기를 경료하고, 상가를 분양하여 투자금을 모두 회수하고자 하였으나, 이에 여의치 않아 위 Z건물을 E은행에 근저당권을 설정하여 주고 금 30억원을 차용하였다, 그런데 E은행은 30억원의 거금을 A에게 대출하면서 보증인을 세울 것을 요구하였고, 이에 A의 친구인 F가 E은행과 보증계약을 체결하게 되었다. 그런데 A가 위 대출금의 이자를 제때에 갚지 못하자, E은행은 위 근저당권의 설정계약을 해지하고, 보증인인 F에게 위 대출금을 지급하라고 독촉하였고, F는 어쩔 수 없이 금 10억원을 마련하여 E은행에 일부를 변제하였다. 이에 F는 E은행을 상대로 근저당권의 일부이전을 구하는 소를 제기하였다.

문제 2 이 경우 법원은 어떠한 판단을 하여야 하며, 그 이유는 무엇인가? (20점)

1. 문제의 소재 (2점)

① 변제자대위

② 일부대위의 법리

③ 근저당권의 확정

2. 민법 제481조 변제자 대위 (5점)

변제할 정당한 이익이 있는 자가 채무자를 위하여 채권의 일부를 대위변제할 경우에 대위변제자는 변제한 가액의 범위 내에서 종래 채권자가 가지고 있던 채권 및 담보에 관한 권리를 법률상 당연히 취득하게 된다.

3. 근저당권의 확정 (5점)

근저당권이라고 함은 계속적인 거래관계로부터 발생하고 소멸하는 불특정다수의 장래채권을 결산기에 계산하여 잔존하는 채무를 일정한 한도액의 범위 내에서 담보하는 저당권이어서, 거래가 종료하기까지 채권은 계속적으로 증감·변동하는 것이므로, 근저당 거래관계가 계속 중인 경우 즉, 근저당권의 피담보채권이 확정되기 전에 그 채권의 일부를 양도하거나 대위변제한 경우 근저당권이 양수인이나 대위변제자에게 이전할 여지는 없다 할 것이나, 그 근저당권에 의하여 담보되는 피담보채권이 확정되게 되면, 그 피담보채권액이 그 근저당권의 채권최고액을 초과하지 않는 한 그 근저당권 내지 그 실행으로 인한 경락대금에 대한 권리 중 그 피담보채권액을 담보하고 남는 부분은 저당권의 일부이전의 부기등기의 경료 여부와 관계없이 대위변제자에게 법률상 당연히 이전된다(대법원 2002. 7. 26. 선고 2001다53929 판결).

4. 민법 제483조 일부대위에 관한 법리 (5점)

채권자가 부동산에 대하여 근저당권을 가지고 있는 경우에는, 채권자는 대위변제자에게 일부 대위변제에 따른 저당권의 일부 이전의 부기등기를 경료 해 주어야 할 의무가 있다 할 것이나, 이 경우에도 채권자는 일부 변제자에 대하여 우선변제권을 가지고 있다 할 것이다(대법원 2002. 7. 26. 선고 2001다53929 판결). 판례는 소위 채권자우선설을 채택하고 있다.

5. 사안의 해결 (3점)

사안의 내용을 볼 때, E은행은 근저당권 설정계약이 해지되어 근저당권이 피담보채권이 확정되었고, 그 확정된 이후 보증인 F가 대위변제하여 구상금채권을 확보하게 되었는바, 일부대위한 10억원에 대한 근저당권은 대위변제자인 F에게 이전하게 된다. 결국 F는 E은행에 대하여 근저당권의 일부이전을 구할 수 있다.

추가적 사실관계 | 일조권침해로 인한 공동불법행위책임 |

A가 소유하고 있는 두 필지의 X토지와 Y토지 인근에 G가 소유하고 있는 단층주택이 수십 년 전부터 자리 잡고 있었고, X토지 위에 Z건물이 2014. 7. 10.에 완공된 후, A소유의 Z건물과 인접한 곳에 H가 자신의 토지 위에 T건물을 신축하여 2014. 11. 20.경에 T건물이 완공되었다. 그런데 위 Z건물과 T건물의 영향으로 G의 1층 단독주택에 응달이 크게 져서 일조를 행사할 수 없는 지경에 되자, 다툼을 계속 이어오다가 G는 2017. 3. 30.에 A와 H를 공동피고로 삼아 불법행위에 기한 손해배상을 구하는 소를 제기하였다.

문제 3 이 경우 법원은 어떠한 판단을 하여야 하며, 그 이유는 무엇인가? (20점)

1. 문제의 소재 (2점)

① 일조권침해로 인한 불법행위책임

② 공동불법행위책임

③ 일조권침해로 인한 손해배상청구권의 소멸시효

2. 일조권침해로 인한 불법행위 성립여부 (5점)

건물의 신축으로 인하여 그 이웃 토지상의 거주자가 직사광선이 차단되는 불이익을 받은 경우에 그 신축행위가 정당한 권리행사로서의 범위를 벗어나 사법상 위법한 가해행위로 평가되기 위하여는 그 일조방해의 정도가 사회통념상 일반적으로 인용하는 수인한도를 넘어야 한다.

건축법 등 관계 법령에 일조방해에 관한 직접적인 단속법규가 있다면 동 법규에 적합한지 여부가 사법상 위법성을 판단함에 있어서 중요한 판단자료가 될 것이지만, 이러한 공법적 규제에 의하여 확보하고자 하는 일조는 원래 사법상 보호되는 일조권을 공법적인 면에서도 가능한 한 보증하려는 것으로서 특별한 사정이 없는 한 일조권 보호를 위한 최소한도의 기준으로 봄이 상당하고, 구체적인 경우에 있어서는 어떠한 건물신축이 건축 당시의 공법적 규제에 형식적으로 적합하다고 하더라도 현실적인 일조방해의 정도가 현저하게 커 사회통념상 수인한도를 넘은 경우에는 위법행위로 평가될 수 있다(대법원 1999. 1. 26. 선고 98다23850 판결).

3. 공동불법행위에 있어서 객관적 관련공동성 (5점)

수인이 공동하여 타인에게 손해를 가하는 민법 제760조의 공동불법행위에 있어서는 행위자 상호간의 공모는 물론 공동의 인식을 필요로 하지 아니하고, 다만 객관적으로 그 공동행위가 관련 공동되어 있으면 족하며 그 관련 공동성 있는 행위에 의하여 손해가 발생함으로써 이의 배상책임을 지는 공동불법행위가 성립한다(대법원 2006. 1. 26. 선고 2005다47014,47021,47038 판결).

4. 일조권 침해로 인한 손해배상청구권의 소멸시효 기산점 (5점)

일조방해행위로 인하여 현재 또는 장래에 발생 가능한 재산상 손해나 정신적 손해 등을 예견할 수 있다고 할 것이므로, 이러한 손해배상청구권에 관한 민법 제766조 제1항 소정의 소멸시효는 원칙적으로 그 때부터 진행한다. 다만, 위와 같은 일조방해로 인하여 건물 등의 소유자 내지 실질적 처분권자가 피해자에 대하여 건물 등의 전부 또는 일부에 대한 철거의무를 부담하는 경우가 있다면, 이러한 철거의무를 계속적으로 이행하지 않는 부작위는 새로운 불법행위가 되고 그 손해는 날마다 새로운 불법행위에 기하여 발생하는 것이므로 피해자가 그 각 손해를 안 때로부터 각별로 소멸시효가 진행한다(대법원 2008. 4. 17. 선고 2006다35865 전원합의체 판결).

5. 사안의 해결 (3점)

사안의 내용을 볼 때, A와 H는 G에 대하여 일조권을 침해하고 있고, 수인한도를 넘었다고 볼 수 있으므로 G는 A와 H를 상대로 일조권침해로 인한 불법행위에 기한 손해배상을 청구할 수 있다. 또한 A와 H는 공동으로 주관적 인식을 할 필요가 없이 객관적 관련공동성만 있으면 되므로 G에 대하여 공동불법행위책임을 부담한다. 또한 Z건물과 T건물이 2014. 7.경과 2014. 11.경에 완공되었으므로 아직 소멸시효도 완성되지 않았다. 결국 G는 A와 H를 상대로 불법행위에 기한 손해배상청구를 할 수 있다.

> **추가적 사실관계** | 불법행위에 기한 손해배상청구권의 소멸시효, 소의 선택적 병합 |
>
> A는 자신의 X토지에 Z건물을 신축한 후, 금융이 원활하지 않자 Y토지를 2014. 9. 10.에 J에게 매도하였고, J는 다시 위 Y토지를 2015. 5. 30.에 K에게 매도하였으며, K는 다시 위 Y토지를 2015. 10. 경에 L에게 매도하였다. 그 후 L은 위 Y토지에 건물을 세울 목적으로 건축을 시작하던 중인 2015. 11. 15.에 Y토지에 염색관련 화학물질이 오염되어 있음을 발견하고, A를 상대로 2018. 6. 14.에 불법행위에 기한 손해배상을 구하는 소를 제기하였다.

문제 4 이 경우 법원은 어떠한 판단을 하여야 하며, 그 이유는 무엇인가? (30점)

1. 문제의 소재 (2점)

① 불법행위의 성립여부

② 불법행위에 기한 손해배상청구의 소멸시효

2. 불법행위 성립여부 (10점)

헌법 제35조 제1항, 구 환경정책기본법(2011. 7. 21. 법률 제10893호로 전부 개정되기 전의 것), 구 토양환경보전법(2011. 4. 5. 법률 제10551호로 개정되기 전의 것, 이하 같다) 및 구 폐기물관리법(2007. 1. 19. 법률 제8260호로 개정되기 전의 것)의 취지와 아울러 토양오염원인자의 피해배상의무 및 오염토양 정화의무, 폐기물 처리의무 등에 관한 관련 규정들과 법리에 비추어 보면, 토지의 소유자라 하더라도 토양오염물질을 토양에 누출·유출하거나 투기·방치함으로써 토양오염을 유발하였음에도 오염토양을 정화하지 않은 상태에서 오염토양이 포함된 토지를 거래에 제공함으로써 유통되게 하거나, <u>토지에 폐기물을 불법으로 매립하였음에도 처리하지 않은 상태에서 토지를 거래에 제공하는 등으로 유통되게 하였다면, 다른 특별한 사정이 없는 한 이는 거래의 상대방 및 토지를 전전 취득한 현재의 토지 소유자에 대한 위법행위로서 불법행위가 성립할 수 있다</u>(대법원 2016. 5. 19. 선고 2009다66549 전원합의체 판결).

3. 불법행위에 기한 손해배상청구의 소멸시효 (5점)

제766조에 따르면 불법행위로 인한 손해배상의 청구권은 피해자나 그 법정대리인이 그 손해 및 가해자를 안 날로부터 3년간 이를 행사하지 아니하면 시효로 인하여 소멸한다(제1항). 불법행위를 한 날로부터 10년을 경과한 때에도 전항과 같다(제2항).

4. 사안의 해결 (3점)

현재의 토지의 소유자인 L은 토지에 폐기물을 불법으로 매립하였음에도 처리하지 않은 상태에서 토지를 거래에 제공한 A에 대하여 불법행위에 기한 손해배상청구권을 구할 수 있다.

> A는 자신의 X토지에 Z건물을 신축한 후, 금융이 원활하지 않자 Y토지를 2014. 9. 10.에 J에게 매도하였고, J는 다시 위 Y토지를 2015. 5. 30.에 K에게 매도하였으며, K는 다시 위 Y토지를 2015. 10. 경에 L에게 매도하였다. 그 후 L은 위 Y토지에 건물을 세울 목적으로 건축을 시작하던 중인 2015. 11. 15.에 Y토지에 염색관련 화학물질이 오염되어 있음을 발견하고, A를 상대로 2018. 6. 14.에 불법행위에 기한 손해배상을 구하는 소를 제기하고, K에 대하여는 채무불이행에 기한 손해배상청구를 하면서 "피고들이 이 사건 토지에 이 사건 오염토양을 처리하여야 할 책임이 있음에도 불구하고 원고로 하여금 이 사건 오염토양 등을 처리하게 함으로써 법률상 원인 없이 그 정화비용 및 처리비용 상당의 이득을 얻고 원고로 하여금 그 금액 상당의 손해를 입게 하였으므로 피고들은 원고에게 그 금액 상당의 부당이득의무가 있다"는 취지의 부당이득반환청구를 피고들에 대한 앞에서 구한 청구들과 선택적으로 청구하였다.

문제 5 위의 경우 원고 L의 피고 A에 대한 불법행위에 기한 손해배상청구 중 일부, 피고 K에 대한 채무불이행에 기한 손해배상청구 중 일부가 각각 인용되는 경우에 원고 L이 선택적으로 병합한 A와 K에 대한 부당이득반환청구는 어떻게 처리되어야 하는가? (15점)

1. 문제의 소재 (2점)

① 소의 선택적 병합

② 청구의 선택적 병합 중 어느 하나의 청구가 일부 인용된 경우의 취급

2. 소의 선택적 병합 (5점)

청구의 선택적 병합은, 양립할 수 있는 여러 개의 청구권에 의하여 동일한 취지의 급부를 구하거나 양립할 수 있는 여러 개의 형성권에 기하여 동일한 형성적 효과를 구하는 경우에, 그 어느 한 청구가 인용될 것을 해제조건으로 하여 여러 개의 청구에 관한 심판을 구하는 병합 형태이다.

선택적 병합에 의할 여러 개의 청구를 그러한 병합에 의하지 아니하고 별소에 의해 동시에 제기하더라도 중복제소에 해당되지 않는다(민법 제259조). 또한 여러 개의 청구 중 먼저 제기한 하나의 청구가 기각된 뒤에 다시 같은 취지의 청구로서 별개의 청구원인으로 별소를 제기하여 판결이 되더라도 기판력에 어긋나지 않는다. 예를 들어 원고가 피고를 상대로 건물의 명도를 청구할 때에 청구원인은 소유권, 점유권 등을 생각할 수 있는데 원고는 이를 선택적으로 병합할 수 있지만, 단순병합이나 별소로도 얼마든지 가능하다. 선택적 병합은 단순병합의 일종이었는데 여러 개의 청구 전부를 일일이 심리하여 그 중 하나의 청구가 인용되면 그와 양립되면서 인용된 청구와 동일한 급부를 목적으로 하는 다른 청구를 가려내어 배척하여야 하는 심리의 불편과 번잡을 제거하기 위하여 고안된 제도이다. 판례는 단순병합으로 처리하여야 할 사건을 선택적으로 병합할 수 없다고 하고 있다(대법원 2012. 9. 27. 선고 2011다76747 판결, 대법원 2014. 12. 24. 선고 2012다74304 판결).

3. 청구의 선택적 병합 중 어느 하나의 청구가 일부 인용된 경우의 취급 (5점)

선택적 병합의 경우에는 여러 개의 청구가 하나의 소송절차에 불가분적으로 결합되어 있기 때문에, 선택적 청구 중 하나에 대하여 일부만 인용하고 다른 선택적 청구에 대하여 아무런 판단을 하지 아니한 것은 위법하다(대법원 1982. 7. 13. 선고 81다카1120 판결, 대법원 1998. 7. 24. 선고 96다99 판결, 대법원 2016. 5. 19. 선고 2009다66549 전원합의체 판결).

4. 사안의 해결 (3점)

선택적 병합의 경우에는 여러 개의 청구가 하나의 소송절차에 불가분적으로 결합되어 있기 때문에, 선택적 청구 중 하나에 대하여 일부만 인용하고 다른 선택적 청구에 대하여 아무런 판단을 하지 아니한 것은 위법하다. 결국 원고 L이 선택적으로 병합한 것으로서 단순병합에 있어서는 청구를 모두 판단하여야 하므로, A와 K에 대한 부당이득반환청구는 법원이 이를 판단하여야 한다.

제5문 | 취득시효의 기초가 되는 점유의 의미

B의 소유이던 X부동산에 관하여 그의 동생인 C명의로 1997. 7. 18.자 매매를 원인으로 한 소유권이전등기가 경료되었다. 그러자 위 소유권이전등기 이전에 B에 대하여 국세를 고지하였던 대한민국 A는 C를 상대로 위 매매계약이 사해행위이므로 이를 취소하고 원상회복으로 C명의의 위 소유권이전등기를 말소하라는 취지의 사해행위취소 소송을 제기하여 1999. 11. 11. 승소판결을 받고, 그 판결은 1999. 12. 3. 확정되었다. 한편 A는 2010. 3. 12. 위 판결에 기하여 위 소유권이전등기를 말소하여 소유자를 B로 환원한 뒤 H법원 K등기소 2010. 3. 18. 압류처분을 원인으로 한 압류등기를 경료하였다. 그 후 C는 2011. 6. 14. B를 상대로 이 사건 각 부동산에 관하여 2007. 7. 28. 등기부취득시효가 완성되었다는 취지로 소유권이전등기소송을 제기하였고, B는 2011. 8. 19. A의 청구를 인낙하였다. 한편 C는 이 사건 X부동산에 관하여 소유권이전등기를 마친 1997. 7. 28. 이후부터 점유·관리하여 왔음을 이유로, 자신의 취득시효를 주장하며 A명의의 가압류등기의 말소를 구하는 소를 제기하였다.

문제 1 이 경우 법원은 어떠한 판단을 하여야 하며, 그 이유는 무엇인가? (15점)

1. 문제의 소재 (2점)

① 사해행위의 상대적 효력

② 취득시효의 기초가 되는 점유의 의미

2. 사해행위의 상대적 효력 (5점)

부동산에 관한 소유권이전의 원인행위가 사해행위로 인정되어 취소되더라도, 사해행위취소의 효과는 채권자와 수익자 사이에서 상대적으로 생길 뿐이다. 따라서 사해행위가 취소되더라도 부동산은 여전히 수익자의 소유이고, 다만 채권자에 대한 관계에서 채무자의 책임재산으로 환원되어 강제집행을 당할 수 있는 부담을 지고 있는 데 지나지 않는다.

3. 취득시효의 기초가 되는 점유의 의미 (5점)

그러므로 수익자의 등기부취득시효가 인정되려면, 자기 소유 부동산에 대한 취득시효가 인정될 수 있다는 것이 전제되어야 한다. 그러나 부동산에 관하여 적법·유효한 등기를 하여 소유권을 취득한 사람이 당해 부동산을 점유하는 경우에는 특별한 사정이 없는 한 사실상태를 권리관계로 높여 보호할 필요가 없고, 부동산의 소유명의자는 부동산에 대한 소유권을 적법하게 보유하는 것으로 추정되어 소유권에 대한 증명의 곤란을 구제할 필요 역시 없으므로, 그러한 점유는 취득시효의 기초가 되는 점유라고 할 수 없다(대법원 2016. 11. 25. 선고 2013다206313 판결).

4. 사안의 해결 (3점)

B에 대한 채권자인 A는 채무자 B와 수익자 C사이의 매매계약에 대하여 사해행위취소 판결이 확정됨으로써 그 등기명의를 B앞으로 회복하였다. 수익자 C는 그러한 사실을 잘 알고 있는 상태에서 위 판결의 전후 기간 동안 X부동산을 계속 점유하여 왔고, A의 압류에 대하여 C가 시효취득을 주장하여 등기의 말소를 구하고 있다. 그러나 C의 점유는 취득시효의 기초가 되는 점유가 아니기 때문에 C의 주장은 인용될 수 없다.

제6문 | 시효이익의 포기

A는 1992. 5. X토지를 취득하고 같은 해 8. B에 대한 대여금채무의 담보로 B에게 채권최고액 6,000만원의 근저당권을 설정해 주었다. 그 후 2004. 5.경 그동안의 미지급이자 등이 3,000만원으로 확정되고, 이를 원본으로 하는 채무의 담보로 다시 B에게 채권최고액 4,000만원의 근저당권을 설정해 주었다. 한편 A는 2011.에 B에 대하여 위 각 채무의 시효 소멸 등을 이유로 하여 위 각 근저당권설정등기의 말소를 구하는 소를 제기하였고, 2013. 11. 이 소송은 원고인 C의 청구를 기각하였던 원심판결에 대한 A의 상고를 기각하는 대법원판결로 종결되었다. 그 이유는 위 사건의 대여금채무는 이미 소멸시효가 완성되긴 하였으나, 그 후에 제2의 근저당권 설정으로 인하여 시효완성의 이익을 포기하였다는 것이다. 이에 위 전소(前訴)가 종결된 다음 달인 2013. 12. C가 A으로부터 이 사건 토지를 매수하여 양도받고, 2014. 초에 근저당권의 말소를 구하는 이 사건 소송을 제기하였다. 이에 C는, A가 한 시효이익의 포기는 상대적인 효력이 있을 뿐이어서 이 사건 토지의 제3취득자인 C에게는 효력이 없는 것으로서, C 자신은 소멸시효 완성을 원용할 수 있다고 주장하였다.

문제 1 이 경우 C의 주장은 이유가 있는가? (10점)

✓ **정답 : C의 주장은 타당하지 않다.**

이유 : 소멸시효 이익의 포기는 상대적 효과가 있을 뿐이어서 다른 사람에게는 영향을 미치지 아니함이 원칙이나, 소멸시효 이익의 포기 당시에는 권리의 소멸에 의하여 직접 이익을 받을 수 있는 이해관계를 맺은 적이 없다가 나중에 시효이익을 이미 포기한 자와의 법률관계를 통하여 비로소 시효이익을 원용할 이해관계를 형성한 자는 이미 이루어진 시효이익 포기의 효력을 부정할 수 없다. 왜냐하면, 시효이익의 포기에 대하여 상대적인 효과만을 부여하는 이유는 포기 당시에 시효이익을 원용할 다수의 이해관계인이 존재하는 경우 그들의 의사와는 무관하게 채무자 등 어느 일방의 포기 의사만으로 시효이익을 원용할 권리를 박탈당하게 되는 부당한 결과의 발생을 막으려는 데 있는 것이지, 시효이익을 이미 포기한 자와의 법률관계를 통하여 비로소 시효이익을 원용할 이해관계를 형성한 자에게 이미 이루어진 시효이익 포기의 효력을 부정할 수 있게 하여 시효완성을 둘러싼 법률관계를 사후에 불안정하게 만들자는 데 있는 것은 아니기 때문이다(대법원 2015. 6. 11. 선고 2015다200227 판결).

· 제 13 장 ·

제1문

기초적 사실관계

A는 자신의 소유인 X건물을 B에게 2017. 2. 20.에 5억원에 매도하는 매매계약을 체결하면서, 계약금 1억원 중 계약당일에 2,000만원만 수수하면서 다음날인 2017. 2. 21.에 8,000만원을 마저 지급받기로 하고, 잔대금 4억원은 같은 해 3. 20.에 지급받기로 약정하였다.

계속된 사실관계 | 계약금계약 |

이 매매계약에서 '매수인이 잔금을 지급하기 전까지 매도인은 계약금의 배액을 상환하고, 매수인은 계약금을 포기하고 이 계약을 해제할 수 있다'고 정하였다. 그런데 하룻밤을 자고 난 A가 마음이 바뀌어 위 X토지를 매도할 의사가 없어지게 되자, B가 매매계약 당일에 자신에게 2,000만원만 지급한 상태였고, 계약금을 전부 지급하기 전까지 위 매매계약의 구속력은 약하기 때문에 자신이 계약금의 일부로서 지급받은 2,000만원의 배액을 상환하면 얼마든지 매매계약을 해제할 수 있다고 주장하였다.

문제 1 이러한 A의 주장은 이유가 있는가? (20점)

1. 문제의 소재 (2점)

① 계약금계약의 성질

② 해제권유보조항과 민법 제565조

③ 계약금의 일부만 지급된 경우의 계약해제

2. 계약금계약이 요물계약인지 여부 (5점)

판례는 계약금계약이 요물계약임을 명확하게 밝히고 있다. 즉 계약금계약은 금전 기타 유가물의 교부를 요건으로 하므로 단지 계약금을 지급하기로 약정만 한 단계에서는 아직 계약금으로서의 효력, 즉 위 민법 규정에 의해 계약해제를 할 수 있는 권리는 발생하지 않는다고 할 것이다. 따라서 당사자가 계약금의 일부만을 먼저 지급하고 잔액은 나중에 지급하기로 약정하거나 계약금 전부를 나중에 지급하기로 약정한 경우, 교부자가 계약금의 잔금이나 전부를 약정대로 지급하지 않으면 상대방은 계약금 지급의무의 이행을 청구하거나 채무불이행을 이유로 계약금약정을 해제할 수 있고, 나아가 위 약정이 없었더라면 주계약을 체결하지 않았을 것이라는 사정이 인정된다면 주계약도 해제할 수도 있을 것이나, 교부자가 계약금의 잔금 또는 전부를 지급하지 아니하는 한 계약금계약은 성립하지 아니하므로 당사자가 임의로 주계약을 해제할 수는 없다 할 것이다(대법원 2008. 3. 13. 선고 2007다73611 판결).

3. 해제권유보조항과 민법 제565조 (5점)

이 사건 계약서에서는 '매수인이 잔금을 지급하기 전까지 매도인은 계약금의 배액을 상환하고, 매수인은 계약금을 포기하고 이 계약을 해제할 수 있다'고 정하고 있다. 민법 제565조 제1항은 '매매의 당사자 일방이 계약 당시에 금전 기타 물건을 계약금, 보증금 등의 명목으로 상대방에게 교부한 때에는 당사자간에 다른 약정이 없는 한 당사자의 일방이 이행에 착수할 때까지 교부자는 이를 포기하고 수령자는 그 배액을 상환하여 매매계약을 해제할 수 있다'라고 정하고 있다. 위 규정에 따라 계약금의 교부가 요건으로 정하여져 있기 때문에 위 규정에 따라 매매계약을 해제하려면 계약금을 교부하고 있어야 한다. 그렇지만 이 사건에서는 당사자들의 계약서에 규정된 해제권유보조항에 따른 해제이지, 민법 제565조에 따른 해제는 아니라는 점을 주의해야 한다.

4. 계약금의 일부만 지급된 경우의 계약해제 (5점)

매도인이 '계약금 일부만 지급된 경우 지급받은 금원의 배액을 상환하고 매매계약을 해제할 수 있다'고 주장한 사안에서, '실제 교부받은 계약금'의 배액만을 상환하여 매매계약을 해제할 수 있다면 이는 당사자가 일정한 금액을 계약금으로 정한 의사에 반하게 될 뿐 아니라, 교부받은 금원이 소액일 경우에는 사실상 계약을 자유로이 해제할 수 있어 계약의 구속력이 약화되는 결과가 되어 부당하기 때문에, 계약금 일부만 지급된 경우 수령자가 매매계약을 해제할 수 있다고 하더라도 해약금의 기준이 되는 금원은 '실제 교부받은 계약금'이 아니라 '약정 계약금'이라고 봄이 타당하므로, 매도인이 계약금의 일부로서 지급받은 금원의 배액을 상환하는 것으로는 매매계약을 해제할 수 없다(대법원 2015. 4. 23. 선고 2014다231378 판결).

5. 사안의 해결 (3점)

본 사안을 볼 때, B가 A로부터 X토지를 매수하면서 계약금으로 1억원을 지급하기로 하고, 잔금 4억원을 지급하기로 하는 계약을 체결하였다. 그런데 계약 당일 계약금의 일부인 2,000만원만 B가 지급한 상태에서 A가 그 다음날 나머지 계약금 8,000만원을 받기 전에 2,000만원의 배액을 상환하고 계약을 해제하겠다고 주장한 사건이다. 이 경우 수령자가 정해진 계약금의 일부만 지급받은 경우라 하더라도, 그 기준이 되는 것은 실제로 교부받은 계약금이 아니라, 약정된 계약금이라고 보아야 한다. 따라서 매도인인 A는 계약금의 일부로서 지급받은 금원의 배액만을 상환하여 매매계약을 해제할 수는 없다.

추가적 사실관계 | 계약해제 |

A가 잔대금채권 중 4억원을 C에게 2017. 3. 5.에 양도하기로 하고, 이를 B에게 통지하였고, 같은 해 3. 20.에 B가 C에게 1억원을 제공하였으나, 그 후에 A가 어떠한 사정인지 약속한 기일에 X건물의 인도를 하지 아니하자, B는 여러번 재촉을 하다가 어쩔 수 없이 A에 대하여 채무불이행에 기한 손해배상 및 매매계약을 해제하였다. 이에 B는 C에 대하여 원상회복을 구하는 소를 제기하였다.

문제 2 **이 경우 법원은 어떠한 판단을 하여야 하며, 그 이유는 무엇인가? (10점)**

✓ **정답 : 청구인용**

이유 : 민법 제548조 제1항 단서에서 규정하고 있는 제3자란 일반적으로 계약이 해제되는 경우 그 해제된 계약으로부터 생긴 법률효과를 기초로 하여 해제 전에 새로운 이해관계를 가졌을 뿐 아니라 등기·인도 등으로 완전한 권리를 취득한 자를 말하고, 계약상의 채권을 양수한 자는 여기서 말하는 제3자에 해당하지 않는다고 할 것인바, 계약이 해제된 경우 계약해제 이전에 해제로 인하여 소멸되는 채권을 양수한 자는 계약해제의 효과에 반하여 자신의 권리를 주장할 수 없음은 물론이고, 나아가 특단의 사정이 없는 한 채무자로부터 이행받은 급부를 원상회복하여야 할 의무가 있다(대법원 2003. 1. 24. 선고 2000다22850 판결).

추가적 사실관계 | 채권양도와 가압류의 동시도달에 따른 경합 |

A가 B에 대한 잔대금 4억원을 D에게 양도하고 2017. 3. 15.에 확정일자 있는 증서로 B에게 통지하여 도달한 상태에서, A의 채권자 E가 신청한 A의 B에 대한 잔대금채권에 대한 압류 및 전부명령이 2017. 3. 15.에 B에게 도달한 경우, D의 양수채권액과 E의 압류채권액 합계가

B의 채무액을 초과하고 있다.

문제 3 이 경우 D와 E의 법률관계는 어떻게 되는가? (20점)

1. 문제의 소재 (2점)

채권양도 통지와 가압류결정 정본이 채무자에게 동시에 도달된 경우의 법률관계

2. 채권양수인과 동일 채권에 대하여 가압류명령을 집행한 자 사이의 우열결정기준 (5점)

채권이 이중으로 양도된 경우의 양수인 상호간의 우열은 통지 또는 승낙에 붙여진 확정일자의 선후에 의하여 결정할 것이 아니라, 채권양도에 대한 채무자의 인식, 즉 확정일자 있는 양도통지가 채무자에게 도달한 일시 또는 확정일자 있는 승낙의 일시의 선후에 의하여 결정하여야 할 것이고, 이러한 법리는 채권양수인과 동일 채권에 대하여 가압류명령을 집행한 자 사이의 우열을 결정하는 경우에 있어서도 마찬가지이므로, 확정일자 있는 채권양도 통지와 가압류결정 정본의 제3채무자(채권양도의 경우는 채무자)에 대한 도달의 선후에 의하여 그 우열을 결정하여야 한다(대법원 1994. 4. 26. 선고 93다24223 전원합의체 판결).

3. 채권양도 통지와 가압류결정 정본이 채무자에게 동시에 도달된 경우 양자 사이의 정산의무 유무 (5점)

채권양도 통지, 가압류 또는 압류명령 등이 제3채무자에 동시에 송달되어 그들 상호간에 우열이 없는 경우에도 그 채권양수인, 가압류 또는 압류채권자는 모두 제3채무자에 대하여 완전한 대항력을 갖추었다고 할 것이므로, 그 전액에 대하여 채권양수금, 압류전부금 또는 추심금의 이행청구를 하고 적법하게 이를 변제받을 수 있고, 제3채무자로서는 이들 중 누구에게라도 그 채무 전액을 변제하면 다른 채권자에 대한 관계에서도 유효하게 면책되는 것이며, 만약 양수채권액과 가압류 또는 압류된 채권액의 합계액이 제3채무자에 대한 채권액을 초과할 때에는 그들 상호간에는 법률상의 지위가 대등하므로 공평의 원칙상 각 채권액에 안분하여 이를 내부적으로 다시 정산할 의무가 있다(대법원 1994. 4. 26. 선고 93다24223 전원합의체 판결).

4. 사안의 해결 (3점)

채권이 이중으로 양도된 경우의 양수인 상호간의 우열은 통지 또는 승낙에 붙여진 확정일자의 선후에 의하여 결정할 것이 아니라, 채권양도에 대한 채무자의 인식, 즉 확정일자 있는 양도통지가

채무자에게 도달한 일시 또는 확정일자 있는 승낙의 일시의 선후에 의하여 결정하여야 할 것이기 때문에, 채권양도의 통지와 압류명령의 송달이 각각 2017. 3. 15.에 도달하였다. 결국 D의 양수채권액과 가압류 또는 압류된 E의 채권액의 합계액이 제3채무자에 대한 채권액을 초과함으로 각 채권액에 안분하여 이를 내부적으로 다시 정산할 의무가 있다.

추가적 사실관계 | 채권양도 |

A와 B가 위 잔대금채권에 대하여 양도금지특약을 체결하고, 그 양도금지특약의 내용을 잘 알고 있는 A의 채권자인 G가 위 잔대금채권에 대하여 압류 및 전부명령을 받아, G가 B를 상대로 전부금청구의 소를 제기하였다.

문제 4 이 경우 법원은 어떠한 판단을 하여야 하며, 그 이유는 무엇인가? (10점)

✓ **정답 : 청구인용**

이유 : 당사자 사이에 양도금지의 특약이 있는 채권이라도 압류 및 전부명령에 따라 이전될 수 있고, 양도금지의 특약이 있는 사실에 관하여 압류채권자가 선의인가 악의인가는 전부명령의 효력에 영향이 없다(대법원 2002. 8. 27. 선고 2001다71699 판결).

계속된 사실관계 | 상가건물임대차 |

B는 A에게 2017. 3. 20.에 X건물에 대한 잔대금 4억원을 모두 지급하고, 잔대금 지급기일에 즉시 자신의 명의로 이전등기를 경료하였다. X건물을 인도받은 B는 약간의 리모델링 공사를 마무리한 후, 2017. 5. 10.에 H에게 보증금 1억원에 월 200만원의 임대차계약을 체결하고, 같은 해 6월 1일부터 입점해 사용하기로 하였으며, 임료는 매월 1일에 B의 계좌로 입금에 주기로 하여, H는 2017. 6. 1.에 입점하여 유통회사를 운영하고 있다(H는 상가건물임대차보호법에 따라 대항력을 갖추었음). 그런데 H는 사업이 지지부진하자 B에게 단 한번도 매월 임료를 지급한 적도 없었고, 다른 사업을 하며 자금의 압박을 받은 B도 H에게 독촉을 여러 번 하다가 포기하고, 위 X건물을 2018. 2. 15.에 K에게 양도하고 같은 날 K명의로 이전등기를 경료

해 주었다. 한편 위 X건물을 양수하여 임대인의 지위를 승계한 K는 H의 연체차임을 이유로 2018. 5. 2.에 임대차계약의 해지를 통고하면서 2017. 6. 1. 이후 연체한 차임의 공제를 주장하였다. 그러자 H는 K가 임대인의 지위를 승계하기 전까지 발생한 연체에 대해서는 공제의 대상이 아니라고 항변하였다.

문제 5 H의 항변은 이유가 있는가? (10점)

✓ **정답 : 이유 없음**

이유 : 상가건물 임대차보호법 제3조는 '대항력 등'이라는 표제로 제1항에서 대항력의 요건을 정하고, 제2항에서 "임차건물의 양수인(그 밖에 임대할 권리를 승계한 자를 포함한다)은 임대인의 지위를 승계한 것으로 본다."라고 정하고 있다. 이 조항은 임차인이 취득하는 대항력의 내용을 정한 것으로, 상가건물의 임차인이 제3자에 대한 대항력을 취득한 다음 임차건물의 양도 등으로 소유자가 변동된 경우에는 양수인 등 새로운 소유자(이하 '양수인'이라 한다)가 임대인의 지위를 당연히 승계한다는 의미이다. 소유권 변동의 원인이 매매 등 법률행위든 상속·경매 등 법률의 규정이든 상관없이 이 규정이 적용된다. 따라서 임대를 한 상가건물을 여러 사람이 공유하고 있다가 이를 분할하기 위한 경매절차에서 건물의 소유자가 바뀐 경우에도 양수인이 임대인의 지위를 승계한다.

위 조항에 따라 임차건물의 양수인이 임대인의 지위를 승계하면, 양수인은 임차인에게 임대보증금반환의무를 부담하고 임차인은 양수인에게 차임지급의무를 부담한다. 그러나 임차건물의 소유권이 이전되기 전에 이미 발생한 연체차임이나 관리비 등은 별도의 채권양도절차가 없는 한 원칙적으로 양수인에게 이전되지 않고 임대인만이 임차인에게 청구할 수 있다. 차임이나 관리비 등은 임차건물을 사용한 대가로서 임차인에게 임차건물을 사용하도록 할 당시의 소유자 등 처분권한 있는 자에게 귀속된다고 볼 수 있기 때문이다.

임대차계약에서 임대차보증금은 임대차계약 종료 후 목적물을 임대인에게 명도할 때까지 발생하는, 임대차에 따른 임차인의 모든 채무를 담보한다. 따라서 이러한 채무는 임대차관계 종료 후 목적물이 반환될 때에 특별한 사정이 없는 한 별도의 의사표시 없이 보증금에서 당연히 공제된다. 임차건물의 양수인이 건물 소유권을 취득한 후 임대차관계가 종료되어 임차인에게 임대차보증금을 반환해야 하는 경우에 임대인의 지위를 승계하기 전까지 발생한 연체차임이나 관리비 등이 있으면 이는 특별한 사정이 없는 한 임대차보증금에서 당연히 공제된다. 일반적으로 임차건물의 양도 시에 연체차임이나 관리비 등이 남아있더라도 나중에 임대차관계가 종료되는 경우 임대차보증금에서 이를 공제하겠다는 것이 당사자들의 의사나 거래관념에 부합하기 때문이다(대법원 2017. 3. 22. 선고 2016다218874 판결).

제2문

기초적 사실관계

A는 자신의 소유인 X건물을 B에게 2017. 2. 20.에 5억원에 매도하는 매매계약을 체결하고, 계약 당일 계약금으로 1억원을 수수하고, 잔대금 4억원은 같은 해 3. 20.에 지급받기로 약정하였다.

계속된 사실관계 | 채권양도에 있어서 전득자의 지위 |

A와 B는 X건물에 대한 계약을 체결하고, 계약금 1억원을 A에게 지급한 후, 잔대금 4억원에 대하여 채권을 제3자에게 양도하지 않기로 하는 특약을 체결하였다. 이러한 사실을 잘 알고 있는 A의 외상대금채권자인 C가 A에게 위 B에 대한 대여금채권을 자신에게 양도할 것을 요구하자, A는 지체 없이 C에게 4억원의 채권을 양도하고, 그 후에 C는 위 채권을 다시 위 양도금지특약의 사실을 모르고 있는 D에 이를 양도하였다. 그 후 D는 B를 상대로 양수금을 구하는 소를 제기하였다.

문제 1 이 경우 법원은 어떠한 판단을 하여야 하며, 그 이유는 무엇인가? (10점)

✓ **정답 : 양수금청구의 소는 인용된다.**

이유 : 당사자의 의사표시에 의한 채권양도금지 특약은 제3자가 악의인 경우는 물론 제3자가 채권양도금지 특약을 알지 못한 데에 중대한 과실이 있는 경우에도 채권양도금지 특약으로써 대항할 수 있고, 제3자의 악의 내지 중과실은 채권양도금지 특약으로 양수인에게 대항하려는 자가 이

를 주장·증명하여야 한다. 그리고 민법 제449조 제2항 단서는 채권양도금지 특약으로써 대항할 수 없는 자를 '선의의 제3자'라고만 규정하고 있어 채권자로부터 직접 양수한 자만을 가리키는 것으로 해석할 이유는 없으므로, 악의의 양수인으로부터 다시 선의로 양수한 전득자도 위 조항에서의 선의의 제3자에 해당한다. 또한 선의의 양수인을 보호하고자 하는 위 조항의 입법 취지에 비추어 볼 때, 이러한 선의의 양수인으로부터 다시 채권을 양수한 전득자는 선의·악의를 불문하고 채권을 유효하게 취득한다(대법원 2015. 4. 9. 선고 2012다118020 판결).

계속된 사실관계 | 명의신탁 |

B는 2017. 3. 20.에 A에게 잔대금 4억원을 모두 지급하고 그 다음 날 자신의 명의로 이전등기를 경료하였다. 한편 B는 위 X건물을 사용·수익하던 중, 정부로부터 다주택 또는 다수의 건물소유자에 대한 세무조사가 들어온다는 소문을 듣고 자신의 친구인 E 에게 부탁하여 위 X건물을 2017. 8. 10.경 E명의로 이전등기를 하여 명의신탁을 하게 되었다. 그런데 명의수탁자인 E는 위 X건물을 이러한 사실을 전혀 모르는 G에게 매도하여 이전등기를 경료해 주었으나, G의 경제사정이 좋지 않아 X건물이 경매되었고 우연한 사정에 의해 다시 E가 경낙을 받아 X건물의 소유권을 취득하게 되었다. 그러자 B는 자신의 X건물이 본래 자신의 것임을 주장하며, E를 상대로 소유권이전등기청구의 소를 제기하였다.

문제 2 이 경우 법원은 어떠한 판단을 하여야 하며, 그 이유는 무엇인가? (10점)

✓ **정답 : 청구기각**

이유 : 양자간 등기명의신탁에서 명의수탁자가 신탁부동산을 처분하여 제3취득자가 유효하게 소유권을 취득하고 이로써 명의신탁자가 신탁부동산에 대한 소유권을 상실하였다면, 명의신탁자의 소유권에 기한 물권적 청구권, 즉 말소등기청구권이나 진정명의회복을 원인으로 한 이전등기청구권도 더 이상 그 존재 자체가 인정되지 않는다. 그 후 명의수탁자가 우연히 신탁부동산의 소유권을 다시 취득하였다고 하더라도 명의신탁자가 신탁부동산의 소유권을 상실한 사실에는 변함이 없으므로, 여전히 물권적 청구권은 그 존재 자체가 인정되지 않는다(대법원 2013. 2. 28. 선고 2010다89814 판결).

계속된 사실관계 | 가등기담보와 청산절차 |

B는 2017. 3. 20. 위 X건물을 A로부터 매수하여 자신의 명의로 등기한 후, 위 X건물의 일부를 H에게 임대하여 임대료 월 150만원을 수령하고 있었다. 그 후 B는 사업상 자금이 필요하여 K은행으로 금 3억원을 대출받으며 2019. 7. 10.에 K은행 명의로 담보가등기를 경료해 주었고, 매월 지급되는 H의 임대료 150만원은 K은행의 피담보채무에 충당하도록 하였다. 그런데 K은행은 B가 가등기 후 5개월 후 위 3억원의 대출금을 반환하겠다고 하였으나 5개월이 지난 후에도 원금 3억원을 변제하지 아니하자, 보름 뒤 자신의 명의로 소유권이전등기를 경료하였다. 이에 B는 A에 대하여 K은행명의의 소유권이전등기는 가등기담보등기에 관한 법률 제3조와 제4조 청산절차에 위반한 등기로서 무효이고, K은행명의 등기 후 K가 H로부터 매월 수령한 임대료도 청산절차의 무효에 따라 효력이 없으므로 피담보채무에 충당할 수 없다고 주장하였다.

문제 3 이러한 B의 주장은 이유가 있는가? (10점)

✓ **정답 : B의 주장은 이유 없다.**

이유 : 가등기담보 등에 관한 법률(이하 '가등기담보법'이라고 한다) 제3조는 채권자가 담보계약에 의한 담보권을 실행하여 그 담보목적 부동산의 소유권을 취득하기 위해서는 그 채권의 변제기 후에 같은 법 제4조의 청산금의 평가액을 채무자 등에게 통지하여야 하고, 이 통지에는 통지 당시 부동산의 평가액과 민법 제360조에 규정된 채권액을 밝혀야 하며, 그 통지를 받은 날부터 2월의 청산기간이 지나야 한다고 규정하고 있다. 가등기담보법 제4조는 채권자는 위 통지 당시 부동산의 가액에서 피담보채권의 가액을 공제한 청산금을 지급하여야 하고, 부동산에 관하여 이미 소유권이전등기를 마친 경우에는 청산기간이 지난 후 청산금을 채무자 등에게 지급한 때에 부동산의 소유권을 취득하고, 담보가등기를 마친 경우에는 청산기간이 지나야 그 가등기에 따른 본등기를 청구할 수 있으며, 이에 반하는 특약으로서 채무자 등에게 불리한 것은 효력이 없다고 규정하고 있다. 위 규정들은 강행법규에 해당하여 이를 위반하여 담보가등기에 기한 본등기가 이루어진 경우 본등기는 무효라고 할 것이고, 설령 그와 같은 본등기가 가등기권리자와 채무자 사이에 이루어진 특약에 의하여 이루어졌다고 할지라도 만일 특약이 채무자에게 불리한 것으로서 무효라고 한다면 본등기는 여전히 무효일 뿐, 이른바 약한 의미의 양도담보로서 담보의 목적 내에서는 유효하다고 할 것이 아니다. 다만 가등기권리자가 가등기담보법 제3조, 제4조에 정한 절차에 따라

청산금의 평가액을 채무자 등에게 통지한 후 채무자에게 정당한 청산금을 지급하거나 지급할 청산금이 없는 경우에는 채무자가 통지를 받은 날부터 2월의 청산기간이 지나면 위와 같이 무효인 본등기는 실체적 법률관계에 부합하는 유효한 등기로 될 수 있을 뿐이다.

담보가등기에 기하여 마쳐진 본등기가 무효인 경우, 담보목적 부동산에 대한 소유권은 담보가등기 설정자인 채무자 등에게 있고 소유권의 권능 중 하나인 사용수익권도 당연히 담보가등기 설정자가 보유한다. 따라서 채무자가 자신이 소유하는 담보목적 부동산에 관하여 채권자와 임대차계약을 체결하고 채권자에게 차임을 지급하거나 채무자가 자신과 임대차계약을 체결하고 있는 임차인으로 하여금 채권자에게 차임을 지급하도록 하여 채권자가 차임을 수령하였다면, 채권자와 채무자 사이에 위 차임을 피담보채무의 변제와는 무관한 별개의 것으로 취급하기로 약정하였거나 달리 차임이 피담보채무의 변제에 충당되었다고 보기 어려운 특별한 사정이 없는 한 위 차임은 피담보채무의 변제에 충당된 것으로 보아야 한다(대법원 2019. 6. 13. 선고 2018다300661 판결).

제3문 | 의사무능력

A는 실제나이가 30세이지만 사회적 지능지수가 5세 정도에 불과한 자로서 그의 재산은 부모가 물려준 시가 10억원 정도의 X주택이 있다. 이에 그의 삼촌인 B의 부탁으로 A는 C신용금고를 방문하여 2억원을 대출받으면서 자신의 위 X주택에 대하여 C명의의 근저당권을 설정해 주었다. 그 후 C신용금고가 A에 대하여 대출한 2억원 상환을 구하자, 甲변호사의 도움을 받아 A가 의사무능력을 이유로 위 소비대차계약의 무효를 주장하였고, 법원은 이를 인정하여 A에게 승소판결을 내려졌다.

문제 1 A는 C신용금고에 대하여 부당이득반환의무를 부담하는가? (10점)

✓ **정답 : 현존이익의 범위 내에서 반환한다.**

이유 : 무능력자의 책임을 제한하는 민법 제141조 단서는 부당이득에 있어 수익자의 반환범위를 정한 민법 제748조의 특칙으로서 무능력자의 보호를 위해 그 선의·악의를 묻지 아니하고 반환범

위를 현존 이익에 한정시키려는 데 그 취지가 있으므로, 의사능력의 흠결을 이유로 법률행위가 무효가 되는 경우에도 유추적용되어야 할 것이나, 법률상 원인 없이 타인의 재산 또는 노무로 인하여 이익을 얻고 그로 인하여 타인에게 손해를 가한 경우에 그 취득한 것이 금전상의 이득인 때에는 그 금전은 이를 취득한 자가 소비하였는가의 여부를 불문하고 현존하는 것으로 추정되므로, 위 이익이 현존하지 아니함은 이를 주장하는 자, 즉 의사무능력자 측에 입증책임이 있다(대법원 2009. 1. 15. 선고 2008다58367 판결).

문제 2 C신용금고는 A에 대한 부당이득반환청구의 명목으로 A의 B에 대한 대여금채권의 양도를 구할 수 있는가? (10점)

✓ **정답 : 구할 수 있다.**

이유 : 의사무능력자가 자신이 소유하는 부동산에 근저당권을 설정해 주고 금융기관으로부터 금원을 대출받아 이를 제3자에게 대여한 사안에서, 대출로써 받은 이익이 위 제3자에 대한 대여금채권 또는 부당이득반환채권의 형태로 현존하므로, 금융기관은 대출거래약정 등의 무효에 따른 원상회복으로서 위 대출금 자체의 반환을 구할 수는 없더라도 현존 이익인 위 채권의 양도를 구할 수 있다(대법원 2009. 1. 15. 선고 2008다58367 판결).

제4문

기초적 사실관계

A는 식당을 경영하기 위하여 2015. 3. 10.에 금 2억원을 B은행으로부터 대출받으면서 변제기는 2017. 3. 9.로 정하고 이자는 월 0.5% 매달 10일에 지급하기로 약정하고, 위 채무를 담보하기 위하여 A의 부탁을 받은 C가 연대보증채무를 부담하였다. 그런데 C의 보증력이 약하다고 판단한 B은행은 위 채권을 위하여 2015. 3. 15.에 A소유의 X건물(시가 2억원)과 A의 부탁을 받은 D가 소유한 Y토지(시가 1억원)에 채권최고액 2억 4,000만원으로 하는 B명의로 공동근

저당권을 설정하였다. 그 후 식당경영을 위하여 X건물을 건축업자 E에게 리모델링 공사를 도급하고, E는 위 공사를 2015. 6. 20.에 공사를 완료하였으나, 공사대금 1억원을 받지 못하고 있다.

계속된 사실관계 | 저당권의 효력범위 |

그 후 A는 식당경영을 목적으로 X건물을 개조하면서 천장에 부착이 가능한 냉난방시설을 F로부터 2,000만원에 구입하여 설치하게 되었고, A가 한 달 후에 지급하기로 한 냉난방설치비용을 지급하지 아니하자, F는 위 건물에 설치되어 있던 냉난방기를 임의로 제거해 가버렸다. 이러한 사실을 알게 된 B은행은 F를 상대로 원상회복 및 불법행위에 기한 손해배상청구소송을 제기하였다.

문제 1 이 경우 법원은 어떠한 판단을 하여야 하며, 그 이유는 무엇인가? (20점)

✓ **정답 : 법원은 원상회복은 인용하고 불법행위에 기한 손해배상청구는 기각된다.**

1. 문제의 소재 (2점)

① 저당권의 효력이 미치는 범위
② 원상회복청구권
③ 저당권에 기한 방해배제청구권
④ 불법행위에 기한 손해배상청구권

2. B의 원상회복청구 인용여부 (5점)

저당권의 효력은 저당부동산에 부합된 물건과 종물에 미친다. 그러나 법률에 특별한 규정 또는 설정행위에 다른 약정이 있으면 그러하지 아니하다(민법 제358조).

판례에 따르면 저당권자는 물권에 기하여 그 침해가 있는 때에는 그 제거나 예방을 청구할 수 있다고 할 것인바, 공장저당권의 목적 동산이 저당권자의 동의를 얻지 아니하고 설치된 공장으로부터 반출된 경우에는 저당권자는 점유권이 없기 때문에 설정자로부터 일탈한 저당목적물을 저당권자 자신에게 반환할 것을 청구할 수는 없지만, 저당목적물이 제3자에게 선의취득되지 아니하는 한 원래의 설치 장소에 원상회복할 것을 청구할 수 있다(대법원 1996. 3. 22. 선고 95다55184 판결).

냉난방시설은 부합물 및 종물에 해당하여 저당권의 효력이 미치는 것이기 때문에 B은행은 F에 대하여 원상회복을 구할 수 있다.

3. B의 저당권에 기한 방해배제청구권 인용여부 (5점)

저당권에 기하여 방해배제청구권이 가능하다(민법 제370조). 판례도 저당권의 성질에 반하지 아니함은 물론 저당권자가 가지는 방해배제권의 당연한 행사에 해당한다는 점을 밝히고 있다(대법원 1996. 3. 22. 선고 95다55184 판결). 결국 B은행은 F에 대하여 방해배제를 구할 수 있다.

4. 불법행위에 기한 손해배상청구 여부 (5점)

근저당권의 공동 담보물 중 일부를 권한 없이 멸실·훼손하거나 담보가치를 감소시키는 행위로 인하여 근저당권자가 나머지 저당 목적물만으로 채권의 완전한 만족을 얻을 수 없게 되었다면 근저당권자는 불법행위에 기한 손해배상청구권을 취득한다. 이때 이와 같은 불법행위 후 근저당권이 확정된 경우 근저당권자가 입게 되는 손해는 채권최고액 범위 내에서 나머지 저당 목적물의 가액에 의하여 만족을 얻지 못하는 채권액과 멸실·훼손되거나 또는 담보가치가 감소된 저당 목적물 부분(이하 '소멸된 저당 목적물 부분'이라 한다)의 가액 중 적은 금액이다(대법원 2009. 5. 28. 선고 2006다42818 판결).

사안의 경우, 침해된 X건물 뿐만 아니라, 물상보증인 소유의 Y토지도 제공되고 있으므로 이 정도로는 불법행위에 기한 손해배상청구는 인용될 수 없다.

5. 사안의 해결 (3점)

B은행의 F에 대한 원상회복 및 방해배제청구는 인용될 수 있으나, 불법행위에 기한 손해배상청구는 인용될 수 없다.

계속된 사실관계 | 저당물의 제3취득자 |

A는 식당을 경영하다가 영업이 여의치 않자, 위 X건물을 2016. 5. 15.에 G에게 2억 5,000만원에 매도하였고, G는 한 달 후 대금을 완납한 후 자신의 명의로 이전등기를 경료 하였다. 한편 A의 B은행에 대한 대출변제일인 2017. 3. 9.이 경과한 후, 위 대출금 전액을 변제한 G는 보증인 C와 물상보증인 D에 대하여 대위변제를 구하는 소를 제기하였다.

문제 2 G의 C와 B에 대한 위 소는 인용될 수 있는가?(20점)

1. 문제의 소재 (2점)

저당물의 제3취득자의 법적 지위와 구상권, 대위변제 여부

2. 저당물의 제3취득자의 법적 지위 (5점)

채무의 변제는 제삼자도 할 수 있다. 그러나 채무의 성질 또는 당사자의 의사표시로 제삼자의 변제를 허용하지 아니하는 때에는 그러하지 아니하다(민법 제469조 제1항). 저당물의 제3취득자인 G는 이해관계 있는 제3자로서 변제함으써 구상권을 취득하게 된다.

3. 보증인 C에 대한 대위변제 인정여부 (5점)

저당물의 제3취득자는 보증인에 대하여 구상권을 행사할 수 없다(민법 제482조 제1항 제2호). 따라서 G의 C에 대한 대위변제청구는 인용될 수 없다.

4. 물상보증인 D에 대한 대위변제 인정여부 (5점)

민법 제481조는 "변제할 정당한 이익이 있는 자는 변제로 당연히 채권자를 대위한다."라고 규정하고, 민법 제482조 제1항은 "전2조의 규정에 의하여 채권자를 대위한 자는 자기의 권리에 의하여 구상할 수 있는 범위에서 채권 및 그 담보에 관한 권리를 행사할 수 있다."라고 규정하며, 같은 조 제2항은 "전항의 권리행사는 다음 각 호의 규정에 의하여야 한다."라고 규정하고 있으나, 그중 물상보증인과 제3취득자 사이의 변제자대위에 관하여는 명확한 규정이 없다.

그런데 보증인과 제3취득자 사이의 변제자대위에 관하여 민법 제482조 제2항 제1호는 "보증인은 미리 전세권이나 저당권의 등기에 그 대위를 부기하지 아니하면 전세물이나 저당물에 권리를 취득한 제3자에 대하여 채권자를 대위하지 못한다."라고 규정하고, 같은 항 제2호는 "제3취득자는 보증인에 대하여 채권자를 대위하지 못한다."라고 규정하고 있다. 한편 민법 제370조, 제341조에 의하면 물상보증인이 채무를 변제하거나 담보권의 실행으로 소유권을 잃은 때에는 '보증채무'에 관한 규정에 의하여 채무자에 대한 구상권을 가지고, 민법 제482조 제2항 제5호에 따르면 물상보증인과 보증인 상호 간에는 그 인원수에 비례하여 채권자를 대위하게 되어 있을 뿐 이들 사이의 우열은 인정하고 있지 아니하다.

위와 같은 규정 내용을 종합하여 보면, 물상보증인이 채무를 변제하거나 담보권의 실행으로 소유권을 잃은 때에는 보증채무를 이행한 보증인과 마찬가지로 채무자로부터 담보부동산을 취득한 제3자에 대하여 구상권의 범위 내에서 출재한 전액에 관하여 채권자를 대위할 수 있는 반면, 채무

자로부터 담보부동산을 취득한 제3자는 채무를 변제하거나 담보권의 실행으로 소유권을 잃더라도 물상보증인에 대하여 채권자를 대위할 수 없다고 보아야 한다. 만일 물상보증인의 지위를 보증인과 다르게 보아서 물상보증인과 채무자로부터 담보부동산을 취득한 제3자 상호 간에는 각 부동산의 가액에 비례하여 채권자를 대위할 수 있다고 한다면, 본래 채무자에 대하여 출재한 전액에 관하여 대위할 수 있었던 물상보증인은 채무자가 담보부동산의 소유권을 제3자에게 이전하였다는 우연한 사정으로 이제는 각 부동산의 가액에 비례하여서만 대위하게 되는 반면, 당초 채무 전액에 대한 담보권의 부담을 각오하고 채무자로부터 담보부동산을 취득한 제3자는 그 범위에서 뜻하지 않은 이득을 얻게 되어 부당하다(대법원 2014. 12. 18. 선고 2011다50233 전원합의체 판결).

사안에서 저당물의 제3취득자인 G는 물상보증인 D에 대하여도 대위변제를 주장할 수 없다.

5. 사안의 해결 (3점)

저당물의 제3취득자인 G는 보증인 C와 물상보증인 D에 대하여 대위변제를 구할 수 없다.

계속된 사실관계 | 소멸시효 중단 |

A는 자신의 X건물을 2015. 5. 20.에 H에게 금 2억 5,000만원에 매도하고 계약금 2,500만원은 계약 당일 수수하고, 2015. 5. 30.에 중도금 1억 2,500만원을 수수한 후, 잔금 1억원을 리모델링 공사를 한 E에게 양도하기로 하였으나, H에게 양도통지나 H의 채권양도에 대한 승낙은 아직 없는 상태였다. 그런데 E는 자신의 양수금채권이 시효로 소멸될 것을 염려되어 H를 상대로 양수금청구의 소를 제기하였다.

문제 3 이 경우 소멸시효는 중단되는가? (10점)

✓ 정답 : 시효중단의 효력이 발생한다.

이유 : 채권양도는 구 채권자인 양도인과 신 채권자인 양수인 사이에 채권을 그 동일성을 유지하면서 전자로부터 후자에게로 이전시킬 것을 목적으로 하는 계약을 말한다 할 것이고, 채권양도에 의하여 채권은 그 동일성을 잃지 않고 양도인으로부터 양수인에게 이전되며, 이러한 법리는 채권양도의 대항요건을 갖추지 못하였다고 하더라도 마찬가지인 점, 민법 제149조의 "조건의 성취가 미정한 권리의무는 일반규정에 의하여 처분, 상속, 보존 또는 담보로 할 수 있다."는 규정은 대항

요건을 갖추지 못하여 채무자에게 대항하지 못한다고 하더라도 채권양도에 의하여 채권을 이전받은 양수인의 경우에도 그대로 준용될 수 있는 점, 채무자를 상대로 재판상의 청구를 한 채권의 양수인을 '권리 위에 잠자는 자'라고 할 수 없는 점 등에 비추어 보면, 비록 대항요건을 갖추지 못하여 채무자에게 대항하지 못한다고 하더라도 채권의 양수인이 채무자를 상대로 재판상의 청구를 하였다면 이는 소멸시효 중단사유인 재판상의 청구에 해당한다고 보아야 한다(대법원 2005. 11. 10. 선고 2005다41818 판결).

계속된 사실관계 | 동시이행항변권, 채권양도 |

A는 자신의 X건물을 2015. 5. 20.에 H에게 금 2억 5,000만원에 매도하고 계약금 2,500만원은 계약 당일 수수하고, 2015. 5. 30.에 중도금 1억 2,500만원을 수수한 후, 잔금 1억원을 리모델링 공사를 한 E에게 2015. 7. 20.에 양도하기로 하였고, H는 아무런 이의를 유보하지 채권양도의 승낙을 하였다. 그 후에 H가 E에게 양수금을 지급하지 않자 E는 H에게 양수금을 구하는 소를 제기하였는데, H는 A로부터 X건물의 등기에 필요한 서류를 받지 못하였다고 주장하면서 위 양수금 채무를 이행할 수 없다고 항변하였다. 한편 E는 채권양도를 받을 당시 H가 등기서류를 교부받지 못하고 있다는 사실을 알고 있었다.

문제 4 이 경우 E의 H에 대한 양수금청구의 소는 인용될 수 있는가? (20점)

✓ 정답 : 법원은 소유권이전에 필요한 서류의 교부와 동시에 양수금을 지급하라는 상환이행판결을 내려야 한다.

1. H의 동시이행항변권의 인정여부 (10점)

쌍무계약의 당사자 일방은 상대방이 그 채무이행을 제공할 때 까지 자기의 채무이행을 거절할 수 있다. 그러나 상대방의 채무가 변제기에 있지 아니하는 때에는 그러하지 아니하다(민법 제536조 제1항).

매수인이 선이행의무 있는 중도금을 지급하지 않았다 하더라도 계약이 해제되지 않은 상태에서 잔대금 지급일이 도래하여 그 때까지 중도금과 잔대금이 지급되지 아니하고 잔대금과 동시이행관계에 있는 매도인의 소유권이전등기 소요서류가 제공된 바 없이 그 기일이 도과하였다면, 다른 특별한 사정이 없는 한, 매수인의 중도금 및 잔대금의 지급과 매도인의 소유권이전등기 소요

서류의 제공은 동시이행관계에 있다 할 것이어서 그 때부터는 매수인은 중도금을 지급하지 아니한 데 대한 이행지체의 책임을 지지 아니한다(대법원 2002. 3. 29. 선고 2000다577 판결).

매수인 H의 대금지급위무와 매도인 A의 소유권이전의무는 동시이행관계에 있다.

2. H의 A에 대한 동시이행항변권으로 E에게 대항할 수 있는지 여부 (10점)

민법 제451조 제1항이 이의를 보류하지 않은 승낙에 대하여 항변사유를 제한한 취지는 이의를 보류하지 않은 승낙이 이루어진 경우 양수인은 양수한 채권에 아무런 항변권도 부착되지 아니한 것으로 신뢰하는 것이 보통이므로 채무자의 '승낙'이라는 사실에 공신력을 주어 양수인의 신뢰를 보호하고 채권양도나 질권설정과 같은 거래의 안전을 꾀하기 위한 규정이라 할 것이므로, 채권의 양도나 질권의 설정에 대하여 이의를 보류하지 아니하고 승낙을 하였더라도 양수인 또는 질권자가 악의 또는 중과실의 경우에 해당하는 한 채무자의 승낙 당시까지 양도인 또는 질권설정자에 대하여 생긴 사유로써도 양수인 또는 질권자에게 대항할 수 있다(대법원 2002. 3. 29. 선고 2000다13887 판결).

사안에서 H는 E가 소유권이전에 필요한 서류를 이전하지 아니한 사정을 알고 있었기 때문에 H는 A에 대한 동시이행항변권을 E에 대해서도 주장할 수 있다.

계속된 사실관계 | 이중 채권양도 |

A는 자신의 X건물을 2015. 5. 20.에 H에게 금 2억 5,000만원에 매도하고 계약금 2,500만원은 계약 당일 수수하고, 2015. 5. 30.에 중도금 1억 2,500만원을 수수한 후, 잔금 1억원을 리모델링 공사를 한 E에게 2015. 7. 20.에 양도하기로 하였고, E는 같은 날 A를 대리하여 H에게 채권양도사실을 통지하고, 그 무렵 통지가 H에게 도달하였다. 그 후 A는 자신의 친구인 K로부터 1년 전에 차용한 1억원의 채무가 이었는데, K가 계속 독촉을 하자 어쩔 수 없이 H로부터 받을 잔금 1억원을 2015. 8. 10.에 양도하기로 하였고, K는 같은 날 A를 대리하여 H에게 양도사실을 통지하고, 그 무렵 통지가 H에게 도달되었다. 그 후 사정이 생긴 1차 양수인 E는 H에게 채권양도·양수계약 취하서를 내용증명으로 발송하고 그 다음 날 H에게 도달하였다. 그 후에 K는 채무자 H를 상대로 위 2015. 8. 10.의 채권양도에 의해 양수금을 구하는 소를 제기하였다.

문제 5 이 경우 법원은 어떠한 판단을 하여야 하며, 그 이유는 무엇인가? (20점)

1. 문제의 소재 (2점)

이중 채권양도의 효력

2. 양수인이 대리하여 통지할 수 있는지 여부 (5점)

채권양도의 통지는 양도인이 채무자에 대하여 당해 채권을 양수인에게 양도하였다는 사실을 알리는 관념의 통지이고, 법률행위의 대리에 관한 규정은 관념의 통지에도 유추적용된다고 할 것이어서, 채권양도의 통지도 양도인이 직접 하지 아니하고 사자를 통하여 하거나 나아가서 대리인으로 하여금 하게 하여도 무방하고, 그와 같은 경우에 양수인이 양도인의 사자 또는 대리인으로서 채권양도 통지를 하였다 하여 민법 제450조의 규정에 어긋난다고 할 수 없다(대법원 1997. 6. 27. 선고 95다40977, 40984 판결).

3. 지명채권양도의 성질 (5점)

지명채권의 양도란, 채권의 귀속주체가 법률행위에 의하여 변경되는 것으로서 준물권행위 내지 처분행위의 성질을 가지는 것이므로 그것이 유효하기 위해서는 양도인이 채권을 처분할 수 있는 지위를 가지고 있어야 한다.

4. 이중채권양도의 효력 (5점)

양도인이 지명채권을 제1양수인에게 1차로 양도한 다음 제1양수인이 그에 따라 확정일자 있는 증서에 의한 대항요건을 적법하게 갖추었다면 이로써 채권이 제1양수인에게 이전하고 양도인은 채권에 대한 처분권한을 상실하므로, 그 후 양도인이 동일한 채권을 제2양수인에게 양도하였더라도 제2양수인은 채권을 취득할 수 없다. 이 경우 양도인이 다른 채무를 담보하기 위하여 제1차 양도계약을 하였더라도 대외적으로 채권이 제1양수인에게 이전되어 제1양수인이 채권을 취득하게 되므로 그 후에 이루어진 제2차 양도계약에 따라 제2양수인이 채권을 취득하지 못하게 됨은 마찬가지이다.

또한 제2차 양도계약 후 양도인과 제1양수인이 제1차 양도계약을 합의해지한 다음 제1양수인이 그 사실을 채무자에게 통지함으로써 채권이 다시 양도인에게 귀속하게 되었더라도 특별한 사정이 없는 한 양도인이 처분권한 없이 한 제2차 양도계약이 채권양도로서 유효하게 될 수는 없으므로, 그로 인하여 제2양수인이 당연히 채권을 취득하게 된다고 볼 수는 없다(대법원 2016. 7. 14. 선고 2015다46119 판결).

5. 사안의 해결 (3점)

제2차 양도계약 후 양도인과 제1양수인이 제1차 양도계약을 합의해지한 다음 제1양수인이 그 사실을 채무자에게 통지함으로써 채권이 다시 양도인에게 귀속하게 되었더라도 특별한 사정이 없는 한 양도인이 처분권한 없이 한 제2차 양도계약이 채권양도로서 유효하게 될 수는 없으므로 K의 양수금청구의 소는 인용될 수 없다.

제5문 | 등기유용, 가등기

A는 자신의 X토지를 B에게 매도하는 매매예약을 2017. 7. 10.에 체결하고 2017. 7. 20.경에 B명의로 가등기를 경료 하였다. 그 후 A와 B는 위 사정에 따라 위 매매예약을 해제하였고, 그 후 다시 A는 위 X토지를 C에게 매도하는 매매예약을 체결하고, B명의의 가등기는 그대로 둔 채, B에 대한 가등기를 C에게 이전해 주기로 A, B, C가 서로 합의를 하였다. 2018. 2. 10.에 A는 위 X토지를 다시 D에게 매도하는 매매계약을 체결하였고, D는 A에 대한 자신의 소유권이전등기청구권을 보전하기 위하여 위 X토지에 대하여 처분금지가처분의 등기를 경료하였다. 2018. 5. 25.에 A, B, C의 제3자 합의에 따라 C명의로 가등기이전의 부기등기를 경료하였다.

문제 1 이 경우 D는 C의 가등기말소를 구할 수 있는가? (20점)

1. 문제의 소재 (2점)

① 가등기의 이전가능여부

② 가등기유용 이전의 이해관계 있는 제3자

2. 가등기의 이전가능여부 (5점)

가등기는 원래 순위를 확보하는 데에 그 목적이 있으나, 순위 보전의 대상이 되는 물권변동의 청구권은 그 성질상 양도될 수 있는 재산권일 뿐만 아니라 가등기로 인하여 그 권리가 공시되어 결과적으로 공시방법까지 마련된 셈이므로, 이를 양도한 경우에는 양도인과 양수인의 공동신청으로 그 가등기상의 권리의 이전등기를 가등기에 대한 부기등기의 형식으로 경료할 수 있다고 보아야 한다(대법원 1998. 11. 19. 선고 98다24105 전원합의체 판결).

3. 가등기유용 이전의 이해관계 있는 제3자 (5점)

부동산의 매매예약에 기하여 소유권이전등기청구권의 보전을 위한 가등기가 마쳐진 경우에 그 매매예약완결권이 소멸하였다면 그 가등기 또한 효력을 상실하여 말소되어야 할 것이나, 그 부동산의 소유자가 제3자와 사이에 새로운 매매예약을 체결하고 그에 기한 소유권이전등기청구권의 보전을 위하여 이미 효력이 상실된 가등기를 유용하기로 합의하고 실제로 그 가등기 이전의 부기등기를 마쳤다면, 그 가등기 이전의 부기등기를 마친 제3자로서는 언제든지 부동산의 소유자에 대하여 위 가등기 유용의 합의를 주장하여 가등기의 말소청구에 대항할 수 있고, 다만 그 가등기 이전의 부기등기 전에 등기부상 이해관계를 가지게 된 자에 대하여는 위 가등기 유용의 합의 사실을 들어 그 가등기의 유효를 주장할 수는 없다(대법원 2009. 5. 28. 선고 2009다4787 판결).

4. D가 C에 대하여 직접 등기말소를 구할 수 있는지 여부 (5점)

채권자가 무효인 소유권이전등기청구권의 보전을 위한 가등기의 유용 합의에 따라 부동산 소유자인 채무자로부터 그 가등기 이전의 부기등기를 마친 제3채무자를 상대로 채무자를 대위하여 가등기의 말소를 구한 사안에서, 채권자가 그 부기등기 전에 부동산을 가압류한 사실을 주장하는 것은 채무자가 아닌 채권자 자신이 제3채무자에 대하여 가지는 사유에 관한 것이어서 허용되지 않는다(대법원 2009. 5. 28. 선고 2009다4787 판결).

5. 사안의 해결 (3점)

직접청구도 할 수 없고, 대위하여서도 할 수 없다. 다만 소유권이전등기청구권은 살아있기 때문에 후에 이를 통해 직접 등기말소청구권은 행사할 수 있을 것이다.

제6문 | 가등기

B는 2017. 1. 10.에 A로부터 X토지를 매수하는 매매계약을 체결하고, 편의상 자신의 명의로 등기를 하지 아니한 채 A로부터 직접 자신의 친구인 C명의로 이전등기를 경료하면서 B자신의 명의로 소유권이전등기를 보전하기 위한 가등기를 경료하였다. 그 후 2017. 9. 10.경에 B는 C를 대리하여 D에게 위 X토지를 매도하고 계약금만 받은 상태에서 D명의로 소유권이전등기

를 경료해 주면서 D가 중도금 및 잔대금 완납을 하게 되면 자신의 명의의 가등기를 말소해 주기로 약정하였다. 한편 2018. 2. 15. E가 B로부터 위 X토지를 다시 매수하였고, E가 B에게 잔대금을 모두 지급할 때까지는 B명의의 가등기 말소를 구하지 않기로 하는 약정을 하고, 그 후에 E는 B에게 잔대금을 모두 지급하고 위 양도약정을 이유로 소유권이전등기청구권의 가등기의 이전등기를 구하는 소를 법원에 제기하였다.

문제 1 이러한 가등기의 이전을 구하는 소가 가능한가. 가능하다면 그 이유는 무엇인가? (20점)

1. 문제의 소재 (2점)

① 중간생략형 명의신탁의 법리

② 가등기상의 권리처분 가능여부

2. 중간생략형 명의신탁의 법리 (5점)

중간생략형 명의신탁은 매도인과 신탁자가 계약을 하고, 등기명의만을 수탁자명의로 해 두는 것을 말하는데, 이 경우 수탁자의 등기명의는 무효가 되기 때문에, 부동산의 소유권은 여전히 매도인에게 남아있게 된다. 따라서 매도인은 수탁자에 대하여 등기말소청구권이나 진정명의회복을 원인으로 한 소유권이전등기소송을 행사하고, 매도인과 신탁자 사이의 매매계약은 살아있기 때문에, 신탁자는 매도인을 대위하여 수탁자를 상대로 소유권이전등기말소청구를 행사하여 소유권을 확보할 수 있다.

3. 부동산실명법 제4조 제3항의 제3자의 등장 (5점)

본 법에서 말하는 제3자는 명의수탁자가 물권자임을 기초로 그와 새로운 이해관계를 맺은 자를 말한다. 구체적으로 부동산의 매수인, 경낙인, 저당권설정자, 가압류채권자, 임차권 등 채권을 취득한 자도 포함된다. 여기서 제3자는 선의·악의를 묻지 않는다. 사안의 경우, 신탁자가 수탁자를 대리하여 제3자인 D에게 위 X토지를 매도할 당시 D가 이에 적극 가담한 정황이 보이지 않기 때문에 D의 소유권취득에는 아무런 문제가 되지 않는다.

4. 가등기상의 권리처분 (5점)

가등기는 원래 순위를 확보하는 데에 그 목적이 있으나, 순위 보전의 대상이 되는 물권변동의 청구권은 그 성질상 양도될 수 있는 재산권일 뿐만 아니라 가등기로 인하여 그 권리가 공시되어 결과적으로 공시방법까지 마련된 셈이므로, 이를 양도한 경우에는 양도인과 양수인의 공동신청으로 그 가등기상의 권리의 이전등기를 가등기에 대한 부기등기의 형식으로 경료할 수 있다고 보아야 한다(대법원 1998. 11. 19. 선고 98다24105 전원합의체 판결). 특히 가등기되는 청구권은 재산적 가치가 있는 것으로 양도가 가능하다는 점, 공시가 명확하여 제3자에게 피해를 줄 염려가 없다는 점, 가등기담보도 양도가 인정되기 때문에 청구권을 보전하기 위한 가등기도 양도가 허용된다는 점 등도 판례를 변경한 중요한 이유라고 할 것이다.

4. 사안의 해결 (3점)

사안의 내용으로 볼 때, 신탁자 B와 수탁자 C사이에서는 중간생략형 명의신탁을 한 것이고, 매도인 A가 악의라서 부동산실명법에 따라 위 명의신탁약정은 무효라고 볼 수 있으나, 제3자인 D가 위 X토지를 매수하여 그 효력은 그대로 유지된다. 또한 B는 C의 임의처분을 방지하기 위하여 자신의 명의로 가등기를 해 둔 상태이다. 그 뒤에 D는 형식상 물권자인 C로부터 위 X토지를 매수하면서 계약금만 지급된 상태에서, B가 자신의 가등기상의 권리를 E에게 양도한 경우인데, 이 경우 E는 B에 대하여 가등기상의 권리를 구할 수 있는 소를 제기할 수 있다(교정필요).

제7문 | 상계항변

> A가 B를 상대로 제기한 전소에서 B가 상계항변을 하면서 5개의 반대채권(그 합계는 A 주장의 소구채권인 수동채권의 액수를 초과함)을 주장하였고, 전소 법원은 그 가운데 甲 채권이 존재한다고 보아 A의 수동채권과 대등액에서 상계하는 판단을 하고 나머지 4개의 반대채권들은 모두 부존재한다고 판단하였는데, A가 제기한 후소에서 B가 위 4개의 반대채권들 가운데 乙 채권으로 다시 상계항변을 하였다.

문제 1 이 경우 B의 상계항변은 이유가 있는가? (10점)

✓ **정답 : 이유 있음**

이유 : 피고가 상계항변으로 2개 이상의 반대채권(또는 자동채권, 이하 '반대채권'이라고만 한다)을 주장하였는데 법원이 그중 어느 하나의 반대채권의 존재를 인정하여 수동채권의 일부와 대등액에서 상계하는 판단을 하고, 나머지 반대채권들은 모두 부존재한다고 판단하여 그 부분 상계항변은 배척한 경우에, 수동채권 중 위와 같이 상계로 소멸하는 것으로 판단된 부분은 피고가 주장하는 반대채권들 중 그 존재가 인정되지 않은 채권들에 관한 분쟁이나 그에 관한 법원의 판단과는 관련이 없어 기판력의 관점에서 동일하게 취급할 수 없으므로, 그와 같이 반대채권들이 부존재한다는 판단에 대하여 기판력이 발생하는 전체 범위는 위와 같이 상계를 마친 후의 수동채권의 잔액을 초과할 수 없다고 보아야 한다. 그리고 이러한 법리는 피고가 주장하는 2개 이상의 반대채권의 원리금 액수의 합계가 법원이 인정하는 수동채권의 원리금 액수를 초과하는 경우에도 마찬가지로 적용된다. 이때 '부존재한다고 판단된 반대채권'에 관하여 법원이 그 존재를 인정하여 수동채권 중 일부와 상계하는 것으로 판단하였을 경우를 가정하더라도, 그러한 상계에 의한 수동채권과 당해 반대채권의 차액 계산 또는 상계충당은 수동채권과 당해 반대채권의 상계적상의 시점을 기준으로 하였을 것이고, 그 이후에 발생하는 이자, 지연손해금 채권은 어차피 그 상계의 대상이 되지 않았을 것이므로, 위와 같은 가정적인 상계적상 시점이 '실제 법원이 상계항변을 받아들인 반대채권'에 관한 상계적상 시점보다 더 뒤라는 등의 특별한 사정이 없는 한, 앞에서 본 기판력의 범위의 상한이 되는 '상계를 마친 후의 수동채권의 잔액'은 수동채권의 '원금'의 잔액만을 의미한다고 보아야 한다(대법원 2018. 8. 30. 선고 2016다46338, 46345 판결).

제8문 | 명의신탁

A는 1998. 4. 10.에 자신의 X토지에 대하여 B와 명의신탁약정을 하고 그 다음 날 B명의로 이전등기를 경료하였다. 그런데 위 X토지에 대하여 C가 1999. 5.경에 점유를 시작하여 점유취득시효를 2019. 5 경에 취득시효를 완성하였고, C가 B를 상대로 점유취득시효를 주장하기 전인 2019. 7.에 B는 신탁자인 A에게 X토지에 대한 등기를 경료해 주었다.

문제 1 시효취득자 C는 A에 대하여 취득시효를 주장할 수 있는가? (10점)

✓ **정답 : 주장할 수 없다**

명의신탁된 부동산에 대하여 점유취득시효가 완성된 후 시효취득자가 그 소유권이전등기를 경료하기 전에 명의신탁이 해지되어 그 등기명의가 명의수탁자로부터 명의신탁자에게로 이전된 경우에는 그 부동산에 대한 내부적인 소유권의 변동은 없으나, 대외적으로는 그 소유권에 변동이 있을 뿐 아니라 그 등기명의에도 변동이 있고, 명의신탁 제도가 대외적 관계에서는 등기명의자만이 소유권자로 취급될 뿐이고 시효 완성 당시 시효취득자에게 져야 할 등기의무도 대외적으로는 명의신탁자에게 있지 아니하고 명의수탁자에게 있음에 불과하므로 대외적 등기명의자인 수탁자로부터 소유자로 취급되지 않던 명의신탁자에게 등기가 옮겨간 것도 점유시효취득자 등과의 관계와 같은 외부적 관계에서는 완전한 새로운 권리변동으로 보아야 하므로, 그 명의신탁자의 등기취득이 등기의무자의 배임행위에 적극 가담한 반사회적 행위에 근거한 등기이든가 또는 기타 다른 이유로 인한 원인무효의 등기인 경우는 별론으로 하고, 그 명의신탁자는 취득시효 완성 후에 소유권을 취득한 자에 해당하여 그에 대하여 취득시효를 주장할 수 없다(대법원 1995. 12. 8. 선고 95다38493 판결).

문제 2 A가 B에 대하여 위 부동산명의신탁약정은 무효이고 그에 따른 B명의의 등기도 무효라고 주장하며, B에 대하여 진정명의회복을 원인으로 한 소유권이전등기를 구하자, B는 자신에게 한 이전등기는 불법원인급여로서 A는 자신에게 X토지의 반환을 구할 수 없다고 주장하였다. B의 이러한 주장은 이유가 있는가? (10점)

✓ 부동산 실권리자명의 등기에 관한 법률(이하 '부동산실명법'이라 한다) 규정의 문언, 내용, 체계와 입법 목적 등을 종합하면, 부동산실명법을 위반하여 무효인 명의신탁약정에 따라 명의수탁자 명의로 등기를 하였다는 이유만으로 그것이 당연히 불법원인급여에 해당한다고 단정할 수는 없다.

부동산실명법은 명의신탁약정(제4조 제1항)과 명의신탁약정에 따른 등기로 이루어진 부동산에 관한 물권변동(제4조 제2항 본문)을 무효라고 명시하고 있다. 명의신탁약정에 따라 명의수탁자 앞으로 등기를 하더라도 부동산에 관한 물권변동의 효력이 발생하지 않는다. 이것은 명의신탁약정에 따라 명의신탁자로부터 명의수탁자에게 소유권이전등기가 이루어지는 등기명의신탁의 경우 부동산 소유권은 그 등기와 상관없이 명의신탁자에게 그대로 남아있다는 것을 뜻한다. 그 결과 명의신탁자는 부동산 소유자로서 소유물방해배제청구권에 기초하여 명의수탁자를 상대로 그 등기의 말소를 청구할 수 있다.

부동산실명법은 실권리자명의 등기의무를 위반한 명의신탁자에 대하여 위반행위 자체에 대한 제재로서 과징금을 부과하는 것에 그치지 않고(제5조 제1항 제1호) 부동산에 관한 물권을 지체 없이 명의신탁자의 명의로 등기할 의무를 지우며, 이를 위반할 경우 과징금 외에 이행강제금을 추가로 부과하도록 하고 있다(제6조). 이러한 이행강제금 제도는 명의신탁자에게 심리적 압박을 주어 등기명의와 실체적 권리관계의 불일치 상태를 해소할 것을 간접적으로 강제함으로써 위법상태를 제거하고 부동산실명법의 실효성을 확보하려는 데 그 취지가 있다. 이행강제금 제도 역시 명의신탁자로 하여금 신탁부동산에 관한 등기를 회복하도록 명하는 것으로서 신탁부동산의 소유권이 실권리자에게 귀속되는 것을 전제로 하고 있다.

민법 제746조 단서는 '불법원인이 수익자에게만 있는 때'에는 불법의 원인으로 급여한 재산이라 하더라도 급여자가 반환을 청구할 수 있다고 정하고 있다. 선량한 풍속 그 밖의 사회질서를 위반하는 법률행위에 관해 불법원인급여 규정이 적용되는 경우에도 수익자에게만 불법원인이 있다면, 수익자와 동일하게 급여자를 보호하지 않는 것은 법적 정의감에 반하기 때문이다. 나아가 수익자의 불법성이 급여자의 불법성보다 현저히 커서 급여자의 반환청구를 허용하지 않는 것이 오히려 공평과 신의칙에 반하는 경우에는 민법 제746조 본문의 적용을 배제함으로써 급여자의 반환청구를 허용하고 있다. 이는 불법원인급여 제도 자체에 내재하고 있는 모순을 극복하는 방향으로 민법 제746조를 해석·적용한 것이다.

모든 국민의 재산권은 보장되고, 그 내용과 한계는 법률로 정한다(헌법 제23조 제1항). 명의신탁을 금지하겠다는 목적만으로 부동산실명법에서 예정한 것 이상으로 명의신탁자의 신탁부동산에 대한 재산권의 본질적 부분을 침해할 수는 없다. 만일 부동산실명법에서 명의신탁약정만을 무효로 하고 그에 따른 물권변동을 유효라고 정하였다면, 신탁부동산에 관한 권리가 언제나 명의수탁자에게 확정적으로 귀속되는 결과가 되어 명의신탁자는 그 부동산에 관한 권리를 상실하게 된다. 이러한 경우 명의신탁자는 자신의 재산을 직접적으로 박탈당하는 결과를 감수하여야 하므로 재산권의 본질적 부분을 침해할 소지가 크다(대법원 2019. 6. 20. 선고 2013다218156 전원합의체 판결).

• 제 14 장 •

제1문 | 대리권의 남용과 선의의 제3자

B의 어머니인 A는 B를 대리하여 2017. 6. 20.경에 C에게 B소유의 X토지를 매도하고, 소유권 이전등기를 마쳐 주었다. 그 후 C는 2018. 2. 20.에 X토지를 D에게 매도하고 소유권이전등기를 경료해 주었다. 한편 B는 C명의의 소유권이전등기의 말소를 구하는 소를 제기하였는데, 그 이유는 위 매매계약이 A의 친권남용에 의해 체결된 것으로서 그 효과가 B에게 미치지 아니한다고 주장하였다. 이에 법원은 C의 소유권이전등기말소의무가 있다고 원고승소판결을 내렸다. 따라서 B는 C명의의 등기가 원인무효이므로 이에 터잡은 D명의의 소유권이전등기도 무효라고 주장하며 D에 대하여 등기말소를 구하는 소를 제기하였다.

문제 1 이 경우 법원은 어떠한 판단을 하여야 하며, 그 이유는 무엇인가? (10점)

✓ **정답 : 청구기각**

1. 문제의 소재 (2점)

대리권의 남용과 선의의 제3자

2. 대리권의 남용과 선의의 제3자 (5점)

법정대리인인 친권자의 대리행위가 객관적으로 볼 때 미성년자 본인에게는 경제적인 손실만을 초래하는 반면, 친권자나 제3자에게는 경제적인 이익을 가져오는 행위이고 행위의 상대방이 이러한 사실을 알았거나 알 수 있었을 때에는 민법 제107조 제1항 단서의 규정을 유추적용하여 행위의 효과가 자에게는 미치지 않는다고 해석함이 타당하나, 그에 따라 외형상 형성된 법률관계를 기초로 하여 새로운 법률상 이해관계를 맺은 선의의 제3자에 대하여는 같은 조 제2항의 규정을 유추적용하여 누구도 그와 같은 사정을 들어 대항할 수 없으며, 제3자가 악의라는 사실에 관한 주장·증명책임은 무효를 주장하는 자에게 있다(대법원 2018. 4. 26. 선고 2016다3201 판결).

3. 사안의 해결 (3점)

친권자인 A가 B를 대리행위를 한 경우, 그 대리권의 남용이 있었을 때 상대방이 이러한 사실을 알았거나 알 수 있었을 때에는 민법 제107조 제1항 단서에 따라 B에게 효과가 미치지 아니하나,

그에 따라 외형상 형성된 법률관계를 기초로 새로운 법률상 이해관계를 맺은 자에 대해서는 대항할 수 없으므로, B의 D에 대한 청구는 인용될 수 없다.

제2문 | 일부청구에 관한 채권자대위소송에 대한 공동소송참가

甲은 B 주식회사에 대하여 36억원의 대출금채권을 가지고 있고, B는 C에 대하여 50억원, D에 대하여 20억원, E에 대하여 12억 원, F에 대하여 12억 원의 각 주식매매대금반환채권을 가지고 있다고 주장하면서 채권자대위소송을 제기하여, 甲에게 C는 11억 원, D는 4억 원, E는 2억 5,000만원, F는 각 2억 5,000만 원을 각 지급할 것을 청구하였다. 한편 참가인 乙은 자신이 B 주식회사에 대하여 18억원의 구상금채권을 가지고 있고, B주식회사는 피고들인 C, D, E, F에 대하여 위와 같은 주식매매대금반환채권을 가지고 있다고 주장하면서 이 사건 공동소송참가신청을 하여, 참가인 乙에게 C는 9억원, D는 3억 5,000만원, E는 2억원, F는 2억원을 각 지급할 것을 청구하였다.

문제 1 이 경우 乙의 공동소송참가는 인정될 수 있는가? 있다면 그 이유는 무엇이고, 없다면 그 이유는 무엇인가? (25점)

1. 문제의 소재 (2점)

① 채권자대위소송과 일부청구

② 공동소송참가

③ 일부청구에 관한 채권자대위소송에 대한 공동소송참가

2. 채권자대위소송과 일부청구 (5점)

①일부청구긍정설은 가분적 채권에 관한 일부청구의 소송에서의 소송물에 대해서는 실체법상의 분할청구와 일부양도의 자유 등을 근거로 그 일부청구 부분만이 소송물이라고 한다. ②일부청구부정설은 피고의 응소부담과 법원의 중복심리 부담 등을 근거로 이행기의 차이 또는 담보권의 설정 유무 등 특별한 사정이 없는 한 잔부청구 부분을 포함한 청구 전부가 소송물이라하는 입장이

다. ③명시설은 분할청구와 일부양도의 자유, 분쟁의 1회적 해결 및 당사자의 절차권 보장 등을 근거로 하여 원고가 일부청구 임을 명시한 때에 한하여 그 명시된 일부청구의 부분만이 소송물이라는 견해이다. 이에 대하여 판례는 "불법행위의 피해자가 일부청구임을 명시하여 그 손해의 일부만을 청구한 경우 그 일부청구에 대한 판결의 기판력은 청구의 인용 여부에 관계없이 청구의 범위에 한하여 미치는 것이고, 잔액 부분 청구에는 미치지 아니한다(대법원 1989. 6. 27. 선고 87다카2478 판결, 대법원 2000. 2. 11. 선고 99다10424 판결; 대법원 2008. 12. 24. 선고 2008다51649 판결)"고 하여 명시설을 채택하고 있다.

따라서 채무자가 제3채무자에 대하여 가지는 권리가 가분적 권리라면 채무자는 제3채무자를 상대로 재판상 또는 재판외에서 얼마든지 일부를 청구할 수 있다. 대위소송의 소송물은 피대위권리이므로, 피대위권리가 가분적 권리이면 대위채권자는 제3채무자를 상대로 재판상 또는 재판 외에서 피대위권리의 일부를 청구할 수 있다.

3. 공동소송참가 (5점)

공동소송참가는 소송목적이 한쪽 당사자와 제3자에게 합일적으로 확정되어야 하는 경우 그 제3자가 계속 중인 소송에 원고 또는 피고의 공동소송인으로 참가하는 제도이다(민사소송법 제83조). 이는 소의 주관적·추가적 병합의 한 종류이다. 공동소송참가가 적법하려면 ①타인 간소송이 계속 중일 것 ②합일확정될 경우일 것 ③일반 소송요건을 구비할 것을 요구하는 바, 특히 '합일확정'의 요건이 되려면 당사자가 서로 필수적 공동소송의 관계에 있어야 한다.

4. 일부청구에 관한 채권자대위소송에 대한 공동소송참가 (10점)

채권자대위소송이 계속 중인 상황에서 다른 채권자가 동일한 채무자를 대위하여 채권자대위권을 행사하면서 공동소송참가신청을 할 경우, 양 청구의 소송물이 동일하다면 민사소송법 제83조 제1항이 요구하는 '소송목적이 한쪽 당사자와 제3자에게 합일적으로 확정되어야 할 경우'에 해당하므로 참가신청은 적법하다. 이때 양 청구의 소송물이 동일한지는 채권자들이 각기 대위행사하는 피대위채권이 동일한지에 따라 결정되고, 채권자들이 각기 자신을 이행 상대방으로 하여 금전의 지급을 청구하였더라도 채권자들이 채무자를 대위하여 변제를 수령하게 될 뿐 자신의 채권에 대한 변제로서 수령하게 되는 것이 아니므로 이러한 채권자들의 청구가 서로 소송물이 다르다고 할 수 없다. 여기서 원고가 일부 청구임을 명시하여 피대위채권의 일부만을 청구한 것으로 볼 수 있는 경우에는 참가인의 청구금액이 원고의 청구금액을 초과하지 아니하는 한 참가인의 청구가 원고의 청구와 소송물이 동일하여 중복된다고 할 수 있으므로 소송목적이 원고와 참가인에게 합일적으로 확정되어야 할 필요성을 인정할 수 있어 참가인의 공동소송참가신청을 적법한 것으로 보아야 한다(대법원 2015. 7. 23. 선고 2013다30301,30325 판결).

5. 사안의 해결 (3점)

원고가 일부 청구임을 명시하여 피대위채권의 일부만을 청구한 것으로 볼 수 있는 경우, 참가인의 청구금액이 원고의 청구금액을 초과하지 아니하는 한 소송목적이 원고와 참가인에게 합일적으로 확정되어야 할 필요성을 인정할 수 있어 참가인의 공동소송참가신청을 적법한 것으로 보아야 하기 때문에 乙의 공동소송참가는 허용된다.

제3문

기초적 사실관계

A는 자신의 X건물에 대하여 B와 2017. 5. 10.에 금 10억원에 매도하는 매매계약을 체결하고, 계약당일 계약금으로 2억원을 송금 받은 후, 중도금 3억원은 2017. 8. 10.에 잔금은 2017. 12. 10.에 지급받기로 하되, 근저당부 변제기일이 2017. 9. 1.로 확정되어 있는 C은행 명의로 근저당권의 피담보채무 3억원을 B가 대신 변제하기로 하면서 근저당권부 피담보채무에 대한 이자도 매달 B가 부담하고, 잔금기일에 B가 2억원만 지급하기로 약정하였다.

추가적 사실관계 | 계약인수 |

A와 매매계약을 체결한 B는 자신의 자력에 비춰보아 위 중도금 3억원과 근저당권부 피담보채무를 포함한 잔대금 5억원을 마련할 수 없다는 판단이 서게 되어 2017. 6. 10.에 D에게 매매계약상의 권리를 양도하고 이를 A에게 통지하였고, 이에 D가 근저당권부 피담보채무를 포함한 중도금과 잔금을 A에게 모두 지급한 후, A에 대하여 소유권이전등기청구소송을 제기하였다.

문제 1 이 경우 법원은 어떠한 파단을 하여야 하며, 그 이유는 무엇인가? (20점)

1. 문제의 소재 (2점)

① 계약인수
② 소유권이전등기청구권의 성질
③ 중간생략등기

2. 계약인수인지 여부 (5점)

계약인수라 함은, 계약 또는 법률의 규정에 의하여 당사자 일방이 계약관계로부터 탈퇴하고 대신 제3자가 계약관계의 당사자로 들어서는 것을 말한다. 즉 탈퇴하는 계약당사자가 가지고 있던 계약상의 권리·의무를 계약인수인이 인수하는 것이다. 다시 말하면 계약인수가 성립하기 위해서는 양도인, 양수인 잔류당사자 3인 중 2인의 합의와 나머지 1인의 동의가 필요하다. 본 사안의 경우, 계약인수로 볼 여지도 충분하다.

3. 소유권이전등기청구권 양도의 성질 (5점)

부동산의 매매로 인한 소유권이전등기청구권은 물권의 이전을 목적으로 하는 매매의 효과로서 매도인이 부담하는 재산권이전의무의 한 내용을 이루는 것이고, 매도인이 물권행위의 성립요건을 갖추도록 의무를 부담하는 경우에 발생하는 채권적 청구권으로 그 이행과정에 신뢰관계가 따르므로, 소유권이전등기청구권을 매수인으로부터 양도받은 양수인은 매도인이 그 양도에 대하여 동의하지 않고 있다면 매도인에 대하여 채권양도를 원인으로 하여 소유권이전등기절차의 이행을 청구할 수 없고, 따라서 매매로 인한 소유권이전등기청구권은 특별한 사정이 없는 이상 그 권리의 성질상 양도가 제한되고 그 양도에 채무자의 승낙이나 동의를 요한다고 할 것이므로 통상의 채권양도와 달리 양도인의 채무자에 대한 통지만으로는 채무자에 대한 대항력이 생기지 않으며 반드시 채무자의 동의나 승낙을 받아야 대항력이 생긴다(대법원 2001. 10. 9. 선고 2000다51216 판결).

4. 중간생략등기의 법리 (5점)

중간생략등기라 함은, 부동산물권이 최초의 양도인으로부터 중간취득자에게 중간취득자로부터 최종취득자에게 전전이전 하여야 할 경우에, 그 중간취득자의 등기를 생략해서 최초의 양도인으로부터 최후의 양수인에게 직접 등기하는 것을 말한다. 중간생략등기가 성립하기 위해서는 최초 양도인, 중간취득자, 최종취득자의 제3자 합의가 있어야 한다.

5. 사안의 해결 (3점)

사안의 경우, D가 직접 A에게 중도금과 잔금을 지급하자 A가 직접 D로부터 이를 수수한 것으로 보이고, 매매계약상의 포괄적 권리를 B가 D에게 양도한 것으로 볼 여지도 있으나, 사실상 제3자의 합의에 의해 직접 D가 A에게 소유권이전등기청구를 구하는 것으로 보인다. 따라서 중간생략등기의 법리에 따라 D의 청구는 인용될 수 있을 것이다.

추가적 사실관계 | 제3자를 위한 계약 |

건축자재업을 하는 B는 A에게 2017. 8. 10.에 중도금 3억원을 지급하고, 변제기일이 2017. 9. 1.로 확정되어 있는 근저당권부 피담보채무 3억원을 모두 변제한 후, 나머지 2억원에 대해서는 인테리어 사업을 하는 E에게 건축자재 2억원치를 나중에 제공겠다고 약속하면서, 직접 E가 A의 통장으로 넣어 줄 것을 부탁하였고, 이에 E는 A에 금 2억원을 입금하였고, 이에 대한 내용을 A에게 말하자 A는 수익의 의사표시를 하였다. 그런데 B가 E에게 약속한 날 건축자재를 제공하지 않자, E는 A에게 다른 자재업자를 통해 건축자재를 다시 살 것이라고 하면서, A에 대하여 부당이득반환을 구하는 소를 제기하였다.

문제 3 이 경우 법원은 어떠한 판단을 하여야 하며, 그 이유는 무엇인가? (25점)

1. 문제의 소재 (2점)

제3자를 위한 계약에서 기본계약이 해제된 경우, 낙약자에게 부당이득을 구할 수 있는지 여부

2. 제3자를 위한 계약 (5점)

제539조는 제3자를 위한 계약을 규정하며, 계약에 의하여 당사자 일방이 제삼자에게 이행할 것을 약정한 때에는 그 제삼자는 채무자에게 직접 그 이행을 청구할 수 있다(제1항) 전항의 경우에 제삼자의 권리는 그 제삼자가 채무자에 대하여 계약의 이익을 받을 의사를 표시한 때에 생긴다(제2항). 제3자를 위한 계약인지 여부를 판단하는 기준은 제3자에게 권리를 취득케 하려는 의사가 있는지 여부에 따라 결정한다(대법원 1997. 10. 24. 선고 97다28698 판결).

3. 수익자의 권리가 발생한 후에는 당사자가 이를 변경, 소멸시킬 수 있는지 여부 (5점)

제542조는 채무자의 항변권을 규정하며, 채무자는 제3자를 위한 계약에 기한 항변으로 그 계약의 이익을 받을 제삼자에게 대항할 수 있다고 한다.

4. 낙약자와 요약자 사이의 법률관계의 해제는 계약당사자 사이에서만 가능하고, 수익자에게 원상회복을 구할 수 있는지 여부 (10점)

학설은 수익자에게 원상회복을 구할 수 있다는 입장과 없다는 입장의 다툼이 있다. 전자는 낙약자의 급부가 원인이 없는 것이 되었고, 수익자는 요약자와의 관계에서 여전히 급부청구권을 가지는 것이기 때문에 요약자에게 부당이득반환청구가 가능하다고 한다. 반면 후자는 수익자에 대한 낙약자의 모든 급부는 계약당사자 사이의 채권관계에 기한 급부일 뿐으로서, 부당이득청구는 요약자와 낙약자 사이에서만 발생할 뿐이라고 한다.

판례는 제3자를 위한 계약관계에서 낙약자와 요약자 사이의 법률관계(이른바 기본관계)를 이루는 계약이 해제된 경우 그 계약관계의 청산은 계약의 당사자인 낙약자와 요약자 사이에 이루어져야 하므로, 특별한 사정이 없는 한 낙약자가 이미 제3자에게 급부한 것이 있더라도 낙약자는 계약해제에 기한 원상회복 또는 부당이득을 원인으로 제3자를 상대로 그 반환을 구할 수 없다(대법원 2005. 7. 22. 선고 2005다7566,7573 판결)고 하여 후자의 입장을 따르고 있다.

5. 사안의 해결 (3점)

제3자를 위한 계약관계에서 낙약자와 요약자 사이의 법률관계(이른바 기본관계)를 이루는 계약이 해제된 경우, 낙약자가 이미 제3자에게 급부한 것에 대해 계약해제에 기한 원상회복 또는 부당이득을 원인으로 제3자를 상대로 그 반환을 구할 수 없기 때문에 E와 B가 계약해제를 하더라도 A에 대하여 부당이득을 구할 수 없다.

계속된 사실관계 | 채권양도에 있어서 이의의 보류하지 않고 한 승낙 |

B는 2017. 8. 10. 중도금 지급기일에 중도금을 지급한 후, 2017. 9. 1.에 C은행 명의의 근저당권부 3억원의 피담보채무를 모두 변제하였다. 2017. 10. 20.에 A는 B에 대한 잔금 2억원을 D에게 양도하고, B는 이에 대하여 이의를 보류하지 아니하고 승낙을 하였다. D는 채권양도 당시 B는 위 양수금이 X건물에 대한 잔대금임을 알고 있었고, 아직 B가 등기서류를 교부받지 못하였다는 사실을 알고 있었다. 한편 2017. 12. 10. 잔금지급기일이 도래하자 D는 B에 대하여 양수금을 구하는 소를 제기하였고, 이에 B는 아직 등기에 필요한 서류를 교부받지 못하였다고 항변하였다.

문제 4 위의 D의 B에 대한 양수금청구의 소가 제기된 경우, 법원은 어떠한 판단을 하여야 하며,

그 이유는 무엇인가? (20점)

✓ **정답 : 상환이행판결을 하여야 한다.**

1. 문제의 소재 (2점)

① 채권양도에 있어서 이의의 보류하지 않고 한 승낙

② 동시이행항변권

③ 양수인의 악의·중과실

2. 채권양도에 있어서 이의의 보류하지 않고 한 승낙 (5점)

채무자가 이의를 보류하지 아니하고 전조의 승낙을 한 때에는 양도인에게 대항할 수 있는 사유로써 양수인에게 대항하지 못한다. 그러나 채무자가 채무를 소멸하게 하기 위하여 양도인에게 급여한 것이 있으면 이를 회수할 수 있고 양도인에 대하여 부담한 채무가 있으면 그 성립되지 아니함을 주장할 수 있다(민법 제451조 제1항). 양도인이 양도통지만을 한 때에는 채무자는 그 통지를 받은 때까지 양도인에 대하여 생긴 사유로써 양수인에게 대항할 수 있다(제2항).

3. 동시이행항변권 (5점)

쌍무계약의 당사자 일방은 상대방이 그 채무이행을 제공할 때 까지 자기의 채무이행을 거절할 수 있다. 그러나 상대방의 채무가 변제기에 있지 아니하는 때에는 그러하지 아니하다(민법 제536조 제1항).

4. 양수인의 악의 · 중과실 (5점)

민법 제451조 제1항이 이의를 보류하지 않은 승낙에 대하여 항변사유를 제한한 취지는 이의를 보류하지 않은 승낙이 이루어진 경우 양수인은 양수한 채권에 아무런 항변권도 부착되지 아니한 것으로 신뢰하는 것이 보통이므로 채무자의 '승낙'이라는 사실에 공신력을 주어 양수인의 신뢰를 보호하고 채권양도나 질권설정과 같은 거래의 안전을 꾀하기 위한 규정이라 할 것이므로, 채권의 양도나 질권의 설정에 대하여 이의를 보류하지 아니하고 승낙을 하였더라도 양수인 또는 질권자가 악의 또는 중과실의 경우에 해당하는 한 채무자의 승낙 당시까지 양도인 또는 질권설정자에 대하여 생긴 사유로써도 양수인 또는 질권자에게 대항할 수 있다(대법원 2002. 3. 29. 선고 2000다13887 판결).

5. 사안의 해결 (3점)

사안의 내용으로 볼 때, A는 B에 대한 잔금 2억원을 D에게 양도하고, B는 이에 대하여 이의를 보류하지 아니하고 승낙을 하였고, D는 채권양도 당시 B는 위 양수금이 X건물에 대한 잔대금임을 알고 있었으며, 아직 B가 등기서류를 교부받지 못하였다는 사실을 알고 있었다. 그렇다면 법원은 소유권이전등기에 필요한 서류의 교부와 동시에 양수금을 지급하라는 상환이행판결을 내려야 한다.

계속된 사실관계 | 처분권 없는 자의 지명채권양도의 효력 |

B는 2017. 8. 10. 중도금 지급기일에 중도금을 지급한 후, 2017. 9. 1.에 C은행 명의의 근저당권부 3억원의 피담보채무를 모두 변제하였다. 2017. 10. 20.에 A는 B에 대한 잔금 2억원을 D에게 양도하고 그 다음날 통지를 하였고, 2017. 10. 25.에 동일한 채권에 대하여 다시 E에게 양도하고 통지하였다. 한편 A로부터 채권양도를 받은 D는 2017. 11. 10.에 B에게 채권양도계약의 취하서를 내용증명으로 발송하였고, 이틀 뒤 이러한 내용은 B에게 도달되었다. 그 후 B의 A에 대한 잔금지급일이 지난 2017. 12. 12.에 E가 B에 양수금을 구하는 소를 제기하였다.

문제 5 이 경우 법원은 어떠한 판단을 하여야 하며, 그 이유는 무엇인가? (15점)

1. 문제의 소재 (2점)

처분권 없는 자의 지명채권양도의 효력

2. 처분권한 없는 자가 지명채권 양도의 효력 (10점)

양도인이 지명채권을 제1양수인에게 1차로 양도한 다음 제1양수인이 그에 따라 확정일자 있는 증서에 의한 대항요건을 적법하게 갖추었다면 이로써 채권이 제1양수인에게 이전하고 양도인은 채권에 대한 처분권한을 상실하므로, 그 후 양도인이 동일한 채권을 제2양수인에게 양도하였더라도 제2양수인은 채권을 취득할 수 없다. 이 경우 양도인이 다른 채무를 담보하기 위하여 제1차 양도계약을 하였더라도 대외적으로 채권이 제1양수인에게 이전되어 제1양수인이 채권을 취득하게 되므로 그 후에 이루어진 제2차 양도계약에 따라 제2양수인이 채권을 취득하지 못하게 됨은 마찬가지이다. 또한 <u>제2차 양도계약 후 양도인과 제1양수인이 제1차 양도계약을 합의해지한 다음 제1양수인이 그 사실을 채무자에게 통지함으로써 채권이 다시 양도인에게 귀속하게 되었더라도 특</u>

별한 사정이 없는 한 양도인이 처분권한 없이 한 제2차 양도계약이 채권양도로서 유효하게 될 수는 없으므로, 그로 인하여 제2양수인이 당연히 채권을 취득하게 된다고 볼 수는 없다(대법원 2016. 7. 14. 선고 2015다46119 판결).

4. 사안의 해결 (3점)

A의 D에 대한 채권양도 후, E에 대한 채권양도는 그 성질상 무효의 채권양도이다. 즉 양도인이 처분권한 없이 한 2차 양도계약이 무효가 되기 때문에 E의 B에 대한 양수금청구의 소는 인용될 수 없다.

제4문

기초적 사실관계

A는 자신의 X토지 위에 7층짜리 Y건물을 신축한 후, Y건물의 1층 부분을 B에게 2012. 3. 10.에 보증금 1억원 월 임료 200만원으로 하는 임대차계약을 체결하였다(임대기간에 대해서는 특별히 정한 바 없음). 한편 2014. 5. 20.경 A는 자신의 Y건물 중에서, 3층과 4층을 구분소유로 한 후, 그 부분을 정형외과 의사인 C에게 매도하여 C명의로 이전등기를 해 주었으며, C의사는 병원을 차려 영업을 하고 있다. 한편 A는 2014. 6. 10.에 D로부터 금 4억원을 차용하면서 채권최고액 5억원으로 Y건물에 대하여 근저당권을 설정해 주었다.

추가적 사실관계 | 점유자와 회복자 |

B는 A가 신축한 7층짜리 Y건물 중 1층을 임차하여 커피전문점을 운영할 목적이었고, 이에 A와 보증금 1억원, 월임료 150만원으로 하여 임대차계약을 체결하고, 그 다음날 확정일자를 받아 대항력을 갖추게 되었다. 그 후 B는 위 Y건물의 1층 부분에 공사를 시행하여 금 1억 5,000만원의 비용을 들여 유익비로서 벽면공사와 지붕공사를 하였으며, 인테리어를 고급스럽게 하여 커피전문점을 운영하여 왔다. 그런데 A가 D로부터 차용한 금 4억원에 대한 이자를 계속적으로 연체하자 D는 Y건물에 대하여 2015. 12.경 경매를 신청하여 2016. 5.에 F가

경낙을 받고 Y건물의 명도를 받았다. 이에 B는 F에 대하여 자신이 Y건물에 공사를 하여 현존하는 가치가 1억원이 증가하였다고 하면서, F를 상대로 그 비용을 구하는 소를 제기하였다.

문제 1 이 경우 법원은 어떠한 판단을 하여야 하며, 그 이유는 무엇인가? (10점)

✓ 경매를 통해 위 Y건물을 인수한 F는 상가건물임대차보호법상의 구양수인의 지위를 승계하는 것이기 때문에 B의 비용상환청구권은 인정된다(상가건물임대차보호법 제3조 제2항).

원래 임차인이 유익비를 지출한 후 소유자변동이 있는 경우, 민법 제203조 제2항에 의한 점유자의 회복자에 대한 유익비상환청구권은 점유자가 계약관계 등 적법하게 점유할 권리를 가지지 않아 소유자의 소유물반환청구에 응하여야 할 의무가 있는 경우에 성립되는 것으로서, 이 경우 점유자는 그 비용을 지출할 당시의 소유자가 누구이었는지 관계없이 점유회복 당시의 소유자 즉 회복자에 대하여 비용상환청구권을 행사할 수 있는 것이나, 점유자가 유익비를 지출할 당시 계약관계 등 적법한 점유의 권원을 가진 경우에 그 지출비용의 상환에 관하여는 그 계약관계를 규율하는 법조항이나 법리 등이 적용되는 것이어서, 점유자는 그 계약관계 등의 상대방에 대하여 해당 법조항이나 법리에 따른 비용상환청구권을 행사할 수 있을 뿐 계약관계 등의 상대방이 아닌 점유회복 당시의 소유자에 대하여 민법 제203조 제2항에 따른 지출비용의 상환을 구할 수는 없다(대법원 2003. 7. 25. 선고 2001다64752 판결)고 볼 수 있으나, 이러한 법리는 상가건물임대차보호법상의 대항력을 갖춘 임차인에 대하여는 적용되지 않는다.

추가적 사실관계 | 채권양도와 상계항변 |

커피전문점을 운영하던 B는 경제적 사정이 좋지 않자, 평소 관계가 좋은 임대인 A를 찾아와서 금 1억원을 자신에게 빌려주면 1년 뒤에 갚겠다고 하기에 2013. 6. 1.에 변제기는 2014. 6. 1. 이자는 월 1%로 하여 금 1억원을 대여해 주었다. 그런데 B는 자신의 A에 대한 보증금반환채권을 반환받을 수 있는 날짜인 2014. 6. 10.이 지난 2014. 6. 15.에 H에게 채권을 양도하고 H가 대항요건을 갖추게 되었다. 이에 위 보증금반환채권을 양수받은 H가 2014. 6. 20.에 A를 상대로 양수금을 구하자, A는 자신의 대여금채권 1억원과 상계를 주장하고 있다.

문제 2 이러한 A의 주장은 이유가 있는가? (10점)

✓ **정답 : A의 대여금채권 1억원과 상계할 수 있다.**

이유 : 채권양도에 있어서 채무자가 양도인에게 이의를 보류하지 아니하고 승낙을 하였다는 사정이 없거나 또는 이의를 보류하지 아니하고 승낙을 하였더라도 양수인이 악의 또는 중과실의 경우에 해당하는 한, 채무자의 승낙 당시까지 양도인에 대하여 생긴 사유로써 양수인에게 대항할 수 있다고 할 것인데, 승낙 당시 이미 상계를 할 수 있는 원인이 있었던 경우에는 아직 상계적상에 있지 아니하였다 하더라도 그 후에 상계적상이 생기면 채무자는 양수인에 대하여 상계로 대항할 수 있다(대법원 1999. 8. 20. 선고 99다18039 판결).

제5문

기초적 사실관계

A는 자신의 X토지의 甲부분에 Y건물을 축조한 후, 아직 등기는 경료하지 아니한 채 계속하여 사용하던 중, 위 Y건물을 2015. 5. 15.에 금 1억원에 B에게 양도하였고, B는 Y건물을 인도받았으나 등기를 경료하지 아니한 채 이를 계속 점유·사용하고 있다.

계속된 사실관계 | 미등기매수인의 지위 |

B가 위 Y건물을 매수하여 사용하다가 2016. 3. 10.에 건강이 좋지 않아 Y건물을 제대로 관리하지 않고 방치하고 있던 사이에 유통업을 하는 C가 아무런 권원 없이 위 Y건물에 짐을 넣어두어 사용하다가 자신의 명의로 보존등기를 경료하였다. 이에 B는 C에 대하여 C명의의 등기말소를 구하는 소를 제기하였다.

문제 1 이 경우 법원은 어떠한 판단을 하여야 하며, 그 이유는 무엇인가? (10점)

✓ **정답 : 청구기각**

1. 문제의 소재 (2점)

미등기매수인의 물권적 청구권 행사여부

2. 미등기매수인의 물권적 청구권 행사여부 (5점)

타인이 신축한 건물을 매수한 사람도 등기를 갖추지 못한 경우에는 그 건물에 대한 제3자의 침해행위에 대하여 직접 그 배제를 청구할 수 없다(대법원 1969. 10. 14. 선고 69다1485 판결).

3. 사안의 해결 (3점)

B는 A가 신축한 건물을 매수한 자로서 아직 등기를 갖추지 못하였고, 그 건물에 C가 임의로 보존등기를 경료하여 이를 침해한 경우라도 그 방해배제를 구할 수 없다.

계속된 사실관계 | 건물철거청구의 상대방 |

A의 X토지의 乙부분의 일부분에 2010. .5. 10.에 D가 임의로 Z건물을 짓기 시작하여 2011. 3. 20.에 위 Z건물을 완성한 후 이를 점유·사용하고 있다. 한편 D는 위 Z건물에 대하여 보존등기를 경료한 후 이를 계속 사용하다가 E에게 위 Z건물을 양도하였고, 2013. 3. 30.에 A는 D와 E를 상대로 각각 철거를 구하는 소송을 제기하였다.

문제 2 이 경우 법원은 어떠한 판단을 하여야 하며, 그 이유는 무엇인가? (20점)

✓ 정답 : D에 대한 청구 인용 / E에 대한 청구 기각

1. 문제의 소재 (2점)

건물철거청구의 상대방

2. 형식주의와 의사주의 (5점)

건물과 같이 토지와 독립하여 소유권의 대상이 되는 물건의 철거를 구하는 소송에 있어서는 그 현재의 소유자를 상대로 하여야 하며 그 현재의 소유자라 함은 부동산물권 변동에 관하여 형식주의를 채택하고 있는 신 민법아래서는 등기가 무효가 아닌 이상 일응 현재의 등기부상의 소유권자를 말한다 할 것이고 등기부상의 소유권자에 대하여 내부적으로 소유권을 주장할 수 있는 것에

불과한 사실상의 소유자를 말한다 할 수 없다(대법원 1965. 6. 15. 선고 65다685 판결).

3. 불법점거에 대한 방해제거청구권 (5점)

건물의 소유자가 그 건물의 소유를 통하여 타인 소유의 토지를 점유하고 있다고 하더라도 그 토지 소유자로서는 그 건물의 철거와 그 대지 부분의 인도를 청구할 수 있을 뿐, 자기 소유의 건물을 점유하고 있는 자에 대하여 그 건물에서 퇴거할 것을 청구할 수는 없다(대법원 1999. 7. 9. 선고 98다57457, 57464 판결).

4. 불법점거에 대한 소멸시효의 기산점 (5점)

불법점거에 의한 불법행위로 인하여 피해자의 토지에 관한 소유권이 상실되지 아니하였다면 가해자의 불법행위는 계속하여 이루어지고 그로 인하여 손해도 계속 발생하여 나날이 새로운 불법행위에 기인한 손해가 발생하는 것이고, 따라서 민법 766조의 적용에 관하여서는 나날이 발생한 새로운 각 손해를 안 날로부터 별개로 소멸시효가 진행한다(대법원 1966. 6. 9. 선고 66다615 전원합의체 판결).

5. 사안의 해결 (3점)

부동산물권 변동에 관하여 형식주의를 채택하고 있는 신 민법아래서는 등기가 무효가 아닌 이상 일응 현재의 등기부상의 소유권자를 말한다 할 것이므로 D에 대하여 방해배제를 구할 수 있다.

계속된 사실관계 | 건물철거청구의 상대방 |

A의 X토지의 乙부분의 일부분에 2010. .5. 10.에 D가 임의로 Z건물을 짓기 시작하여 2011. 3. 20.에 위 Z건물을 완성한 후 이를 점유·사용하고 있다. D는 Z건물에 대하여 자신의 명의로 보존등기를 경료하지 아니한 채 H에게 2012. 10.에 이를 매도하였고, H는 2012. 12. 현재까지 이를 점유·사용하고 있다. 이에 A는 H를 상대로 X토지의 인도와 Z건물의 철거를 구하는 소를 제기하였다.

문제 3 이 경우 법원은 어떠한 판단을 하여야 하며, 그 이유는 무엇인가? (10점)

✓ **정답 : 청구인용**

이유 : 건물철거는 그 소유권의 종국적 처분에 해당되는 사실행위이므로 원칙으로는 그 소유자(민법상 원칙적으로는 등기명의자)에게만 그 수거처분권이 있다 할 것이나 그 건물을 전소유자로부터 매수하여 점유하고 있는 이상, 그 권리의 범위 내에서는 그 점유중인 건물에 대하여 법률상 또는 사실상 처분을 할수 있는 지위에 있고, 그 건물이 건립되어 있으므로서 불법히 점유를 당하고 있는 대지 소유자는 위와 같은 지위에 있는 건물점유자에게 그 철거를 요구할수 있다(대법원 1967. 2. 28. 선고 66다2228 판결).

계속된 사실관계 | 소유권상실자가 물권적 청구권을 행사할 수 있는지 여부 |

A의 X토지의 乙부분의 일부분에 2010. .5. 10.에 D가 임의로 Z건물을 짓기 시작하여 2011. 3. 20.에 위 Z건물을 완성한 후 이를 점유·사용하고 있다. 한편 A는 D에 대하여 위 Z건물의 철거 및 토지명도를 구하는 소송을 제기하여 제1심에서 승소하였고, 즉시 D가 자신은 정당한 권원에 의해 X토지의 乙부분을 점유한다고 하며 항소를 하였다. 그런데 A는 위 항소심이 계속되는 중에 위 X토지를 K에게 매도하고 매매대금을 전액 수령한 후, K명의로 이전등기를 경료해 주었다. 그럼에도 불구하고 A는 D를 상대로 위 소송을 계속 수행하고자 한다.

문제 4 A가 계속하여 소송을 수행하는 것은 타당한가? (10점)

1. 문제의 소재 (2점)

소유권상실자가 물권적 청구권을 행사할 수 있는지 여부

2. 물권적 청구권과 물권변동 (5점)

소유권을 양도함에 있어 소유권에 의하여 발생되는 물상청구권을 소유권과 분리, 소유권없는 전소유자에게 유보하여 제3자에게 대하여 이를 행사케 한다는 것은 소유권의 절대적 권리인 점에 비추어 허용될 수 없는 것이라 할 것으로서, 이는 양도인인 전소유자가 그 목적물을 양수인에게 인도할 의무있고 그 의무이행이 매매대금 잔액의 지급과 동시이행관계에 있다거나 그 소유권의 양도가 소송계속 중에 있었다 하여 다를 리 없고 일단 소유권을 상실한 전소유자는 제3자인 불법점유자에 대하여 물권적 청구권에 의한 방해배제를 청구할 수 없다(대법원 1969. 5. 27. 선고 68다725 전원합의체 판결).

3. 사안의 해결 (3점)

소유권을 양도함에 있어 소유권에 의하여 발생되는 물권적 청구권을 소유권과 분리, 소유권없는 전소유자에게 유보하여 제3자에게 대하여 이를 행사케 한다는 것은 소유권의 절대적 권리인 점에 비추어 허용될 수 없는 것이고, 일단 소유권을 상실한 전소유자는 제3자인 불법점유자에 대하여 물권적 청구권에 의한 방해배제를 청구할 수 없다.

계속된 사실관계 | 미등기매수인이 방해배제청구권을 행사할 수 있는지 |

사실확인의 결과, A가 축조한 위 Y건물은 무허가건물임이 밝혀지게 되었고, 행정조사를 나온 H시청은 위 Y건물에서 B가 사용 중인 간단한 집기를 들어내고 출입문에 각목이나 철망을 설치하는 등 공가폐쇄조치를 2016. 2. 10.에 취하였다. 이에 B는 H시청을 상대로 소유권에 기한 방해배제청구의 소를 제기하면서, 한편 B는 종전의 Y건물의 소유자인 A로부터 권리포기각서 등을 받아 점유를 이전받는 방법으로 양수한 사람임을 주장하며, B는 H시청을 상대로 2018. 5. 15.에 위 Y건물에 대하여 점유권에 기한 방해배제청구의 소를 병합하여 제기하였다.

문제 5 이 경우 법원은 어떠한 판단을 하여야 하며, 그 이유는 무엇인가? (20점)

1. 문제의 소재 (2점)

① 미등기매수인이 소유권에 기한 방해배제청구권을 행사할 수 있는지 여부

② 방해가 종료한 날로부터 1년의 의미

③ 점유권에 기한 방해배제청구권의 제척기간이 출소기간인지 여부

2. 미등기매수인이 소유권에 기한 방해배제청구권을 행사할 수 있는지 여부 (5점)

미등기 무허가건물의 양수인이라도 그 소유권이전등기를 마치지 않는 한 그 건물의 소유권을 취득할 수 없고, 소유권에 준하는 관습상의 물권이 있다고도 할 수 없으므로 미등기 무허가건물의 양수인은 소유권에 기한 방해제거청구를 할 수 없다고 보아야 한다(대법원 2006. 10. 27. 선고 2006다49000 판결).

3. 방해가 종료한 날로부터 1년의 의미 (5점)

제205조에 따르면, ①점유자가 점유의 방해를 받은 때에는 그 방해의 제거 및 손해의 배상을 청

구할 수 있다. ②전항의 청구권은 방해가 종료한 날로부터 1년 내에 행사하여야 한다. ③공사로 인하여 점유의 방해를 받은 경우에는 공사착수 후 1년을 경과하거나 그 공사가 완성한 때에는 방해의 제거를 청구하지 못한다.

4. 점유권에 기한 방해배제청구권의 제척기간이 출소기간인지 여부 (5점)

민법 제205조에 의하면, 점유자가 점유의 방해를 받은 때에는 그 방해의 제거 및 손해의 배상을 청구할 수 있고(제1항), 제1항의 청구권은 방해가 종료한 날로부터 1년 내에 행사하여야 하는데(제2항), 민법 제205조 제2항이 정한 '1년의 제척기간'은 재판 외에서 권리행사하는 것으로 족한 기간이 아니라 반드시 그 기간 내에 소를 제기하여야 하는 이른바 출소기간으로 해석함이 상당하다(대법원 2002. 4. 26. 선고 2001다8097, 8103 판결). 그리고 그 기산점이 되는 '방해가 종료한 날'이라 함은 방해 행위가 종료한 날을 의미한다고 보아야 한다(대법원 2016. 7. 29. 선고 2016다214483, 214490 판결).

5. 사안의 해결 (3점)

B는 미등기매수인의 지위를 가진 자로서 소유권을 확보한 자가 아니기 때문에 소유권에 기한 물권적 청구권을 행사할 수 없다. 또한 H시청이 공가건물의 폐쇄조치를 한 시점이 2016. 2. 10.이고 그로부터 1년이 경과한 2018. 5. 15.에 점유권에 기한 방해배제청구권을 행사하였으므로 제척기간의 경과로 B의 주장은 타당하지 않다.

계속된 사실관계 | 부당이득 |

B는 원래 건축업자로서 A가 소유하고 있는 X토지 인근에 다른 필지의 A소유의 토지가 있었는데, 그 곳에 빌라 2동을 건축하면 좋겠다고 제안하자, A는 이에 동의를 하였고, 양 당사자는 건축이 완공되면 대물변제약정에 따라 연립주택 신축공사의 수급인인 B가 공사대금의 지급에 갈음하여 이전받기로 하였다. 그런데 B가 아직 빌라의 일부를 소유권이전등기를 경료받지 않은 상태에서 이를 점유하던 중, 제3자인 K에게 위 빌라의 임대하였다. 그러자 건축주인 A는 K에 대하여 소유권에 기한 명도 및 부당이득을 구하는 소를 제기하였다.

문제 6 이 경우 법원은 어떠한 판단을 하여야 하며, 그 이유는 무엇인가? (10점)

✓ **정답 : 소유권에 기한 명도청구 기각 / 소유권에 기한 부당이득청구 기각**

이유 : 토지의 매수인이 아직 소유권이전등기를 경료받지 아니하였다 하여도 매매계약의 이행으로 그 토지를 인도받은 때에는 매매계약의 효력으로서 이를 점유·사용할 권리가 생기게 된 것으로 보아야 하고, 또 매수인으로부터 위 토지를 다시 매수한 자는 위와 같은 토지의 점유사용권을 취득한 것으로 봄이 상당하므로 매도인은 매수인으로부터 다시 위 토지를 매수한 자에 대하여 토지 소유권에 기한 물권적 청구권을 행사하거나 그 점유·사용을 법률상 원인이 없는 이익이라고 하여 부당이득반환청구를 할 수는 없다고 할 것인바, 이러한 법리는 대물변제 약정에 의하여 매매와 같이 부동산의 소유권을 이전받게 되는 자가 이미 당해 부동산을 점유·사용하고 있거나, 그로부터 다시 이를 임차하여 점유·사용하고 있는 경우에도 마찬가지로 적용된다.

연립주택 신축공사의 수급인이 공사대금의 지급에 갈음하여 이전받기로 한 연립주택의 일부를 소유권이전등기를 경료받지 않은 상태에서 제3자에게 임대한 경우, 소유자인 건축주는 위 제3자에게 소유권에 기한 명도청구나 부당이득반환청구를 할 수 없고, 수급인이 건축주의 소유권이전등기의무와 동시이행관계에 있는 금전지급의무를 이행하지 않고 있다 하더라도 마찬가지다(대법원 2001. 12. 11. 선고 2001다45355 판결).

계속된 사실관계 | 포괄유증의 효력 |

B는 2016. 6. 10.에 미등기로 사용하던 Y건물의 등기를 자신의 명의로 이전등기를 경료하였고(X토지는 2015. 5. 15.에 B명의로 이전등기가 됨), Y건물에 대하여 약간의 리모델링을 한 후, 헬스클럽과 사우나를 운영하였다. 그 후 B는 여생을 보람 있게 마치고 싶은 마음을 먹고 평소 꿈꾸던 장학사업을 위해 Y건물을 P학교법인에 기부를 하여 P학교법인 명의로 2017. 3. 1. 이전등기를 경료해 주었다. 그런데 B는 자신의 모든 재산을 P학교법인에 포괄적으로 유증한다는 유언장을 작성한 후, 2019. 5. 10.에 사망하였다. B의 사망 당시 재산은 X토지가 유일한 상황이었고, X토지의 시가는 10억원으로 평가되었다. 그런데 B는 사망 당시 L로부터 금 10억원의 채무를 부담하고 있는 상태였다.

문제 7 L은 X토지와 Y건물에 대하여 경매를 신청하여 채권의 만족을 얻을 수 있는가? (10점)

1. 문제의 소재 (2점)

포괄유증의 효력

2. 포괄유증의 효력 (5점)

포괄적 유증을 받은 자는 상속인과 동일한 권리의무가 있다(민법 제1078)고 하고 있고, 유증의 승인, 포기와 관련하여 ①유증을 받을 자는 유언자의 사망 후에 언제든지 유증을 승인 또는 포기할 수 있다. ②전항의 승인이나 포기는 유언자의 사망한 때에 소급하여 그 효력이 있다(민법 제1074조).

3. 사안의 해결 (3점)

채권자 L이 P를 상대로 소송을 제기하여 승소한 후, X토지와 Y건물에 대하여 강제경매를 신청하여 채권의 만족을 얻을 수 있다.

제6문

기초적 사실관계

A는 1992. 1. 5.에 사망한 자로서 X농지는 원래 A의 소유인데, 1992. 1. 10.에 A의 큰딸인 B 명의로 1991. 12. 30.자 매매를 원인으로 한 소유권이전등기가 경료되었다(제1소유권이전등기). 그 후 2003. 4. 10.에 첫째 사위인 C명의로 2003. 4. 1.자 매매를 원인으로 한 소유권이전등기가 경료되었다(제2소유권이전등기). 그런데 C는 A가 사망하기 전부터 위 X농지를 A와 함께 농사를 지어왔고, 제1소유권이전등기가 마쳐진 1992. 1. 10.경부터 계속하여 X농지를 점유하면서 농사를 지어왔다.

계속된 사실관계 | 등기부취득시효 |

그런데 A의 장남인 D가 제1소유권이전등기는 소유자의 사망이후 경료된 등기로서 원인무효의 등기가 되었고, 이에 기초한 제2소유권이전등기도 무효라고 주장하여 C명의의 등기의 말소를 구하였다. 그 후에 C는 자신의 명의로 소유권이전등기를 경료한 2003. 4. 10.부터 소유의 의사로 평온·공연하게 과실 없이 X토지를 점유하였음을 주장하며 그로부터 10년이 경과한 2014. 3. 10.에 D를 상대로 등기부취득시효를 주장하였다.

문제 1 C의 주장은 이유가 있는가? (15점)

1. 문제의 소재 (2점)

① 등기부취득시효에 있어서 무과실의 입증책임

② 등기부취득시효에 있어서 무과실의 개념

2. 등기부취득시효에 있어서 무과실의 입증책임 (5점)

등기부취득시효에서 선의·무과실은 등기에 관한 것이 아니고 점유 취득에 관한 것으로서 그 무과실에 관한 입증책임은 시효취득을 주장하는 쪽에 있고, 부동산을 취득한 자는 부동산을 양도하는 자가 처분할 권한이 있는지 여부를 조사하여야 할 것이며, 이를 조사하였더라면 양도인에게 처분권한이 없음을 알 수 있었음에도 불구하고 이러한 조사를 하지 아니하고 양수하였다면 그 부동산의 점유에 대하여 과실이 있다고 하지 않을 수 없다(대법원 2004. 6. 25. 선고 2004다13052 판결).

3. 등기부취득시효에 있어서 무과실의 개념 (5점)

부동산을 매수하는 사람으로서는 매도인에게 그 부동산을 처분할 권한이 있는지 여부를 조사하여야 하므로, 이를 조사하였더라면 매도인에게 처분권한이 없음을 알 수 있었음에도 불구하고 그러한 조사를 하지 않고 매수하였다면 그 부동산의 점유에 대하여 과실이 있다고 보아야 한다. 매도인이 등기부상의 소유명의자와 동일인인 경우에는 일반적으로는 등기부의 기재가 유효한 것으로 믿고 매수한 사람에게 과실이 있다고 할 수 없을 것이다. 그러나 만일 등기부의 기재 또는 다른 사정에 의하여 매도인의 처분권한에 대하여 의심할 만한 사정이 있거나, 매도인과 매수인의 관계 등에 비추어 매수인이 매도인에게 처분권한이 있는지 여부를 조사하였더라면 별다른 사정이 없는 한 그 처분권한이 없음을 쉽게 알 수 있었을 것으로 보이는 경우에는, 매수인이 매도인 명의로 된 등기를 믿고 매수하였다 하여 그것만으로 과실이 없다고 할 수 없다(대법원 2017. 12. 13. 선고 2016다248424 판결).

4. 사안의 해결 (3점)

매도인과 매수인의 관계 등에 비추어 매수인이 매도인에게 처분권한이 있는지 여부를 조사하였더라면 별다른 사정이 없는 한 그 처분권한이 없음을 쉽게 알 수 있었을 것으로 보이는 경우에는, 매수인이 매도인 명의로 된 등기를 믿고 매수하였다 하여 그것만으로 과실이 없다고 할 수 없다. 즉 첫째 사위인 C로서는 장인의 사망 후에 B명의로 경료된 등기라는 사실을 충분히 알고 있었을 것이고, 이에 과실이 있다고 볼 수 있기 때문에 등기부취득시효의 요건을 갖추지 못하였다고 보아야 할 것이다.

계속된 사실관계 | 농지임대차계약과 불법원인급여 |

A의 장남인 D는 위 X농지 인근에 있는 Y농지 4,000평을 아버지 A로부터 상속받았는데, 타지에서 교직생활을 하고 있는 관계로 직접 농사를 지을 수 있는 입장은 되지 못하였다. 그런데 D는 농지법 제23조를 위반하여 E와 위 Y농지 4,000평에 대한 임대차계약을 체결하고, 임대료는 전액 선불로 지급받았다. 임대차기간이 종료한 후, E가 D에게 농지를 반환하지 않자, D는 E에 대하여 농지 인도 및 인도 시까지의 차임상당 손해배상을 구하는 소를 제기하였다. 그러자 E는 위 농지임대차계약은 강행규정인 농지법 제23조를 위반하여 무효이므로 자신이 D에게 지급한 임대료전액을 부당이득으로 반환하여야 한다고 주장하며 반소를 제기하였다.

문제 2 E의 D에 대한 반소의 주장은 이유가 있는가? (15점)

1. 문제의 소재 (2점)

① 강행규정위반과 불법원인급여의 법리

② 농지임대차계약과 불법원인급여

2. 강행규정위반과 불법원인급여의 법리 (5점)

민법 제746조의 불법원인급여에 있어서 불법원인이라 함은, 선량한 풍속 기타 사회질서에 위반하는 하는 것을 말한다. 즉 선량한 풍속 기타 사회질서에 반하는 것으로서 강행규정에 금지하는 것이라도 그것이 선량한 풍속이나 사회질서에 반하는 않는 한 불법원인급여에 해당하지 않는 것이다(대법원 11. 27. 선고 2003다41722 판결). 농지임대차의 경우, 임대인이 자경할 의사 없이 오로지 투기의 대상으로 취득한 농지를 투하자본 회수의 일환으로 임대하는 경우에는 반사회성이 현저하여 불법원인급여의 법리가 적용될 수 있으나, 사안의 경우와 같은 경우는 불법원인급여의 대상이 아니라고 보아야 할 것이다.

3. 농지임대차계약과 불법원인급여 (5점)

민법 제746조는 "불법의 원인으로 인하여 재산을 급여하거나 노무를 제공한 때에는 그 이익의 반환을 청구하지 못한다."라고 하여 불법원인급여에 해당하면 부당이득반환청구를 할 수 없도록 규정하고 있다. 여기서 말하는 '불법'이 있다고 하려면, 급부의 원인이 된 행위가 그 내용이나 성격 또는 목적이나 연유 등으로 볼 때 선량한 풍속 기타 사회질서에 위반될 뿐 아니라 반사회성·반윤리성·반도덕성이 현저하거나, 급부가 강행법규를 위반하여 이루어졌지만 이를 반환하게 하는 것이 오히려 규범 목적에 부합하지 아니하는 경우 등에 해당하여야 한다.

또한 현재 우리나라의 농지 면적과 보유 실태 및 농민 인구의 비율, 비농민이 농지를 소유하게 되는 사유의 다양성, 구 농지법의 적용 대상인 농지에는 전·답과 같은 전형적인 농토뿐 아니라 과수원과 그 부속시설의 부지 등도 포함되고, 그러한 토지는 지목과 달리 이용되는 경우도 적지 않은 사회 실정, 기타 제반 여건을 감안해 보면, 농지임대차계약을 근거로 하여 약정 차임을 청구하는 등 계약 내용의 적극적 실현을 구하는 것은 허용될 수 없다고 할 것이다. 그러나 거기에서 더 나아가 임대차 계약기간 동안 임차인이 당해 농지를 사용·수익함으로써 얻은 토지사용료 상당의 점용이익에 대하여 임대인이 부당이득반환이나 손해배상을 청구하는 것마저 배척하여 임차인으로 하여금 사실상 무상사용을 하는 반사이익을 누릴 수 있도록 하여야만 구 농지법의 규범 목적이 달성된다고 볼 것은 아니다.

따라서 농지임대차가 구 농지법에 위반되어 계약의 효력을 인정받을 수 없다고 하더라도, 임대목적이 농지로 보전되기 어려운 용도에 제공하기 위한 것으로서 농지로서의 기능을 상실하게 하는 경우라거나 임대인이 자경할 의사가 전혀 없이 오로지 투기의 대상으로 취득한 농지를 투하자본 회수의 일환으로 임대하는 경우 등 사회통념으로 볼 때 헌법 제121조 제2항이 농지 임대의 정당한 목적으로 규정한 농업생산성의 제고 및 농지의 합리적 이용과 전혀 관련성이 없고 구 농지법의 이념에 정면으로 배치되어 반사회성이 현저하다고 볼 수 있는 특별한 사정이 있는 경우가 아니라면, 농지 임대인이 임대차기간 동안 임차인의 권원 없는 점용을 이유로 손해배상을 청구한 데 대하여 임차인이 불법원인급여의 법리를 이유로 반환을 거부할 수는 없다(대법원 2017. 3. 15. 선고 2013다79887, 79894 판결).

4. 사안의 해결 (3점)

사안의 내용을 볼 때, D는 현실적으로 농사를 지을 수 있는 상황이 되지 못하였고, 강행규정인 농지법을 위반하여 E와 농지임대차계약을 맺은 것으로서, 그 임대차가 오직 투기의 목적 등으로 맺은 계약이라거나 민법 제746조의 불법성에 준하는 행위에 속하는 것도 아니기 때문에 불법원인급여에 포함된다고 볼 수 없을 것이다. 따라서 E는 D에 대하여 손해배상의무를 다해야 한다.

제7문 | 재판상 이혼시 재산분할의 산정시기

A는 2014. 3.에 주택청약 제1순의 조건의 갖춘 후 직장인 여성인 B와 2015. 4. 20. 결혼을 하였고, 2015. 5. 10.에 甲회사가 건축한 X아파트를 금 5억원에 A명의로 분양받고 계약금으로 5,000만원을 지급한 후, 계속하여 나머지 대금을 갚아가고 있었다. 둘은 결혼 1년 만에 슬하에 아들 C를 두게 되었는데, B도 직장생활 그만둘 수 없는 상황이라 친정어머니의 도움을 받아 육아를 할 수 밖에 없었다. 그런데 둘의 혼인생활은 2019. 5. 경부터 어떠한 사정으로 파탄지경에 이르게 되었고 그때부터 사실상 별거의 단계에 돌입하게 되었으며, 그 당시 甲회사에 지급한 아파트대금은 총 4억원 정도였다. 하지만 A가 아파트 대금의 나머지 1억원을 갚고 자신의 명의로 이전등기를 경료한 시기는 이들의 결혼생활이 파탄 난 2019. 5. 이후였다. 2020. 1.경 B는 A를 상대로 이혼소송을 제기하면서 위 아파트에 대하여 재산분할을 구하자, A는 분할의 대상이 되는 것은 아파트가 아니라 혼인관계 파탄이 발생한 2019. 5. 이전에 납입한 아파트대금 4억원에 한정된다고 다투었다.

문제 1 이 경우 누구의 주장이 타당한가? (10점)

✓ **정답 : B의 주장이 타당하다.**

이유 : 재판상 이혼에 따른 재산분할을 할 때 분할의 대상이 되는 재산과 그 액수는 이혼소송의 사실심 변론종결일을 기준으로 하여 정하는 것이 원칙이다. 다만 혼인관계가 파탄된 이후 사실심 변론종결일 사이에 생긴 재산관계의 변동이 부부 중 일방에 의한 후발적 사정에 의한 것으로서 혼인 중 공동으로 형성한 재산관계와 무관하다는 등 특별한 사정이 있는 경우 그 변동된 재산은 재산분할 대상에서 제외하여야 하나, 부부의 일방이 혼인관계 파탄 이후에 취득한 재산이라도 그것이 혼인관계 파탄 이전에 쌍방의 협력에 의하여 형성된 유형·무형의 자원에 기한 것이라면 재산분할의 대상이 된다.

갑이 혼인 전에 개설한 주택청약종합저축 계좌를 통해 청약주택 관련 1순위 자격요건을 충족한 상태에서 을과 혼인신고를 한 다음 아파트의 예비당첨자로 당첨되어 아파트에 관한 공급계약을 체결하였고, 그 후 별거로 인하여 혼인관계가 파탄된 시점까지 아파트의 분양대금 중 계약금 및 중도금 등을 납입하였으며, 혼인관계의 파탄 이후 잔금을 지급하고 갑 명의로 소유권이전등기를 마친 사안에서, 갑이 을과 혼인생활을 시작한 후에 아파트에 관한 공급계약을 체결하였고, 이후 혼인관계가 파탄에 이르기 전까지 계약금 및 중도금으로 아파트의 분양대금 중 70%가량을 납입함으로써 혼인관계 파탄 이전에 이미 분양대금 잔금의 납입을 통해 아파트의 소유권을 취득할 것이 잠재적으로 예정되어 있었던 점, 갑이 공급계약을 체결하고 분양대금을 납입하는 기간 동안 을은 자녀를 출산하고 가사와 육아를 돌보았을 뿐만 아니라 회사에 복직하여 소득활동을 하는 한편 가사와 육아에 관하여 을의 모친의 도움을 받은 점 등에 비추어 설령 갑이 혼인관계 파탄 이후 아파트의 소유권을 취득하였다고 하더라도, 이는 혼인관계 파탄 이전에 갑과 을 쌍방의 협력에 의하여 형성된 유형·무형의 자원에 터 잡은 것이므로, 재산분할의 대상은 혼인관계 파탄 이전에 납입한 분양대금이 아니라 사실심 변론종결일 이전에 취득한 아파트가 되어야 한다(대법원 2019. 10. 31. 선고 2019므12549, 12556 판결).

• 제 15 장 •

제1문

기초적 사실관계

A는 서울근교에 서로 인접하고 있는 두 필지의 X토지와 Y토지를 소유하고 있던 중, 2013. 2. 10. X토지를 B에게 10억원에 매도하고, 계약 당일 B로부터 계약금 1억원을 수수하였다. 또한 중도금 4억원은 2013. 3. 10.에 잔대금 5억원은 2013. 4. 10.에 지급받기로 하면서 등기에 필요한 서류를 교부하고 즉시 위 X토지를 B에게 넘겨주기로 약정하였다.

계속된 사실관계 | 채무불이행과 담보책임의 경합 |

원래 Y토지는 A의 소유가 아니었고, 지반이 도로보다 낮아 크게 쓸모가 있는 토지가 아니었으나, 2001. 5.경에 Y토지를 매립하여 식물원을 경영할 목적으로 A가 이를 구입하여 사용하다가 2005. 10.경에 위 Y토지를 매립하는 과정에서 콘크리트 덩어리 등 각종 산업폐기물을 다량 포함시켜 매립을 하였다. 한편 A는 사업상 필요에 따라 2014. 2. 20.경 위 Y토지를 C에게 매도하였는데, Y토지에 산업폐기물이 매립되었음을 전혀 모르는 C는 위 Y토지를 매수하여 그 위에 벽돌조 2층 건물을 만들어 찻집을 경영하고자 하였다. 그런데 C는 그 찻집 건물의 완공 후인 2015. 3. 15.에 산업폐기물이 매립된 것을 알게 되었고, 지반이 제대로 다져지지 않아 무너지는 바람에 건물벽에 금이 가는 피해를 입게 되었다.

문제 1 이에 C는 2015. 5. 10.에 이르러 A를 상대로 어떠한 권리를 행사할 수 있으며, 그 이유는 무엇인가? (25점)

1. 문제의 소재 (2점)

① 채무불이행과 담보책임의 경합

② 하자확대손해와 담보책임

③ 제척기간과 소멸시효

④ 하자담보책임에 있어서 하자의 존부시기

2. 채무불이행책임과 담보책임의 경합 (5점)

토지 매도인이 성토작업을 기화로 다량의 폐기물을 은밀히 매립하고 그 위에 토사를 덮은 다음 도시계획사업을 시행하는 공공사업시행자와 사이에서 정상적인 토지임을 전제로 협의취득절차를 진행하여 이를 매도함으로써 매수자로 하여금 그 토지의 폐기물처리비용 상당의 손해를 입게 하였다면 매도인은 이른바 불완전이행으로서 채무불이행으로 인한 손해배상책임을 부담하고, 이는 하자 있는 토지의 매매로 인한 민법 제580조 소정의 하자담보책임과 경합적으로 인정된다(대법원 2004. 7. 22. 선고 2002다51586 판결). 하자담보책임의 본질에 관하여 담보책임이냐 채무불이행책임이냐의 다툼이 있으나, 판례는 채무불이행책임설을 채택하고 있다(대법원 1992. 4. 14. 선고 91다17146, 17153 판결).

3. 하자확대손해의 발생과 담보책임 (5점)

매매목적물의 하자로 인하여 확대손해 내지 2차 손해가 발생하였다는 이유로 매도인에게 그 확대손해에 대한 배상책임을 지우기 위하여는 채무의 내용으로 된 하자 없는 목적물을 인도하지 못한 의무위반사실 외에 그러한 의무위반에 대하여 매도인에게 귀책사유가 인정될 수 있어야만 한다(대법원 1997. 5. 7. 선고 96다39455 판결).

4. 하자담보책임의 제척기간과 채무불이행책임의 소멸시효기간 (5점)

하자담보책임은 매수인이 하자의 사실을 안 날로부터 6개월 내에 행사하여야 한다고 밝히고 있으나(민법 제582조), 그 법적 성질에 대하여 채무불이행책임설을 유지하고 있기 때문에 그 손해에 대하여 10년의 소멸시효가 적용된다.

5. 하자의 존부시기 (5점)

매매의 목적물이 거래통념상 기대되는 객관적 성질·성능을 결여하거나, 당사자가 예정 또는 보증한 성질을 결여한 경우에 매도인은 매수인에 대하여 그 하자로 인한 담보책임을 부담한다 할 것이고, 한편 건축을 목적으로 매매된 토지에 대하여 건축허가를 받을 수 없어 건축이 불가능한 경우, 위와 같은 법률적 제한 내지 장애 역시 매매목적물의 하자에 해당한다 할 것이나, 다만 위와 같은 하자의 존부는 매매계약 성립시를 기준으로 판단하여야 할 것이다(대법원 2000. 1. 18. 선고 98다18506 판결).

6. 사안의 해결 (3점)

사안의 내용으로 볼 때, 매도인 A가 Y토지를 매립하면서 산업폐기물을 성토하여 하자있는 토지를 매도한 것으로 담보책임은 물론 불완전이행에 따른 채무불이행책임도 면할 수 없다. 결국 A는 위 Y토지를 2014. 2. 20.에 C에게 매도하고, C는 2015. 3. 15.에 산업폐기물이 매립되었음을 알게 되었고, 같은 해 5. 10.에 권리를 행사하는 것은 타당하다.

계속된 사실관계 | 청구권보전을 위한 가등기와 제3자의 관계 |

X토지 위에 고급식당을 경영할 목적으로 이를 매수한 B가 2013. 2. 10.에 매매계약을 체결하면서 계약금 1억원을 A에게 지급한 후, 위에서 약정한 날짜와는 달리 2013. 2. 28.에 중도금 4억원을 미리 제공하면서 A에게 찾아가서 식당을 건축하기 위한 행정적인 문제 등을 호소하며 먼저 자신의 명의로 이전등기를 해 줄 것을 부탁하였다. 이에 A는 B명의로 이전등기를 경료해 준 후, 즉시 위 X토지에 자신의 명의로 매매예약에 기한 가등기를 경료하였다. 그런데 B는 식당건물을 신축할 마음을 버리고 잔대금을 지급하기로 약정한 날인 2013. 4. 10. 이전인 2013. 4. 1.경에 위 X토지를 D에게 매도하여 D명의로 이전등기를 경료해 주었다. 그 후 A는 B에게 잔대금 지급기일이 지나고 상당한 기간을 최고한 후인 2013. 5. 20.에 B를 상대로 채무불이행에 기해 매매계약을 해제하고, 본등기를 경료하였고 이에 따라 D명의의 등기가 직권으로 말소되었다. 그러자 D는 A에 대하여 본등기말소소송을 제기하였다.

문제 2 이 경우 법원은 어떠한 판단을 하여야 하며, 그 이유는 무엇인가? (20점)

1. 문제의 소재

청구권보전을 위한 가등기와 제3자의 관계

2. 가등기의 효력 (5점)

가등기는 본등기의 순위를 보전하는 효력이 있어 후일 가등기에 기한 본등기가 마쳐진 때에는 본등기의 순위가 가등기한때를 소급함으로써 가등기후 본등기 전에 이루어진 중간처분은 실효되는 것이다.

3. 제3자가 취득한 권리의 성질 (5점)

제3자가 취득한 권리는 이미 이루어진 가등기에 의하여 보전된 청구권에 기한 본등기가 마쳐지면 실효될 가능성을 띤 상태에서 취득한 권리라고 할 것이고, 그 제3자의 지위는 가등기에 의하여 순위가 보전된 매도인의 권리보다 앞설 수는 없다 할 것이다(대법원 1982. 11. 23. 선고 81다카1110 판결).

4. 민법 제548조 제1항 단서의 제3자인지 여부 (5점)

매매계약 당사자 사이의 약정에 의하여 생긴 매도인의 소유권이전등기청구권은 계약해제의 소급효 그 자체에 의하여 생긴 것이 아니므로 그 등기청구권의 실현과 계약해제의 소급효 제한에 관한 민법 제548조 제1항 단서의 규정과는 직접적으로 관련이 없는 것이다(대법원 1982. 11. 23. 선고 81다카1110 판결).

5. 사안의 해결 (3점)

제3자가 취득한 권리는 이미 이루어진 가등기에 의하여 보전된 청구권에 기한 본등기가 마쳐지면 실효될 가능성을 띤 상태에서 취득한 권리이므로 D의 A에 대한 본등기말소소송은 인용될 수 없다.

계속된 사실관계 | 이행거절 |

B가 2013. 3. 10.에 이르러 중도금 4억원을 제공하려고 하자, A는 15일만 기다리면 그때 가서 중도금을 수령하겠다고 하였고, 다시 15일 후에 A를 방문하여 중도금을 지급할 입금계좌를 달라고 요구하여도 이에 응하지 않았다. 그 후에도 A는 이러저러한 사정을 이유로 계속 자리를 피하다가 잔금지급기일이 지나서 계약상 의무 없는 과다한 이행을 요구하기도 하였다. 이에 견디지 못한 B는 2013. 8. 20.에 내용증명을 통해 계약해제를 통보하였다.

문제 3 이 경우 B는 A에 대하여 어떠한 주장을 할 수 있으며, 그 이유는 무엇인가? (20점)

1. 문제의 소재 (2점)

이행거절

2. 이행거절의 법적 근거와 독자성 (5점)

채무자가 자신의 채무를 이행할 뜻이 없음을 명백하게 종국적으로 표시하는 이행거절은 민법 제544조가 그 근거가 된다는 주장도 있으나, 판례는 독자성을 인정하고 있다. 즉 이행지체에 의한 전보배상에 있어서의 손해액 산정은 본래의 의무이행을 최고한 후 상당한 기간이 경과한 당시의 시가를 표준으로 하고, 이행불능으로 인한 전보배상액은 이행불능 당시의 시가 상당액을 표준으로 할 것인바, 채무자의 이행거절로 인한 채무불이행에서의 손해액 산정은, 채무자가 이행거절의 의사를 명백히 표시하여 최고 없이 계약의 해제나 손해배상을 청구할 수 있는 경우에는 이행거절 당시의 급부목적물의 시가를 표준으로 해야 한다(대법원 2007. 9. 20. 선고 2005다63337 판결).

3. 이행거절에 있어서 계약해제의 특징 (5점)

채무자가 채무를 이행하지 아니할 의사를 명백히 표시한 경우에 채권자는 신의성실의 원칙상 이행기 전이라도 이행의 최고 없이 채무자의 이행거절을 이유로 계약을 해제하거나 채무자를 상대로 손해배상을 청구할 수 있다(대법원 2007. 9. 20. 선고 2005다63337 판결).

4. 이행기일이 도과한 후 계약상 의무 없는 과다한 채무이행요구와 계약해제 (5점)

쌍무계약인 부동산 매매계약에 있어 매수인이 이행기일을 도과한 후에 이르러 매도인에 대하여 계약상 의무 없는 과다한 채무의 이행을 요구하고 있는 경우에는 매도인으로서는 매수인이 이미 자신의 채무를 이행할 의사가 없음을 표시한 것으로 보고 자기 채무의 이행제공이나 최고 없이도 계약을 해제할 수 있다(대법원 1992. 9. 14. 선고 92다9463 판결).

5. 사안의 해결 (3점)

매도인인 A가 이행기일이 도과한 후 계약상의 의무 없는 과다한 채무이행을 요구하는 것은 계약해제의 사유가 되어 B는 A에 대하여 계약을 해제하고 손해배상을 구할 수 있다. 이때 손해배상은 이행거절당시의 목적물의 시가 상당액이다.

계속된 사실관계 | 채권자대위소송과 당사자적격 |

원래 위 X토지는 E와 B가 위 매수대금 10억원을 공동으로 부담하면서 A소유의 X토지를 매수한 다음 이를 전매하여 그 대금을 지분의 비율에 따라 분배하기로 약정하였다. B는 위 약정에 따라 A와 위 매매계약을 체결하였고, 그 무렵 E와 B는 위 X토지를 B와 친인척관계에 있는 F에게 명의신탁하기로 합의하여 X토지를 F명의로 소유권이전등기를 마쳤다. 그런데 E는 자신의 X토지에 대한 지분을 확보하기 위하여 채무자 B를 대위하여 제3채무자인 F를 상대로 소유권이전등기소송을 제기하였다. 이에 대하여 제3채무자인 F는 E와 B사이의 이 사건 매매계약은 E의 의사에 따라 그에게 이전해 주기로 하는 내용의 부동산 매입의 위임 약정과 등기명의는 E와 B가 지정하는 제3자 명의로 하되 내부적으로는 E의 소유로 하기로 하는 내용의 명의신탁약정이 혼합된 계약명의신탁이므로 부동산실명법 제4조에 따라 E와 B사이의 약정은 무효라는 주장을 하였다.

문제 4 이 경우 법원은 어떠한 판단을 하여야 하며, 그 이유는 무엇인가? (20점)

1. 문제의 소재 (2점)

① 채권자대위소송에서 당사자적격

② 채권자대위소송에서 제3채무자가 피보전채권의 발생원인인 법률행위가 무효라는 주장을 할 수 있는지 여부

2. 채권자대위소송에서 당사자적격 (5점)

당사자적격이라 함은 당사자가 소송목적이 되는 권리 또는 법률관계에 관하여 소송을 수행하고 본안판결을 받을 수 있는 자격을 말한다. 채권자대위소송을 제기하기 위해서는 채권자가 채무자에 대하여 자기의 채권, 즉 피보전채권이 있어야 한다. 이 사건에서는 E가 B에 대하여 유효한 소유권이전등기청구권이 있어야 당사자적격이 인정되는 것이다. 당사자적격은 소송요건으로서 직권조사사항이므로 그 흠이 있을 때는 판결로 소를 각하하여야 한다. 판례도 채권자대위소송에 있어서 대위에 의하여 보전될 채권자의 채무자에 대한 권리가 인정되지 아니할 경우에는 채권자가 스스로 원고가 되어 채무자의 제3채무자에 대한 권리를 행사할 당사자적격이 없게 되므로, 그 대위소송은 부적법하여 각하할 수밖에 없다(대법원 1994. 11. 8. 선고 94다31549 판결)는 점을 밝히고 있다.

원래 이행을 구하는 소는 자력구제의 금지라는 이념을 실현하기 위하여 당사자적격의 제한을 두지 않으므로 실제 이행청구권이 있는지 여부는 본안에 관한 판결이유에서 판단한다. 그러므로 이행청구권이 없으면 소 각하 판결을 하는 것이 아니라 청구기각 판결을 하여야 한다. 그렇지만 제3자의 소송담당에서 소송담당권은 소송요건으로서 소송목적인 권리관계의 존부 판단과 독립하여 그 전제로서 하는 직권조사사항이므로 이를 갖추지 못하면 소 각하를 할 수 밖에 없다.

3. 채권자대위소송에서 제3채무자가 피보전채권의 발생원인인 법률행위가 무효라는 주장을 할 수 있는지 여부 (10점)

채권자가 채권자대위소송을 제기한 경우, 제3채무자는 채무자가 채권자에 대하여 가지는 항변권이나 형성권 등과 같이 권리자에 의한 행사를 필요로 하는 사유를 들어 채권자의 채무자에 대한 권리가 인정되는지 여부를 다툴 수 없지만, 채권자의 채무자에 대한 권리의 발생원인이 된 법률행위가 무효라거나 위 권리가 변제 등으로 소멸하였다는 등의 사실을 주장하여 채권자의 채무자

에 대한 권리가 인정되는지 여부를 다투는 것은 가능하고, 이 경우 법원은 제3채무자의 주장을 고려하여 채권자의 채무자에 대한 권리가 인정되는지 여부에 관하여 직권으로 심리·판단하여야 한다(대법원 2015. 9. 10. 선고 2013다55300 판결).

위 판결에 따르면 E의 B에 대한 소유권이전등기청구권은 제3채무자인 F와 직접적인 관계는 없지만 E의 채권자대위소송에서는 피보전채권이 되므로 당사자적격이 된다. 따라서 그 존부에 대해서는 법원의 직권조사사항이므로 E와 직접 관계가 없는 제3채무자 F라도 E의 피보전채권에 관하여 존부를 다툰다면 법원은 이를 고려하야야 한다.

4. 사안의 해결 (3점)

법률상 금지된 명의신탁약정에 관하여 채무자인 B의 주장이 없더라도 제3채무자인 F의 주장이나 법원의 직권심리를 통하여 E의 B에 대한 소유권이전등기청구권의 부존재를 알게 되었다면 법원은 E의 대위소송에 대하여 소 각하판결을 하여야 할 것이다.

계속된 사실관계 | 채권자의 채무자에 대한 승소확정판결이 채권자대위소송에 미치는 영향 |

사실확인의 결과, B가 A로부터 2013. 2. 10.에 매수한 위 X토지는 토지거래허가구역에 있는 토지로서 위 X토지를 B명의로 등기할 수 없는 사정이 생겼다. 이에 B는 어쩔 수 없이 2013. 5. 10.에 토지거래허가를 받을 수 있는 자신의 친구인 G로 하여금 위 X토지를 매수하게 한 후, G명의의 이전등기를 경료하였다. 그런데 위 X토지는 2014. 1. 1.부터 토지거래허가구역에서 해제되었고, 2014. 3. 15.에 G는 위 X토지를 H에게 매도하여 H명의로 이전등기를 경료하였다. B는 A를 상대로 2015. 8. 10.자 매매를 원인으로 한 소유권이전을 구하는 소를 제기하여 매매를 원인으로 한 소유권이전등기를 이행하라는 화해가 성립하였고, G에 대한 소송에서도 승소 확정되었다. 이에 B는 A를 대위하여 자신의 제1매매계약이 강행법규 위반으로 무효인 이상 그에 기초하여 마쳐진 G명의의 소유권이전등기와 그에 기하여 마쳐진 H 명의의 각 소유권이전등기는 모두 무효라고 하여 H를 상대로 위 각 등기의 말소를 청구하는 이 사건 소를 제기하였다.

문제 5 이 경우 법원은 어떠한 판단을 하여야 하며, 그 이유는 무엇인가? (10점)

✓ **정답 : 소 각하**

이유 : 채권자대위권을 행사하는 경우, 채권자가 채무자를 상대로 보전되는 청구권에 기한 이행청구의 소를 제기하여 승소판결을 선고받고 판결이 확정되었다면, 특별한 사정이 없는 한 그 청구권의 발생원인이 되는 사실관계가 제3채무자에 대한 관계에서도 증명되었다고 볼 수 있다. 그러나 그 청구권의 취득이, 채권자로 하여금 채무자를 대신하여 소송행위를 하게 하는 것을 주목적으로 이루어진 경우와 같이, 강행법규에 위반되어 무효라고 볼 수 있는 경우 등에는 위 확정판결에도 불구하고 채권자대위소송의 제3채무자에 대한 관계에서는 피보전권리가 존재하지 아니한다고 보아야 한다. 이는 위 확정판결 또는 그와 같은 효력이 있는 재판상 화해조서 등이 재심이나 준재심으로 취소되지 아니하여 채권자와 채무자 사이에서는 그 판결이나 화해가 무효라는 주장을 할 수 없는 경우라 하더라도 마찬가지이다(대법원 2019. 1. 31. 선고 2017다228618 판결).

계속된 사실관계 | 이행불능 |

A는 두필지의 나대지인 X토지와 Y토지 외에 임야인 Z토지도 소유하고 있었는데, K는 필요에 의해 Z토지 중 특정부분을 매수하는 매매계약을 체결하였는데, 당시 서울시의 도시조례에서 녹지지역·계획관리지역·생산관리지역 안에서 관계법령에 따른 허가·인가를 받지 아니하고 지목이 임야인 토지를 분할하는 경우 분할의 면적이 990㎡ 이상이어야 한다고 하여 그 부분의 면적이 법령상 분할허가가 제한되는 토지에 속한 것이었다. 그렇지만 K는 A에게 대금을 전액 지급하고 소유권이전등기청구의 소를 제기하였다.

문제 6 이 경우 법원은 어떠한 판단을 하여야 하며, 그 이유는 무엇인가? (10점)

✓ **정답 : 청구기각**

이유 : 쌍무계약에서 계약 체결 후에 당사자 쌍방의 귀책사유 없이 채무의 이행이 불가능하게 된 경우 채무자는 급부의무를 면함과 더불어 반대급부도 청구하지 못하므로, 쌍방 급부가 없었던 경우에는 계약관계는 소멸하고, 이미 이행한 급부는 법률상 원인 없는 급부가 되어 부당이득의 법리에 따라 반환청구할 수 있다. 한편 계약 당시에 이미 채무의 이행이 불가능했다면 특별한 사정이 없는 한 채권자가 이행을 구하는 것은 허용되지 않고, 이미 이행한 급부는 법률상 원인 없는 급부가 되어 부당이득의 법리에 따라 반환청구할 수 있으며, 나아가 민법 제535조에서 정한 계약체결상의 과실책임을 추궁하는 등으로 권리를 구제받을 수 있다.

채무의 이행이 불가능하다는 것은 절대적·물리적으로 불가능한 경우만이 아니라 사회생활상 경험칙이나 거래상의 관념에 비추어 볼 때 채권자가 채무자의 이행의 실현을 기대할 수 없는 경우도 포함한다. 이는 채무를 이행하는 행위가 법률로 금지되어 그 행위의 실현이 법률상 불가능한 경우에도 마찬가지이다.

법령에 따라 토지분할에 행정관청의 분할허가를 받아야 하는 토지 중 일부를 특정하여 매매계약이 체결되었으나, 그 부분의 면적이 법령상 분할허가가 제한되는 토지분할 제한면적에 해당하여 분할이 불가능하다면, 매도인이 그 부분을 분할하여 소유권이전등기절차를 이행할 수 없으므로, 특별한 사정이 없는 한 매도인의 소유권이전등기의무는 이행이 불가능하다고 보아야 한다.(대법원 2017. 10. 12. 선고 2016다9643 판결).

제2문

기초적 사실관계

A는 서울 마포에 위치하고 있는 자신의 Y건물 2층을 B에게 2014. 1. 10.에 보증금 2억원 월 100만원에 2년간 임대하면서 임료는 매월 10일 자신의 통장계좌로 입금받기로 하였다. 한편 B는 Y건물에 입주하여 커피전문점을 경영할 목적이었고, B는 Y건물에 공사를 시작하여 커피전문점에 맞도록 공사를 완료한고 상가건물임대차보호법상의 대항력을 갖춘 후 경영을 하고 있다.

계속된 사실관계 | 임대인의 교체와 차임연체 |

B는 2014. 1. 10.에 위 Y건물의 2층을 인도받은 후 약 한 달간 공사를 한 후에 커피전문점 영업을 본격적으로 시작하였고, 처음 몇 달간 영업이 잘 되어 오다가 급속도로 영업이 부진하여 2014. 8. 10.자 임료부터 연체를 시작하여 왔는데, A는 사정에 따라 2014. 12. 1.에 위 Y건물을 C에게 양도하고 잔금을 모두 지급받은 2015. 1. 10.에 C에게 이전등기를 경료해 주었다. 한편 C는 위 Y건물을 인도받은 후 B에게 소유권이 자신으로 바뀌었음을 통지하고, B가 2014. 8. 10.자 차임부터 한 번도 차임이 지급되지 않음을 이유로 2015. 4. 20.에 B를 상대로

임대차계약의 해지를 구하고 Y건물의 인도를 구하는 소를 제기하였다.

문제 1 이 경우 법원은 어떠한 판단을 하여야 하며, 그 이유는 무엇인가? (15점)

1. 문제의 소재 (2점)

① 차임연체와 해지

② 임대인의 교체와 차임연체

2. 차임연체와 해지 (5점)

건물 기타 공작물의 임대차에는 임차인의 차임연체액이 3기의 차임액에 달하는 때에는 임대인은 계약을 해지할 수 있다(민법 제640조). 상가건물 임대차보호법의 적용을 받는 상가건물의 임대차에도 민법 제640조가 적용되고, 상가건물의 임대인이라도 임차인의 차임연체액이 3기의 차임액에 이르는 때에는 임대차계약을 해지할 수 있다(주택임대차보호법 제10조의 8). 그리고 같은 이유에서 민법 제640조와 동일한 내용을 정한 약정이 상가건물 임대차보호법의 규정에 위반되고 임차인에게 불리한 것으로서 위 법 제15조에 의하여 효력이 없다고 할 수 없다(대법원 2014. 7. 24. 선고 2012다28486 판결).

3. 임대인의 교체와 차임연체 (5점)

갱신 전후 상가건물 임대차계약의 내용과 성질, 임대인과 임차인 사이의 형평, 상가건물 임대차보호법 제10조와 민법 제640조의 입법 취지 등을 종합하여 보면, 상가건물의 임차인이 갱신 전부터 차임을 연체하기 시작하여 갱신 후에 차임연체액이 3기의 차임액에 이른 경우에도 임대차계약의 해지사유인 '임차인의 차임연체액이 3기의 차임액에 달하는 때'에 해당하므로, 이러한 경우 특별한 사정이 없는 한 임대인은 3기 이상의 차임연체를 이유로 갱신된 임대차계약을 해지할 수 있다고 보아야 한다(대법원 2014. 7. 24. 선고 2012다28486 판결).

4. 사안의 해결 (3점)

B가 3기의 연체차임된 상태에서 A가 C에게 위 Y건물을 양도하였고, C의 양수 후 다시 3기의 연체차임이 된 상태로서 C는 B에 대하여 차임연체를 이유로 임대차계약을 해지할 수 있다.

추가적 사실관계 | 근저당권의 양도가 통정허위표시인 경우와 제3자 |

A소유의 Y건물에 대하여 D명의의 가압류등기가 경료된 후, E명의의 근저당권 등기가 순차적으로 경료되었다. 그 후에 E의 근저당권에 관하여 계약양도를 원인으로 근저당권자를 F로 하는 근저당권 이전등기가 마쳤는데, F의 경매신청에 따른 선행 임의경매개시결정과 D의 경매신청에 따른 후행 강제경매개시결정이 내려졌는데, 선행경매절차에서 D와 F만이 배당을 받았다. 한편 배당의 결과 채권을 완전하게 만족 받지 못한 D는 F를 상대로 근저당권의 양도행위가 통정허위표시로서 무효라고 주장하며 배당이의의 소를 제기하였고, 이에 대해 F는 근저당권 등 양도의 유·무효는 E의 채권자들만 이해관계가 있고, D는 이해관계가 없기 때문에 그 무효를 주장할 수 있는 지위에 있지 않다고 주장하였다.

문제 2 이러한 F의 주장은 이유가 있는가? (20점)

1. 문제의 소재 (2점)

근저당권의 양도가 통정허위표시로 무효인 경우와 제3자의 문제

2. 배당이의의 소의 상대적 효력 (5점)

집행력 있는 집행권원의 정본을 가지지 아니한 채권자(가압류채권자를 제외한다)에 대하여 이의한 채무자와 다른 채권자에 대하여 이의한 채권자는 배당이의의 소를 제기하여야 한다(민사집행법 제154조 제1항). 배당이의의 소는 대립하는 당사자인 채권자들 사이의 배당액을 둘러싼 분쟁을 상대적으로 해결하는 제도이다. 따라서 그 판결의 효력은 오직 소송의 당사자인 채권자들 사이에서만 미친다(대법원 1998. 5. 22. 선고 98다3818 판결).

3. 근저당권 양도가 통정허위표시인 경우와 제3자의 문제 (10점)

갑 소유의 부동산에 관하여 을 등 명의의 가압류 등기와 병 명의의 근저당권 설정등기가 순차적으로 마쳐진 후 병의 근저당권에 관하여 계약양도를 원인으로 근저당권자를 정으로 하는 근저당권 이전등기가 마쳐졌고, 그 후 정의 경매신청에 따른 선행 임의경매개시결정과 을 등의 경매신청에 따른 후행 강제경매개시결정이 내려져 선행 경매절차에서 을 등과 정만 배당을 받았는데, 을 등이 정을 상대로 근저당권 등 양도행위가 통정허위표시로서 무효라며 배당이의의 소를 제기하자, 정이 근저당권 등 양도의 유·무효는 병의 채권자들만 이해관계가 있고 을 등은 이해관계가 없어 무효를 주장할 지위에 있지 않다고 주장한 사안에서, 배당이의의 소에서 원고는 원고의 이

익이 되도록 배당표의 변경을 가져오게 하는 모든 사유를 주장할 수 있는데, 허위의 근저당권에 대하여 배당이 이루어진 경우 통정한 허위의 의사표시는 당사자 사이에서는 물론 제3자에 대하여도 무효이고, 다만 선의의 제3자에 대해서만 대항하지 못할 뿐이므로, 배당채권자인 을 등은 근저당권 등 양도행위의 무효를 주장하여 그에 기한 채권의 존부, 범위, 순위에 관한 배당이의의 소를 제기할 수 있다(대법원 2016. 7. 29. 선고 2016다13710, 13727 판결).

4. 사안의 해결 (3점)

허위의 근저당에 의해 배당이 이루어진 경우 통정한 허위의 의사표시는 당사자 사이에서는 물론 제3자에 대하여도 무효이고, 다만 선의의 제3자에게만 대항할 수 없기 때문에 D는 F에 대하여 통정허위표시를 주장하여 배당이의의 소를 제기할 수 있다.

계속된 사실관계 | 지상물매수청구권 |

A의 Y건물이 위치하고 있는 X토지는 총 500평 정도이고, 이 중에서 200평 정도에 위 Y건물이 건축되어 있었고, 나머지 300평은 원래 나대지로 있었는데, 2007. 5. 10.에 A의 동생인 H가 임대인으로서 K에게 건물의 소유를 목적으로 X토지의 일부인 100평을 기간을 정하지 아니하고 임대하였고, K가 2007. 6.부터 공사를 시작하여 2008. 2.에 Z건물을 완공하여 대형 등산용품 관련 아울렛점을 운영하였다. 2018. 7. 10.에 K가 A를 찾아가서 계약의 갱신을 구하였고, 만약 그렇지 않으면 위 Z건물의 매수를 구하였다. 이에 A는 자신이 임대차계약의 당사자도 아니고, 임대차계약을 체결한 사실도 알지 못하였다고 주장하면서 Z건물의 철거를 구하였다. 이에 K는 어쩔 수 없이 H를 찾아가서 위 Z건물의 매수를 구하는 소를 제기하였다.

문제 3 이 경우 법원은 어떠한 판단을 하여야 하며, 그 이유는 무엇인가? (20점)

1. 문제의 소재 (2점)

① 임대권한 없는 자의 임대차계약의 효력

② 민법 제643조에 따른 지상물매수청구권의 상대방

2. 임대권한 없는 자의 임대차계약의 효력 (5점)

임대차는 당사자 일방이 상대방에게 목적물을 사용·수익하게 할 것을 약정하고 상대방이 이에 대하여 차임을 지급할 것을 약정함으로써 성립하는 것으로서(민법 제618조 참조), 임대인이 그 목적물에 대한 소유권 기타 이를 임대할 권한이 없다고 하더라도 임대차계약은 유효하게 성립한다. 따라서 임대인은 임차인으로 하여금 그 목적물을 완전하게 사용·수익하게 할 의무가 있고, 또한 임차인은 이러한 임대인의 의무가 이행불능으로 되지 아니하는 한 그 사용·수익의 대가로 차임을 지급할 의무가 있으며, 그 임대차관계가 종료되면 임차인은 임차목적물을 임대인에게 반환하여야 할 계약상의 의무가 있다. 다만 이러한 경우 임차인이 진실한 소유자로부터 목적물의 반환청구나 임료 내지 그 해당액의 지급요구를 받는 등의 이유로 임대인이 임차인으로 하여금 사용·수익하게 할 수가 없게 되면 임대인의 채무는 이행불능으로 되고 임차인은 이행불능으로 인한 임대차의 종료를 이유로 그 때 이후의 임대인의 차임지급 청구를 거절할 수 있다(대법원 2009. 9. 24. 선고 2008다38325 판결).

3. 민법 제643조에 따른 지상물매수청구권의 상대방 (10점)

건물 등의 소유를 목적으로 하는 토지 임대차에서 임대차 기간이 만료되거나 기간을 정하지 않은 임대차의 해지통고로 임차권이 소멸한 경우에 임차인은 민법 제643조에 따라 임대인에게 상당한 가액으로 건물 등의 매수를 청구할 수 있다. 임차인의 지상물매수청구권은 국민경제적 관점에서 지상 건물의 잔존 가치를 보존하고 토지 소유자의 배타적 소유권 행사로부터 임차인을 보호하기 위한 것으로서, 원칙적으로 임차권 소멸 당시에 토지 소유권을 가진 임대인을 상대로 행사할 수 있다. 임대인이 제3자에게 토지를 양도하는 등으로 토지 소유권이 이전된 경우에는 임대인의 지위가 승계되거나 임차인이 토지 소유자에게 임차권을 대항할 수 있다면 새로운 토지 소유자를 상대로 지상물매수청구권을 행사할 수 있다.

한편 토지 소유자가 아닌 제3자가 토지 임대행위를 한 경우에는 제3자가 토지 소유자를 적법하게 대리하거나 토지 소유자가 제3자의 무권대리행위를 추인하는 등으로 임대차계약의 효과가 토지 소유자에게 귀속되었다면 토지 소유자가 임대인으로서 지상물매수청구권의 상대방이 된다. 그러나 제3자가 임대차계약의 당사자로서 토지를 임대하였다면, 토지 소유자가 임대인의 지위를 승계하였다는 등의 특별한 사정이 없는 한 임대인이 아닌 토지 소유자가 직접 지상물매수청구권의 상대방이 될 수는 없다.

갑의 형인 을 명의로 소유권이전등기를 마친 후 갑의 아버지인 병 명의로 소유권이전청구권 가등기를 마친 토지에 관하여 병이 정에게 기간을 정하지 않고 건물의 소유를 목적으로 토지를 임대하였고, 그 후 토지에 관하여 갑 명의로 소유권이전등기를 마쳤는데, 갑이 정을 상대로 토지에 건립된 정 소유의 건물 등의 철거와 토지 인도를 구하자, 정이 건물 등의 매수를 구한 사안에서, 임대인이 아닌 토지 소유자는 임대인의 지위를 승계하였다는 등의 특별한 사정이 없는 한 임차인의 지상물매수청구권의 상대방이 될 수 없으므로, 갑이 아닌 병으로부터 토지를 임차한 정은 원칙적으로 임대인이 아닌 토지 소유자인 갑을 상대로 지상물매수청구권을 행사할 수 없다(대법원 2017. 4. 26. 선고 2014다72449, 72456 판결).

4. 사안의 해결 (3점)

K는 진정한 임대인인 아닌 H로부터 건물의 소유를 목적으로한 토지임대차계약을 체결하였는바, 그 기간이 10년이 경과하여 K는 지상물매수청구권을 행사할 수 있다. 이때 지상물매수청구권의 상대방이 진정한 소유자인지, 임대인지가 문제되는 바, 판례는 임대인이 지상물매수청구권의 상대방이라고 밝히고 있다. 이에 K는 A가 아니라 H에 대하여 지상물매수청구권을 구할 수 있다.

계속된 사실관계 | 공동임대인 |

2016. 1. 9.로 A의 B에 대한 위 임대차가 만료된 후, A는 다시 위 Y건물에 대한 임대공고를 내고 기다리고 있던 중, 40대 중반의 여성인 L이 찾아와서 자신은 B가 하던 커피숍뿐만 아니라 Y건물과 인접하고 있는 A소유의 T건물도 빌려 꽃집도 운영하겠다고 하였다. 이에 A는 2016. 2. 20. Y건물에 대하여는 월 100만원을, T건물에 대하여는 월 50만원을 받기로 하고, Y건물과 T건물을 묶어서 하나의 임대차계약서를 작성하고 임대차보증금 3억원을 수수하였다. 그런데 경제적 사정이 여의치 않은 A는 자신의 Y건물만을 2016. 10. 20.에 P에게 양도하여 P 명의로 이전등기를 경료하였다. 한편 L은 2016. 9.부터 Y건물과 T건물의 임료연체를 지속해 왔는데, 2017. 2. 경 P가 L에 대하여 위 연체를 이유로 임대차계약의 해지를 구하고 Y건물의 인도를 구하는 소를 제기하였다.

문제 4 이 경우 법원은 어떠한 판단을 하여야 하며, 그 이유는 무엇인가? (10점)

✓ **정답 : 청구기각**

이유 : 민법 제547조 제1항은 "당사자의 일방 또는 쌍방이 수인인 경우에는 계약의 해지나 해제는 그 전원으로부터 또는 전원에 대하여 하여야 한다."라고 규정하고 있으므로, 여러 사람이 공동임대인으로서 임차인과 하나의 임대차계약을 체결한 경우에는 민법 제547조 제1항의 적용을 배제하는 특약이 있다는 등의 특별한 사정이 없는 한 공동임대인 전원의 해지의 의사표시에 따라 임대차계약 전부를 해지하여야 한다. 이러한 법리는 임대차계약의 체결 당시부터 공동임대인이었

던 경우뿐만 아니라 임대차목적물 중 일부가 양도되어 그에 관한 임대인의 지위가 승계됨으로써 공동임대인으로 되는 경우에도 마찬가지로 적용된다(대법원 2015. 10. 29. 선고 2012다5537 판결).

계속된 사실관계 | 전대차와 차임 |

A로부터 Y건물을 임차한 B는 2014. 3. 경부터 공사를 마무리하고 커피점 경영을 해 오다가 건강상의 이유로 영업을 할 수 없게 되자, 어쩔 수 없이 A의 동의를 얻어 Y건물에 대하여 M과 전대차계약을 체결하면서 월 임료는 120만원으로 정하였다. 그런데 위 전대차계약 후 A는 M에 대하여 월 임료 120만원을 구하자, M은 종전대로 100만원의 임료를 지급하겠다고 다투었다.

문제 5 M의 이러한 주장은 이유가 있는가? (10점)

✓ **정답 : M의 주장은 타당하다**

임차인이 임대인의 동의를 얻어 임차물을 전대한 경우, 임대인과 임차인 사이의 종전 임대차계약은 계속 유지되고(민법 제630조 제2항), 임차인과 전차인 사이에는 별개의 새로운 전대차계약이 성립한다. 한편 임대인과 전차인 사이에는 직접적인 법률관계가 형성되지 않지만, 임대인의 보호를 위하여 전차인이 임대인에 대하여 직접 의무를 부담한다(민법 제630조 제1항).

이 경우 전차인은 전대차계약으로 전대인에 대하여 부담하는 의무 이상으로 임대인에게 의무를 지지 않고 동시에 임대차계약으로 임차인이 임대인에 대하여 부담하는 의무 이상으로 임대인에게 의무를 지지 않는다.

전대인과 전차인은 계약자유의 원칙에 따라 전대차계약의 내용을 변경할 수 있다. 그로 인하여 민법 제630조 제1항에 따라 전차인이 임대인에 대하여 직접 부담하는 의무의 범위가 변경되더라도, 전대차계약의 내용 변경이 전대차에 동의한 임대인 보호를 목적으로 한 민법 제630조 제1항의 취지에 반하여 이루어진 것이라고 볼 특별한 사정이 없는 한 전차인은 변경된 전대차계약의 내용을 임대인에게 주장할 수 있다. 전대인과 전차인이 전대차계약상의 차임을 감액한 경우도 마찬가지이다.

또한 그 경우, 임대차종료 후 전차인이 임대인에게 반환하여야 할 차임 상당 부당이득액을 산정함에 있어서도, 부당이득 당시의 실제 차임액수를 심리하여 이를 기준으로 삼지 아니하고 약정

차임을 기준으로 삼는 경우라면, 전차인이 임대인에 대하여 직접 의무를 부담하는 차임인 변경된 차임을 기준으로 할 것이지, 변경 전 전대차계약상의 차임을 기준으로 할 것은 아니다.

전차인은 전대차계약상의 차임지급시기 전에 전대인에게 차임을 지급한 사정을 들어 임대인에게 대항하지 못하지만, 차임지급시기 이후에 지급한 차임으로는 임대인에게 대항할 수 있고, 전대차계약상의 차임지급시기 전에 전대인에게 지급한 차임이라도, 임대인의 차임청구 전에 차임지급시기가 도래한 경우에는 그 지급으로 임대인에게 대항할 수 있다(대법원 2018. 7. 11. 선고 2018다200518 판결).

계속된 사실관계 | 양도담보에 있어서 이익의 실질적 귀속 |

B는 A와 임대차 계약체결 후 입점하여 커피전문점을 경영하던 중, 2015. 1. 경부터 A에게 임대료를 수개월간 지급하지 아니하였고, 이에 A가 B에게 몇 번 임대료독촉을 하다가 2015. 5.에 임대차계약을 해지하였다. 그런데 B는 2015. 6.에 본 커피전문점에 있는 일체의 시설 및 권리를 P에게 양도담보로 제공하였고, B도 임대료도 내지 아니한 채 2015. 11. 현재까지 커피전문점을 계속하여 점유하면서 영업활동을 지속하고 있다. 이에 A는 양도담보권자인 P가 임대차 목적물의 직접점유자인 B를 점유매개자로 하여 임대차 목적물을 간접점유한 사실이 인정되므로 P는 A에게 점유에 따른 부당이득을 반환할 의무가 있다고 주장하면서 소를 제기하였다.

문제 6 이 경우 법원은 어떠한 판단을 하여야 하며, 그 이유는 무엇인가? (20점)

1. 문제의 소재 (2점)

① 양도담보의 법리

② 양도담보에 있어서 이익의 실질적 귀속

2. 양도담보의 일반적 법리 (5점)

양도담보에 있어서 판례는 일찍부터 매도담보의 목적이 된 부동산을 제3자가 채권자로부터 취득할 경우 그 부동산이 관계당사자들 사이에 신탁된 부동산이라는 사실을 알고 있었다 하더라도 그 제3자의 취득행위는 유효한 것이다(대법원 1969. 10. 23. 선고 69다1338 판결) 라고 하여 신탁적 소유권 이전설을 채택하고 있다.

3. 양도담보에 있어서 이익의 실질적 귀속 (10점)

담보권자가 담보제공자 아닌 제3자 소유의 토지를 담보물로 이용한 경우, 현실적인 점유를 수반하지 아니하는 가치권의 이용만으로 담보권자에게 현실적인 이익이 있었다고 할 수 없고, 그로 인하여 제3자의 점유가 방해되었다고 할 수 없다.

갑이 을에게 건물 일부를 임대하였다가 차임 연체를 이유로 임대차계약을 해지하였는데, 해지 통보가 도달한 후에도 을이 임대차 목적물을 점유·사용하던 중 을의 채권자인 병이 을로부터 임대차 목적물에 소재한 식당에 관한 일체의 권리를 양도담보로 제공받기로 한 사안에서, 양도담보권자인 병이 임대차 목적물의 직접점유자인 을을 점유매개자로 하여 임대차 목적물을 간접점유한 사실이 인정되므로 병은 갑에게 점유에 따른 부당이득을 반환할 의무가 있다고 본 원심판단에 법리오해의 위법이 있다(대법원 2018. 7. 12. 선고 2018다223269 판결).

4. 사안의 해결 (3점)

원래 판례의 입장인 신탁적 소유권이전설을 따르면 소유권이 양도담보권자에게 있으므로 양도담보권자인 P의 부당이득의무를 인정하여야 할 것이나, P는 실질적 이득을 입은 바 없으므로 A에 대하여 부당이득의무를 부담할 필요가 없다. 그리고 P는 직접점유자인 B를 매개로 하여 간접점유를 하는 것도 아니다.

제3문 | 물상보증인의 책임범위

A는 2006. 6. 9. Y로부터 금 5,000만원을 대출받았고 같은 날 X는 A의 부탁으로 Y에게 A가 같은 날 대출받는 3,000만원의 대출금에 대한 채무를 담보하기 위하여 원고들이 공유하는 상가에 채권최고액 3,900만원으로 하는 근저당권을 설정하였다. 한편 A는 2008. 6.부터 2010. 2.까지 Y에게 대출금 합계 17,500,000원을 상환하였다. 그 후 A가 연체를 하자 X는 2010. 9. 2. 대출금 원금 5,000,000원과 이자 2,539,450원을, 2010. 9.30. 추가로 원금 2,500,000원과 이자 63,287원을 대위변제하였다. 상가에 대한 임의경매절차가 진행되자, X는 2011. 8. 29. 잔존원금 24,999,898원과 이자 3,191,091원 합계 28,190,989원을 모두 대위변제하였고, 그 무렵 Y에게 경매비용 등을 추가로 지급하고 근저당권설정등기를 말소 받았다. 말하자면 X는

총대출금 5,000만원 중에서 자신은 3,000만원에 대해서만 물상보증을 선 것인데(3/5만 물상보증), 말소를 위하여 부득이 Y가 요구하는 대로 전액 상환하였으므로, 초과부분에 대하여 Y를 상대로 부당이득을 구하는 소를 제기하였다.

문제 1 이 경우 법원은 어떠한 판단을 하여야 하며, 그 이유는 무엇인가? (10점)

✓ 정답 : 청구기각

이유 : 물상보증인이 하나의 특정채권 중 일부를 담보하기 위하여 자기 소유 부동산에 근저당권을 설정한 경우 그 피담보채권 부분에 대하여는 채권최고액을 한도로 책임을 부담한다. 이 경우 채무자가 일부 변제한 때는 특별한 사정이 없는 한 그 특정채권의 일부가 변제에 따라 소멸하는 것으로 보아야 하고, 그 특정채권을 근저당권에 의하여 담보되는 부분과 담보되지 아니하는 부분으로 나누어서 민법상 변제충당 규정을 유추적용할 수는 없으므로, 그 변제로 인하여 소멸하고 남은 채권이 근저당권의 피담보채권 부분을 초과하는 한 물상보증인의 책임 범위는 감축되지 아니한다고 할 것이다(대법원 2016. 6. 28. 선고 2015다38170 판결).

제4문 | 유동집합물 양도담보

A는 1997. 12. 10. ○○농장에서 돼지를 사육하고 있던 B와의 사이에 이미 공급한 사료대금과 앞으로 공급할 사료대금 합계 3억 원을 담보하기 위하여, 당시 B가 사육하고 있던 기원농장 내의 돼지 전체인 판시 돼지 3,000두의 소유권을 매매대금 3억 원으로 정하여 A에 양도하되 점유개정의 방법으로 인도하고 B가 돼지를 계속 점유·관리하면서 A의 승낙을 얻어 처분하여 그 대금으로 사료대금을 변제하며, 항상 3,000두를 유지하기로 하는 내용의 양도담보계약을 체결한 사실, 그런데 그 후 B는 자금사정이 악화되자 2000. 12. 1. C에게 ○○농장에서 사육하고 있던 돼지 전체인 3,000두를 대금 3억 원에 매도하였고, C는 ○○농장의 돈사를 임차하여 여전히 같은 장소에서 돼지를 사육하다가 일부를 처분하고 남아 있던 돼지 770두를 2000.

12. 27. D(피고)에게 대금 9,150만 원에 매도한 사실, D는 △△농장의 돈사를 임차하여 매수한 돼지를 사육하기 시작하였는데, 2001. 1. 8. E로부터 동인이 F에게 위탁하여 △△농장에서 사육하고 있던 돼지 840두를 1억 1,500만 원에 매수하여 위 770두와 함께 사육한 사실, 그 후 D는 위 돼지들의 자돈을 키우고 일부를 처분하기도 하고 새로운 돼지를 구입하기도 하는 일을 반복하여 현재 △△농장에서는 3,000두 이상의 돼지가 사육되고 있는 사실을 인정하였다. 그 뒤 A가 D에게 양도담보를 이유로 현재 D가 사육하고 있는 돼지 3000두의 소유권이 자신에게 있음을 주장하며 그 인도를 구하자, D는 자신이 770두의 돼지를 매수하면서 이를 선의로 취득하였고, 현재 사육중인 돼지는 C로부터 매수한 770두의 새끼들이거나 E로부터 매수한 840두들로서 양도담보의 목적물과 동일성이 없다고 주장하였다.

문제 1 D의 주장은 이유가 있는가? (20점)

1. 문제의 소재 (2점)

점유개정에 의한 양도담보

2. 점유개정에 의한 양도담보 가능성 (5점)

금전채무를 담보하기 위하여 채무자가 그 소유의 동산을 채권자에게 양도하되 점유개정의 방법으로 인도하고 채무자가 이를 계속 점유하기로 한 경우에는, 특별한 사정이 없는 한 동산의 소유권은 신탁적으로 이전됨에 불과하여 채권자와 채무자 사이의 대내적 관계에서 채무자는 의연히 소유권을 보유하나 대외적인 관계에 있어서 채무자는 동산의 소유권을 이미 채권자에게 양도한 무권리자가 되는 것이어서 채무자가 다시 다른 채권자와 사이에 양도담보설정계약을 체결하고 점유개정의 방법으로 인도를 하더라도 현실의 인도가 아닌 점유개정으로는 선의취득이 인정되지 아니하므로 나중에 설정계약을 체결한 채권자는 양도담보권을 취득할 수 없다(대법원 2004. 12. 24. 선고 2004다45943 판결).

3. 유동집합물 양도담보 (10점)

돈사에서 대량으로 사육되는 돼지를 집합물에 대한 양도담보의 목적물로 삼은 경우, 그 돼지는 번식, 사망, 판매, 구입 등의 요인에 의하여 증감 변동하기 마련이므로 양도담보권자가 그 때마다 별도의 양도담보권설정계약을 맺거나 점유개정의 표시를 하지 않더라도 하나의 집합물로서 동일성을 잃지 아니한 채 양도담보권의 효력은 항상 현재의 집합물 위에 미치게 되고, 양도담보설정자로부터 위 목적물을 양수한 자가 이를 선의취득하지 못하였다면 위 양도담보권의 부담을 그대로 인수하게 된다.

돈사에서 대량으로 사육되는 돼지를 집합물에 대한 양도담보의 목적물로 삼은 경우, 위 양도담보권의 효력은 양도담보설정자로부터 이를 양수한 양수인이 당초 양수한 돈사 내에 있던 돼지들 및 통상적인 양돈방식에 따라 그 돼지들을 사육·관리하면서 돼지를 출하하여 얻은 수익으로 새로 구입하거나 그 돼지와 교환한 돼지 또는 그 돼지로부터 출산시켜 얻은 새끼돼지에 한하여 미치는 것이지 양수인이 별도의 자금을 투입하여 반입한 돼지에까지는 미치지 않는다.

유동집합물에 대한 양도담보계약의 목적물을 선의취득하지 못한 양수인이 그 양도담보의 효력이 미치는 목적물에다 자기 소유인 동종의 물건을 섞어 관리함으로써 당초의 양도담보의 효력이 미치는 목적물의 범위를 불명확하게 한 경우에는 양수인으로 하여금 그 양도담보의 효력이 미치지 아니하는 물건의 존재와 범위를 입증하도록 하는 것이 공평의 원칙에 부합한다(대법원 2004. 11. 12. 선고 2004다22858 판결).

4. 사안의 해결 (3점)

돈사에서 대량으로 사육되는 돼지를 집합물에 대한 양도담보의 목적물로 삼은 경우, 위 양도담보권의 효력은 양도담보설정자로부터 이를 양수한 양수인이 당초 양수한 돈사 내에 있던 돼지들 및 통상적인 양돈방식에 따라 그 돼지들을 사육·관리하면서 돼지를 출하하여 얻은 수익으로 새로 구입하거나 그 돼지와 교환한 돼지 또는 그 돼지로부터 출산시켜 얻은 새끼돼지에 한하여 미치는 것이지 양수인이 별도의 자금을 투입하여 반입한 돼지에까지는 미치지 않는다. 이 경우 양수인인 D는 양도담보의 효력이 미치지 않는 물건의 존재와 범위를 입증하여야 한다.

제5문

기초적 사실관계

A해운회사는 수년 전에 세계물동량의 활성화를 기대하고 D조선사에 X선박과 Y선박의 건조를 부탁하여 2017. 1. 10.에 X선박을 인도받았고, 같은 해 3. 25.에 Y선박을 인도받았다. 보유자산을 처분하여 마련한 위 선박들의 인수대금을 D조선사에 지급하고, 국내경기 불황 등이 겹치면서 극심한 자금난을 겪고 있는 중이다.

계속된 사실관계 | 양도담보와 선의취득 |

자금난이 겹친 A해운회사는 어쩔 수 없이 C은행에 자신이 소유한 X선박을 2017. 7. 20.에 점유개정의 방식으로 양도담보로 제공하였고, Y카고펌프도 동일한 방식으로 B은행에 2017. 8. 10.에 양도담보로 제공하였다. 그런데 카고펌프가 선박에 부합되어 B은행이 카고펌프의 양도담보권을 상실하게 되자, B은행은 C은행을 상대로 Y카고펌프 상당의 부당이득을 구하는 소를 제기하였다.

문제 1 이 경우 법원은 어떠한 판단을 하여야 하며, 그 이유는 무엇인가? (15점)

✓ **정답 : 청구기각**

이유 : 재고상품, 제품, 원자재 등과 같은 집합물을 하나의 물건으로 보아 일정 기간 계속하여 채권담보의 목적으로 삼으려는 이른바 집합물에 대한 양도담보권설정계약에서는 담보목적인 집합물을 종류, 장소 또는 수량지정 등의 방법에 의하여 특정할 수 있으면 집합물 전체를 하나의 재산권 객체로 하는 담보권의 설정이 가능하므로, 그에 대한 양도담보권설정계약이 이루어지면 집합물을 구성하는 개개의 물건이 변동되거나 변형되더라도 한 개의 물건으로서의 동일성을 잃지 아니한 채 양도담보권의 효력은 항상 현재의 집합물 위에 미치고, 따라서 그러한 경우에 양도담보권자가 점유개정의 방법으로 양도담보권설정계약 당시 존재하는 집합물의 점유를 취득하면 그 후 양도담보권설정자가 집합물을 이루는 개개의 물건을 반입하였더라도 별도의 양도담보권설정계약을 맺거나 점유개정의 표시를 하지 않더라도 양도담보권의 효력이 나중에 반입된 물건에도 미친다. 다만 양도담보권설정자가 양도담보권설정계약에서 정한 종류·수량에 포함되는 물건을 계약에서 정한 장소에 반입하였더라도 그 물건이 제3자의 소유라면 담보목적인 집합물의 구성부분이 될 수 없고 따라서 그 물건에는 양도담보권의 효력이 미치지 않는다.

민법 제261조는 첨부에 관한 민법 규정에 의하여 어떤 물건의 소유권 또는 그 물건 위의 다른 권리가 소멸한 경우 이로 인하여 손해를 받은 자는 '부당이득에 관한 규정에 의하여 보상을 청구할 수 있다'고 규정하고 있는데, 여기서 '부당이득에 관한 규정에 의하여 보상을 청구할 수 있다'는 것은 법률효과만이 아니라 법률요건도 부당이득에 관한 규정이 정하는 바에 따른다는 의미이다.

부당이득반환청구에서 이득이란 실질적인 이익을 의미하는데, 동산에 대하여 양도담보권을 설정하면서 양도담보권설정자가 양도담보권자에게 담보목적인 동산의 소유권을 이전하는 이유는 양도담보권자가 양도담보권을 실행할 때까지 스스로 담보물의 가치를 보존할 수 있게 함으로써 만약 채무자가 채무를 이행하지 않더라도 채권자인 양도담보권자가 양도받은 담보물을 환가하여 우선변제받는 데에 지장이 없도록 하기 위한 것이고, 동산양도담보권은 담보물의 교환가치 취득을 목적으로 하는 것이다. 이러한 양도담보권의 성격에 비추어 보면, 양도담보권의 목적인 주된 동산에 다른 동산이 부합되어 부합된 동산에 관한 권리자가 권리를 상실하는 손해를 입은 경우 주된 동산이 담보물로서 가치가 증가된 데 따른 실질적 이익은 주된 동산에 관한 양도담보권설정자에게 귀속되는 것이므로, 이 경우 부합으로 인하여 권리를 상실하는 자는 양도담보권설정자를 상대로 민법 제261조에 따라 보상을 청구할 수 있을 뿐 양도담보권자를 상대로 보상을 청구할 수는 없다(대법원 2016. 4. 28. 선고 2012다19659 판결).

계속된 사실관계 | 선의점유자와 악의점유자 |

A해운회사는 수십 척의 선박들을 통해 해양물류업을 하는 회사로서, 그 중에서 5척의 선박들은 중소형 해운회사에 임대하여 수익을 얻는 용도로 사용하여 왔다. A는 2016. 2. 1.에 E해운회사에 Z선박을 임대하면서 기간은 1년, 보증금 5억원에 월 임료는 5억원으로 임대하였고, 그 후 E해운회사는 Z선박을 계속 점유·사용하면서 매달 임료를 지급하여 오다가, 2016. 11.부터 사업이 급격히 악화되어 임료마저 제공하지 못하고 있었다. 임대기간이 만료한 2017. 2. 1. 이후인 2017. 3. 20.에 A회사는 E해운회사를 상대로 Z선박의 인도를 청구하였는데, 항소심이 진행 중인 2017. 8. 1.에 위 Z선박의 사용·수익으로 인한 부당이득반환청구를 추가하였다. 즉 A회사는 패소판결이 확정되지 않은 상태에서 E회사를 악의의 수익자로 간주하여 부당이득을 구하는 소를 제기하였다.

문제 2 이 경우 법원은 어떠한 판단을 하여야 하며, 그 이유는 무엇인가? (15점)

1. 문제의 소재 (2점)

① 배타적 사용·수익권의 회복

② 패소한 때로부터의 악의간주의 의미

2. 배타적 사용·수익권의 회복에 관한 조문 (5점)

선의의 점유자는 점유물의 과실을 취득하고(민법 제201조 제1항), 점유자는 선의로 점유한 것으로 추정되지만(민법 제197조 제1항), 선의의 점유자라도 본권에 관한 소에서 패소한 때에는 그 소가 제기된 때부터 악의의 점유자로 본다(민법 제197조 제2항). 같은 취지에서 선의의 수익자가 패소한 때에는 그 소를 제기한 때부터 악의의 수익자로 간주되고(민법 제749조 제2항), 악의의 수익자는 그 받은 이익에 이자를 붙여 반환하고 손해가 있으면 이를 배상하여야 한다(민법 제748조 제2항).

3. 패소한 때로부터의 악의간주의 의미 (5점)

여기에서 '패소한 때'란 점유자 또는 수익자가 종국판결에 의하여 패소 확정되는 것을 뜻하지만, 이는 악의의 점유자 또는 수익자로 보는 효과가 그때 발생한다는 것뿐이고 점유자 등의 패소판결이 확정되기 전에는 이를 전제로 하는 청구를 하지 못한다는 의미가 아니다. 그러므로 소유자가 점유자 등을 상대로 물건의 반환과 아울러 권원 없는 사용으로 얻은 이익의 반환을 청구하면서 물건의 반환 청구가 인용될 것을 전제로 하여 그에 관한 소송이 계속된 때 이후의 기간에 대한 사용이익의 반환을 청구하는 것은 허용된다(대법원 2016. 7. 29. 선고 2016다220044 판결).

4. 사안의 해결 (3점)

소유자가 점유자 등을 상대로 물건의 반환과 아울러 권원 없는 사용으로 얻은 이익의 반환을 청구하면서 물건의 반환 청구가 인용될 것을 전제로 하여 그에 관한 소송이 계속된 때 이후의 기간에 대한 사용이익의 반환을 청구하는 것은 허용되기 때문에 A회사의 소는 인용된다.

제6문

기초적 사실관계

A는 서울에 위치하고 있는 자신의 X건물에 대하여 B와 2017. 3. 20.에 근저당권 설정계약을 체결하고 B로부터 금 2억 3,000만원을 대출받으면서, 이자는 년 5%로 하여 매달 1일에 지급하기로 하였다. 한편 A는 자신의 위 X건물이 낡아 건축업을 하는 C에게 리모델링 공사를 맡기면서 2017. 6. 10.에 C와 도급계약을 체결하고 총공사비는 5,000만원으로 정하여 한 달 내에 공사를 마무리하기로 약정하였다.

계속된 사실관계 | 저당권 설정 후의 유치권 |

A와 B의 근저당권이 존속하고 있는 동안 경제사정이 좋지 않은 A가 B에 대하여 계속적으로 이자를 연체하자, B는 어쩔 수 없이 위 X건물에 대하여 2018. 2. 10.에 임의경매를 신청하였고, C는 공사대금채권을 이유로 2017. 9. 1.부터 위 X건물에 대하여 유치권을 행사하고 있었다. 그 후 위 임의경매는 유치권 등의 영향으로 유찰을 거듭하다가 최종적으로 D가 매수대금 2억원으로 하여 경낙을 받아 자신의 명의로 이전등기를 경료하였다. 이에 D가 C에 대하여 유치권을 행사 중인 시설물 등의 철거를 구하자 C는 유치권을 주장하며 D에 대하여 공사대금 5,000만원을 구하는 소를 제기하였다.

문제 1 이 경우 법원은 D의 소를 인용할 수 있는가? (20점)

1. 문제의 소재 (2점)

① 유치권의 본질

② 저당권설정 후 유치권의 효력

2. 유치권의 본질 (5점)

유치권은 일정한 요건이 갖추어지는 경우에 법률상 당연히 권리가 발생하는 법정담보물권이다. 사실상의 점유를 통해 발생하는 것이기 때문에 점유를 상실하면 그 권리도 소멸하게 된다. 일반적인 담보권은 교환가치를 목적으로 우선순위를 정하는 것이나, 유치권은 점유만 하는 권리로서 전후의 경합을 인정할 수 없다. 유치권은 경매에 있어서 매수인이 이를 인수하여야 하기 때문에 사실상 우선변제의 효력을 얻을 수 있다.

3. 저당권설정 후에 성립한 유치권의 효력 (10점)

저당권설정 후에 성립한 유치권의 효력을 두고 다툼이 있다. 대항력 인정설은 일반적인 담보권은 교환가치를 목적으로 우선순위를 정하는 것이지만, 유치권은 점유만 하는 권리로서 전후의 경합이 없다는 것을 이유로 들고 있다. 반면 대항력 부정설은 저당권설정 후에 성립한 유치권에 대항력을 인정하게 되면 공시주의를 기초로 하는 담보법질서를 파괴할 위험이 있다고 하거나, 선순위 담보권자에게 예상치 못한 손해를 가할 수 있고, 민사집행법 제91조의 인수주의나 소멸주의 원칙에도 반한다고 한다. 왜냐 하면 지상권, 지역권, 전세권, 등기된 임차권은 저당권, 압류채권, 가압류채권에 대항할 수 없는 경우에는 매각으로 소멸한다고 하고 있는데, 이러한 규정은 저당권의 담보가치를 보호해 주기 위한 것인데 유치권이 있는 경우라도 이와 다를 수 없다고 한다.

판례는 부동산 경매절차에서의 매수인은 민사집행법 제91조 제5항에 따라 유치권자에게 그 유치권으로 담보하는 채권을 변제할 책임이 있는 것이 원칙이나, 채무자 소유의 건물 등 부동산에 경매개시결정의 기입등기가 경료되어 압류의 효력이 발생한 후에 채무자가 위 부동산에 관한 공사대금 채권자에게 그 점유를 이전함으로써 그로 하여금 유치권을 취득하게 한 경우, 그와 같은 점유의 이전은 목적물의 교환가치를 감소시킬 우려가 있는 처분행위에 해당하여 민사집행법 제92조 제1항, 제83조 제4항에 따른 압류의 처분금지효에 저촉되므로 점유자로서는 위 유치권을 내세워 그 부동산에 관한 경매절차의 매수인에게 대항할 수 없다. 그러나 이러한 법리는 경매로 인한 압류의 효력이 발생하기 전에 유치권을 취득한 경우에는 적용되지 아니하고, 유치권 취득시기가 근저당권설정 후라거나 유치권 취득 전에 설정된 근저당권에 기하여 경매절차가 개시되었다고 하여 달리 볼 것은 아니다(대법원 2009. 1. 15. 선고 2008다70763 판결).

4. 사안의 해결 (3점)

압류 후에 성립한 유치권과는 달리 저당권 설정 후에 성립한 유치권은 경매를 통한 매수인에게 대항할 수 있다. 이에 C는 민사집행법 제91조 제5항을 이유로 D에 대하여 계속하여 유치권을 주장할 수 있다.

계속된 사실관계 | 유치권부존재 확인의 소 |

A와 B의 근저당권이 존속하고 있는 동안 경제사정이 좋지 않은 A가 B에 대하여 계속적으로 이자를 연체하자, B는 어쩔 수 없이 위 X건물에 대하여 2018. 2. 10.에 임의경매를 신청하였고, 경매절차가 진행되자 C는 자신의 공사대금채권이 5,000만원이라고 하면서 유치권신고를 하게 되었다. 그런데 사실확인의 결과, C의 X건물에 대한 공사는 3,000만원 정도의 규모로 축소된 바 있고, A와 C가 그 축소된 공사에 따라 별도의 계약을 한 바도 확인되었다. 이에 B는 C에 대하여 유치권부존재확인을 구하는 소를 제기하였다.

문제 2 이 경우 법원은 어떠한 판단을 하여야 하며, 그 이유는 무엇인가? (15점)

✓ **정답 : 법원은 C의 과도하게 청구한 유치권부분에 대하여 일부패소판결을 내려야 한다.**

1. 문제의 소재 (2점)

유치권부존재확인소송에서의 유치권의 범위를 구하는 청구가 가능한지 여부

2. 유치권부존재확인소송에서의 유치권의 범위 (10점)

민사집행법 제268조에 의하여 담보권의 실행을 위한 경매절차에 준용되는 같은 법 제91조 제5항에 의하면 유치권자는 경락인에 대하여 피담보채권의 변제를 청구할 수는 없지만 자신의 피담보채권이 변제될 때까지 유치목적물인 부동산의 인도를 거절할 수 있어 경매절차의 입찰인들은 낙찰 후 유치권자로부터 경매목적물을 쉽게 인도받을 수 없다는 점을 고려하여 입찰하게 되고 그에 따라 경매목적 부동산이 그만큼 낮은 가격에 낙찰될 우려가 있다. 이와 같이 저가낙찰로 인해 경매를 신청한 근저당권자의 배당액이 줄어들거나 경매목적물 가액과 비교하여 거액의 유치권 신고로 매각 자체가 불가능하게 될 위험은 경매절차에서 근저당권자의 법률상 지위를 불안정하게 하는 것이므로 위 불안을 제거하는 근저당권자의 이익을 단순한 사실상·경제상의 이익이라고 볼 수는 없다. 따라서 근저당권자는 유치권 신고를 한 사람을 상대로 유치권 전부의 부존재뿐만 아니라 경매절차에서 유치권을 내세워 대항할 수 있는 범위를 초과하는 유치권의 부존재 확인을 구할 법률상 이익이 있고, 심리 결과 유치권 신고를 한 사람이 유치권의 피담보채권으로 주장하는 금액의 일부만이 경매절차에서 유치권으로 대항할 수 있는 것으로 인정되는 경우에는 법원은 특별한 사정이 없는 한 그 유치권 부분에 대하여 일부패소의 판결을 하여야 한다(대법원 2016. 3. 10. 선고 2013다99409 판결).

3. 사안의 해결 (3점)

법원은 C의 과도하게 청구한 유치권부분에 대하여 일부패소판결을 내려야 한다.

계속된 사실관계 | 유치권의 피담보채권과 부당이득반환채권의 상계여부 |

A로부터 공사를 수급 받은 C는 2017. 9. 10.에 공사를 완료하였으나 공사비 5,000만원을 받지 못하자, 2017. 10. 10.부터 X건물에 입주하여 살게 되었다. 그런데 A의 채권자인 D가 C가 입주하여 살게 된 보름 전에 위 X건물에 대하여 가압류를 한 상태였고, D가 이에 기해 2017. 12. 10.에 소를 제기하여 승소판결을 받은 후 경매를 신청하여 2018. 3. 10.자 강제경매개시결정이 나게 되었다. 그 후 경매절차가 진행되어 E가 2018. 9. 10.에 매각대금을 완납하고 자신의 명의로 이전등기를 경료하였다. 이에 E는 C를 상대로 유치권의 부존재를 구하고 소를 제

기하며 X건물의 명도를 구하면서, 예비적으로 설령 유치권이 인정된다 하더라도 C에 대한 부당이득채권을 자동채권으로 하여 C의 공사대금채권을 수동채권으로 하여 상계를 구하며 피담보채권이 존재하지 않는다고 주장하였다.

문제 3 이 경우 법원은 어떠한 판단을 하여야 하며, 그 이유는 무엇인가? (15점)

1. 문제의 소재 (2점)

① 유치권의 인정여부

② 유치권의 피담보채권과 부당이득반환채권의 상계여부

2. 유치권의 인정여부 (5점)

부동산에 가압류등기가 경료되면 채무자가 당해 부동산에 관한 처분행위를 하더라도 이로써 가압류채권자에게 대항할 수 없게 되는데, 여기서 처분행위란 당해 부동산을 양도하거나 이에 대해 용익물권, 담보물권 등을 설정하는 행위를 말하고 특별한 사정이 없는 한 점유의 이전과 같은 사실행위는 이에 해당하지 않는다. 다만 부동산에 경매개시결정의 기입등기가 경료되어 압류의 효력이 발생한 후에 채무자가 제3자에게 당해 부동산의 점유를 이전함으로써 그로 하여금 유치권을 취득하게 하는 경우 그와 같은 점유의 이전은 처분행위에 해당한다는 것이 당원의 판례이나, 이는 어디까지나 경매개시결정의 기입등기가 경료되어 압류의 효력이 발생한 후에 채무자가 당해 부동산의 점유를 이전함으로써 제3자가 취득한 유치권으로 압류채권자에게 대항할 수 있다고 한다면 경매절차에서의 매수인이 매수가격 결정의 기초로 삼은 현황조사보고서나 매각물건명세서 등에서 드러나지 않는 유치권의 부담을 그대로 인수하게 되어 경매절차의 공정성과 신뢰를 현저히 훼손하게 될 뿐만 아니라, 유치권신고 등을 통해 매수신청인이 위와 같은 유치권의 존재를 알게 되는 경우에는 매수가격의 즉각적인 하락이 초래되어 책임재산을 신속하고 적정하게 환가하여 채권자의 만족을 얻게 하려는 민사집행제도의 운영에 심각한 지장을 줄 수 있으므로, 위와 같은 상황하에서는 채무자의 제3자에 대한 점유이전을 압류의 처분금지효에 저촉되는 처분행위로 봄이 타당하다는 취지이다. 따라서 이와 달리 부동산에 가압류등기가 경료되어 있을 뿐 현실적인 매각절차가 이루어지지 않고 있는 상황하에서는 채무자의 점유이전으로 인하여 제3자가 유치권을 취득하게 된다고 하더라도 이를 처분행위로 볼 수는 없다(대법원 2011. 11. 24. 선고 2009다19246 판결). 결국 C의 유치권은 유효하게 성립한다.

3. 유치권의 피담보채권과 부당이득반환채권의 상계여부 (5점)

상계는 담보적 기능을 핵심으로 하고 있다. 결국 상대방이 제3자에 대하여 가지는 채권과는 상계가 불가능한 것이고, 여기서 수동채권은 C가 A에 대하여 가지는 공사대금채권이기 때문에 상계적상에 있지도 않다.

4. 사안의 해결 (3점)

C는 유치권을 행사할 수 있으며, C에 대한 부당이득채권을 자동채권으로 하여 C의 공사대금채권을 수동채권으로 하여 상계를 구하며 피담보채권이 존재하지 않는다고 하는 E의 주장도 타당하지 않다.

계속된 사실관계 | 양도금지특약을 위반한 채권양도의 효력 |

A는 C와 위 X건물의 리모델링 공사의 도급계약을 체결하면서 (1) 계약상대자인 C는 이 공사의 이행을 위한 목적 이외의 목적을 위하여 이 계약에 의하여 발생한 채권(공사대금청구권)을 제3자에게 양도하지 못한다, (2) A는 '계약상대자인 C가 책임 있는 사유로 인하여 준공기한까지 공사를 완성하지 못하거나 완성할 가능성이 없다고 인정되는 경우', '계약상대자인 C의 부도발생 등으로 정상적인 공사수행 가능성이 없다고 판단될 경우'에 해당하면 이 사건 도급계약의 전부 또는 일부를 해제 또는 해지할 수 있다. 는 특약을 하였다. 그런데 공사가 시작 된지 얼마 되지 않아 C가 부도를 맞게 되었고, 그 부도가 있기 이전에 공사대금의 일부인 3,000만원을 C가 E에게 양도하여 A가 이를 승낙한 바 있다. 그 후 A는 C의 부도를 이유로 도급계약을 해제하여 그 해제의 의사표시가 C에게 도달하였다. 그 후 C는 회생절차에 들어가게 되어 F가 파산관재인으로 선임된 후, A에 대하여 공사대금미지급을 이유로 공사대금을 구하는 소를 제기하자, A는 채권양수인인 E에게 양도된 부분에 대하여는 C가 더 이상 채권자가 아니므로 이에 응할 수 없다고 다투었다.

문제 4 이 경우 A의 이러한 주장은 이유가 있는가? (10점)

✓ **정답 : 이유 없음**

이유 : 다음과 같은 이유로 양도금지특약에 위반한 채권양도는 무효이다. (1) 민법 제449조 제2

항 본문이 당사자가 양도를 반대하는 의사를 표시한 경우 채권을 양도하지 못한다고 규정한 것은 양도금지특약을 위반한 채권양도의 효력을 부정하는 의미라고 해석하여야 한다. (2) 이처럼 해석하는 것이 지명채권의 본질과 특성을 보다 잘 반영할 수 있다. (3) 채권자와 채무자가 그들 사이에 발생한 채권의 양도를 금지하는 특약을 하였다면 이는 그 채권의 내용을 형성할 뿐만 아니라 그 속성을 이루는 것이어서 존중되어야 한다. (4) 민법에서 별도의 규정까지 두어 양도금지특약에 관하여 규율하는 것은 이러한 특약의 효력이 당사자 사이뿐만 아니라 제3자에게까지 미치도록 하는 데 그 취지가 있다고 보아야 한다. (5) 채권은 이전되더라도 본래 계약에서 정한 내용을 그대로 유지함이 원칙이고 양도금지특약도 이러한 계약의 내용 중 하나에 속하므로, 원칙적으로 채무자는 지명채권의 양수인을 비롯하여 누구에게도 양도금지특약이 있음을 주장할 수 있다고 보아야 하고, 민법 제449조 제2항 본문은 명문으로 이를 다시 확인한 규정이다. (6) 양도금지특약이 있는 경우 채권의 양도성이 상실되어 원칙적으로 채권양도가 일어나지 않는다고 보는 것이 악의의 양수인과의 관계에서 법률관계를 보다 간명하게 처리하는 길이다. (7) 양도금지특약이 있는 채권에 대한 압류나 전부가 허용되는 것은 양도금지특약의 법적 성질과 상관없이 민사집행법에서 압류금지재산을 열거적으로 규정한 데에 따른 반사적 결과에 불과하다. 양수인이 악의라도 전득자가 선의이면 채권을 유효하게 취득한다는 기존 판례의 입장은 채권의 양도성을 제한하려는 당사자의 의사보다는 거래의 안전을 도모하려는 민법 제449조 제2항 단서의 취지를 중시하여 제3자의 범위를 넓힌 것으로 받아들여야 한다. (8) 채권의 재산적 성격과 양도성을 제고하는 것이 국제적 흐름이라 하더라도 이는 대부분 제한적 범위 내에서 해석이 아닌 법규정을 통해 달성되고 있음에 유의하여야 한다(대법원 2019. 12. 19. 선고 2016다24284 전원합의체 판결).

제7문 | 동산채권담보

A는 농축산물 도·소매업을 하는 회사로서 대형마트인 B에서 식품코너를 운영하며 반찬 등을 납품하여 오면서 B에 대하여 반찬류에 대한 매출채권을 가지고 있다. C(원고)는 가금육 판매업을 하는 회사이고, D(피고)는 젓갈, 반찬 제조업 및 판매업을 하는 회사로서, A는 C(원고)로부터 브라질 정육 등의 물품을, D(피고)로부터 반찬류 등 식재료를 공급받아 왔다.

① 2013. 8. 13. A는 C(원고)에게 물품대금 채무의 담보조로, A의 B에 대한 2012. 7. 30.부터

2013. 12. 31.까지 이미 발생하였거나 발생할 예정인 매매대금채권에 관하여 C(원고)를 근담보권자, 채무자를 A, 채권최고액을 3억 원, 존속기간을 2018. 8. 12.로 하는 채권근담보권 설정계약을 체결하고, 이 사건 채권에 관하여 법원에 2013. 8. 14. 접수하는 채권근담보권의 설정등기를 마쳤다.

② 2013. 8. 28. A는 D(피고)에게 'A의 B에 대한 현재 및 장래의 물품대금 채권 등 모든 채권 일체'를 양도하였고(이하 '이 사건 채권양도'라 한다), 채무자인 B에게 내용증명우편으로 채권양도사실을 통지하여 이 통지가 2013. 10. 2. B에게 도달하였다.

③ 2013. 9. A의 C(원고)에 대한 물품대금 채무의 변제가 지체되어 채무액이289,458,360원에 이르자, C(원고)는 B에게 담보권 설정계약서와 등기사항증명서를 첨부하여 담보권설정사실을 통지하였고 그 통지가 2013. 10. 15. B에게 도달하였다.

④ 그런데 B는 2013. 10. 31. D(피고)에게 2012. 11.부터 2013. 9. 30.까지의 A의 D(피고)에 대한 채무인 181,347,097원을 변제하였다(A는 적자가 누적되자 2013. 10. 18. 영업을 중단하고 같은 해 12. 9. 폐업하였다).

이에 C(원고)는 이 사건 채권에 관하여 C(원고)의 담보권이 D(피고)의 채권양수에 우선하는데도 D(피고)가 변제를 수령하였다고 주장하며

1) D(피고)를 상대로 B로부터 변제받은 것에 대한 부당이득반환청구를 하는 한편, 2) B를 상대로 채권담보권의 실행으로써 지급을 청구하였다.

이에 대해 D(피고)와 B는, 채무자 B에게 통지를 먼저 한 D(피고)가 C(원고)에 우선하므로 B의 D(피고)에 대한 변제가 정당하다고 주장하면서, D(피고)는 예비적 반소로서, A의 C(원고)에 대한 이 사건 담보권설정행위에 대해 사해행위취소 및 담보권설정등기의 말소를 구하였다.

문제 1 이 경우 D의 예비적 반소는 이유가 있는가? (10점)

✓ 정답 : 이유 없음

이유 : 동산·채권 등의 담보에 관한 법률(이하 '동산채권담보법'이라 한다)에 의한 채권담보권자가 담보등기를 마친 후에서야 동일한 채권에 관한 채권양도가 이루어지고 확정일자 있는 증서에 의한 채권양도의 통지가 제3채무자에게 도달하였으나, 동산채권담보법 제35조 제2항에 따른 담보권설정의 통지는 제3채무자에게 도달하지 않은 상태에서는, 제3채무자에 대한 관계에서 채권양수인만이 대항요건을 갖추었으므로 제3채무자로서는 채권양수인에게 유효하게 채무를 변제할

수 있고 이로써 채권담보권자에 대하여도 면책된다. 다만 채권양수인은 채권담보권자에 대한 관계에서는 후순위로서, 채권담보권자의 우선변제적 지위를 침해하여 이익을 받은 것이 되므로, 채권담보권자는 채권양수인에게 부당이득으로서 변제받은 것의 반환을 청구할 수 있다.

그러나 그 후 동산채권담보법 제35조 제2항에 따른 담보권설정의 통지가 제3채무자에게 도달한 경우에는, 그 통지가 채권양도의 통지보다 늦게 제3채무자에게 도달하였더라도, 채권양수인에게 우선하는 채권담보권자가 제3채무자에 대한 대항요건까지 갖추었으므로 제3채무자로서는 채권담보권자에게 채무를 변제하여야 하고, 채권양수인에게 변제하였다면 특별한 사정이 없는 한 이로써 채권담보권자에게 대항할 수 없다.

민법 제472조는 불필요한 연쇄적 부당이득반환의 법률관계가 형성되는 것을 피하기 위하여 변제받을 권한 없는 자에 대한 변제의 경우에도 채권자가 이익을 받은 한도에서 효력이 있다고 규정하고 있는데, 여기에서 말하는 '채권자가 이익을 받은' 경우에는 변제의 수령자가 진정한 채권자에게 채무자의 변제로 받은 급부를 전달한 경우는 물론이고, 그렇지 않더라도 무권한자의 변제수령을 채권자가 사후에 추인한 때와 같이 무권한자의 변제수령을 채권자의 이익으로 돌릴 만한 실질적 관련성이 인정되는 경우도 포함된다. 그리고 무권한자의 변제수령을 채권자가 추인한 경우에 채권자는 무권한자에게 부당이득으로서 변제받은 것의 반환을 청구할 수 있다.

동산·채권 등의 담보에 관한 법률에 의한 채권담보권자가 채권양수인보다 우선하고 담보권설정의 통지가 제3채무자에게 도달하였는데도, 그 통지보다 채권양도의 통지가 먼저 도달하였다는 등의 이유로 제3채무자가 채권양수인에게 채무를 변제한 경우에 채권담보권자가 무권한자인 채권양수인의 변제수령을 추인하였다면, 추인에 의하여 제3채무자의 채권양수인에 대한 변제는 유효하게 되는 한편 채권담보권자는 채권양수인에게 부당이득으로서 변제받은 것의 반환을 청구할 수 있다(대법원 2016. 7. 14. 선고 2015다71856, 71863 판결).

색인

최신판례 중심
민사법사례연습

지은이 추신영
펴낸이 김동원
펴낸곳 패스메이커

초판 1쇄 인쇄 2020. 6. 10
초판 1쇄 발행 2020. 6. 15

패스메이커 전라북도 전주시 완산구 어진길 32 (풍남동2가)
전화 (063) 219-5321~2
FAX (063) 219-5323
출판등록 2012년 8월 20일 제465-2012-000021호

값 30,000원

ISBN 979-11-6372-087-4 93360

이 도서의 국립중앙도서관 출판예정도서목록(CIP)은 서지정보유통지원시스템 홈페이지(http://seoji.nl.go.kr)와 국가자료공동목록시스템(http://www.nl.go.kr/kolisnet)에서 이용하실 수 있습니다. (CIP제어번호 : CIP2020022793)

· '패스메이커'는 전북대학교출판문화원의 임프린트입니다.